나의 근대사 회고

최태영전집 1

나의 근대사 회고

최태영 지음

김유경 정리

눈빛

저자 최태영(崔泰永, 1900-2005)은 황해도 은율군 장련(長連)에서 출생했다. 일본 메이지대학 영법학과에서 영미법철학을 전공하고 1924년부터 보성전문, 부산대, 서울법대, 중앙대, 청주대, 숙명여대 등에서 가르쳤다. 경신학교의 2차 설립자, 교장을 지냈으며 서울법대학장, 경희대 대학원장 등을 역임했다. 대한민국 법전편찬위원, 고시전형위원으로 일했다. 법학관련 저서로 『현행 어음·수표법』, 『서양 법철학의 역사적 배경』 등이 있고, 「한국의 상고 및 고대, 전통 법철학의 역사적 배경」 「중국 고대 및 중세·근세 법철학의 역사적 배경」 「商子의 법치주의」 「동서양 법철학의 유사점과 차이점」 등의 논문을 발표했다. 한국 고대사 연구에도 심혈을 기울여 일본 『후지미야시타문서』를 답사했으며, 역사연구서 『한국상고사』 『인간 단군을 찾아서』 『한국 고대사를 생각한다』를 냈다. 1954년 이래 대한민국학술원 회원으로 있었다.

정리자 김유경은 서울대 불어교육과와 이화여대 대학원 불문과를 졸업했다. 경향신문 문화부 기자, 부장대우로 재직했으며, 저서로 『옷과 그들』 『서울, 북촌에서』 『황홀한 앨범 – 한국근대여성복식사』(공저)가 있다. 최태영 교수의 저서 『인간 단군을 찾아서』와 『한국 고대사를 생각한다』를 정리했다. 존 코벨의 영문 한국미술사인 『한국문화의 뿌리를 찾아』 『부여 기마족과 왜』 『일본에 남은 한국미술』을 편역했다.

최태영전집 1

나의 근대사 회고

최태영 지음

김유경 정리

초판 1쇄 발행일 — 2019년 11월 15일

발행인 — 이규상

편집인 — 안미숙

발행처 — 눈빛출판사

　　　　03908 서울시 마포구 월드컵북로 361 이안상암2단지 2206호

　　　　전화 02) 336-2167 팩스 02) 324-8273

등록번호 — 제1-839호

등록일 — 1988년 11월 16일

편집 — 성윤미·이솔

인쇄 — 예림인쇄

제책 — 대원바인더리

값 27,000원

ISBN 978-89-7409-326-6 94080

ISBN 978-89-7409-325-9(세트)

copyright ⓒ 김유경, 2019

바른 역사가 서길 바라며

내가 어떤 길을 밟아 역사를 받아들일 준비를 해 왔고 뒤늦게 역사 연구에 나서게 됐나를 말하려는 게 이 근대사 회고의 목적이다. 애초에 청일전쟁·러일전쟁과 관련이 많다. 신문명을 해야 소국인 일본이 중국을 이겼듯이 힘을 얻을 수 있다는 것을 알고 교육열이 생겼다.

할아버지가 일찍 깨서 1900년대 초에 신문도 받아 보고 새로 개항한 항구에 가서 운수업하던 것을 보았으며, 나의 독서를 위한 재산을 만들어 주어 그 덕을 입었다. 김구 선생과 개화파 손영곤 선생을 만나 교육 받고 일찍 숙성해 서재필의 독립협회를 본딴 자신회(自新會) 회장이 되어 개화당의 영향을 받았다. 서양문명이 처음 들어온 게 주로 언더우드 1세, 아펜젤러, 모펫 선교사 등을 통해서인데 그들 모두와 나 사이에 친분이 생겼다. 나를 업어 키운 쿤스와 교육사업을 하고, 게일이나 맥퀸, 언더우드 2세와 나만 가지고 있는 비밀이 있을 정도의 깊은 세교(世交)를 맺은 것 등이 전부 우리나라 근대사와 궤를 같이하면서 나로 하여금 역사의 체험자가 되게 한 것이다. 이런 과정은 내가 그러려고 해서 된 것이 아니라 환경이 그렇게 만들어진 것이었다.

황해도 장련(長連) 우리 동네가 구월산(九月山)에 있어서 읍내에 단군 조선과 인연이 깊은 솟대백이가 있고, 아사나루·아사신당 이런 것들을

5

자세히 알았다. 공립학교 가면 왜놈 교육받는다 하여 피하고 문화 구월산으로 유학해 구월산의 단군사당 삼성사(三聖祠) 터를 몸소 체험하고 단군이 우리 조상이라는 사실을 교육받았다.

지금 생각하니 신구사조(新舊思潮)가 공생하던 때의 인식 견본이 나다. 나의 역사 인식이 오늘의 어떤 사가(史家)와 다른 것은 역사가가 되겠다는 의도 없이도 일제에 훼손되지 않고 한결같은 역사관을 갖고 있다는 것이다. 그보다도 한국 법철학을 연구하면서 우리 조상들의 사상과 한국사에 주목해 왔기 때문이라고 생각한다.

오랜 역사를 가진 나라마다 신화가 있어 거기에 역사적 사실이 반영돼 있다. 우리나라는 신시(神市)시대는 몰라도 단군의 고조선 개국부터는 분명한 역사이지 신화가 아니다. 역사 인식이 나와 제일 맞는 학자가 정인보(鄭寅普)이다. '단군이 곰의 아들 동물도 아니요, 하느님도 아니요, 우리 조상인 자연인'이란 것이 연구의 출발점이다. 일제가 단군을 말살하기 전, 단군이 우리 최고의 조상임을 의심하는 사람은 없었다. 그런데 일제가 나서서 학계를 동원하고 군관이 합작해 신라가 한국사의 시작이라며 일본에 없는 수천 년의 한국 고대사와 단군을 미신으로 돌려 잘라 버리고 일본 고대사는 엿가락처럼 늘렸다. 일본 측에 유리하도록 조작한 역사만을 실증과학의 이름으로 전 세계에 퍼뜨려 우리 정신을 학살한 것이다. 조상의 뿌리가 잘리면서 단군과 우리는 이산가족이 됐다. 이병도(李丙燾)는 처음에 이런 역사 인식을 그대로 강단에서 교육했고 계승되었다.

명색이 역사라면 현재 및 미래와 관련되는 과거의 중요한 사건을 전해 주어야 옳다. 그런데 우리나라 역사 교과서는 반만년 동안 전해 내려온 우리 역사와 강토의 대부분을 잘라 버리면서 그런 중요한 사실 자체와 누가, 언제부터, 무엇 때문에 그렇게 되었는지 이유도 말하지 않고 묵살해 버리고 있다. 신라 해상왕 장보고 대사도, 어린 임금 단종도, 개화당의 김옥균(金玉均)도, 보성학원 설립자 이용익(李容翊)도, 임정 주석 김구까지도 이유 설명이나 공개재판 없이 암살하더니 이제 우리 조상의 역사를 잘라낸 사실마저 묵살해 버리고 있다. 역사의 암살이라는 이 비열한 일을 감행하는 소위 학자와 정치세력은 공범자로서 역사의 심판을 언제까지나 피할 수는 없을 것이다.

내가 직접 역사 연구에 나선 것은 우리 역사학자들이 몽땅 북으로 잡혀 가고 죽었는데 강단에서는 광복 이후에도 우리 역사를 일본이 만든 그대로 가르친다는 것을 알고 크게 놀라 그렇다면 나라도 해야 되지 않겠나 한 것뿐이다. 정인보·신채호(申采浩)·안재홍(安在鴻)·손진태(孫晋泰)·최동(崔棟)·장도빈(張道斌) 등이 그대로 있었으면 내가 나설 필요가 없었을 것이다. 없어진 그 사람들이 말하는 역사 연구와 같은 길을 겪어 왔고 그들로부터 나의 역사적 식견을 인정받은 만큼 내가 하는 게 빠르지 않나 하여 벼슬은 싫어하고 역사를 찾아보는 게 일이 된 것이다. 이 시대 여러 가지 이해가 교차되는 상황을 초월해 이런 역사 연구를 할 수 있는 것은 내가 어떤 이해관계에도 걸리는 데가 없기 때문이기도 하다.

단군을 되찾는 일은 내가 살아온 길과 통한다. 구월산, 솟대백이, 일제강점, 도쿄 유학과 법철학, 이 모든 것이 역사와 관련되었다. 대한제국이 망한 뒤에는 바로 대학 선생이 되어 넓게 공부하면서 법철학과 연관된 우리 역사에 관심을 갖게 되고 나중에 본격적인 역사 연구로 이어졌다.

연구의 초점은 단군이 실존인물이란 것이다. 일연의 『삼국유사』에서 불교의 꺼풀을 벗겨 내면 거기 인간 단군이 나온다. 『세종실록』에서 암시를 받아 〈세년가(世年歌)〉에서 의문을 풀기 시작하는 것을 독자들은 보게 될 것이다. 『삼국유사』 정본의 '석유환국(昔有桓國)' 기록 등 한국, 일본의 문헌자료가 하나씩 입수되고 일본에 가서 상가야사(上加耶史) 연구자들을 알아내는 성과를 얻었다.

일본 후지산 아래 땅속 비밀서고로 찾아들어가 『신황기(神皇紀)』의 원전 「후지미야시타(富士宮下)문서」를 현장 확인할 수 있었던 것은 도쿄 이병창(李秉昌) 박사의 전적인 주선 덕분이었다. 이 박사가 문서 관련자들과 접촉케 해줌으로써 일본 학자들도 못 본 귀한 자료를 보았다. 이병창 박사의 그 같은 조국애가 아니었다면 나는 그런 비밀문서가 있는 것도 몰랐을 것이다. 이 일은 한국 사학계를 위해서도 결정적 계기가 되었다. 그게 다 일부러 하려 해서가 아니라 그리로 몰아간 것이다.

그리피스·헐버트·코벨 등 서양인들의 연구가 우리 조상을 찾고 전통문화를 확인하는 데 큰 도움이 되고 동지가 된다는 것까지 알게 됐다. 이렇게 사방에서 얻은 자료로써 상당한 문화를 가진 단군조선이 실존했다는 것을 넉넉히 입증하고 남음이 있을 것이다. 거기서 용기를 얻어 적어도 우리 역사를 복원하겠다는 행동이 이 책과 역사 연구서 발간으로 이어진 것이다.

우리나라 역사 교과서가 이상한 것은 왜 바른 역사를 찾을 생각을 안 하는 것일까 하는 것이다. 역사 복원에서 가장 골치아픈 것은 일본인에게 속아 그들이 제시하는 것만을 사료로 보고 이를 '실증주의의 새 학문'이라고 외치며 그 사이의 기득권을 고수하는 학파이다. 그러나 어느 것이 진정한 실증주의인지는 다시 생각해 보아야 한다.

그래도 역사 복원의 꿈이 아주 불가능한 건 아니다. 왜곡되기 전 우리의 바른 역사가 어떤 것인지를 일단 알게 되면 달라지게 된다. 역사 복원은 동양 전체의 실상을 알려 주는 것이다. 이성이 있는 사람이면 당연히 이를 찾을 것이고, 학계도 조만간 변하지 않을 수 없을 것이다.

내가 진정 바라는 것은 교과서에 정식으로 단군 조상이 고조선 개국자로 실려 존경을 다하고 우리 조상이 동아시아 요동에 선주했던 종족이라는 사실이 기록돼 학생들에게 가르치는 것이다. 후손들에게 그들이 어디 살던 누구의 자손인지 바른 국사를 말해 주려는 것이다. 법철학 연구에서 출발해 25년 이상 몰두해 온 나의 역사 복원 노력은 이로써 의도한 만큼의 결실을 맺었다고 생각한다.

이 책을 발간하는 데 전 경향신문 문화부장 김유경 선생이 정리에 애썼다. 장련 부분과 역사 연구 등, 내가 그동안 쓴 글을 바탕으로 1999년 이래 나의 회고와 역사 연구를 정리하고 내가 제시하는 한문·영문·일문의 모든 어려운 자료들을 다 읽고 참고했다. 전문가의 기량이 아니었다면 불가능했던 일이고, 나 혼자서는 힘들어서 완성하지 못했을 작업이다. 고마움을 표한다. 원고는 40여 개의 항목을 대여섯 번씩 쓸 때마다 내가 읽고 교정하여 정확하게 내 뜻을 말했다. 그동안의 협력이 매우 학문적이면서도 산책하듯 즐거운 마음으로 이루어졌음은 아주 특별한 일이다.

한동안 인터넷에 정체불명의 무리들이 꾸며낸 내 얘기가 장황하게 실리고, 내가 고령으로 그들을 어쩌지 못하리라 여겼던 듯 멋대로 나를 이용하려는 움직임이 보여 내가 쓴 회고록을 내놓지 않으면 안 된다는 생각에 일을 서둘렀다. 출판사에서 좋은 책으로 꾸며 주기로 했다. 감사한 일이다.

2000년 3월 12일

최태영

최태영의 학문과 근대사

황적인

최태영 교수께서 2005년 11월 30일 향년 105세로 서거하셨다. 그동안 건강하셔서 근년까지도 학술원에 출석하시고 원고도 쓰셨는데 비보를 듣고 큰 스승을 잃음에 슬픈 마음을 가눌 길 없다. 최태영 교수만큼 학문 연구를 오래한 분이 없다. 1920년대부터 별세하기 직전까지 활동한 그의 학자적 자세는 2006년 지금의 현대 학자들이 하는 것과 같은 방법론을 지녔다. 나이는 많으시지만 일처리 법이나 사고방식은 과학적인 학자의 자세였다. 정신력이 대단했다. 경제학에 대한 인식도 정확하다. 경제학의 흐름을 알고 자본주의의 기본을 알고 있다.

나는 최 교수를 1998년 대한민국학술원 회원이 되면서 만났지만 2005년 돌아가신 뒤 추모사를 쓰는 과정에서 더 자세히 알게 되었다. 최 교수가 별세 얼마 전 『대한민국학술원통신』에 쓴 토지조사사업의 실상, 광산 이야기, 사상과 대학 등 현대사 기록 몇 편이 그의 진면목을 아는 데 많은 도움이 되었다. 그 글은 그 시대의 생생한 기록으로 가치가 있다. 지금 학자들은 1900년대 전반 그 시대를 그만큼 모른다. 최 교수의 이야기를 먼저 읽을 필요가 있다. 입장이 나오기 때문이다. 그중 좌파 학자들 이야기에 등장하는 공산당 김약수(金若水)·박헌영(朴憲永) 등 해방 직후에 활동하던 인물들은 나도 아는 사람들이다. 최 교수의 평가로는 김구는 공산주의의 본질을 몰랐다. 그가 김일성 만나러 간 것 자체가 실패한 행동이다.

최 교수의 말과 판단은 어떻게 보면 표준적이다. 사실을 볼 때 자기 입장에서만 보면 왜곡되지만 최태영은 솔직해서 가감 없이 그대로 표현하고 있기 때문이다. 학계에 이런 분은 희귀하다. 대한민국 법학 교수 1천 명 중에서 정말 존경할 만한 분으로 꼽게 되는 최태영 교수는 대한민국 법학의 기초를 닦은 선구적인 분으로, 국제적으로 내놓아도 손색이 없는 학자이다.

그러나 지금 많은 사람들이 최 교수에 대해 거의 모른다. 너무나 세대 차가 벌어지기 때문이다. 나의 스승의 스승인 최태영을 1대로 하여 내가 3대째인데 벌써 또 제자가 있어 4대째가 현역으로 교수를 하고 있다. 지금 4대는 1대를 모른다.

나는 최 교수의 작업이 이어지고 계승되기를 바란다. 학문이란 원체 양이 많아서 1대에 연구가 끝나지 않는다. 따라서 대물림을 해야 되는데 역사 연구자는 물론이요, 법학 연구자에게도 최태영 같은 분의 전기가 절대 필요하다. 법학계의 가치 있는 인물 자료를 확충해야 한다. 돌아간 분에 대해 남은 사람이 해야 할 일이다.

내 욕심은 최 교수 전기를 충실히 만드는 것이다. 『대한민국학술원통신』에 추모사를 쓰고 법률신문에 법학자로서의 학문을 논하는 글을 쓰면서 최태영 선생의 전체적 모습을 사람들이 알 수 있게끔 하려고 최선을 다하여 정성껏 썼다. 최 교수의 역사관과 수정자본주의 논리를 마지막 추도문에 넣었다. 대단히 귀중한 자료이다.

젊은 법학도들이 하는 고시 중심의 법학은 한없이 지루하고 머리에 잘 들어가지도 않는다. 그런데 훌륭한 법학자의 얘기를 읽고 공부하면 진정한 법학 공부가 아니겠는가. 젊은 학생들에게 읽게 하고 법학이란 게 이러이러하다는 것을 알게 할 필요가 있다.

『대한민국학술원통신』 2006년 1월자에 추모사가 나온 뒤 한 국문학 교수가 "최태영 선생 추모사를 어떻게 그렇게 자세히 썼느냐" 물어 내가 답했다. "언제 다시 최 교수님에 관하여 쓰겠는가. 어떻게 내가 소홀히 할 수 있겠는가."

그러나 그것은 요점만 추린 것이니 분량이 적다. 이를 확대해 귀중한 자료들을 모은 책으로 써냈으면 하고 일을 시작했다. 단군의 홍익인간 이념을 어떻게 현대 법철학과 연계지을지 입증 자료를 찾고 항일, 교우 관계, 유학시대 학문의 실제, 공산주의자들의 이야기도 자세히 써야 할 것이다. 또한 서양 법철학에 대해 최태영이 말한 것이 어떤 결과를 가져 왔나 등을 기록해 두어야 할 것이다.

학자의 생활은 일종의 군대 같다. 군인이 적진에 나가 싸우는 것과 학자의 생활을 같이 비교할 수 있다. 적진에 나가 싸우다 죽듯이 연구하다 죽거나 희생되는 사람도 있다. 연구자끼리는 서로를 동지로 생각한다. 전우가 부상 당하면 애석하듯이 우리도 하나의 전우로 생각하고 연구하다 희생 당하는 것에 깊이 동정하여야 한다.

최 교수도 함께 전쟁터에서 목숨 걸고 싸우던 전우, 야전사령관과도 같았다. 참으로 훌륭한 분, 뛰어난 학자이고 역사가이며 성공한 법학자이다. 그러기에 존경하고 업적 남기길 원하고 알리고 본받으려는 것이다.

2006년 8월
법학박사, 전 대한민국학술원 회원

차례

1장

장련과 구월산

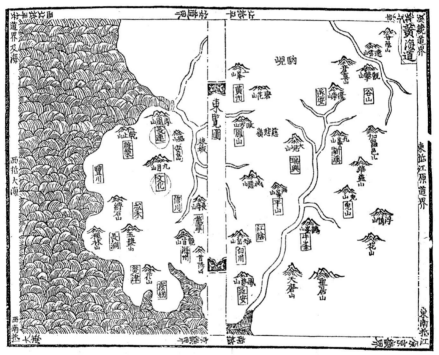

동국여지도의 구월산. 문화쪽은 안구월산,
장련쪽은 바깥구월산으로 불렀다.

할아버지 최계준

　나는 대한제국 4년, 1900년 봄에 황해도 구월산 북쪽의 은율군 장련(長連)에서 태어났다. 아버지 최상륜(崔商崙)과 어머니 김영순(金永順) 사이의 9남매 중 맏이였다. 고종 광무황제의 재위 40주년을 맞은 이 해에 처음으로 서울 종로에 전등이 켜지고 우리나라가 만국우편연합에 가입하고 신식 병대와 군악대가 설치되었다. 한강철교와 경인철도도 개통됐다. 그전에 이미 일본·미국·러시아·독일·프랑스 등 여러 외국과의 조약이 체결되고 토지 재측량 등 고종의 광범위한 개혁운동이 일어났다. 청일전쟁과 개화당의 갑신정변, 독립협회운동이 일어난 뒤이며 신식 교육이 시작된 때였다.

　1904년의 러일전쟁과 1905년 을사조약부터는 내 어릴 적의 기억을 더듬을 수 있게 된다. 국가가 중립을 하려 했으나 못하고 농민들이 마초를 베어 일본 군병에게 제공하던 것이나 쇠기름을 버터라며 먹던 러시아 군인들, 일진회 친일파들이 떠들며 연설하던 꼴은 상당히 기억에 남아 있다.

　나는 할아버지를 잊을 수가 없다. 어려서 나와 부친을 키운 교육의 근저는 할아버지가 마련해 주신 것이고, 우리나라의 변천이나 이 책의 내용과 밀접한 관계가 있기 때문이다. 은율군 잔바치(금산포)에 우리 최씨들 본향이 있어 그곳에 집안 내력을 써서 세운 비석이 있다. 할아버지 최계준(崔啓俊)은 15세에 부모를 잃고 18세의 할머니와 자수성가한 분이다. 증조가 돌아가신 후 15살 난 할아버지에게 동네 온갖 건달들이 다 달라붙어 증조께서 닦아 놓은 재산이 1년 만에 거덜 났다. 과거제도가 폐지되어 과거는 단념한 뒤 소년 내외가 일대 결심을 하여 이후 할아버지는 조선 일대와 중국 등지로 다니며 벼·종이·인삼·포목 등 장사를 해서 상당한 재산을 모으고 도회지와 세상일을 널리 보면서 그 시절 '변하지 않으면 안 된다'는 것을 알았다. 중국서 올 때면 거저 오지 않고 산수책, 누터(루터를 나냐줄로 썼다)의 책, 기독교 갱정(更定)교, 『천로역정』, 천주 무슨 책, 중국의 혁명가 손일선(孫文), 대통령 황흥(黃興) 같은 사람들 초상을 많이 사 왔다. 산수책은 중국밖에 없었다.

할아버지는 장련의 풍헌(면장)이 되고 변화에 대한 열망으로 누구에게서 전도받은 일 없이 혼자 책을 통해 안 개신교의 실용을 받아들였다. 어려서 설교를 통해 할아버지가 멀리 떠돌며 생활을 단련시키던 일을 많이 들었으나 그것은 본론과 상관없는 것이기에 생략한다. 그러나 할아버지가 하던 사업 몇 가지는 설명해 두어야겠다.

1897년 평남 진남포항이 개항되었다. 개항과 함께 맨 먼저 진남포-평양 간 뱃길이 생겨났다. 기차가 없던 그때의 배운송업은 독점사업이었는데 평양-진남포 간은 이미 일본인들이 장악하고 있었다. 뒤따라 할아버지가 진남포 항장의 아들과 동업하여 평안도 진남포에서 황해도 장련 및 안악(安岳)까지 뱃길을 연결하는 나루 회사를 만들어 주인이 되었다. 돈이 많이 생기는 곳이라고 해서 할아버지 나루는 '천량틀이', 평양 가는 일본인 나루는 '억량틀이'라고 했다.

할아버지 나루에는 목선이 여러 척 있어 사람과 소와 화물을 실어 날랐다. 목선 말고 석유 모터로 가는 똑딱선(통통배라고도 한다)도 한 척 있어 '통통통' 소리를 내면서 바다를 건너갔다. 지금처럼 조수의 간만을 예보하는 제도가 없고 『천세력』을 보면서 조수가 들고 나는 것을 계산해 가며 뱃시간을 정하는 것이라 유식하지 않으면 안 되었다. 할아버지가 이런 일을 했다. 한데 평양 가는 일본인의 나루는 물때를 계산 않고도 아무 때나 배를 갖다 댈 수 있게 한 신식 설비가 되어 있어 '비발대'라고 불렀다. 선장은 조선사람이었다.

할아버지는 소년 때 과거 준비차 증조부로부터 글을 배워서 학식이 있었다. 황성신문이나 매일신보를 받아 보고 주판과 함께 손기름에 곱게 절은 산목(算木; 산가지)을 사용했다. 어린 나는 주산판을 밀면서 타고 놀았고 세모꼴로 곱게 깎은 막대기인 산목을 가로세로 뉘이며 십진법 단위의 간단한 계산을 했다. 세로로 놓으면 1, 2, 3, 4이고 가로 놓으면 5가 되어 여러 가지로 응용해 썼다. 물때를 봐서 나가야 하니까 숙박소도 필요했다.

매주 할아버지를 뵈러 가서는 진남포(남포는 진남포를 줄인 말) 여기저기 '별한 데가 없나' 가보고 새로운 광경을 접하는 게 좋았다. 화약을 써서 조그만 바위산 몇 개를 허물고 레일 따라 밀차에 흙을 담아가 바다를 자꾸 메우고 있었다. '천량틀이' 뒷산에 올라 나루터에서 떠나는 배들을 한참씩 내려다보았다. 산에는 싸리나무가 많은데 이 나무에 붙은 조그만 쐐기벌레에 한 번 쏘이면 오랫동안 아팠다. 그래도 나루를 내려다보러 뒷산에 오르느라 쐐기한테 얼마나 많이 쏘였는지 모른다. 곧이어 진남포에서 평양까지 기차가 다니게 된 것도 보았다.

진남포에는 그때 이미 일본인과 중국인들이 많이 와 있었으며 옷가게

가 많았다. 이들은 한동네에 따로 모여 죽 늘어놓은 자봉침을 '달달달' 밟으면서 옷을 만들었다. 장련엔 당시 자봉침 있는 옷가게가 한 군데뿐이었다. 은행은 진남포에 있었고 장련에는 금융조합이 있었는데, 할아버지는 이때 어음을 쓰기 시작했다.

'천량틀이' 나루의 배는 하루 한 번씩 1시간 거리 장련과 안악으로 오갔다. 똑딱선을 타면 편하게 가지만 운임이 더 비쌌다. 목선은 운임이 싼데 사공이 키를 잡고 바윗돌을 피하며 방향을 인도하고 손님들이 다 같이 노를 젓고 물도 퍼냈다. 뱃전이 낮은 거룻배가 따로 있어 소를 날랐다. 물을 무서워하는 소는 배에 타기 전이나 배를 타고 있을 때나 사방에 물이니까 겁을 먹고 꼼짝 못한 채 눈만 껌벅거리고 있어 불쌍했다. 진남포에서 장련 집에 돌아오느라 배를 타고 있으면 항구의 바윗돌이 흘러가는 것같이 보였다. 내가 '바윗돌이 떠내려 간다'고 야단했다. 진남포–평양 간 기차가 바로 생기는 바람에 나는 '억량틀이'의 평양 가는 배는 한 번도 타보지 못했다.

장련 오는 배가 선촌 금복리(今卜里)에 닿을 때 만조 때면 언덕에 척 갖다 대주지만 퇴조 때면 배를 내리고도 뻘밭을 지나야 했다. 그러면 사람을 업어 건네주는 전문가들이 있어서 저마다 배에서 내리는 손님에게 "나한테 업히쇼" 하고 돈을 조금 받았다. 뻘을 업혀 가면 옷도 입은 그대로에 감탕이 안 묻으니까 안 업혀 가는 사람이 없었다. 나의 광진학교 스승 백남훈(白南薰) 선생과 같이 서당에 다니던 사람이 업는 일을 해서 백 선생이 고향 올 때면 "여보게, 나한테 업히게" 하는데 제 친구 백 선생이 도쿄에서 '조선 YMCA 총무한다'니까 자랑스러워했다.

겨울에는 집채 같은 얼음산들이 바다에 떠내려 왔다. 그때는 할아버지가 뒷산에 올라 바다에 얼음이 어디서 얼었고, 어디로 떠돌아다니고,

배를 언제 보내야 되는지를 정했다. 배는 얼음산을 피해 그 틈으로 다녔다. 겨울에 장련 금복리 나루가 얼면 안악 근처 '영꾸지 제섬'이란 데로 돌아가서 닿았다. 거기서부터 장련까지는 처음엔 마차가 다니더니 얼마 뒤에는 자동차가 생겨 타고 들어왔다. 그 자동차 운전하는 이는 대단한 기술자였다. 노래하기를 '남의 집 도련님은 자동차 운전도 하는데/ 우리 집 도련님은 쳇바퀴도 못 돌린다' 했다.

1905년 일본의 강점 전초전인 을사조약이 체결되었다. 할아버지는 "앞으로는 조그만 이익이라도 남는 일들은 모조리 일본인 차지가 된다"고 하여 배 회사를 팔아 버렸다. 그 나루를 다른 조선사람이 샀다. 곧 일본인 배가 와서 경쟁에 나섰다. 일본인 배는 우편물을 수송하면서 조선 정부의 지원금을 받아내 운임을 경쟁 조선사람 배보다 싸게 먹였다. 조선사람이 망했다. 그러자 다음 날로 일본인 배는 요금을 올렸다. 얼마 후에는 항로도 단축해 폭리를 취했다. 독과점 영업이 된 것이다. 일본은 그런 식으로 대한제국을 집어삼켰다. 이는 우리 집 이야기가 아니라 한국 근대경제사의 한 단면이기도 하다.

할아버지는 배 회사를 처분한 뒤 대규모 과수원을 시작했다. 선교사를 통해 미국서 사과와 수밀도·포도 등 신품종을 들여왔다. 곧이어 황해도 바닷가 피앗골과 오리포의 산들을 사들여 나무를 심었다. 평안도 산에는 나무가 안 돼 잘해야 싸리나무 정도라 진남포와 평양 일대에 땔나무를 댈 산이 하나도 없다는 데 눈을 돌린 것이었다. 황해도에는 나무가 태산같이 많고 서울의 소나무·참나무 들은 둥치를 베어내면 밑둥이 그대로 죽지만 황해도 해변의 소나무는 베어낸 자리에서 새 가지가 열 개, 스무 개씩 돋아나 자랐다. 나무를 베어 산에서 굴려 내리면 배가 싣고 대동강을 올라 평양으로 갔다. 나중에는 곧게 빨리 자라는 낙엽송 묘목을 내가 일본서 구해 보내 건축 비계용 재목·돛대·전봇대 같은 건축 자재로 키워 냈다.

1894년 청일전쟁은 이 땅에 신교육에 대한 욕구를 강력하게 불러일으 켰다. 조그만 일본이 청나라를 이길 수 있었던 힘은 신문명에서 나온 것 임을 알았던 것이다. 1904년 러일전쟁 이후 신교육에 대한 확신은 공고 해졌다. 러일전쟁은 러일 양국 모두의 형편으로 승부 없이 비겨 떨어진 것이었지만, 이때 할아버지는 "뭔가 달라져야 한다. 나는 아들, 손자 장 래 교육시켜야겠다"며 결정적으로 개신교를 택했다.

조선인이 바깥세상에 대해 아무것도 모르던 그때, 서양의 예수회가 들어와 학교를 만들어 신식문명을 전하기 시작한 것이었다. 할아버지는 예수를 믿어야 한다거나 천당 가야 된다 그런 걸 내게 가르쳐 준 적은 없다. 조선의 이권과 상황이 일본에 당겨 들어가면 망한다는 것을 절실 하게 알고 벗어날 방법으로 "신교 믿으면 뭔가 새로워진다, 깬다"는 것 뿐이었다. 할아버지는 조혼의 풍습과 술, 담배에 빠져 살고 일 년 내내 수도 없이 치르는 제사에서 벗어나기를 간절히 원했던 진취적인 어른이 었다.

할아버지는 어느 날부터 술과 연초를 다 끊었다. 그다음부터 친구들 이 하나도 없어졌다. 같이 술 마시고 돈 쓰러 다니던 친구들은 술집에 안 가는 할아버지를 미워했다. 9, 10살이면 결혼을 시키던 그때, 신교에 서는 17세 이전에는 결혼을 못하게 했다. 우리 집에서는 날 20살에 늦게 장가보내기가 제일 힘들었다고 했다.

장련 만석꾼 오 진사네는 소작 걷어들이기 바쁜데 우리 할아버지는 남다른 데가 있었다. 부지런하고 어떤 분야에 특색 있어 희망을 가질 만 한 농부가 있으면 불러다가 농자금을 융통해 준 것은 우리 할아버지뿐이었다. 장련의 사과밭 중 40개가 우리 할아버지가 농자금 대주어 뒤를 도운 것이었다. 가을에 돈 가지고 갚으러 오면 이자는 안 받고 원금만 받았다. 사회사업에 일찍 눈뜬 것이다. 백남훈 선생의 일본 유학을 할아버지가 처음 지원했다는 일화는 백 선생의 자서전 『나의 일생』에서 보고 처음 알았다.

그렇게 살면서도 할아버지가 여자를 가까이 했단 소리도 없었다. 돈은 어음을 발행해서 썼기에 많은 부피의 현물이 어디에 큰 자리를 차지하고 있지는 않았다. 스스로 머리가 깨어 개화된 책과 신교의 실용을 받아들이고 『천세력』을 보고 조수 시간 계산해 내고 별것 다한 이성적인 사람, 그러면서 남을 배려한 사회사업도 벌인 할아버지에 대한 존경과 영향은 평생 내게서 떠나지 않았다.

우리 형제가 9남매여서 방학 때면 어머니가 밤에 다림질하는 동안 내가 동생을 업고 동네 사랑에 나가곤 했다. 애보기, 소에게 물먹이기, 논에 물대기 같은 일은 했으나 본격적인 농사일은 내가 하지 않았다. 우리집은 우물이 세 개 있던 기와집이었다. 성당의 신부들과 쿤스 같은 선교사들, 신식 학교에 강연차 오는 유식한 계몽가들이 늘 묵었다. 참외밭에는 그래서 팔지 않는 밭두둑이 있어 강습날 같은 때 수백 명 손님이 오면 떡을 해내고 수박·참외를 소바리에 싣고 와 대접하곤 했다. 이때 모펫이나 게일 등 여러 선교사들이 할아버지, 아버지와 맺은 세교는 3대째인 내게 와서도 이어지고 교육사업이나 신사참배 반대 등 일생동안 그들과의 협업이 따랐다.

1910년 강점 후 구월산에 의병들이 많이 박혀 이를 토벌한다고 일본군 토벌대가 장련에 들어왔다. 집을 뺏기지 않으려고 할아버지는 부랴부랴 버선목 다리, 똥 기저귀 같은 더러운 것들을 사랑에 늘어놓으라고 했다. 일본군이 공출할 집을 찾다가 우리 집은 더럽다고 그냥 지나쳤다.

1910년 일제 교육령으로 그때까지 다니던 광진학교가 폐교된 후 할아버지는 집에 독(獨)서당을 차려 나와 오 진사댁 자제들에게 산술과 『동몽선습(童蒙先習)』을 가르쳤다. 그해 섣달, 눈이 함빡 내린 날 할아버지가 내게 "외할머니 친정 정씨 문중 산당에 가서 『동몽선습』 책을 달래 오너라" 하시던 기억이 난다. 눈 덮인 장련의 남산 넘어 10리 떨어진 갈모골에 가니 외할머니의 오라버님이 산지기 집에서 『동몽선습』 책을 내다 주셨다. 집에 와 그 책을 베끼고 바로 여기서 "단군임금이 지금의 요동 땅에 조선을 개국한 조상"이라는 것을 처음 배웠다. 훗날 나의 단군조선 연구의 시발이 이것이었다.

할아버지는 어린 내가 책 읽고 공부하기 좋아하는 것을 보고는 피앗골 산의 나무와 쌀 소출을 나를 위한 재산으로 만들어 "책도 원하는 대로 보게 하고 학교도 하겠다는 데까지 마치게 하라" 하셨다. 할아버지는 무슨 책을 사려는지 묻지도 않고 책값을 주었지만 책 사고 남은 돈으로 무엇을 했는지 알지 않고는 못 견뎠다. 나는 남은 돈으로도 책을 샀다. 할아버지 방 벽장에는 갖은 과일이 다 있는데 절대로 거저 주진 않았다. 밤 율(栗)자를 쓰면 밤을 꺼내 주고 복숭아 도(桃)자를 쓰면 복숭아를 주었다.

"내가 쉬 죽을 터인데 돈은 많다. 태영이가 책을 많이 읽고 공부를 하니 그 뒷바라지할 것 장만해 주겠다. 피앗골 부동산으로 이 애가 공부하겠다면 어디까지든지 시키고 책 사 달라면 책값은 물어도 보지 말고 얼마든지 주어라."

"너는 공부할 사람이지 정치할 사람은 아니다. 너는 공부하고 항일해라." "네가 직접 하는 일은 소 먹이고 논에 물 대고 아이 봐주는 것으로 되니 농사에 신경 쓰지 말아라. 너는 너의 일이 있다."

나는 할아버지 말을 그대로 들었다. 내가 후일 영미법과 철학을 공부하고 일생 학문에 정진한 것은 이러한 할아버지의 영향과 아버지의 명령 때문이었다. 그러나 재산은 종래 공산당 차지가 됐다. 그처럼 과단성 있고 사욕 없이 명민하던 할아버지도, 후일의 장인도 공산당이 뭔지는 몰랐다.

할아버지는 1912년 내가 구월산 종산학교 다니며 방학이 되어 집으로 돌아올 때 동구 밖까지 지팡이 짚고 마중 나와 나를 맞아들이고 벽장에서 여러 가지 먹을 것을 꺼내 주셨다. 얼마 뒤 돌아가셨다. 내가 할아버지를 입관한 널 앞에서 잤다. 몇 년 동안이나 아버지는 할아버지 이야기를 할 때면 울어서 나도 따라 울었다. 여태까지 죽은 주변 사람 중에 할아버지 돌아간 게 제일 서럽다.

부친은 평양 숭실중학을 거쳐 서울의 세브란스 의전에 다녔다. 그런데 시체 해부하는 일에 자꾸 구역이 나서 도저히 못하겠다고 돌아왔다. 1909년 장련 출신 서울 유학생들의 기념사진에는 백남훈 선생과 부친, 황성필(黃晟弼) 의사[이완용 암살미수사건 때 이재명(李在明) 의사가 사용한 칼에 독약을 발라 주었던 분. 대한의전(서울대 의대의 전신) 학생이었다]가 보인다. 부친은 생활이 불합리한 분이어서 후일 나를 무척이나 힘들게 했으나 장련에 돌아와 재산을 지키면서 서당을 열어 아이들을 가르치고 머슴들을 위한 야학도 했다. 효자여서 매일 아침 할아버지 드릴 더운 묵을 사 왔다. 안악 안명근 사건 때 일제에 붙들려 가 감옥에서 몇 달이나 고초를 겪었다. 임정의 재정 담당자로 신흥무관학교 출신 이준원과 함께 독립자금을 모금하는 독립운동을 하다가 평양감옥에서 1년 반이나 옥살이를 했다.

자금 모금에 관련된 장부와 서류를 우리 집 천장에 넣어 두었다. 장련의 일본인 경찰서장 하나다가 아버지의 행적을 눈치채고 이 장부를 찾아내서 아버지를 감옥에 보낸 것이었다. 내가 도쿄 유학 중일 때 평양 감옥의 아버지와 서신을 주고받았다. 아버지의 편지는 '나는 걱정하지 말고 공부나 열심히 해라'는 것이었고, 내 답장은 '건강에 주의하십시오. 저는 열심히 공부하고 있습니다' 하는 것이었다. 일본인 동무는 아버지의 편지를 옆에서 보면서 '한자가 다르다'며 신기해 했다.

그때 결혼하여 처도 도쿄 유학 중이었는데 감옥의 아버지를 두고 우리만 편히 잘 수가 없어 요를 깔지 않고 잤다. 젊었을 때니까 그런 일은 괜찮았다. 귀국 후 아버지가 집 사라고 돈을 싸 들고 오셨으나 "나는 대학도 나왔고 직업도 있으니 내 돈으로 집 장만하겠다"고 거절했다. 나는 평생 학비 외 아버지의 재정 지원을 받지 않았다.

광복 후 정부에서 "독립유공자 표창을 하겠다"고 해도 부친은 "상 타려고 한 일이 아니다"며 한사코 마다했다. 후일 나도 아버지의 이런 사상을 그대로 물려받아 내게 준다는 독립유공자 표창을 거절했다.

피앗골과 실아손이

할아버지는 나루 회사를 처분한 뒤 장련 북쪽 봉황산 넘어 화천리(花川里) 지나 피앗골(직전리, 稷田里)부터 오리포까지 수십 리 산을 사서 전봇대 같은 재목과 땔감으로 쓸 나무를 심었다. 오리포란 지명은 러일전쟁에 나오는 곳이고, 나중에 내가 여기서 광산을 했다. 참죽나무·소나무·참나무·가래나무·이스라지(산앵두)나무를 많이 심고 밤나무는 천 그루가 넘게 있었다. 참죽나무는 촘촘하게 심어 놓으면 꼿꼿하게 올라가니까 돛대로 많이 쓰였다. 할아버지가 가르쳐 준 식목법이었다. 도쿄에 있으면서는 내가 이곳과 기후가 비슷한 사이타마 현의 낙엽송 묘목을 구해 보내고 내가 감역해서 나무를 심었다.

가을이 되어 밤나무 천여 그루에 밤이 영글면 머리에 바가지를 쓰고 장대를 들고 밤을 땄다. 밤송이 가시가 바가지는 뚫지 못하기 때문이었다. 떨어진 밤에 물을 뿌리고 멍석을 덮어 두면 며칠 후 밤송이는 쩍쩍 벌어졌다. 밤아람은 팔지 않고 동네 사람 누구든 먹게 했다. 부친은 힘이 장사에 석전(石戰)의 명수여서 아무리 높은 가지에 매달린 것이라도 돌팔매질 한 번에 정확하게 맞추곤 했다. 아버지가 던지는 돌은 윙 하는 소리를 내며 날아가 맞았다. 걸음이 빨라 대문 밖에 나섰다 하면 십 리

밖에 가 있었다.

피앗골은 진남포 맞은편 해변에 면한 산골이었다. 친할머니가 여기 가서 일찍 과부가 된 최카타리나 고모하고 살았다. 할머니 집 옆에 우리 산의 나무를 감시하는 산막과 일꾼들의 집, 과수원, 학당이 있었다. 천변에는 논밭도 있었다. 장련은 잘 가물었지만 피앗골의 논은 아무리 가물어도 물이 마르질 않는 곳이어서 벼 종자를 냈다.

방학이 되면 고리짝 두 개에 책을 가득 담아 가지고 산을 두 개 넘어 피앗골 할머니 댁으로 지내러 갔다. 하얀 세모래가 깔린 바닷가에는 해당화가 붉게 피고 맑은 바닷물 속에는 갖은 생선이 다 있었다. 책을 읽다가 싫증이 나면 바닷가 바위에 앉아 게를 약 올려서 잡아 올리고 밀물 때 새우를 발로 밟아 뻘에 밀어 넣었다가 물이 빠지면 가서 꺼내 잡곤 했다. 도회에서 피서 오는 사람도 많았다. 서울 사람 유 진사라는 이가 말 같은 딸들을 데리고 피앗골에 해수욕 왔는데, 값이 싸다고 궁상맞은 안남미(安南米)를 먹던 사람이었다.

할머니 집에서 건너편을 보면 진남포 항구의 전등 불빛과 큰 공장 굴뚝에 연기 나는 것도 보았다. 상업은행도 들어와 있었다. 후일 내가 모펫 선교사의 권유로 서울을 떠나 평양 숭실대학 교수로 옮기려 했던 것은, 할아버지가 나를 위한 재단으로 만들어 준 이곳에 들어와 살 작정이 있어서였다. 우리 산의 나무로 전봇대는 얼마든지 세울 수 있으니 진남포에서 전기를 끌어다가 전화를 가질 셈이고 만 가지 생활용품을 여기다 구비해 놓고 공부만 하려 했는데 숭실대학으로 가려는 걸 서울에서 막더니 이후에는 38선이 막혀 가지 못하게 됐다.

산막 가까이 있는 커다란 선바위 주변에 도라지와 희고 붉은 산작약이 많이 피어 여기가 우리 저녁 먹는 장소였다. 향취 나는 계륵도 있었다. 바로 그 옆에 조선의 독립투쟁을 지휘한 호랑이 포수 출신 홍범도(洪範圖) 장군의 어머니 묘가 있어 내가 묘지기처럼 잘 돌보았다. 호랑이 포수들은 신미양요 때 미국 군함의 공격을 물리친 용감한 사람들이었다. 홍범도는 나중에 쉽게 찾을 수 있도록 그 선바위를 비석 삼아 묘를 쓰고 만주로 나간 것 같다. 그도 머리가 일찍 깨어 이암의 『단군세기』 등 한국 고대사의 여러 책을 한데 묶은 『환단고기(桓檀古記)』를 출판케 한 역사적 공로가 있고 나의 피앗골과도 인연이 있으니 내가 그를 각별히 생각한다. 장련에는 평안도에서 난을 일으켰던 홍경래(洪景來)도 와서 살았었다고 한다. 임정 주석 김구 선생도 얼마간 여기서 교육하며 살았던 것을 생각하면 장련은 혁명가들과 연관지어진 곳이다.

장련에는 '실아(失牙)손이'(이빨 빠진 늙은 범, 스라소니)도 있었다. 실아손이는 피앗골에서 화천리로 해서 장련읍으로 잘 나와 다녔다. 백다섯 살 나서 잘 걷지 못하는 지금의 나보다 팔자가 좋았다. 그놈은 구월산에 있었던 것이 분명하다. 거기서 봉황산으로 해서 장련읍까지 내려온 것이다. 실아손이는 양주가 있다가 혼자 남았는데, 눈은 번들번들해도 이가 다 상해서 사람을 물지 못하지만 가만히 못 있고 밤에 나와 사람을 따라다녔다. 개도 못 잡아가고 기껏해야 닭이나 잡아먹고 어쩌다 발톱으로 할퀴는 데 변소 갔다가 실아손이한테 엉덩이 상한 사람들이 많았다. 장련 사람들은 누구나 실아손이를 알아서 무서워하지도 않고 그놈이 어디쯤 가면 나온다는 것도 알고 있었다.

나도 어느 겨울 실아손이를 한 번 만났다. 경신중학 다니던 열다섯여섯 살 무렵이었다. 장련 집에서 나와 밋밋한 봉황산을 지나고 바닷가의 가파른 산을 넘어 30리 채 못 되는 피앗골 우리 산막에 가는 길 중간쯤을 지나는 밤길이었다. 실아손이는 낮엔 안 나와 다녔다. 그때 나무 뒤에서 등잔 켠 것 같이 눈이 번쩍번쩍하는 실아손이가 보였다. 그렇게 반갑진 않았지만 그의 존재를 익숙하게 들어 알고 있었기에 놀라지도 않았다. 호랑이는 사람을 잡으면 당장 덤벼들어 먹지는 않고 왔다 갔다 하면서 최면을 걸어 정신을 잃게 한 뒤 잡아먹으니 걱정은 없었다. 나는 최면에는 안 걸릴 자신이 있었다. 가만히 있으니 실아손이는 숲으로 들어가 사라졌다. 나는 가던 길을 계속 갔다.

장련의 실아손이는 그 후에도 오래 살았다. 짝도 없었다. 사람들이 먹을 걸 주니까 따르긴 하지만 언제 어떻게 죽었는지 아무도 몰랐다. 멋쟁이였다. 그래도 실아손이는 나보다 우리 고모랑 더 친구 하던 놈이다. 2000년쯤 황해도 천주교사에 '피앗골에서 양잠하며 살던 최카타리나는 천주교 신앙이 독실했다. 그녀가 장련 올 때면 호랑이가 나타나 동행하고 길 안내했다'고 누가 '소설'을 적어 놓았다. 여기 적힌 최카타리나가 바로 피앗골에서 할머니와 살던 내 고모인데 일본 가서 양잠 기술도 배워 와 산뽕을 치며 살다가 장련 오가는 길에 실아손이를 많이 보았던 것이다. 장련의 나이 든 사람들은 실아손이가 심심하면 마을에 나타나지만 사람을 해치지 않는다는 것을 알고 무서워하지도 않았는데 그걸 가지고 '최카타리나가 호랑이 데리고 다녔는데 그 호랑이가 길을 안내했다'고 과장했다. '호랑이가 길 안내'한다는 그런 일은 없는 말이다. 말이라는 것이 몇 손 건너가면 그렇게 맹랑하게 달라진다.

장련 꿈꾸기

솟대백이와 여래벌 그리고 남산

장련 우리 동네는 솟대백이가 있고 구월산 속엔 환웅과 단군을 모신 삼성전이 있고 서쪽 해안의 송관(松串)이란 데는 단군사당·아사달 나루가 있는 곳이다. 들장미·철쭉·진달래가 만발하고 버들이 푸르고 맑은 물에만 사는 은구어가 장련의 냇물에서 잡힌다. 솥만 가지고 나가면 먹을 건 얼마든지 있고 집집마다 뒤꼍에는 '부루단지'가 있어 물을 담아 두고 그 위에 짚으로 씌워 두는데 거기 뱀이나 구렁이가 들어가 있기도 한 걸 '업'이라고 하여 해치지 않았다.

'똘래빼 똘래빼 똘래빼 똘래빼 똘래빼 똘래빼…'

원님이 행차할 때나 국악대가 들어오면 비석(碑石)거리에서 나팔 부는 소리가 장련 읍내에 다 들렸다. 장련 일대는 장련서 아침 먹고, 은율 가서 점심 먹고, 종산 가서 저녁 먹는 60리다. 안악군 대행면은 넓고 개명한 곳으로 안악보다는 장련에 가까우니 학교도 모두 장련에 접붙어 있어 장련장을 봐서 먹으며 한 생활권을 이루었다. 서울서 이민해 온 사람들이 대행면에 많이 살았는데 장련장에서 3·1만세운동이 벌어졌을 때 이곳 대행면 사람들도 장련 사람들과 같이 움직였다. 장련엔 장응진(張膺震, 1890-1950) 등 일본 가서 일찍부터 신학문을 공부해 깬 사람이 많

33

앉기에 장련 고을을 벗어나 대처로 나아가는 일은 응당 그러려니 생각되었다. 실제로 다수의 남녀 젊은이들이 서울과 도쿄에 유학했다.

읍 동쪽에 장련의 향교림인 솔밭이 펼쳐지고 그 옆에 향교 건물 축성루가 있었다. 솔밭엔 꼿꼿한 아름드리 소나무가 많이 들어서 있어 산책하기 좋았다. 나무 위에 왜가리가 살면서 새끼한테 먹일 뱀을 물고 왔다. 학들은 밭에 와서 죽 한 일(一)자로 열 지어 나아가며 뭘 잡아먹는데 점잖은 놈들이 다니는 게 멋있었다. 줄의 맨 가장자리에 있는 학은 먹지 않고 뭐가 저희들 잡으러 오지 않나 번갈아 가며 망을 봤다.

동탑 거리에 있는 '옷밭몰(花田里)'은 꽃밭몰, 꽃밭 동네란 소리다. 옷밭몰은 아무 지방에나 다 있었다. 동쪽으로 가면 진남포 가는 배가 떠나는 금복리 나루였다. 금복리 가는 중간에 일본인이 하던 삼화(三和)농장이 있어 쌀농사도 하고 염전에서 소금을 구웠다. 장련읍 동탑 거리의 탑이 어느 날 사라져 버려 어디로 갔나 했는데 나중에 보니 그 삼화농장의 일본인이 제멋대로 가져가 버린 것이었다.

읍 서쪽으로는 은율 가는 대로가 있었다. 솟대백이가 있는 서탑 거리로 해서 만리동 탑고개를 넘으면 은율이고 거기서 종산(鍾山) 안구월산에 갔다.

북산(北山)인 봉황산 올라가는 중간에는 당(堂)집이 있고 묘지들이 있었다. 그런데 읍의 남산은 나무 한 대, 풀 한 대도 못 건드리게 동네 전체가 지켰는데, 북산 봉황산은 진봉암(鎭鳳庵) 암자 부근만 남겨 놓고 산의 나무를 땔감으로 베어다 써서 고작 진달래, 개나리 정도만 남아 있었다. 그것도 예뻤다. 꽃 꺾으려면 봉황산으로 갔다. 승려 내외가 꼭대기에 있는 진봉암 암자에 살았다. 암자 부근 큰 나무 밑에 고요한 물웅덩이가 있었다. 가라앉은 낙엽을 헤치고 두 손으로 물을 뜨면 울긋불긋 징그러운 지네들이 떠올라 와 기겁을 하곤 했다. 지네는 뻘겅, 퍼렁, 여러 색깔이 섞인 놈 등이 있어 보기만도 징그러웠다. 봉황산을 동쪽으로 넘어가면 화천리 지나 피앗골과 오리포가 나오고 서쪽으로 넘어가면 금산포가 나왔다.

장련 동남쪽에 있는 남산은 잊을 수 없다. 지금도 눈에 선하다. 집에 있다가도 골이 아프면 논두렁, 밭두렁을 막 질러서 남산에 갔다. 아름드리 느티나무 두 그루가 있는데 속이 비어 있어 사람이 몇씩 그리로 들어갔다. 이 나무에 배를 매어 놓았다고 '배 부린 나무'라고 한 걸 보면 옛날엔 바닷물이 여기까지 올라왔던가 보았다. 느티나무 사이로 들어가면 예쁜 못이 있었다. 못은 깊고 물이 맑았다. 그런데 흙뻘 속으로 한없이 빠져 들어가는 데가 있어 무서워 아무도 그 못에 들어가지 않았다. 사람한테 잡힐 위험이 없는 물고기들이 물위로 얼마든지 떠다니며 멋있게 헤엄치고 다녔다. 물위로는 장수잠자리들이 모여 맞붙어 돌아다녔다. 거기가 참 좋았다. 그 뒤쪽으로는 사람이 들어갈 수도 없이 잡목이 가득했다.

구렁이가 나무 위에 있다가 실족해서 내 어깨로 탁 떨어져 걸쳐 있던 게 그곳이었다. 할아버지가 "어디서 구렁이 만나도 놀라지 마라. 놀라면 구렁이가 문다"고 가르쳐 주었기에, 가만히 있으니 스르르 가 버렸다. 서울서 오는 양반들 묵던 큰 객사나 서원, 향교 같은 오래고 큰 건물에는 어디나 다 구렁이가 있었다. 아이들 여럿이 떼 지어 다니다가 구렁이를 보면 꼭 쫓아가서 뱀 구멍에 불을 놓아 죽이곤 했다. 한번은 우리 집 지붕 기왓장 새로 들어가는 뱀을 내가 양손에 버선목 다리를 끼고 힘껏 잡아당겼는데 아무리 해도 안 나왔다.

산허리 북향한 음지에 빙고(氷庫)가 있었다. 산허리에 흙굴을 내서 그

속에 볏겨를 쌓고 겨울에 얼음을 떠다 놓고 볏겨를 다시 많이 덮어 두면 여름에도 먹을 수 있었다. 아무나 얼음을 주지는 않고 원님(지금의 군수) 이나 먹었다. 어디가나 산속에 빙고는 다 있어서 금강산에도 빙고가 있었는데 그건 누가 먹나 모른다. 산꼭대기로 가면 팔각정 정자가 있었다. 방학 때 내가 집에 오면 백태헌이란 동무가 "네가 도쿄와 서울서 보고 들은 걸 다 그대로 말해 봐라" 해서 둘이 남산 정자에 가서 내가 들은 강연 내용을 말해 주곤 했다.

팔각정 뒤로 넘어가면 남산리 큰 동네와 서원이 있었다. 이게 대원군의 서원철폐 때도 안 없어진 봉양(鳳陽)서원이다. 글하는 유식한 사람들이 서원에 왔다. 남산리에서 느티나무골 지나면 갓모골(갓뫼)과 밤골(율리)이 있는데 조그만 폭포가 있어 구월산 물이 그리로 흐르니 소풍을 많이 가고 여기서 바로 바깥구월산으로 올랐다. 구월산서 나무 한 짐 하고 소리치면 동네에 다 들렸다. 우리 집에서는 여기서 나무해 가지고 오는 것이 보였다. 우리 집 머슴이 여기서 나무 한 짐 하고 부르던 노래가 있었는데, 그것이 바로 향가였음을 나중에 알았다. 고개 하나 넘으면 원정사(元正寺) 절이었다.

서원 앞이 군수·현감 지낸 이들 송덕비가 많은 비석거리이자 안악과 서울 가는 큰길, 안악대로였다. 버드나무 가로수가 많고 노란 야생 들장미와 들국화가 서원서부터 비석거리 지나도록 무리지어 피었다. 들장미는 꽉 들어찬 만첩의 고운 꽃이 피었지만 가시가 엄방지게('대단히'를 뜻하는 황해도 말) 많았다. 우리 집에서도 이 길이 보였다. 겨울방학에 집에 왔다 서울로 갈 때 강이 얼어 진남포에서 떠나는 기차를 타러 가지 못하면 말 타고 안악으로 해서 돌아가던 길이고 장가 갈 때 꽃가마 탄 아내를 데리고 오던 길이기도 했다. 그 대로를 가는 중간에 있던 밥뫼(식산

평–논이 많이 있는 데'란 뜻) 혹은 뱀산(蛇山)이란 데는 웅덩이 대여섯 군데에 물뱀이 몇백 마리씩 엉켜 들어차 있어 무서웠다. 그 광경은 두고두고 못 잊는 악몽이었다. 왜가리들이 여기 뱀을 잡아다 새끼한테 갖다줬다.

소남산은 남산 옆에 있는데 잎사귀도 없는 늙은 노신(老神) 나무랑 여러 나무가 있었다. 나중에 할아버지가 이곳에 광진학당을 지어 장련의 학생들을 교육시켰다.

지금도 여래벌과 남산을 늘 생각한다. 읍에서 30분 거리의 여래벌은 장련서 남산 가는 길을 건너 안악과 서울 가는 큰길에 면한 넓은 논밭벌이다. 구월산 물은 산에서 내려오다 중간에 땅속으로 스며들어가 흐르는데 여래벌에 와서는 땅 위로 솟아 넓고 깊게 판 둑을 따라 냇물을 이루어 논밭에 물을 대면서 안악으로 흘러 서해 바다로 빠졌다. 그 물은 떠먹어도 될 만큼 깨끗해 맑은 물에만 사는 은구어가 살았다. 여름날 이곳에 달려와 허리까지 차는 여래천 맑은 물에 들어가 있으면 물고기가 몸에 와서 톡톡 부딪치며 때를 뜯어먹었다. 물가에는 늙은 버들이 늘어선 아래로 정자와 원두막이 있고 잔디밭에 깨끗한 조약돌이 펼쳐졌다. 둑 위로는 사람들이 다녔다. 시원한 바람과 물이 있던 여래벌이 언제나 좋았다. 우리 논과 과수원도 이곳에 있어 원두막에 올라 참외를 먹고 맨발로 밭을 밟고 다니는 여름이 좋았다.

빨래가 많든지 필로 들여온 광목 같은 옷감을 바랠 때는 아무리 부자라도 다 여래천에 와서 빨아 조약돌 많은 자리나 바위에다 말렸다. 어려서 아침 먹고 소한테 풀 먹이러 데리고 나가서는 매어 놓고 여래벌 냇가에 가면 아이동무들이 있었다. 좋은 생선을 찾아 잡아먹고 밭에서 참외를 따먹고 점심은 밀가루를 좀 들고 나가 생선을 잡은 매운탕에 수제비를 떼 넣어 먹었다. 솥은 누가 가져오는지 몰랐다. 미꾸라지는 호박잎에 싸서 구워 먹고 밀청대, 콩청대를 해 먹으면 입가심으로 꼭 무를 먹어야 했다. 저녁 먹을 때가 되면 그동안 풀 다 뜯어먹은 소의 따뜻한 등에 엎드려 집에 들어오곤 했다. 소는 깨끗한 풀의 끄트머리만 잘라 먹었다.

"도로 아이가 돼서 여래벌 맑은 시내에 은어 잡으러 갔으면 좋겠다"고 100살이 넘은 지금도 그리워한다. 발가벗고 물에 들어가 있으면 내 가슴에 와서 톡톡 부딪치던 은어. 주둥이가 은빛 도는 게 있어서 은구어라고도 부르는 은어는 장련에만 있다. 물위로 뛰어오르는 모습은 번쩍번쩍했다. 은구어는 낚시도 안 물고 빠르고 잘 숨는데 껍질 벗긴 흰 버들가지 긴 막대기를 두 개 양손에 잡고 몰아 바위 틈에 박혀 들어가게 해서는 아주 날쌔게 손을 놀려 잡아냈다. 장응진 선생이 잘 잡았다. 비린내가 안 나서 회를 떠 먹었다. 내가 어음을 생선 지느러미에 비유해 설명하면서 그림 그린 생선은 이런 데서 보던 것들을 생각하며 곡선을 아래위로 두 개만 교차하면 되니 그리기 쉬웠다.

서울서나 도쿄서 학교 다닐 때도 방학해서 집에 오면, 아니 서른 살, 마흔 살에도 여름에 집에만 오면 제일 먼저 달려가던 곳이 여래벌이었다. 100살이 넘은 요새도 꿈마다 장련에, 여래 냇물에 간다. 어느 날 꿈에는 밭을 다 돌아보는데 농사 때가 아니라고 아무것도 없는 밭에 비가 와서 땅이 질고, 겨울인데도 퇴비를 쌓아 놓았다. 어젯밤 꿈에도 붕어와 은구어 많은 데 갔었다. 거긴 내가 이름 모르는 생선은 없다. 미꾸라지가 제일 많고 버들붕어와 참붕어도 많다. 구월산이 그립고 맨발로 돌아다니던 장련의 밭이 그립고 남산이 눈에 선하다. 꿈 말고 진짜로 장련에 한 번쯤 가 보고 싶다. 여래벌과 원두막, 무명밭과 피아골, 오리포를 다 둘러보면 좋을 텐데. 아니다. 장련도 이젠 가고 싶지 않다. 가고 싶다고 하면 진짜 가고 싶어질 테니까. 텔레비전에 나오는 산골 개울에는 내가 모르는 생선이 많다. 장어가 산골 개울에서 땅을 어떻게든 뚫고 들어간다. 그런 것들을 보면 유쾌해진다.

100년 가까이 산 서울의 안암동이나 진관 집은 꿈 안 꾸는데 왜 장련 꿈을 꾸는지 참 우습다. 동독으로 유학 갔다 탈출해 나온 북한 청년이 있어 물어보니 장련의 2000호가 지금은 5호만 남고 전부 함경도 사람들이 와 살고 장련 사람들은 황해도와 함경도 접경의 두메산골 곡산이란 데로 다 쫓아냈다고 한다. 함경도는 추워서 실과(實果)도 함흥까지밖에 안 된다는데. 우리 고향이 없어져서 섭섭하다. 개성까지라도 남한에 그냥 두지, 미국이 철원하고 개성을 바꾸다니 말이 안 되는 수작이었다.

나는 지금(2001년 7월 19일) 또 다시 꿈꾼다. 이번에는 연꽃이 많이 피었다. 논을 만들어 연꽃 심을 생각을 했다. 쌀보다는 연뿌리 그게 돈이 더 되니까. 아, 참 꽹장한 꿈이다. 기분이 좋구나. 촌놈은 별 꿈을 다 꾼다. 도회지 놈은 못 꾸는 꿈이다.

피앗골 산막에서 나무 잔가지 쳐내던 사람의 아들과 같이 넓은 호수를 개간했다. 상전이 벽해 된다더니 이건 개발이다. 깨 보니 넓은 땅과 호수가 내가 마지막 거처로 세워 놓고 사는 송도병원 요양원이고 사기 그릇 변소다. 간병인이 저녁때라고, 밥 먹으라고 한다. 개간 열심히 했으니 저녁참 먹어야지. 쥐 나는 다리에 더운 물 샤워하니 좋다. 아이, 편안하다.

한국 사람 집의 화단은 어디나 같아 분꽃·국화·봉숭아 같은 것들을 심는다. 장련 집 화분에 석류·국화·파초를 심고, 작약·들장미·원추리가 야생에 피어 있었다.

시시한 꿈꿨다. 내가 길에서 누굴 하나 잡아 왔다. "뭐하냐" 했더니 아무엇도 안 한단다. 그래서 "안 된다. 뭐라두 해야 한다" 그랬더니 음악에 취미가 있다고 "당신이 음악을 가르칠 수 있소?" 한다. 그래서 내가 도레미파, 도레도미도파, 높은 도 낮은 도를 노래로 가르쳤다. 시도레미 음정 연습은 내가 소년 때 열심히 하던 음악공부이기도 하다. 그런 꿈은 고단하지가 않다.

장련의 일상

　장련 동서남북에 제일 번듯한 12마지기 3천 평 넘는 좋은 밭이 우리 소유였다. 오 진사가 폐가할 때 아까운 땅이니 우리 보고 맡으래서 할아버지가 운수회사 팔아 사들인 밭이었다. 구월산 물이 내려오다 첫 번째 들어오는 여래벌에는 우리 논과 과수원이 있었다. 냇물 가까이, 물이 들어오는 첫째 자리에 있어야 좋은 논이다. 한 군데서 벼 50~100석이 났는데 그게 몇 군데 있어 마름이 관리했다. 석이나 섬이나 같은 말이고 가마니보다 큰 20말 들이다. 볏섬은 광에 쌓아 두고 그때그때 필요한 만큼씩 쌀로 만들어 쓰는데 장련서 오 진사네는 만석꾼이고 우린 천석꾼, 2등 부자였다.

　할아버지는 "땅은 주인이 직접 가꿔야 한다"며 우리가 잘 건사할 데가 아니면 땅을 아예 안 샀다. 한 해는 당신이 직접 농사하고 한 해는 부지런한 사람 구해다 농자금 주면서 소작 짓게 했다. 비료를 잘하지 않고 소출만 자꾸 하면 땅이 나빠지는데 그저 소출 많이 해 먹을 생각만 하는 소작인이 계속 농사지으면 땅을 버리니까 해를 걸러 돌려 가며 소작을 주거나 땅을 안 버릴 믿을 만한 사람에게 맡기는 것이었다.

　겨울보다 여름방학에 집에 가는 게 더 좋았다. 여래벌에 가서 미역감고 산으로 들로 원두막으로 다니는 여름. 원두막에 올라 맛있는 참외 골라 먹던 좋은 기억이다. 다 벗어부치고 맨발로 돌아다녀도 그땐 유리 조각이 없으니 발 다칠 염려도 없었다. 대학 다니던 어느 한 해 방학만 집에 안 돌아가고 도쿄에 남아서 일본의 고등학교 선생들과 같이 독일어 강습을 들었을 뿐 해마다 언제나 방학하는 그날로 집에 돌아가곤 했다.

장련은 나무, 생선, 갖은 과일과 곡식, 목화가 잘되는 곳이니 목화밭·참외밭·밀밭이 많았다. 목화도 되는 땅이 있고 안 되는 땅이 있는데 부자들은 이런 무명 솜밭을 몇 개나 가지고 있었다. 우리 솜밭이 네 군데, 3500평이나 있었다. 목화솜이 열리는 대로 따다가 해마다 이불이랑 옷에 햇솜을 두고 묵은 솜은 실을 뽑아 수목 헝겊을 짰다. 햇솜 넣은 이불은 뺑그렇게 부풀었다. 잘된 솜은 우리가 쓰고 나쁜 솜은 타지 사람들이 엿이랑 함지박을 해 와서 바꿔 갔다. 무명씨는 닭똥에 비벼서 심는다. 무명밭에는 목화 말고도 아주까리 뭐 별것 다 둘러 가며 심어 놓으니까 집에 갇혀 있다시피 살던 여자들은 목화밭에 나가고 광목 바래러 경치 좋은 물가에 가는 게 큰 출입이었다. 그러면 그때 처녀 구경 다 하는 것이었다. 꽈리 부는 게 여자들의 유일한 오락이기도 해서 처녀들이 꽈리 얻으러 이집 저집 다니기도 했다.

온갖 곡식 다 심는데 좋은 흙에 밀을 한 해 심고 나면 다음해는 조를 심었다. 밀은 일찍 되니까 밀 베고 난 자리에는 팥·녹두·소콩(소 먹이는 콩)을 심었다. 녹두는 다 여물어 튀기 전에 여러 번에 걸쳐 따니 손이 많이 갔다. 수수밭이 많았다. 좋은 수수는 찰수수라고 밥도 해 먹고 엿 해 먹는 하얀 수수가 따로 있었다. 목화밭에 심는 기장은 그 대가 예쁜데 '단떡'이라는 과자 만드는 재료로 썼다. 이런 곡식들을 수확하면 큰 소 달구지에 얼마든지 실어다 곳간에 갖다 쌓아 두는 것이었다.

농사짓는 데 제일 중요한 비료로 닭똥이 좋았다. 집집마다 닭들을 기르니까 나오는 닭똥이 있어 목화는 씨를 아예 닭똥에 섞어서 심고 모판 벼도 닭똥을 비료로 썼다. 논에 모 부을 적에도 닭똥을 뿌리고 심으면 좋지만 떡갈나무·도토리나무 순을 잘라다 논바닥에 뿌리면 비료가 됐다. 보통은 퇴비를 썼다. 실과나무도 닭똥 위에 심으면 잘됐다. 행랑채와 사랑 사이 마당이 커서 어지간한 실과는 집안에 다 있었다. 그 실과나무 밑엔 뱀도 있어 손님들이 왔다가 물릴까 봐 내가 얼마나 걱정했는지 모른다. 우리 집에서는 채소를 심을 때 기생충이 생기지 않게 비료 대신 콩 몇 알 넣고 흙으로 덮은 위에 배추씨를 놓았다. 배추 싹이 나와서는 콩을 먹고 깨끗이 크는 것이었다.

장련엔 두레는 없고 그저 품앗이가 있었다. 두레는 전체에서 비용을 내서 강제로 공동작업하는 것이고, 품앗이도 두레의 일종이랄 수 있지만 한 집의 땅씩 돌려 가며 일해 주면 집주인이 그날은 모두를 대접하는 게 두레와 조금 다르다. 품앗이 순서는 물 내려오는 대로 제일 가까운 데부터 먼저 하고 그다음 둘째 논에 가서 한다. 두레는 가을 추수할 때까지 하는 것인데 개인을 구속하는 부분이 있다. 모 다 내고 여름에 하는 호미씻이도 두레의 한 부분이긴 했다.

비가 안 오면 기우제를 지내는데 물을 많이 갖다 부어 놓고 장님 데려다 물가에서 맹꽁맹꽁 소리를 하게 했다. 각 처에서 다 그렇게 했다. 그거 하는 동안 비가 오기도 하고 맹꽁 헛하기도 했다.

정월 초하루부터 보름 동안은 명절이었다. 세배 다니면 누구는 돈을 주고 누구는 먹을 것을 주었다. 단오·호미씻이·추석·설을 쇠었다. 장련서 30리 가면 온천이 있어 물맞이한다고 춤추고 놀고 예배당에서는 성탄과 추수감사절이 큰 명절이었다. '만인계'라는 것도 있었다. 각각 자기 이름 넣은 나무알을 만들어 통에 넣고 흔들어 뽑는데 자기 것 나온 사람이 돈을 타는 것이다. 뽑기 하는 사람은 몸에 미리 감추는 것 없음을 보이느라고 쪽 발가벗어야 됐다. 만인계 하는 날은 동네가 굉장했다.

장련은 우리 할머니 표현으로 장작불에 생선 구워 먹고 사는 동네였다. 민어·농어·왕새우·게·오징어가 지천이었다. 그런데 도미는 장련에선 안 나고 진남포에서만 났다. 피앗골 산막에 가면 할머니가 일꾼에게 "우리 손자 왔소, 가서 민어 한 마리 잡아 주쇼" 하면 펄펄 뛰는 커다란 민어를 금방 잡아 왔다. 사람만한 민어·농어는 잡아 놓으면 '빡, 빡, 빡 …' 소리 내며 몇 시간은 살아 있었다. 북어·조기는 얼마든지 있고 복생선은 말린 것을 먹었다. 안악이란 데는 산속이어서 생선이 숭어밖에 없어 내가 안악 처갓집에 갈 때는 우리 집에서 떠나면서 사람 한 길만한 민어·농어를 각 집에 하나씩 드리느라 여섯 마리는 싣고 가야 했다. 처가에서는 내가 가면 붕어를 비린내 안 나게 거의 탈 정도로 조린 붕어조림과 닭고기를 해 줬다.

장련은 바다가 가까우니 논가에 참게·망둥이 같은 물고기가 왕래했다. 비가 많이 오면 물이 '왕왕' 소리 내고 내려가면서 마당에 죽방울이 뜨는데 생선이 어디선지 빗줄기를 타고 와 공중에서 마당에 떨어졌다. 그럼 그걸 또 잡았다. 내가 예닐곱 살까지 새 옷을 입혀 주어도 바다의 갈게 잡으러 쫓아다니느라 옷을 금방 버리곤 했다. 갈게도 참게처럼 매끈한 놈과 되는대로 생긴 무당게 두 종류가 있었다. 붕어는 감탕 속에 있었다. 물속에 들어가 감탕을 깔고 앉았다가 붕어가 움직이는 감각이 있으면 엉덩이 밑에서 잡아냈다. 민물 붕어는 갱엿을 넣고 푹 삶으면 연해지는 게 맛있었다.

고래 고기는 연하고 상어는 동네 사람들이 많이 잡아 와서 먹는데 맛이 없었다. 개구리 뒷다리는 맛있었다. 서울 사람은 그런 별한 것들은 안 먹던데 난 시골 살아서 시골 사람 먹는 것들을 많이 먹었다. 개구리는 담뱃진 버리는 것을 가끔 주워 먹는다. 그러면 뱀한테 안 잡혀 먹는다는데 어떻게 알고 먹으러 오는지 몰랐다. 사슴·노루 피도 많이 먹었다. 사냥총의 '꽝' 소리가 나고 잡은 것 들고 오면 우선 가슴부터 째고 피부터 마셨다. 병에 받아다가 중탕해서 먹기도 하는데 피가 짜지만 비린내가 안 나고 괜찮아 몇 모금 먹었다. 많이는 못 먹고 보약으로 먹는데 사슴이나 노루나 고기는 연했다.

장련 소는 땡땡하게 살이 찌고 사나웠다. 장련은 소가 많기로 유명한 데고 농산물 집산지가 돼서 우마차 몇 개씩 가져야 되는 데였다. 살이 찌고 사나워야 소가 힘이 세다. 일본 소는 조그마했다. 한국 소는 나무로 코를 뚫어 가지고 다니지만 일본 소는 그렇게 안 했다.

우리 집엔 소 한 마리와 말 한 마리만 두고 나머지 10여 마리는 남에게 맡겨 기르게 했다. 소를 남 줄 때 조건은 "어느 때고 필요하면 우리집 일을 해 준다"는 것이었다. 땔감 나무를 베거나 농사짓고 큰일 있을 때면 소를 맡은 각 집에서 다들 몰고 들어와 나무를 실어 왔다. 그러면 집채 같은 나무산이 집 뒤란에 하나 생기고 겨우내 그걸 때고 살았다. 화롯불이나 음식 만들 때 쓰는 참나무 숯은 겉이 하얀 백탄인데 오래 탔다. 벚나무로 만든 숯은 금방 피었다.

잘사는 집은 말이 십여 필씩 되었다. 그때 벌써 키 큰 아라비아 말이 들어왔다. 말이 병나면 수의사가 따로 없이 의사가 와서 봤다. 병든 소는 각 집에서 자작으로 고쳤다. 큰 쇠침을 뜨겁게 불에 달구어 소에게 집어넣기도 하고 살에 갖다 대는 치료였다. 사람이 이빨을 뽑으려면 목수한테 갔다. 거기 가야 조그만 집게도 있고 그랬다. 그러다 치과 병원이 생기니까 어른들이 참 좋아했다.

장련장에는 전라도에서도 올라와 물건을 사고팔았다. 머리꼬리 길게 늘인 나이 많은 총각들이 "이 참빗이요, 저 참빗이요, 전라도 아랫녘 담양 참빗이오" 하면서 파는데 목침으로 내려쳐도 안 상한다고 보여주느라 내려치면서 팔고 생강도 팔았다. 우리 집에선 할머니가 장에 가서 다 사고 팔고 했다. 할머니는 구구도 몰랐지만 계산은 다 했다. 거기다 언제는 뭐가 쌀 때니 사다 두어야 하는 걸 환히 알았다.

여름엔 원두막에 올라앉아 참외 먹고, 겨울엔 눈 펄펄 오는데 냉면 시켜다 먹는 게 장련의 습관이었다. 병원 동업하는 사람네 사랑에 모여 동무들끼리 언풍(言風)놀이나 글쓰기를 했다. 언풍을 하려면 우선 양지(洋紙)를 사 와야 했다. 언제나 손두환의 글이 제일 좋았다. '오리'를 주제어로 내면 '십 리 절반 제 이름' 하고 나왔다. '외'자 언풍에 '참외 먹고 배 아파'라는 하등 글이나 지어내는 동무는 맨날 지는 축이다. 10명 중 5명은 이긴 축에 들어 한턱 얻어먹고 진 축의 5명은 종이 값과 냉면 값을 냈다. 겨울에 그 추운데도 냉면 시키러 읍에 내려갔다. 냉면집엔 의례 장님이 냉면가루 내는 맷돌을 돌렸다. 사다리에 올라가 '어이어이' 하고 힘을 주어 기계를 누르면 냉면이 쭉 나와서 솥으로 들어갔다. 얼마 안 있어 냉면 실은 자전거가 논두렁·밭두렁을 질러서 배달 왔다. 국물은 따로 주전자에 담아 왔다.

참외가 다른 농사보다 이문이 많으니까 참외 농사는 해마다 하는데 그중 밭 한 두둑은 특별히 좋은 종자를 심어 우리가 먹을 것으로 떼어 놓았다가 쓸 때 소바리로 실어 와서 손님에게 대접했다.

'김막개'라는 조그맣고 노란 참외가 맛있었다. 지금 섭섭한 건 기르기 쉬운 노란 나이롱 참외만 퍼지고 맛있는 재래종은 모두 멸종됐다는 것이다. 우리 참외는 종자가 수도 없이 많은데 제일 좋은 것은 청사과·백사과로 아주 연하고 단 고급 참외였다. 청사과는 푸른빛 도는 옥색이고 백사과는 순백색인데 솜털이 있다. 씨가 깨알같이 잘아야 달다. 백사과·청사과·개구리참외 다 좋은 것들인데 왜 다 없앴는지 알 수 없다. 가지참외란 것은 조금 굵고 볍씨참외란 것은 종자가 볍씨 같은데 일찍 따먹어도 쓰지 않았다. 호박참외는 크기만 하고 맛이 없었다. 그 대신 늙은 담에 따먹으면 부드러워서 영감·할머니 들이 좋아했다. 줄무늬 있는 개구리참외를 영국 참외라고 했다. 할머니는 참외를 겨우내 먹도록 저장했다 주었다.

은율 사람들이 일찍 나는 참외를 재배, 장련에도 산더미같이 싣고 와 장날 팔았다. 그걸 우리 아버지가 은율 가서 문갑을 새로 사면서 이른 참외씨를 문갑에 사 넣고 와서 장련 사람들한테 나눠 주어 심게 했다. 그래서 장련서도 이른 참외를 내게 되니 은율에서 이른 참외를 장련에 더 못 갖다 팔았다.

오세창의 아들 오일철은 보전 재직 중 장련 우리 집에 여러 번 왔다. 동전 한 푼을 내면 참외를 두 개씩 주는 게 너무 재밌어서 자꾸 참외를 사 먹었다. 참외 한 개 값이 우편엽서 1장 값인 1전 5리였다. 서울에선 택도 없는 것이었다. 일본에는 우리처럼 달콤한 참외가 없고 맛없는 참외만 있었다. 그래서 그들은 참외를 잘 안 먹었다. 아까운 건 지금은 볼 수 없는 우리나라 재래종 포도다. 조선 포도와 똑같은 일본 야마나시현의 고후(甲府) 포도가 있어 내 동창생 변호사가 보내오곤 했다.

수박은 귀했다. 열매도 그리 많이 달리지 않고 딸 적에 열매 근처를 넝쿨째 끊는다. 그런데 하나 이상한 것은 서양서 멜론·레몬 종자가 들어와 참외밭에 심어 가꾸니까 맛이 개맛, 아주 하등이어서 재미를 못 봤다.

밤나무는 산에 직접 심지 않고 싹을 내서 묘목이 되면 산에 갖다 옮겨 심는다. 우리 산의 밤나무 1천 그루는 다 내가 심었다. 밤은 팔지 않고 동네 사람들이 갖다 먹게 했다. 집집이 움이 있어 땅을 파 밤을 묻어 두고 짚으로 틀어막아 놓으면 벌레가 안 생겨 겨우내 먹었다. 밤을 아랫목 따뜻한 보료 밑에 두면 마르면서 껍데기가 잘 벗겨졌다.

감도 땅에 따라 되는 데 있고 안 되는 데가 있다. 장련읍에는 감이 고욤밖에 안 됐다. 그래서 가을이면 소를 몰고 10리 밖 감 많이 나는 고장에 가서 한 바리 1천 개쯤 사다가 고리에 짚을 착착 깔고 넣어 두었다. 겨울에 땡땡 언 감을 찬물에 담그면 얼음이 싹 나온다. 그 얼음을 헤치고 말랑해진 놈을 '뽕뽕' 빨아먹었다. 피앗골 할머니네 산막에도 감이 되는데 할머니는 내가 나무에 감 달린 것 좋아한다고 하여 몇 나무는 감을 따지 않고 두었다.

사과·배는 다 얼기 전에 '진남포 사과'로 일본에 수출했다. 일본 천황이 그걸 먹는다는 거였다. 복숭아가 입동 김장 담글 때까지 있었다. 군것질 거리인 밤·감·약과·빙사과(氷砂菓)·떡·엿이 있고 콩을 많이 볶아 먹었다. 밭머리에서 구워 먹는 콩청대·밀청대 그런 것도 다 맛있는 것들이었다.

식혜와 갱엿은 큰 항아리에 늘 만들어 두고 먹었다. 물엿은 수수에 이밥하고 섞어 만드는데, 떡 찍어 먹을 꿀이 그렇게 많지 않으니까 물엿을 대신 먹었다. 가난한 집에는 식혜도 없었다. 파는 음료로는 사이다와 '라모네'란 게 있었다. 병마개를 치면 마개가 병 속으로 쑥 들어가는 걸 쭉 마시고 나면 병은 또 갖다 쓰는 것 같았다. 장날 시장에 가면 먹을 것 천지였다. 내기를 하는데 엿치기를 해서 구멍이 크면 이겼다.

할아버지·부모가 끝까지 날 다 좋아하셨다. 할아버지 따라 술집 가는 일은 좋았다. 어른들이 오징어 뼈로 학이나 새를 만들어 주면 좋아서 갖고 놀고 별한 안주 나오는 걸 내가 다 먹었다. 옷에 '개화주머니'(일종의 아웃 포켓)란 걸 호주머니를 달고 콩 볶은 걸 늘 넣고 다녔다. 돈은 개화주머니에 잘 안 넣고 따로 주머니에 넣어 찼다. 할아버지는 부시 주머니·안경 주머니·콩 주머니·돈주머니·염낭 등을 줄줄이 차고 다녔다.

내가 어려서부터 이제껏 과자와 사탕을 많이 먹는다. 오래 두면 폭삭폭삭하는 눈깔사탕을 아이 때도 많이 먹었다. 나와 친한 동무 집에서 사탕가게를 했다. 내가 사러 가면 집안 어른들 안 보게 "야야, 사탕 많이 갖다 먹어라" 하고 주기도 하던 다정한 친구였다.

가래떡은 빼서 구워 먹고 찹쌀떡은 콩가루를 발라 먹었다. 만두는 겨울에 많이 빚어 먹고 송편은 밤·팥·참깨 넣고 만들고 절편은 구워 먹었다. 콩은 저으면서 볶으면 탁탁 튀면서 껍질이 가운데가 갈라졌다. "후추 양념에 밤엿이오" 하면서 자루에 넣고 다니는 걸 사 먹었다. 시골이라도 각 고을마다 산언덕 북향한 자리에 얼음을 보관한 빙고가 있었다.

싫은 기억이 기생충 많은 것이다. 기생충 없는 사람이 없었다. 석류나무 뿌리 먹는 게 회충약이고 촌충은 비자나무 열매 까먹는 게 약인데 그시절 그래도 우리 아버지가 세브란스 학생이라 약을 썼다. 함경도에서는 잇몸이 상해 들어가는 향토병에 걸리면 개고기를 치료제로 먹었다. 도쿄에 가서는 매일 저녁 먹고 나면 오기권 군과 산보 나가서 신맛 나는 귤에 땅콩을 주전부리하고 국수를 많이 사 먹었다. 거기서는 오리고기와 닭고기·달걀이 흔했다.

그리피스가 쓴 책 『은자의 나라 조선』에는 다른 나라와는 다른, 조선의 경제생활을 묘사했다. 담장은 가시철망 대신 대추나무 가지를 썼다.

우리 집은 텃밭이 담장 안으로 동서남북에 다 있었다. 적어도 서너 집을 모아 새로 지은 집이 분명하다. 그 넓은 집 담장을 연년이 가시 있는 어린 대추나무 가지를 베어다 묶어 얹어 놓으면 훌륭한 철망이 된다. 그만큼 야생 대추나무가 많았다. 누에를 치는 데도 야생 뽕을 따다 했다. 장련에선 방바닥 구들장 밑에 떼를 골 지어 심어 그 골로 연기와 불길이 지나간다. 그러면 떼는 익어서 다음해 봄 방바닥을 뜯어 비료로 쓰고 방바닥에 다시 구들장을 놓고 흙을 발랐다. 그래서 빈대가 번식하지 않았다. 추운 지방은 벽을 이중으로 해서 열이 그 사이로 통과하게 한다. 변소에도 언제나 떼를 덮어 비료로 썼다.

온돌에 놓은 흙이 구워 지며 비료가 되니 여름에 온돌 흙을 뜯어서 비료로 내가고 가을에 새로 발랐다. 보통 집에서는 집 장판으로 갈대를 쪼개어 짠 '갈보전'을 깔았다. 상등 손님이 오면 갈보전 위에 돗자리를 더 깔았다. 칡으로 노끈을 한다. 요 시기엔 요런 자연, 저 시기엔 조런 자연을 이용해 서로 도와 가며 살았다. 배도 목수가 만들었다. 자작자급하는 사회였다.

소나무 껍질을 한 팔 길이만큼 낫으로 내리 벗겨 끝에다 유황을 칠한 솔 성냥을 여러 개 엮어 두고 화롯불에 대고 불붙여 훅훅 불어 가며 썼다. 전지와 같았다. 밤길을 갈 때는 가까운 곳이면 솔 성냥을 몇 개 가지고 다니고 먼 데 갈 때는 솔 성냥 대신 진이 생겨서 오래 타는 소나무, 잣나무 기름 가지로 광솔이나 횃불을 몇 개씩 가지고 다녔다. 함경도에서는 솜을 넣고 짚으로 꽁꽁 싼 횃불에 불을 붙여 가지고 다녔다. 광솔은 불이 더 잘 탔다. 세계대전 났을 땐 일본이 우리더러 광솔을 해 바치라는 것이었다. 그래 가지고 전쟁에 이기겠다고.

우리 집은 구식 기와집이었다. 집 뒤에 곳간이 굉장히 높고 커다라서 벼가 몇십 석이 들어갔다. 곳간만큼은 기와 대신 이엉을 올려 지붕에 박 올리고 고추를 빨갛게 널어 말렸다. 우물 세 개는 물이 달랐다. 맑은 물 나오는 우물은 먹는 물로 썼다. 앞이 안 보이게 물이 뿌얀 우물은 빨래 에만 썼다. 내가 붕어를 잡아다가 그 우물 안에 넣어 키웠다. 거기다 낚 시를 넣으면 그놈들이 꼭 물어 꺼내서 보고 또 넣어 놓곤 하는 것이었 다. 바닷가에 짠물이 올라왔다 내려간 자리에 맑은 샘물이 올라와 그 물 을 길어다 먹기도 했다.

움과 김치광이 따로 있었다. 우리 장인처럼 책이 많으면 책광에다 두 고 읽었다. 찬마루에는 사기 그릇이 손님을 몇백 명 치를 만큼 쌓여 있 었다. 목욕탕은 따로 뚝 떨어져 있고 외양간은 사랑하고 광 사이에 있었 다. 닭은 소가 자는 곳의 2층 높은 시렁에서 살고 말은 마굿간이 따로 있 고, 외양간 옆에는 소여물 만드는 방이 있어 큰 작두와 여물이 있었다. 사랑에 큰 솥이 있어서 거기다 엿도 고아 먹고 여물을 끓였다. 아궁이에 는 아무나 불을 땠다. 땔나무에 붙은 갬쌀 뜯어먹으며 하는 것이었다. 행랑 사람은 땅도 소작하고 주인집 일은 언제라도 조력하며 살았다. 돼 지는 어디서나 며느리 몫의 부업으로 키웠다.

내 최초의 기억은 할머니 등에 업혀 다니던 것이다. 네다섯 살 때 이 질에 걸렸다. 약으로 쓰던 아편을 너무 많이 먹어 죽었다가 할머니가 업 고 실과 집 움에 가서 실과와 배즙을 내서 먹인 뒤 깨어났다. 쑥 연기 쐬 는 것이 약이라고 해서 모말(곡식 되는 말)에 쑥불을 해 넣고 짚방석 가운 데 구멍을 뚫고 그리로 쑥 기운이 올라오게 하여 거기 엉덩이를 대고 앉 아 있었다. 그러다 살아났다.

혼자서 무슨 맛으로 노나. 언제나 동무들이 있었다. 개구멍이라고 대 문을 걸어 잠가도 그 밑에 드나드는 구멍이 있었다. 어른들이 문 다 걸어 잠그고 어디 가고 나면 아이들은 그 구멍으로 들어가고 나오고 했다. 예닐곱 살까지도 그리로 드나드는데, 아이를 갖다 그 구멍으로 집어 밀어 버리고 도망가는 걸 또 받아 키웠다.

아이 때 하는 놀이는 원님놀이, 병정놀이, 간지럼 태우고 노는 것이다. 원님놀이는 아이들 중 누구 하나 군수를 내는데 그걸 하면서 그렇게들 좋아했다. 내 손아래 동생은 늘 하는 노릇이 병정놀이였다. '하나 둘 셋, 앞으로 갓'해서 동네 아이들을 옷 입은 채 그대로 개울물에 들어가게 하던 개고기(장난꾸러기)였다.

난 조그만 게 학교놀이를 많이 했다. 조그맣게 책도 만들었다. 돈 생기면 사기 연적(硯滴)이나 인형 연적 같은 것과 책을 사들였는데, 물때가 되면 연적의 물은 조수 따라 구멍 위로 우글우글 올라왔다 꺼졌다 했다. 우스운 말들이 많았다. 여럿이 다리를 포개고 세기를 '한알때, 두알때, 세알때, 네알때, 용용, 거리, 팔대, 장군, 고두랑, 땡' 하고 센다. 제일 고급한 놀이가 저녁 먹고 떼 지어 다니면서 노래하는 것이었다. '학도야 학도야/ 우리네 공부는 금은보석 쌓아둠이니/ 놀기를 좋아말고/ 학교로 나가 보세.' 그때 부른 노래는 다 안창호(安昌浩)가 작사한 것이었다. 노래는 변해서 나중에 나라 망한 다음에 하던 노래는 '저기 저 포모는 방망이 들고…'처럼 나라 사랑하는 색채가 하나도 못 들어가게 한 것이었다.

풍뎅이를 잡아서 다리를 다 잘라내는 잔인한 노릇도 하고 소똥을 빚어 가진 소똥구리 잡아서 놀고, 하늘소를 잡아 그렇게 좋아하고 싸움 붙였다. 매미는 '맴맴' 우는 놈과 '씨름씨름' 우는 놈이 있었다. 어른들이 돼지 잡는 데 가서 잔뜩 지키고 섰다가 오줌통을 던져 주면 먼저 잡는 놈이 얻어 가지고는 불어서 공처럼 가지고 놀았다. 어지간한 집엔 말이 몇 마리씩 다 있으니 말한테 가서 꼬리털을 뽑아다가 참새 잡는 올가미를 만들었다. 멍석에 펴 놓고 말리는 벼 위에서 잡은 참새는 살아 있을 때 털을 뽑아야 잘 빠지는데 그럼 새빨갛게 돼서 돌아다녔다. 그걸로 만두를 해 먹었다.

장님이 후추 양념한 엿 만들어 지고 다니며 "후추 양념한 엿 사쇼" 팔고 다녔다. 귀머거리 할머니도 있었다. 내가 시험 삼아서 소리를 안 내고 입으로만 "어디 가십니까" 하면 알아채고 "에, 이놈의 자식" 하고 성을 냈다. 어떻게 아는지 그건 지금도 알 수가 없다. 그래도 내가 동무들과 싸우고 그러진 않았다. 누가 날 때리면 그 다음 날도 다다음 날도 "또 싸우자" 하고 끝까지 들러붙으니까 나하고 싸우려는 놈이 없었다. 내가 이기지는 못해도 지지는 않았다.

장련의 일본인들

내가 어려서 만난 일본인은 극히 소수지만 일제강점 전후 일본인들이 어떤 길로 황해도 시골까지 들어오게 되었는가를 아는 데 도움이 된다고 생각한다. 그들이 언제 처음으로 황해도 장련 고을에 들어왔는지 정확히 기억할 수 없으나 1910년에서 그다지 오래전이 아닌 것만은 분명하다.

장련읍은 동부리·서부리를 합해 6백여 호의 규모였다. 동부리에는 아랫장이 있어 매달 1일, 서부리에는 윗장이 있어 매달 6일, 모두 여섯 번의 장이 섰다. 처음에는 윗장 마당 한중간에 소규모의 모리 잡화상이 하나 생기고 중국인 엉터리 노(盧) 의원이 들어오더니 얼마 안 되어서 일인 돌팔이 이케다 의원이 들어왔다. 이 돌팔이는 자기가 만든 약으로 조선사람한테 우두를 놓아 그 자한테 우두 맞다가 다리병신 된 사람이 생겼다.

강점 뒤에는 아랫장에 일인 가타오카 잡화점이 들어와서 장날이 아닌 평일에도 물건을 팔았다. 학용품과 서적은 조선사람 상점이 하나 있어서 거의 독점했는데 1910년 이후 폐업하고 다시 조선인 잡화점이 두 곳 생겼다. 1908년 서부리에 조선인 유지가 공중목욕탕을 설치했으나 결손

54

이 연속돼서 폐업했다. 1910년이 지나 그곳에 일본인이 이층집을 증축하고 일본 여관 겸 과자점을 경영하다가 8·15 때 퇴거했다.

중국인과 일본인의 의약국은 그사이 무허가 돌팔이인 것이 들통나 어딘가로 달아났다. 그리고 퇴역 일본군의(軍醫) 고다카가 의병 토벌하는 일본군 토벌대를 따라 장련 구월산에 왔다가 공의(公醫)로 남았다. 시장에 가서 조개껍질을 주워다가 고약을 맞춰 넣어 주었다. 조선인들과 매우 친근하게 지내고 조선사람이 다 됐던 그는 8·15해방 때 고생스럽게 돌아갔다.

1917년경에는 잡화점 주인 가타오카가 서부리에 소규모 정미·제분 공장까지 설치했고, 중국 음식점과 중국인 채소농과 과수원이 생겼다. 1906, 1907년경에는 장이 서면 못을 박은 판자 위에 유리구슬 굴리기나, 지금 흔히 보는 것이지만 당시 조선사람들은 몰랐던 청홍색 잉크심의 볼펜을 가지고 돈 따먹는 '호이나'라는 사기 오락을 벌인 일본인 행상, 곰과 잔나비(원숭이) 데리고 "곰이 밥 먹고 재주하오라" 하며 돈 벌고 다니는 중국인이 몰려왔다가 당일로 돌아가곤 했다. 위에 말한 일인 의사나 유리알 굴리기나 호이나 색연필 행상은 말할 여지도 없는 순사기꾼이어서 무지한 촌사람들을 속여 잔돈을 뺏어 갔다. 약 오른 사람들이 그 뒤에다 돌을 던졌다.

잡화점은 처음에는 소규모의 왜사탕과 성냥·비누 따위를 팔다가 얼마 안 돼 제법 한밑천씩을 만들고 몇 해 뒤에는 큰 건물과 토지·가옥을 장만해 신상(紳商) 행세를 했다.

1906년에는 장련서 뱃길로 1시간 가는 진남포 항구에 일인과 중국인 상점들이 많이 들어섰고, 일인들이 주인이 되어 있었다. 진남포에서 기선으로 왕래하던 평양까지 기차로 쉽게 왕래하게 된 것을 나는 신기한

눈으로 구경했다. 또 장련 우리 동네에 있다가 사라진 탑과 누각을 일본인들이 교섭해 모두 그리로 탈취해다 놓은 것을 보았다. "아, 이거 우리 군청 누각이다, 우리 동네 비석거리 탑이구나." 그러다가 1913년 서울에 와서는 전깃불이 환한 진고개(명동)와 구리개(을지로)가 마치 내가 일본에 온 것이 아닌가 생각될 정도로 된 것을 보면서 속을 펴지 못했다.

광진학교

　나는 1905년 대한제국 시절 장련의 만석꾼이던 오인형(吳麟炯) 진사가 김구 선생을 모셔다 시작한 사립 광진학교에 입학해 1910년 일제강점에 따른 교육령으로 폐교될 때까지 이곳에서 공부했다. 광진학교는 처음에 오 진사가 자제들을 교육하기 위해 사랑에 독(獨)서당으로 세웠던 것인데 1903년 오 진사가 외지에 나갔다가 "이제부터 우리 동네에 교육이 나온다. 신문명하는 사람을 하나 데려왔다"고 한 것이 바로 김구(金九) 선생이었다.

　오 진사가 어디서 어떻게 그 당시 드러나 있지 않던[정리자 주: 일본군의 민황후 사건에 대한 복수로 1896년 황해도 안악 치하포(鴟崖浦)에서 일본군 중위 쓰치다(土田讓亮)를 죽인 후] 청년 김구를 사귀어 장련으로 데려왔는지는 아무 데도 나오질 않는다. 그때 장련에서는 김구 선생의 내막을 알 리가 없었다. '김창수(金昌洙)'라는 본명 대신 거북 구(龜)자를 썼는데 상해 임정에 들어간 뒤 구(九)자로 바꾸었다고 했다. 장련 본바닥 사람이 아니란 것과 해주 동학꾼이던 것 말고도 고종 광무황제가 "민황후 원수 갚은 사람이니 죽이지 말라" 하고 나중에 옥에서 탈출시켜 김구를 살려 준 것이었다고 나는 생각한다.

김구 선생은 밤에 광진학교 광장에 온 고을 사람들을 모아 놓고 환등기로 세계 각국의 도회 사진과 비스마르크, 워싱턴 같은 영웅들을 보여주면서 개명한 이치를 계몽했다. 개화당의 서재필(徐載弼)·홍영식(洪英植)·박영효(朴泳孝) 등도 이때 알게 되었다. 김구 선생은 그때 모친 곽낙원(郭樂園) 여사와 오 진사네 사직골 전답을 관리하며 살았다. 어린 내가 그 골짜기에서 가재를 잡으며 놀 때 할머니가 밤을 삶아 주시며 귀애하시던 기억이 있다. 김구 선생의 부인은 최준례(崔遵禮)이고 처형은 의사 아내로 이름이 프루동인데 예쁘게 생긴 분이었다. 그 집에는 그림엽서 같은 게 많아서 자주 가서 구경했다.

내가 가진 1906년 여름 광진학교 사진에는 양복 입고 중산모 쓴 손영곤(孫泳坤) 선생과 백남훈 선생, 김구 선생과 우리 아버지가 선생님 줄에 있다. 나는 머리 깎고 엄마가 만들어 준 남갑사 두루마기를 입고 앞줄 가운데 서 있다. 내 옆의 동무는 종이로 멋지게 오린 바람개비를 들었다. 앞줄 학생들 틈에는 나중에 무관학교에 간 이응섭과 오 진사 아들도 있다. 서울서 장련까지 사진사 데려다 찍은 사진이었다. 김구 선생도 이 사진이 첫 사진이었을 것이다. 김구 10주년 기념식에 내가 이 사진을 들고 가서 공개 발표를 했는데 그 후 널리 퍼지게 됐다.

독(獨)서당이 학교이자 예배당이 되면서 광진학교 인가를 받고 장련읍 서부리 양사재(養士齋)의 큰 초가집을 사서 30여 명이 배우는 학교로 문을 열었다. 큰 대추나무에 그네를 매어 5월이면 여자들의 그네 터가 되기도 하고 바위와 고목나무가 어울린 곳, 사립 광진학교와 공립 봉양학교는 황해도 최초의 신교육기관이었다. 새로운 교장이 온다는 광고가 났다.

"개화한 선생이 한 분 온다. 다들 마중하러 가자."

나도 아버지를 따라 동구 밖 비석거리까지 나갔다. 양복에 중산모자, 개화장(開化杖)을 짚고 안경 쓰고 구두 신은 신사가 나귀를 타고 들어왔다. 바로 손영곤 선생이었다. "저 사람이 개화한 인물로 대단한 사람이다. 여기에 학교 섰단 말을 듣고 자원해 온 것이다"라고 아버지는 설명했다.

손 교장의 원이름은 김낙현(金洛現)인데 김옥균·박영효를 따라 개화운동하던 사람으로 1884년 갑신정변 났을 때 일본에 망명했다 돌아오며

1906년 여름 황해도 장련 광진학교의 학생과 교사들. 맨 뒷줄 오른쪽부터 김구, 최상륜, 백남훈(양복 차림), 손영곤(양복 차림) 선생이 서 있고 맨 앞줄 한가운데 백남훈 선생 앞 두루마기 입은 소년이 최태영(발밑에 자기라고 써서 표시). 김구 선생이 등장하는 최초의 사진이기도 하다. 중절모에 신식 양복 차림 혹은 한복 차림의 교육자 어른들 앞에는 바람개비를 쥐었거나 책을 펼쳐 든 소년들, 장가들어 갓 쓴 소년과 담뱃대 문 청년, 머리 딴 소년과 깎은 소년, 여성도 같이 섞여 있다. 신교육이 시작된 대한제국의 시대상이 그대로 드러나 있다. ⓒ 최태영

제 이름을 대지 못해 손씨로 바꿔 살았다. 손 교장이 오면서 본격적으로 신학문과 개화의 새 변화와 예수교가 장련에 알려졌다. 그전에는 설교라는 게 없다가 손 선생과 우리 할아버지가 설교를 하고 성경을 읽었다. 밤에는 부인네들을 위한 야학도 열었다. 벽에 당나귀 그림을 그려 놓고 눈 감고 걸어가 당나귀 두 귀를 붙잡으면 상을 주었다. 나는 어머니를 따라다니며 구경도 하고 한글을 배웠다. 광진학교에는 백남훈 선생이 전담교사, 김구 선생과 우리 아버지는 보조교사 역할을 하였다.

얼마 후 오 진사가 연평도 조기잡이에 대규모 투자한 것이 잘못되어 패가하자 그 충격으로 죽었다. 오 진사네 형제들이 기와집 짓고 살던 서부리의 큰 오 진사 집이 광진학교 새 건물로 팔렸다. 할아버지가 "너희들이 모금을 해서 모은 뒤 모자라는 돈을 내가 지원하겠다" 하여 광진학교의 후원자가 되고 우리 고을에 나오던 황해도 지역 장로교 선교사 쿤스가 설립자로 나서 인가를 받았다. 서양인 선교사가 나서면 허가도 쉽게 나고 간섭도 덜했기 때문이었다.

처음 30여 명이던 학생 수가 여자 30여 명을 포함 1백여 명이 된 광진학교는 오 진사 집 안채를 갈라 남녀 학생 교실로 썼다. 사랑채에는 교사들이 기거하고 넓은 마당이 운동장이었다. 그 시절 가갸거겨…, 1234…를 처음 배우던 생각이 난다. 역사와 지리 과목도 있었다. 교과서에는 면류관을 쓴 우리나라 임금님들과 민영환(閔泳煥) 공과 대나무 그림이 들어 있었다.

신교육이 처음 시작된 지 얼마 안 돼 서울에서 550리 떨어진 장련에 신식 학교들이 생기고 한 울 안에 여자부가 설치되고, 공립 봉양학교 건물에 내 부친 등이 머슴들 가르치는 노동야학을 설립하고, 손영곤 선생이 사택에 부인 야학까지 설치한 것은 예사 쉬운 일이 아니었다.

어려서는 어머니가 늘 머리 빗겨 땋아 주다가 여섯 살 때 학교에서 할아버지·아버지·나 모두 머리를 깎았다. 다른 애들은 머리 깎으며 울었는데 나는 웃었다. 갓과 상투는 왜 그런 머리를 해야 되는지 이해가 안 됐다. 갓은 어디 한 번이라도 부딪치면 금방 찌그러져서 펴지지 않고 억지로 펴면 구멍이 났다. 갓은 말총만으로 짜는 것은 아니었는지 갓양태보다는 갓의 높은 부분이 부딪혀 잘 찌그러졌다. 집집마다 대청에 멋있게 을자(乙字) 보를 해 놓는데 방에 들어가다 거기에 갓이 걸려 찌그러지곤 했다. 찌그러진 갓 쓰고 다니는 사람들이 많았다. 상투는 너무 크면 안 되니까 한가운데 정수리 부분 머리를 면도로 밀고 주변 머리를 묶어 올려 상투를 짠다. 어쩌다 머리를 풀고 있을 때 보면 정수리 가운데는 밀어서 뻔뻔해 털이 없는데 긴 머리가 탕건 위로 풀어헤쳐 늘어진 것이 귀신 같았다. 봉두난발이란 게 그런 것이었다.

1907년 김구 선생은 안악 양산학교로 떠났다. 김구 선생만으로는 내가 신학문에 대한 흥미를 일구어내지 못했을 것이다. 일본어, 양복, 개화된 생활, 성경 등 개화인사 손영곤 선생의 면모는 신학문에 대한 자극을 주었다. 손 선생은 1년 365일 일력을 자작 만들어 떼어 가며 쓰고 학생들이 학교 밖으로 원족(遠足) 가는 것도 처음 실시했다.

내가 힘들게 먹을 갈지 않고 사슬녹 남색 물감을 잉크처럼 물에 풀어쓰니 사람들이 보고 "야, 이거 좋다" 하면서 자기네도 물감을 사 갔다. 사슬녹은 덩어리를 물에 넣으면 녹아서 퍼런 물감이 되니 아주 편했다. 종이는 큰 장지를 사다가 줄줄이 쓰고 그사이에 다시 쓰고 또 그사이에 쓰고 해서 전체가 시퍼렇게 되도록 썼다.

은율군의 여러 학교가 모여 대운동회를 열기도 하고 순회 계몽하는 지사들의 애국 연설을 듣기도 했다. 국경일에는 우리 고을 봉양학교의 교장 장의택(張義澤) 선생이 총을 멘 호랑이 포수 차림을 하고 강연했다. 호랑이 포수들은 병인양요·신미양요 때 프랑스 군함과 미국 군함을 물리친 용감한 사람들이다. "산 넘어오는 큰 사자 러시아와 바다 건너오는 표독한 호랑이 일본을 총을 들고 막아야 한다"고 역설하셨다.

군대식 병식(兵式) 체조를 했다. 구식 군대가 해산하니 13도에 군인이 좍 퍼져서 이들의 지도로 각급 학교마다 병식 체조가 퍼졌다. 해산된 구식 군대의 장교였던 박 선생이 지도한 병식 체조는 운동회 때면 매우 인기가 있었다. 체조 동작은 정확하게 일치되고 진을 짰다. 미음(ㅁ)자로 대열을 만들어 한가운데 박 선생이 들어가 구령을 하고 우리는 날땅에 엎드려 총 쏘는 동작도 했다. 양고(洋鼓)와 나팔로 행진곡을 불면 목총을 들고 "아세아 동편에 돌출한 반도, 13도 각 군 합이 334, 면적이 3천리, 인구 2천만, 당당한 대제국이 분명하도다" 하는 〈학도가〉를 불렀다. 대한제국 최후의 행정구역이 13도 334군이었음을 이 노래로 기억한다. 이것이 몇 군 늘고 줄고 하는 것은 개성이나 황주 같은 고을을 지배하는 고을을 군으로 하느냐 않느냐에 따라 334보다 작기도 하다. 또 다음과 같은 애국하는 노래를 불렀다.

"우리 민족아! 사천여 년 역사국으로 자자손손 복락하더니

오늘날 이 지경이 웬 말인가?"

그러나 을사조약 이후 어느 날부턴가 일본이 이런 병식 체조와 악대를 금지시켰다. 악대가 금지되기 전 마지막 날 모두가 길에 나와 밤새도록 행진을 하고 양고와 나팔을 불었다. 노래 가사들은 담장 안에 감춰 두었다. 그리고 나서 해가 뜰 때 양고와 나팔을 돌로 짓찧어 깨뜨려 버렸다.

한의·양의를 겸한 김병호 선생이 생리위생을 가르쳤다. 강점 전 고종

황제 때의 개혁운동으로 생긴 토지조사국은 측량기사를 양성해 문관으로 임명했는데 이곳 출신인 이명운 선생이 산수를 가르쳤다. 서당 훈장이던 안석온 선생이 한문과 작문을 가르치고 모필로 등사 원고를 썼다. 손영곤 선생은 성경을, 오 진사 동생 오봉형(吳鳳炯) 선생이 한글과 역사지리를, 이응호 선생이 손풍금을 연주하며 노래를 가르치고 일본어도 했다. 그 시절 이 분이 어디서 그렇게 일찍 일본어와 음악을 배웠는지는 지금 와서 알 수가 없다. 분명 가르쳐 주던 기관이 있었을 것이고 뭔가 앞선 정보가 있던 사람들이었다. 오 진사의 막내 동생 오순형(吳舜炯) 선생이 일본서 돌아와 음악도 음계와 박자 등을 정확하게 가르치고 일본어도 가르쳤다. 이때 배운 일본어로 일본인 군의가 차린 고다카 의원에 가서 내가 11세 때 통역을 했다. "헤비(蛇; 뱀)가 손을 콱 물다(행동으로)"라는 식이었다. 우두를 단체 접종했다.

풍천서 온 허련 선생은 웅변을 가르쳤다. 허련 선생의 부친은 서재필의 감화를 받은 이로 독립협회 일을 잘 알았다. 부자가 모두 서재필 사상에 골똘한 분들이었다. 허련 선생이 오면서 안채에 여자부가 생겼다. 남자부와는 왕래가 전혀 없었는데 체조를 할 때면 남학생 중 가장 어리고 똘똘한 나를 데려가서 허 선생 구령에 맞춰 내가 '앞으로 가, 뒤로 돌아' 등의 체조 시범을 보였다. 여자애들하고는 소꿉질하는 데서 아빠 노릇, 아들 노릇을 하고 놀았다. 숯가루를 코끝이랑 입가에 묻히면 밥 먹는 것이고 흙장난을 심하게 했다. 여자애들과 싸울 때면 하는 욕이 있어 내가 '니미' 한마디 할 동안 여자애들은 얼마나 빨리빨리 대여섯 마디를 하는지 내가 졌다. 평생 친구 기권이는 여자애들과 잘 지냈는데 나는 늘 싸워 댔다. 도쿄 유학 갔을 때 소꿉친구이던 현덕신(玄德信)이 있었다.

1909년 안중근(安重根) 의사께서 이토 히로부미(伊藤博文)를 쏘아 죽였을 때 학교에서는 "국상이니 하루 쉬고 조의를 표한다"고 이응호 선생이 말했다. 나는 그때 "이토가 죽었는데 왜 우리가 조의를 표합니까?" 물었다. 이응호 선생은 "그게 우리나라 황태자 영왕(英王)의 선생이다. 저희 나라 황태자의 선생이니 그렇지 않겠느냐"고 둘러댔다. 일본인이 무서운 것이었다.

학생 자치회가 있었다. '자신회(自新會)'라 이름했다. 독립협회를 본 뜬 것인데 허련 선생의 지도로 토요일마다 근처 학교의 학생들이 연합해 토론과 운동회를 하는 것이었다. 내게 토론하는 법, 사회 보는 법을 가르치고 아홉 살 난 나를 자신회 회장으로 만들어 학교가 폐교될 때까지 유지했다. 어른들이 얘기하는 것을 들으면서 요령을 깨우치는데 내가 그런 게 빨랐다. 인근 학교들이 같이 모여 패를 나눠 "가(可)패는 이렇게 하는 거다, 부(否)패는 이렇게 하는 거다" 예를 들고 "지식으로 뭐 할 수 있다, 돈으로 뭐 할 수 있다"는 토론도 했었다. 나이 든 아범 학생들도 있었는데 어떻게 나를 회장이라고 따랐는지 모른다. 토론을 잘하면 책과 공책을 주었다. 진남포에서 양고와 나팔 잘하는 사람을 데려다 악대도 했다.

이때 이준(李儁) 선생의 국채보상운동이 일어나 어린 내가 대중 앞에서 연설한 적도 있었다. "황제도 담배를 끊었다 하니 우리도 돈을 모아 국채를 갚자"는 것이었다. 담배 끊은 사람이 많았고 일꾼들은 나뭇짐을 해 오고 여자들은 패물을 냈다. 그 돈이 어떻게 되었는지는 모른다.

1910년 일제가 정한 조선교육령 규격에 맞지 않는다는 이유로 대부분의 사립학교들이 설비 미달로 폐쇄되거나 상급 중학교 진학 자격이 없어지고 교사들은 흩어졌다. 광진학교의 자신회는 '자신계'로 변했다. 주무 교사들은 광진학교를 떠난 뒤 평양 신학교를 거쳐 민족정신을 고취하며 일생을 보냈다. 그런 현상은 전국 각지가 비슷했다. 연대 총장을 지낸 백낙준(白樂濬)은 당시의 이런 현상을 다르게 설명하고 있지만 내 생각에 그때 한국인들은 도대체 의지할 데가 없었다. 집회를 못하게 하여 아무 데도 모일 데가 없는데 교회는 외국인이 있어 사람들이 모여도 제지하지 못하니 거기 가면 설교라도 하면서 빗대서 얘기할 수 있었다. 그때 사람들은 막연하게 천당을 믿었다. 천당이 없대도 별수 없지만 그 거라도 해야 모일 수 있었기 때문이다.

허 선생, 손 선생은 풍천으로 떠났다. 할아버지는 이들과 작별하며 "땅은 풀을 제초하고 비료 잘 주고 위하고 아껴야 된다"고 말했다. 아코디언과 일본어를 잘하던 이응호 선생은 제꺽 시험을 쳐서 일본 경시가 되고 친일파가 되었다. 독립 후 공산당들이 그의 친일을 문제 삼아 그는 살아남지 못했다.

동급생에 이응호 선생의 동생 이응섭이 있었는데 형이 광진학교 교사로 오자 그는 장련을 떠나 서울의 대한제국 무관학교로 갔다. 강점되면서 무관학교는 일본 육사로 편입되었다. 다른 학생들은 다 일본무관학교(일본 육사)를 나와 일본 장군이 되는데 그는 "갑자기 귀가 먹었다"면서 귀머거리 시늉을 하고 자퇴하여 조선으로 나와 버렸다. "내가 대한제국 군인 되려고 무관학교 간 것이지 일본 군인 되러 간 것 아니다. 왜놈 세상에 출세할 수 없다" 했다. 계속 다녔으면 그는 김석원(金錫源)·이응준(李應俊) 장군 등과 동기생이 되었을 것이다.

내가 경신학교에 다닐 때 그가 나타나 "할 게 마땅치 않다"고 하고 몇 달을 붙어 다녔다. 그 후 말없이 떠나 출가하여 수원 용주사 주지를 오래 지냈다. 철저한 생을 살았던 사람이었다. 어디서 배워 왔는지 분명 이응호·이응섭 두 사람은 남보다 앞선 정보가 있었다.

한동네 살던 손두환(孫斗煥)도 있었다. 대단히 잘생기고 뛰어난 인물이었다. 재산 규모는 우리 집과 비슷해도 사치한 집안이었다. 나보다 3년 맏이로 일제의 문관고시에 패스했으나 벼슬길에 나가지는 않다가 내가 도쿄 유학을 가게 된 걸 알고 그도 도쿄행을 결심했다. 그때 서울로 가는 기차 타러 사리원으로 가는데 나는 말을 타고 그는 더 편한 보교(步轎)를 타고 갔다. 첩을 많이 둔 그의 부친은 그에게 "고생하지 말고 있다가 오너라" 했다. 우리 집에선 그런 말은 하지 않았고 나는 고학은 안 했어도 책 사고 먹는 것 말고는 돈을 매우 아껴 썼다.

손두환 누이동생 자매가 있어 그가 집으로 나를 불러다 밤새 잣을 까먹이며 "평생 허물없이 보고 싶으니 우리 집에 장가들어 일가가 되자"고 청혼했으나 "색시를 내가 고르지는 아니하니 그건 어렵겠다"고 거절했었다. 모든 사람을 코 아래로 보고, 예배당에 나오면서 찬송가는 전부 처녀 총각이 연애하는 내용으로 바꿔 부르고, 사방으로 외도질에 연애박사이기도 했다.

도쿄에서 헤겔을 공부하다가 공산당이 내렸는데 3·1만세운동 뒤 상하이로 나갔다. 그를 좋아한 일본 여성이 조선 YMCA로 백남훈 선생을 찾아와 "그가 조선 독립이 되면 돌아온다고 나갔는데 독립이 언제 되느냐"며 울었다. 해방 후 남북협상을 위한 김구의 평양 방문에 따라갔다가 눌러앉아 북한에서 건설부 차관을 지냈다. 김구 선생은 공산당이 된 그 때문에 애를 많이 먹었다고 했다. 머리가 비상한 그가 공산당에 빠진 것은 아까운 일이었다.

내가 다니던 광진학교가 폐교되었지만 일본식 공립학교로 가면 "왜놈이 된다" 하여 거기 갈 생각은 안 했다. 할아버지가 일고여덟 명에게 『동몽선습』과 중국 산술책을 놓고 가감승제(더하기·빼기·곱하기·나누기)를 가르쳤다. 『동몽선습』에서 배운 역사는 단군이 중국의 요(堯)임금과 같은 때 요동에서 조선이란 나라를 세웠다는 것이었다. 요임금이 우리와 같은 족속인지 아닌지 그건 모르지만 순(舜)임금은 조선족이다. 우리가 중국과 같이 깨였으며 치산치수의 과학이 중국보다 앞섰기에 요임금은 조선사람 순을 데려다 자기 아들 대신 왕위를 물려준 것이다. 여기서 단군 조상이 있다는 걸 확실히 알게 됐다. 나는 조선의 교과서이던 『동몽선습』의 단군조선 개국 기록을 왜 이병도가 언급치 않았는지 지금도 기이하게 생각한다.

후일 할아버지 유산으로 읍내 소남산(小南山)에 웅장한 한옥을 짓고 예배당과 광진학교의 후신인 개량 서당, 광진(光進)학당을 세웠다. 공산당이 들어올 때까지 아버지가 유지했는데 3·1운동으로 대학을 휴학하던 1919년 한 해 동안 내가 적격한 교원이 되어 일본어를 가르쳤다. 군수·도지사가 교육 시찰을 나오면 정식 공립 보통학교보다 먼저 광진학당을 찾아보곤 했다.

대한제국의 구교육

　1910년까지 현에는 현감, 군에는 원님이 있었다. 이 사람들을 칭송한 공덕비를 여러 개 만들어 세운 데가 비석거리다. 손님 누가 오면 비석거리까지 가서 송별하거나 마중 나가는데 말이든 가마든 타고 오다가 거기서 내려 같이 걸어 들어왔다. 손영곤 선생도 그렇게 나귀 타고 들어왔다. 원님이 부임할 때는 비석거리보다 더 나가 중간에 악대를 차려서 '뚜우' 하는 긴 나팔 주라(朱螺)를 불고 '땅땅!' 하는 북을 치면서 악대 앞세우고 들어왔다. 주라 나팔은 곡조도 없이 그저 '뚜우' 부는 것인데 원님이 그러고 들어오는 것이다.

　나팔이 들어오니 하급관리인 사령이 제일 먼저 나팔을 배워 '똘래빼 똘래빼-' 불었다. 죄지은 사람 붙잡아다 볼기를 때리는 것도 사령이었다. 돈 많이 번 사람이 원님한테 돈을 안 바치면 잡아다가 원님이 '이놈 네 죄를 네가 모를까. 주리를 틀어라, 매우 쳐라' 하면 '네이-' 하고 사령이 때렸다. 그럼 '아야야야-' 하고 죽어 들어오니까 뇌물을 갖다 바치는 것이다. 토박이 출신인 하급관리 아전은 그 지방 사정을 잘 아니까 군수를 꼼짝 못하게 하고 돈 나오는 일을 같이 해 먹기도 했다. 후일 내가 법학 교수를 지내면서 이런 하급관리들 이야기를 논문으로 썼다. 옥에 구

68

경 가 보면 죄수들이 나무로 생식기를 많이 조각해 놨는데 그런 걸 많이 만들면 풀려난다고 믿는 무슨 미신이었을 것이다.

그러다가 개명해서 원님이 군수가 되니 도포 입는 대신 좀더 간편한 두루마기를 입고 점잖게 차리고들 다녔다. 장련 군수 윤구영(尹龜永)은 개명한 군수가 되어서 신분 구별을 않고 살면서 내가 3·1만세운동을 하고 학교를 쉬며 장련 광진학당에서 가르칠 때 늘 찾아와 과일·약과·과줄 같은 아이들 먹을 것을 갖다주며 학생들을 대접했다.

구시대에는 과거제도에 따른 선비들이 있었다. 동네 단위 향과에 붙은 사람은 초시라고 했다. 진사에 나아가면 그때부터 선비로 대접 받아서 관찰사라 해도 종아리를 치는 초달 이상의 형은 가하지 못했다. 진사는 장련의 오인형, 송화의 신석충(辛錫忠), 안악의 김용승(金庸昇), 안중근 의사의 부친 안태훈(安泰勳) 등 여러 명이 있었고, 중앙에 진출해 과거 급제하여 '나으리'라고 불리던 오 진사 사촌이 한 사람 있었다. 과거가 사라진 뒤 우리 할아버지는 풍헌(風憲)이고 손두환 아버지는 의관(議官)이었다.

조선말 과거제도가 말이 안 되게 유명무실했다. 채용할 자리도 없는데 과거는 자꾸 붙여 소화될 데가 없으니까 부자들한테서 돈 받고 당치도 않은 곳에 군수라고 임명장만 하나씩 주어 벼슬을 팔았다. 그러니 나라가 될 게 없었다. 우리 동네에도, 가 보지도 못한 경남 사천 군수 임명장 하나 받은 만석꾼 전씨네가 있어 '전사천네'라 불렀다. 이 집안에서 경제학을 공부한 전석담(全錫淡)이 나왔다.

오인형 진사네는 만석꾼인 데다 집안 사람 중에 급제도 있고 진사·초시도 많았다. 얼마나 세도가 당당했는지 솟대백이에 선산을 썼다. 중앙에서 과거급제했다던 사촌을 '오급제'라고 불렀다. 오급제는 그러나 누구하고 사귀는 일도 없고, 학문한단 말도 없고, 어디 군수 나갔단 말도 없이 그저 아무것도 안 하고 점잖게 옷이나 잘 입고 살다 죽었다. 그가 어떻게 중앙에서 과거급제를 한 건지는 알지 못했다. 그 집안 아이 하나가 말을 심하게 더듬어서 '오떼떼'라고 했다. 또 한 사람은 성품이 조용해서 남산진 어릿골 맑은 데 연못 만들어 놓고 보면서 세상일 상관 않고 조용히 살았다.

오 진사네는 사람은 습습한데 서울 유학도 많이 했으면서 우리 할아버지 같은 진취적 어른이 없고 큰돈을 투자한 연평도 조깃배가 연달아 몇 년을 파선한 뒤 망하고 말았다. 오 진사네 형제가 줄줄이 기와집을 짓고 살던 서부리 큰 기와집, 마당 넓은 오 진사네가 학교로 팔리고 아끼던 전답은 오 진사의 권고로 우리 할아버지가 사들였다. 만석꾼 집안 후손이 더 이상 벼슬도 못하고 할 게 없다가 이발사가 되었다. 우리 동무 둘이 고향에서 이발쟁이가 됐는데 또 하나는 용포리 사는 과부 할머니 아들이었다. 여름방학에 장련 집에 가면 이발소 두 개 다 동무들이 하는 거라 서운해 하지 않게 두 군데 모두 가서 머리를 두 번 깎았다.

장련 이도(二道)면에 조선왕실 소유 궁(宮) 땅이 많았다. 이 땅을 간수할 겸 무슨 진사니 하는 서울 사람들이 많이 와서 사는데 꼭 서울 풍습 그대로 지키고 살았다. 황해도 여자들은 머리에 수건을 멋있게 쓰고 다니지만 서울 할머니들은 낭자 틀어 쪽을 짓고 아얌 쓰고 옷 입는 것도 달라서 치마도 길고 여자도 두루마기를 입었다. 남자는 황해도나 서울이나 별 구별이 없었다. 추우면 남녀가 다 같이 남바위를 썼다.

장련의 봉양(鳳陽)서원이 남산 동남편 끝에 있었다. 대원군이 전국의 서원들 다 없앨 때도 안 없어지고 황해도에 유일하게 남아 있던 곳으로 그 아래 큰 마을이 있어 박씨네가 살았다. 서원에 부속된 재산이 있어서 땅이 많고 글하는 사람들이 다녔다. 박 초시가 그 재산으로 신식 중학교를 세우려고 우리 아버지와 의논을 했지만 합방 후 일제가 자꾸 한국인의 학교를 없애고 뺏고 하니 못 만들었다. 손자 박광서는 후일 서울 광진상고에서 영어 선생을 했는데 자기 할아버지 박 초시가 학교 세우려했던 것이나 서원을 가졌던 얘기를 하나도 몰랐다. 나는 박 초시네 서원과는 인연이 없었고 후일 김홍량(金鴻亮)과 서울에서 교육사업을 해 나갔다.

북쪽에 있는 뒷산은 봉황산이고 거기 진봉암이 있었다. 옛 봉황사 절이 있던 곳이었다. 장련 유지의 자제들이 공부한다고 진봉암에 들어가있다가 공부는 아니하고 순회 연극단 음률사가 오기만 하면 좋아서 내려와 춘향가 같은 노래들만 익혀 다 명창들이 되었다. 진봉암에 대처승이 살았다. 놀러 가서 닭을 먹고 밤에 자려고 누우면 붉은색, 퍼런색 지네가 천장에서부터 '쩍쩍' 발자국 소리를 내면서 닭 뼈다귀를 찾아 먹으러 내려와 징그러웠다. 물웅덩이의 낙엽을 헤치고 손으로 물을 뜨려고보면 그 속에도 지네가 있었다. 지네가 사람을 물면 금방 그 자리가 밤톨같이 부풀었다.

서당에서 여럿이 한참 큰소리로 책을 읽고 있으면 누군가가 제멋대로소리를 내곤 했다. 훈장이 그걸 알고 "내가 책상을 땅! 치면 너희는 읽던것 뚝 그쳐라" 했는데 그 동무만은 그걸 모르고 혼자 큰소리로 "오 진사네 집에 도둑이 땅땅 들어온다" 해서 유명했다. 나중에 나루에서 배 타고 들어오는 사람을 업어서 뻘 건네주는 일을 했다.

장련은 신문명이 일찍 들어온 곳이었다. 장련의 유명한 개화 인물 장응진이 신교육의 효시였다. 장응진 할아버지 장 초시가 재산도 있는 사람이고 장님인데 서울의 이름난 양반들과 편지로 교제를 해서 일찍 깨

1908년 장련 출신 서울 유학생들의 모임. 가운데 줄 맨 오른쪽이 최상륜, 그 왼쪽 안경 쓴 젊은이가 대한의전 학생 시절의 황성필이다. 이재명이 매국노 이완용을 죽이려고 준비한 칼에 독약을 발라 준 의인이었다. 맨 윗줄 왼쪽 끝이 백남훈이고 오른쪽에서 두 번째 나비 넥타이 차림의 양복 입은 소년은 황현상으로 후일 면장을 지냈다. ⓒ 최태영

어 그 집으로 신문명과 가톨릭이 들어왔다. 아이들이 부르는 노래에 '장련 장촌(장씨네 촌) 사는 장 초시가 장님인데 장련장에 나와 장어를 사다가 장대 끝에 말려 어쩌구' 하는 게 있었다.

장응진 선생의 아버지는 아들이 열여섯 살 되니까 나무에 붙들어 매고 "밀항이라도 해서 유학 가지 않으면 죽이겠다" 하여 장응진이 도쿄 가서 중학교를 마쳤다. 귀국하려는데 개화파 다 잡아 죽일 때라 못 들어오고 미국으로 갔다가 다시 도쿄로 가서 도쿄고등사범 1회 졸업생이 되었다. 그는 한국인 최초로 신식 물리학을 공부한 사람이다. 안창호가 미국서 귀국하다 그가 도쿄의 조선유학생회 회장으로 있는 것을 보고 데

려와 평양 대성학교를 맡겼다. 나는 신학문에 양복 입고 자전거 타고 바이올린 통 둘러멘 모습으로 장련에 나타난 장응진 선생을 처음 보았다.

장응진 선생의 아버지는 신학문을 해야 한다는 것을 어디서 알게 됐을까. 장응진이 최초로 일본 유학간 것으로 보아 장 초시는 서재필과 홍영식, 유길준(兪吉濬) 등 개화파의 활동으로 서양학문의 존재를 알았음에 틀림없다. 개화파들의 움직임이 멀리 떨어진 장련의 교육에까지 영향을 미친 것이다. 장응진을 시작으로 그 아래 김홍량·백남훈 또래가 일본 유학을 떠나고 우리 아버지를 비롯해 황성필 등 10여 명은 평양이나 서울 세브란스, 대한의전에 입학했다. 급제와 진사를 낸 오씨 집에서는 오하형(吳夏炯) 선생이 일본 가서 대학을 두 군데나 다니며 공부하고 왔다. 악보 보는 법을 가르쳐 준 오순형은 재령(載寧)으로 선생하러 갔다. 나는 오하형 선생이 그 아들 기권 군과 같이 서울로 데려가지 않았으면 아버지처럼 평양으로 갔을 것이다. 손두환·오기권·현덕신·나 등 내 또래 대여섯 명의 남녀가 1920년 이전에 서울과 도쿄로 떠났다.

오기권 아버지, 오인형 진사의 동생 오하형 선생은 나를 서울로 데리고와 경신학교에 입학시킨 분이다. 그때 내 비용은 할아버지가 아끼지 않고 지불했다. 오 선생이 아들 기권이와 나를 데리고 서울 가는데 양복에 시곗줄 늘이고 모자 빼뚜름하게 쓰고 지팡이를 짚고 멋있었지만 인색한 데가 있어 숙박비 아낀다고 객사에서 여럿이 같이 자는 방에 들었다가 은시계를 잃어버렸다. 도쿄에 있을 때도 나는 편하게 하숙을 했는데 기권이 아버지는 생활비를 자기가 도쿄 있을 때 기준으로 박하게 보내서 기권이가 자취하느라 손이 트고 고생했다.

오 선생은 일본서 중학교에 도쿄농대를 나오고 메이지대학도 전문부긴 하지만 법과를 공부한 사람이라 내노라 소리칠 만한 데도 중앙학교에서 선생을 잘하다 말고 "장련 집 재산 관리하는 게 더 수지맞는다" 하고 돌아갔다. 얼마나 구두쇤지 집에서 일하는 머슴한테 "이봅소 김서방, 주발 뚜껑 가져옵소" 하고 머리에 주발 뚜껑을 덮고 뚜껑 밖으로 나온 머리만 집에서 돈 안 들이고 깎았다. 큰 기와집에 살면서 사랑채는 쓰지도 않았다. 행랑 머슴방에 불을 때면 자기 방에도 불기운이 들어오게 구들을 뚫어 연결해 놓고 거기서 사는 것이었다. 농과대학을 나왔는데도 투자 밑천을 전혀 안 들이니까 과수원 농사는 최하등이었다. 그래도 좋은 종자는 냈다.

안악 부자 김홍량 문중의 김용진(金庸震)과 오기권 아버지가 재산 싸움이 나서 소송이 붙기도 했다. 오하형이 일본 가며 자기 집 재산 관리를 김용진에게 부탁했는데 관리를 잘 못했다고 소송하니 동네 재판이 일어나서 오하형이 졌다. 김용진이 자기 없는 동안 재산을 늘려 주었는데도 더 늘을 것을 조금 늘려 줬다며 배상하라고 소송을 낸 것이었다. 이후 김홍량네서 오하형을 개똥으로 알아 기권이가 그 집안 사윗감이 될 수 없었다. 오 선생은 그 후 변호사 시험 보러 가끔 서울에 왔다. 내가 보성전문 선생으로 있으면서 그 준비를 해 드리는데 시험 본다면서 책은 안 사 보니 붙을 수가 없었다. 나보고 부러워서 "넌 어떻게 어음법을 아니?" 했다. "책 보고 알아요."

딱한 분이었다. 먹는 것만큼은 그러지 않았지만 다른 데는 인색하기 이를 데 없어 그때 세상에 훌륭한 학식을 배워 오고도 돈 늘리는 데만 골똘해 하나도 못 써먹었다. 끝내 그 재산을 못 버려 공산당도 못 피해 오고 그대로 북에 남았다. 오 선생은 나를 소리 없이 아꼈다. 오기권이는 늘 나를 얕보았다. "아, 저놈이 다하는 걸 내가 못하다니" 하고 자기 아버지가 날 귀애하는 것도 불만이었다. 나는 오 선생에게서 입은 은혜를 평생 오기권과 그 아들에게 갚았는데 아들대에 소식이 끊겼다.

광진학교에서 아이들 가르치던 백남훈 선생은 어느 날 용단을 내어 우리 할아버지에게 찾아와 도쿄 유학을 하겠다고 밝혔다. 할아버지가 유학 비용을 지원하여 백 선생은 도쿄서 중학교부터 다녔다. 와세다대학에 들어가서부터는 안악 갑부 김홍량이 지원했는데 백 선생이 실크해트과 프록코트 등 멋내기에 치중하고 여행도구가 사치한 것을 보고는 중간에 지원을 끊었다. 백 선생은 이후 고학하며 와세다를 마쳤다. 도쿄 있는 동안 조선 YMCA 총무를 맡아 유학생 사회를 돌보고 미국에 독립운동 자료를 보내는 일에 협력했으며, 1919년 도쿄 유학생의 2·8독립선언과 1920년 3·1만세운동 1주년 기념식 등에 역할을 했다.

구월산 종산학교와 단군

다니던 사립 광진학교가 폐교된 뒤 1911년 황해도 문화 구월산에 일제 교육령에도 폐쇄되지 않고 남아 있는 사립학교가 있다는 소식을 들었다. 이에 우리 고을 공립학교를 마다하고 은율군을 지나 문화군 초리면 종산(鍾山; 장구뫼)까지 유학을 갔다. '일본놈 안 되는 방법은 예수 믿고 공립교육 안 받는 거다' 하고, 어린 나이에도 공립학교 안 가고 구월산 종산으로 간 것이다. 그건 내가 할아버지한테서 배운 것이었다. 할아버지는 "네가 집에서 귀동이로 자랐는데 11살에 집 떠나 견디겠느냐?"고 걱정했다.

구월산의 옛 이름은 아사달산, 신라 때는 궐(闕)산이었다. 황해도 문화군에는 안구월산, 장련군에는 바깥구월산이 안팎으로 높이 에워싸 구월산은 그 두 고을 치기었는데, 일본인들이 검정하면서 문화는 신천(信川)군으로, 장련은 은율군으로 분할해 합군시켰다. 원래는 황주 소관이었다. 역사가 유장한 구월산을 자꾸 들추는 것을 피하려는 것이었다.

장련서 은율이 30리, 종산이 60리인데 장련읍에서 솟대백이 있는 서탑 거리로 해서 장응진 선생의 동네 일도(一道)면을 지나 만리동 탑고개를 척 넘어서면 은율군이었다. 할머니의 사촌동생 되는 분이 이부자리

76

랑 먹을 것을 지고 날 데리고 30리 길을 걸었다. 은율을 쓱 내려다보면서 점심으로 국수 냉면을 사 먹었다. 탑고개 아래서부터 친구 이남식이와 은율 동무들이 많이 나와 붙어서 떼거리가 같이 안구월산 산속으로 조금 가 문화 땅에 닿고 거기서 계속 나무가 총총히 박힌 울창한 산속으로 걸어 들어갔다. 사람을 만나면 도둑이 나올까 봐 겁나 하면서 그 산을 넘어가면 종산, 장구뫼가 나왔다. 거기 신천군 초리면 종산동 장구뫼를 주소로 한 종산학교가 있었다. 종산 가기 전에 '가일몰'(加日마을)이 있어 좀 쉬었다 갔는데 거긴 해가 한 시간 더 늦게까지 있다고 해서 가일몰이다. '몰'은 마을이란 뜻이다. 종산학교는 학부 인가(認可)가 나와 있었고 일본 관청 인가도 있었다. 집을 웅장하게 짓고 심상과(尋常科)와 고등과가 있었다. 선생들은 얼마간에 한 번씩 교원강습회에 가 배워 와서 가르쳤다. 광진학교에선 일본말이 거의 없었지만 종산학교에 가서는 일본어를 배웠다.

그런데 종산은 상점도 없고 경찰서도 헌병대도 면사무소도 없는 산속에 우(禹)씨들만 100호가 살았다. 떡집·엿집도 한 군데밖에 없었다. 일요일이면 촌사람들 모두 알록달록한 알파카 두루마기를 차려입고 나왔다. 제사 지내야 하는 한 집만 빼고 모두 기독교를 믿었다. 여기서 하숙을 하는데 처음에는 학교가 생각했던 것 같지 않고 집이랑 여러 가지 먹을 것 생각이 나서 한 달이나 매일 울고 오줌을 쌌다. 그러다가 어느 날 선생님들이 내 얘기하는 것을 우연히 들었다.

"저놈이 눈깔이랑 재주가 비상한데 저렇게 매일 우니 공부하기는 어렵겠어."

그 소리에 정신이 펄떡 들었다. 얼마 후 할머니랑 어머니랑 오셔서 데리고 나가 별의별 것을 다 사 먹이며 다독거려 주고 간 뒤 덜 울고 안정이 되었다.

어떻게 해서 그 산속에 우가네가 크게 학교를 지었는지 알 수 없다. 종산학교를 다니는 동안 김구 선생이 '서명의숙(西明義塾)'이란 이름의 이곳에서 가르치셨단 말을 몇 해 전에 듣고 "무슨 인연이 있지 않은가?" 하였다. 그런데 내가 놀란 것은 강점되고 시간이 꽤 지난 그때까지도 '동해물과 백두산이…' 애국가를 매일 학교 앞 장구뫼 산 위에 있는 비밀 운동장에서 제창하며 조회하는데 끝까지 밀고하는 사람이 없었다는 것이다.

종산학교를 1등 졸업하고 1913년 서울로 가기 전까지 고등과 3학기를 하면서 1년 반 있었지만 종산 그곳은 잊어버릴 수 없는 곳이다. 나무 베거나 김매는 날이면 머슴에게도 더운 밥을 해서 먹이는데 큰 통나무들을 묶어서 불을 땠다. 더운 점심 먹는 날이면 객지에서 유학온 학생들을 불러다가 같이 대접했다. 인심이 좋았다. 이곳에서도 연설을 도맡아 하고 노래도 지어서 불렀다.

종산서 10리 들어간 종달(達泉)에 달천온천이 있었다. "종달이 간다" 하고 이 동네에 와서 돌로 된 목욕탕에서 목욕하고 번화한 거리에서 종이와 연필·고무 같은 학용품도 사고 떡이랑 과자·냉면·고기 같은 것을 사 먹었다. 동전은 무거워 짐이 되니까 은전만 가지고 다녔는데 산속에 새로 생긴 엿집에서는 은전을 처음 보는 돈이라며 받지 않았다.

이따금 머슴이 쌀을 지고 와서 하숙비를 지불하고 이때마다 부모님이 전하는 용돈과 포, 말린 반찬들이 나왔다. 고구마를 처음 들여와 재배하기 시작해 먹었다. 봄이면 식목 방학이 있었다. 그때 처음으로 딸기나무를 종산서 집으로 가져갔다.

우리 동네서 종산 간 동무는 오기권, 나, 그리고 밤똥 누는데 무서워해서 내가 지켜주던 한 살 아래 이남식까지 세 명이었다. 기권이는 도쿄 유학도 같이 떠난 친구였고 키가 커다란 이남식은 나중에 서울법대 교 직원이 돼서 내가 서울대에 가니 반가워했었다. 여학생들도 있었는데 나중에 할머니가 된 여학생이 외국에서 장련 사람에게 나의 안부를 묻 더라고 했다. 고향에 갈 수 없으니 황해도 지역 5만분의 1, 큰 지도를 구 해 장련, 안악, 은율, 신천, 문화 지명들을 들여다보곤 했었다. 내가 배운 광진학교나 경신에는 나중에 다 가서 가르쳐서 은혜를 갚았는데 종산엔 다시 가지 못했다. 갔으면 퍽들 좋아했을 텐데.

이때 궐산(구월산의 원이름)에 수없이 들어가 산 안팎을 샅샅이 보았 다. 유적들이 많았다. 구월산서 제일 높은 오봉산 상봉에 구월산성이 둘 러 있었다. 이곳에서는 수십 리 밖의 우리 동네와 과수원에 둘러싸인 우 리 집이 빤히 보여 기분이 좋았다. 구월산성에서 좀 내려오면 구월산 전

구월산 패엽사, 1920년대로 추정. ⓒ 최태영

체의 최고 절인 패엽사(貝葉寺)가 있고 그 아래 단군사당인 삼성사(三聖祠)가 있어 그 동네 이름이 성당리(聖堂里)였다. 삼성사는 원래 패엽사보다 더 높은 곳에 있었는데 그러면 안 된다며 중들이 절 아래로 옮겨 놓은 것이었다. 단군에 대한 불교의 입장을 이곳에서 자연스레 확인한 셈이다. 절들은 규모가 그리 크지 않고 그저 엔간하였다. 본사인 패엽사보다 원정사가 오히려 더 웅장했다. 여기서는 평양 을밀대가 마주 보였다. 을밀대는 원정사를 지은 사람의 아들이 세운 것이라고 했다.

바깥구월산에서 10리 길을 넘어 안구월산 가자면 하루에 못 돌아왔다. 그 중간 폐사가 된 절터에는 불상이 땅에 나뒹굴고 있었다. 학거사(鶴居寺)와 신암사(神岩寺)는 벌써 옛날에 사라져 나는 아무 자취도 보지 못했다.

구월산에서 본 사람 중에 '팔구손이네'로 불리던 김가 집안이 있었다.

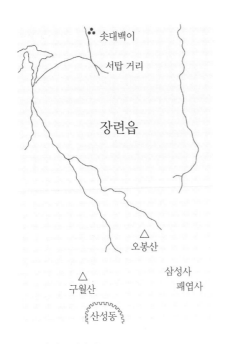

구월산 삼성사(단군사당)와 장련읍의 솟대백이 위치도. 단군사당이 있는 곳마다 솟대백이가 있었다.

남자 여덟 형제가 구월산에 들어와서 각각 아들 아홉씩을 낳았다. 팔구 칠십이 72명과 그 배우자까지 3대가 당장에 1백 하고 수십 명이 되어 한 군데 모여 살았는데 이 사람들 등쌀에 원래 있던 사람도 못살아 흥륜사 (興輪寺) 절의 스님들 하고도 그 땅이 서로 제 것이라며 싸웠다. 팔구손 이네는 스님들을 잡아다 못살게 굴고, 절 망하라고 퉁소 부는 형국의 절 터 퉁소 구멍 자리에 인조 산을 쌓아 막았다. 절의 중들도 팔구손이네 망하라고 '날뫼(飛山)'라는 데다 쇠기둥을 세우고 그 위에 비산이 절을

지었다. 팔구손이네가 망해서 분가하고 쌀 씻는 물이 달천까지 떠내려오던 큰 절 흥륜사도 망해서 빈집에 불상이 굴러다녔다. 그것이 남아 있다면 지금 아마 보물이 됐을지 모른다.

서울 사람이기만 했다면 편협했으리라 싶다. 시골 사람이 오히려 천연스럽다. 나는 서울, 시골이 없이 최고의 도회지 생활도 최고의 농촌 생활도 경험했다. 1년 반 구월산 종산학교에 다닌 동안은 구월산의 대자연을 접하는 재미가 있던 때였다. 토산인 구월산에는 갖가지 먹을 것들이 많이 달렸다. 이때 산에서 안 캐어 먹어 본 것이 없고, 냇가에서 안 잡아먹은 물고기도 없었다. 일 년 내 잣나무가 푸르고 밤·가얌·감·사과·머루·다래·야생 대추·야생 뽕과 나물·달걀 비슷한 뿌리가 달린, 캐어 먹을거리도 많았다. 산꼭대기에는 오래된 철쭉 나무들이 덮여 있어 굵은 철쭉 가지로 지팡이를 했다. 여름에 천둥·번개 치며 큰비가 오면 나무에 벼락이 떨어지는데 불이 나무를 타고 오르락내리락하다가 땅으로 스며들었다. 태풍이 불면 큰 나무가 움찔움찔하고 잎사귀가 다 떨어졌다. 뱀한테는 용케 한 번도 물리지 않았다.

겨울에는 밤에 그물을 끌고 다니며 꿩과 토끼를 사냥했다. 부엉이 말고 다른 짐승들은 밤에 앞을 못 보니까 그물에 걸렸다. 밤에만 보는 부엉이는 목화씨 많이 모아 놓은 데 날아와 좋아라고 까먹다가 그만 날이 밝으면 눈이 안 보이니까 못 달아나고 바보처럼 꼼짝 못한 채 그 자리에 하루 종일 가만히 앉아 있었다. 부엉이는 먹을 것도 없으니 안 잡아먹었다. 밀밭에 둥지 틀고 있는 꿩한테 가서 알을 뺏어다 '짜보'라는 닭한테 품게 해서 알을 깨워 꿩을 길렀다.

문화군은 바다가 없어 비늘 있는 붕어나 끌 같은 좋은 물고기가 없었다. 대신 비늘 없는 '중퇴'라는 물고기가 있는데 전설이 많았다. 옛날엔 생선 좋은 게 많았는데 대승 불교를 해서 아무 생선이나 막 먹는 스님이 생겨 끌도 다 잡아먹으니까 사람들이 "저 스님이 다 잡아먹어 끌도 없다" 했단다. 스님이 "그럼 내가 다 퇴(退)해 놓으마" 하고 뱃속에서 '악- 악-' 하고 다 퇴해 놨는데 다 비늘이 없더란다. 그 생선들을 중퇴라고 했다.

구월산에선 밤에는 꿈쩍도 못했다. 호랑이가 많았다. 호랑이가 털에 불붙으면 큰일이니 불을 무서워하는데 호랑이 못 들어오게 미음자로 집을 짓고 가운데 빈 공간에 나가 쉬었다. 장련읍에 나타나던 늙은 스라소니도 구월산에서 살다가 장련 봉황산으로 넘어와 살던 호랑이였을 것이다. 나는 봉황산 너머 가던 길에 그 스라소니를 본 일이 있다. 1950년대에도 신흥대학(경희대학의 전신)에 재직할 때 근처 솔밭에 호랑이 새끼가 나온 것을 사람들이 잡아서 돌려보낸 적이 있었다.

산은 돌산이라야 경관이 많이 생기는데 여기는 순 토산(土山)이라 은율 쪽 안구월산 정곡사(停穀寺) 절이 있는 곳에 커다란 폭포가 한 군데, 패엽사에서 우리 동네 솟대백이 쪽으로 내려오던 중간에 '매지소'라고 부르던 큰 못이 한 군데 있을 뿐이었다. 구월산의 물이 다 모여 담기는 이 못은 커서 배를 타고 다닐 정도이고 무한 깊은 곳이고 가물어도 물이 줄지 않았다. 명주실에 돌을 매달아 넣어 보면 한도 없이 들어간다 했다. 용이 살았다고 하는데 무서워서 그냥 바라보기만 할 뿐 아무도 여기 들어가 놀거나 하지 않았다. 산 전체에 꽤 큰 냇물이 여러 군데 흘렀으나 한데 모여 강을 이루지는 않았다.

구월산 삼성사는 단군 및 동명성왕을 모신 평양의 숭령전(崇靈殿)과 별도로 환웅·환인(저자 주: 『삼국유사』의 '석유환국(昔有桓國)' 참조)·단군, 삼위를 모신 곳으로 『세종실록』에 나온다. 이곳의 웅장한 금은 제기들은 임진왜란 때 다 없어진 것을 다시 만들어 비치하고 합방 전까지 나라에서 제관과 제물을 보내 단군에게 제를 올렸다. 그러나 내가 봤을 때는 이미 헐려 터만 남아 있고 사기로 된 제기들이 쌓여 있었다. 일본 정부가 헐어 버린 삼성사 건물은 천도교에서 사들여 안악에 천도교당을 지었다.

종달에 가면 문화 유씨(柳氏)의 오래된 무덤과 석물들이 보였다. 무덤이 아주 커서 사람들이 '유릉'이라고 불렀다. 이때는 몰랐다. 그러나 후일 단군을 연구하면서 『세종실록』을 보게 됐을 때 구월산 삼성사 단군 사당의 실제를 세종 임금에게 보고하고 되살릴 것을 주장한 유관(柳寬)과 한성부사 유사눌(柳思訥)이 문화 출신으로 구월산 문화 유씨의 선산에 연고가 있어 구월산 삼성사를 잘 알게 된 것임을 이해했다.

어린 소견에도 구월산이 환해졌다. 꼭대기에서 장련 바깥구월산으로 한참 내려오면 산신 그림이 걸린 기와집 서낭당이 있었다. 이 서낭당에서 10리를 더 내려오면 서북쪽 넓은 벌이 펼쳐진 평지, 솟대백이란 곳이 있었다. 삼한과 삼국시대까지 무천이니 영고니 하는 제전이 벌어지던 곳 중의 하나이고 단군사당이 있는 곳마다 솟대가 서 있었던 것이다. 거기서 더 내려오면 서탑골이고 바로 장련읍이 되었다.

솟대백이 지나 읍 동편에는 큰 솔밭 앞에 향교가, 그 길 건너에는 탑(동탑)이 서 있었다. 동헌(군청) 남서쪽에는 이층의 큰 문루가 있었는데 언젠지 알지 못하는 사이에 일본인 소유인 삼화(三和)농장에 옮겨 가 있는 것을 발견했다.

장련읍 북산(봉황산) 올라가는 길에 당집이 또 하나 있었다. 안에는 이상한 물건들이 많이 있었다. 구리쇠로 만든 반질반질한 쇠말이 여러 필 있었다.

서낭대도 있어서 무슨 날이면 사당패들이 그 대를 앞세우고 다니며 이중으로 무동을 타고 춤추고 노래했다. 관(官) 무당들도 있어 관에서는 이들을 양성하여 때마다 많이 이용하고 세금을 받아 갔는데 가물 땐 기우제를 지내고 병이 돌면 이들이 간호했다. 당시 남녀들은 서로 가까이 못하는 사회니까 안방까지 들어오는 박수·무당과 가깝게 연애했다. 여자 무당은 반드시 음악이 있어 잽이들이 따랐다. 당집을 지나 더 올라가면 진봉암이 있었는데 이곳이 옛 봉황사 자리였다.

장련에서 좀 떨어진 송관(松串)에는 단군사당이 있고 고조선의 옛 이름, 아사달을 딴 아사나루와 아사신당이 있었다. 아사나루에서는 황해 바다를 향해 배가 나아가는 곳이었다. '아사'는 아시아 전역에서 아침 해를 뜻하는 낱말이다. 당시 이곳에서는 먼 섬에 가는 나그네를 태우고 가는 배가 있고 화물 배들이 떠났다. 후일 내가 광산을 경영할 때도 규석 등 광석을 실은 배가 여기서 진남포제련소나 함흥제련소로 떠나갔다. 아사달은 원래 요동지방 송화강가에 우리 민족이 처음 정착한 곳이었는데 구월산 우리 고을에도 같은 지명이 붙어 있었던 것이다. 서울 와서 장승백이란 곳이 장승이 서 있던 곳을 말하는 지명임을 알고 내가 자란 장련의 솟대백이가 무엇이 있던 곳인지를 분명히 알았다.

부루단지는 치수에 관한 대단한 업적을 남긴 고조선의 2대 단군 부루를 기념해 두는 것이었다. 우리 집에도 뒤꼍에 부루단지가 있어 물을 담아 두고 그 위를 짚으로 씌워 두었다. 거기 뱀이나 구렁이가 들어가 있기도 했는데 이를 '업'이라 하여 죽이거나 하지 않았다. 내가 후일 공부하게 될 단군조선의 구월산, 아사달산 부분은 이렇게 해서 내 어린 기억 속에 자리 잡게 되었다. 나는 구월산의 단군, 그 내력을 알기 위해 가 있은 셈이었다.

그리피스와 『은자의 나라 조선』

　1882년 일본에 와 있던 미국인 윌리엄 그리피스(William E. Griffis)가 펴낸 책 『은자의 나라 조선(Corea: The Hermit Nation)』은 조선을 처음으로 외부 세계에 소개한 책이다. 조선이 국제사회에 긴한 역할을 하던 때도 아니었고 정부가 백성들 생활 상태에 특별한 관심을 기울이던 것도 아니었는데 조선에 그 정도의 관심을 갖고 방대한 분량의 글을 써 남겼다는 점이 못내 대단하다.

　조선 땅에 한 번도 와 본 적이 없어 보이는데 일본에서 모은 자료만 가지고 썼다니 그 한계는 분명하지만 그의 주변에 조선을 잘 아는 사람들이 있었으리라 싶다. 저자 그리피스 역시 굉장히 머리가 좋은 사람임을 알 수 있다. 이 책에 소개된 조선의 고대와 근대경제 묘사가 탁월하다.

　그는 바다 물결 넘어 청아한 소리를 내는 신라의 종(일본이 조선에서 약탈해 간) 이야기부터 한지·농기구·도자기를 만드는 물레 등 고대 한국의 고급 공업품의 전통을 알아냈다. 종·제지·쇠를 두드려 만드는 놋그릇·강철·톱 등 우리만의 특징적 고급 공업품을 만든 것을 보면 우리가 확실히 일찍 발달된 나라였던 것이 분명하다. 일본은 종을 만들지 못하니까 조선에서 종을 약탈해 왔고, 가져가다 바다에 빠뜨리기도 했다.

그리피스는 이런 나라가 어째서 일본처럼 문호를 개방해 외국문화를 받아들이지 못했을까 의문을 갖기까지 했다. 사대주의가 되어 자기 문화를 얕보다 그리된 것이다.

그리피스는 전문화된 분업사회가 아니라 고급 선비부터 농민·부녀·머슴에 이르기까지 만 가지 생활을 자급해 가며 사는 실상을 적어 놓았다. 그 지적은 내가 장련 고을에 살던 그대로이며, 틀림없는 것이어서 우리 집 구석을 들여다본 것 같은 느낌이 든다.

조선사람들은 자연을 의존해 생활을 자작자급하여 가가호호가 봄, 여름엔 농사를, 추워지면 땔나무를 해 들이고 겨울이면 가마니·멍석·통구리·신 삼는 것 등 틈 없이 자기 몸을 부리는데 수입은 없다고 했다. 양잠이나 길쌈을 전문으로 하는 사람이 없고 어부가 따로 없이 농민들이 겸했으며, 자연물을 자연스럽게 생활에 끌어들였다고 했다.

실제로 농사짓고 겨울엔 땔나무를 해 들이는 머슴에겐 일 년 내 여름옷과 겨울옷 각 한 벌이 고작이었다. 두루마기도 일 년 내 못 입었다. 정책이란 평생 기계적으로 일하는 것이었다. 우리가 부자라 해도 어머니는 함지박에 음식을 담아 손수 들에 내갔다. 양반들은 군수 자리 하나 하면 잘살고 안 그러면 굶었다.

여자들은 중류 집안이라도 목화 키워 솜이 피는 대로 따다가 자작으로 무명 짜고, 삼 키워 베 짜고, 뽕밭을 가꾸지도 않으면서 야생 산뽕을 찾아 먹인 누에로 명주 짜서 옷과 침구 등을 마련했다. 목화밭에는 참깨·배추·기장·아주까리를 같이 심기 때문에 이를 돌보러 바람 쐬러 나갈 수 있으니까 여자들이 목화밭을 참 좋아했다. 천연재료로 물감까지 자작했다.

솜을 심어 쓰기까지 씨아틀을 만들고 크게 활을 만들어 활줄에 솜을 탔다. 햇솜은 따뜻하니까 옷에 두고, 한 번 두었던 낡은 솜은 늙은이들이 물레질해서 다시 실을 뽑았다. 묵은 솜에서 빼낸 실로 짠 무명을 수목이라 하며 빛깔은 그리 희지 못하다. 우리 집에서도 목화밭 농사뿐 아니라 누에도 쳤다. 머슴들이 구월산에서 산뽕을 따 왔다. 햇솜을 두어 만든 우리 집 이부자리의 포근한 이불솜을 그것도 2, 3년에 한 번씩 바꾸는 것을 보고 함경도나 평안도에서 온 친구들은 놀라워했다.

솜은 가정의 필수품이었으므로 솜이 안 나는 데 사는 농가는 그만큼 불리했다. 같은 황해도 지역인데 옹진(甕津)에선 솜이 안 났다. 목화가 집산되는 이른 가을부터 늦가을까지 장련에 와서 솜을 사 가는데 이때가 되면 갈대로 엮은 목화솜 상자가 시장에 산더미처럼 나와 놓았다. 솜은 돈으로 사고팔지 않았다. 좋은 솜은 원산지에서 생산한 사람들이 쓰고 외지인들에겐 하등 솜을 그곳 산물과 바꾸었다. 옹진 사람들은 맛있게 고은 갱엿과 감을, 함경도 사람들은 함지박을, 전라도에서는 참빗, 생강을 가져와 솜을 바꿔 갔다.

장날을 그렇게 좋아했다고 그리피스는 썼다. 사실이었다. 장련에는 쇠와 정분(백묵 만드는 회. 연자방아에 쌀을 빻을 때 마지막 과정에 이를 쳐서 하얗게 빛을 냈다), 목화와 야생뽕·찰수수·밀·메밀·좁쌀·콩·팥·녹두가 나는데 그중에서도 밀과 목화의 집산지여서 원근 각지의 무역상들이 모여드는 관계로 사납고 큰 황소와 소달구지들이 이날 드나들고 '진남포 사과'로 포장된 사과가 일본에 대량으로 수출되었다.

장날은 사람들마다 위아래 구별 않고 일없이도 나오는데 그동안 만든 것, 쌀 됫박이라도 갖고 나오고, 조개·굴·생선을 잡아 가지고 나와 팔았다. 엿집·떡집은 붙박이로 있고 장날을 기다렸다가 소를 잡아 고기를 팔았다. 옷감 장사도 수없고 음식 장사도 수십 군데가 늘어서 녹두묵·

냉면·떡을 주로 팔고 빈대떡도 부쳐 가면서 팔았다. 냉면에는 닭고기·
쇠고기·돼지고기 같은 세 가지 고기를 쓰니까 집에서 만들어 먹기가 어
려워 나들이 때면 사 먹는 것이었다.

포장지는 커다란 떡갈나무 잎으로 쌌다. 엿은 겨울이면 땡땡 얼어서
목판에서 덜어 주기만 하면 되지만 여름에는 녹으니까 튀밥을 묻혀 가
랑잎에 싸고 지푸라기로 묶어 들고 갔다. 그리피스가 쓴 것처럼 촌사람
들은 그날 다 장에 나와서 서로 만나 보고 일을 본 다음 냉면 한 그릇이
나 술과 떡을 사 먹고 돌아갈 때는 저마다 엿이나 생선 같은 것을 사 들
고 돌아갔다. 커다란 홍어는 무거우니까 새끼줄을 코에 꿰어 끌고 갔다.

우리 집에서 장에 가는 사람은 언제나 할머니였다. 할머니가 할아버
지보다 세 살 위였으니까 처음부터 그런 일에 할아버지 대신 나섰다. 할
머니는 구구도 몰랐지만 계산은 기막히게 잘했다. 할아버지와 아버지,
어머니는 한 번도 장에 나가지 않았다. 장날이 되면 곳간에 쌓아 둔 쌀
가마를 머슴 둘에게 지워서 장의 싸전으로 갔다. 그곳엔 쌀을 되로 되어
값을 계산해 주는 일만 전문으로 하는 '되장'이 있었다. 그렇게 해서 돈
을 만들면 정해 놓고 사들이는 것이 숯이었다. 다림질이며 연료로 숯은
사철 쓰는 것이니까 제철일 때 싸게 사들여 곳간에 쌓아 두었다.

담뱃대는 빨쭈리와 대통 등 재료를 쌓아 놓고 있다가 손님이 주문하
는 길이대로 즉석에서 길고 짧게 만들어 팔았다. 상등품 대나무 담뱃대
는 고가를 받았다. 긴 대나무에 구멍 뚫는 긴 송곳이 따로 있었다. 아이
들은 여기서 자르고 남은 대나무 토막을 가지고 놀았다.

아랫장과 윗장을 가로지르는 큰 냇물이 있어 냇물가는 생선 장수들이
차지했다. 장련군에선 큰 민어·은구어·농어·왕새우·대합·소라·조개·
참게·뱀장어·꼴뚜기·꼴·메기·붕어·망둥이가 잡혀 나왔다. 냇물 위로

나무를 잇고 흙을 덮은 다리가 있어 올라서면 읍내가 다 보였다. 3·1만 세운동 때 이곳은 독립 연설을 하던 연단이었다.

전문화되어 있지 않으니까 뭐든지 다 할 줄 알아야 유능한 어른이었다. 깨진 솥 같은 것들은 녹여서 호미 같은 농기구로 만들었다. 1년 내내 낡은 실을 모아서 노끈을 꼬았다. 노끈 꼬는 일은 상류 선비들의 일이어서 어느 집이나 곳곳에 노끈 뭉치들이 있었다. 우리 할아버지도 했다. 칡을 걷어다가 줄기 속의 하얀 심을 빼서 고급 돗자리 날로 썼다. 어업이나 어부가 따로 있지 않았다. 농사짓는 사람이 그물도 만들어 생선 잡는 데 썼다. 할아버지도 내게 그물을 만들어 주었다.

담 위에 야생 대추나무 가시 돋은 어린 가지를 베어다 도둑 출입을 막는 가시철망처럼 얹었다. 우리 집의 그 넓은 담장에도 연년이 대추나무 가지를 바꿔 가며 얹었는데 산에는 야생 대추나무 숲이 얼마든지 펼쳐져 있었다. 만 가지 일이 자연스럽고 어색하지 않고 자신만만했다. 심지어는 배도 목수가 만들었다. 온돌 위에 바른 흙은 가을이면 뜯어 훌륭한 비료로 쓰고 새 흙을 발랐다. 그래서 빈대가 없었다. 그 위에 갈대로 엮은 매끈한 자리, 갈보전을 깔았다.

이런 상황은 내가 소년에 접어들었을 때 변화의 물결을 탔다. 허리에 돈 넣는 주머니, 담배 주머니, 안경집, 부싯돌 주머니 같은 주머니들을 여러 개 찼다. 우리 할아버지는 남보다 주머니가 더 많았다. 할아버지는 일의 전문성을 생각한 분이었다. 돈이 있으면 으레 고리대금업들을 했는데 할아버지는 그런 것을 하지 않고 바닷가 산을 수십 리 사서 줄기가 곧고 빨리 자라는 낙엽송을 대량으로 식림해 전봇대나 돛대, 건축 비계용 재목으로 생산하고 땔나무로도 팔았다.

내가 살았던 황해도 은율군 장련은 600호 남짓한 고을인데 일찍 깨인

곳이었다. 과수원 하는 집이 전체의 1할인 60호나 되고 원두막이 70개나 되었다. 1905년에 벌써 할아버지는 사과·수밀도·포도 신품종을 미국에서 들여왔다. 일반 농사꾼은 꿈도 못 꾸던 일이었다. 그래도 재래종 포도·복숭아·참외는 그대로 가꿨다.

우리나라 포도가 아주 좋았다. 말갛고 노랗게 여물며 송이가 크고 많이 열렸다. 그렇지만 겨울이면 볏짚을 덮어 주어야 하고 접을 붙여야 하고 손질이 많이 가니까 많이 하지를 않아서 장련서는 우리 집과 오기권네 두 집만이 포도 농사를 했다. 입동 때 먹는 복숭아도 있었다. 손으로 빠개면 두 쪽으로 갈라지는 복숭아였다. 사과는 황해도에서 나는 국광과 홍옥을 일본 왕실서도 갖다 먹었다. 미국서 들여온 '왜금'이라는 사과는 빛만 예쁘지 맛도 없고 크기만 한 것이었다. 내가 종산 갔을 때도 구월산에 이런 왜금 사과가 들어와 있었다. 미국인은 애플파이에 이런 사과를 쓴다지만 우리나라에서 이런 사과를 찾는 것은 큰 상에 볼품만으로 고여 놓는 용으로나 쓰다가 지금은 없어졌다. 우리나라 좋은 과수들은 손질 편한 외래종에 밀려 다 없어진 듯하다. 1930년대 인촌 김성수(金性洙)의 인척 한 사람이 과수원 답사 겸 장련에 와서 진보적 농사법을 보고 매우 놀라 따라가지 못하겠다고 실토했었다.

참외밭 많으면 그건 벌써 먹는 것 세우는 사치한 동네였다. 동양척식에서 조선인의 토지를 빼앗아 조선으로 이민 온 일본인들 주어 참외 농사를 많이 짓게 했다. 일본 참외는 원래 맛이 하나도 없었는데 노랗고 조그마한 신품종 '김막가 참외'가 이때 생겨나 한 개에 냉면 한 그릇 값인 1전 5리의 비싼 값을 받았다. 장련 출신으로 세브란스 의전에서 3·1 만세운동을 주도했던 김원벽(金元璧)과 나는 일본 이민자들이 어떻게 살고 있는지 보려고 서울의 신촌 일대 가장 좋은 땅을 뺏어 차지한 일본인들 농장을 많이 방문했다.

우리가 땅을 많이 소유하면서는 소작을 주면서 가을 추수 때 본전만 돌려받았다. 말과 나룻배는 어지간한 집이면 교통수단으로 으레 갖추고 있었다. 소도 많이 사서 소작인들 주면서 마음대로 부리되 우리 집에서 필요한 농사 때나 땔나무 사다 쌓아야 할 때는 우리 집 일을 우선한다는 조건이었다. 소가 새끼 낳으면 소작하는 사람 몫이었다. 일종의 사회사업이었다. 겨울에는 소의 통굽 발을 위하느라고 볏짚으로 소신을 삼아 신겼다. 나중에 일본 가서 보니 가난한 사람들은 양쪽으로 갈라진 소신과 똑같은 짚신을 신고 있었다.

신발은 짚신과 미투리, 종이신을 삼아 신거나 갓신을 신었는데 한지를 쓴 종이신은 질기고 가뿐한 고급이었다. 서울 오니 종로4가 배오개 시장에 갓신과 비단신을 파는 커다란 신점이 있었는데 구두는 국산이 모양이 예쁘고 제대로 잘 지어 일본 제품이 못 따라왔다. 그 집 딸이 나와 같은 시기에 도쿄 유학을 했다. 그리피스가 묘사했던 19세기 후반의 한국 농촌생활은 20세기 들어와 근대화의 흐름을 타기 시작한 것이다.

그러면서 그리피스는 자존심 강한 조선인들을 보았다. 일본에서 살지만 고급문화의 본향에서 온 자부심을 잊지 않고 의기양양하여 바다 건너 조선을 고향으로 여기던 사람들을 방문한 뒤 쓴 다음 구절은 깊은 감명을 주는 것이다.

1871년 나는 일본 아이치현 후쿠이(福井)라는 곳에 살고 있었는데 해협을 사이에 두고 한국과 일본이 서로 마주보고 있는 해변 마을 쓰루가(敦賀)와 미쿠니(三國)라는 곳에서 며칠을 보낸 적이 있었다. 고대 영국의 색슨 해변처럼 이곳 아이치현의 해안도 오랜 옛날 한국 땅으로부터 건너오던 뱃사람·이주자·모험가 들이 배를 대고 상륙하던 장소였다. 이곳 쓰루가로 들어온 한국의 사절단들은 여기서 바로 미카도(御門) 궁전으로 길을 대어 갔다.

여기서 얼마 떨어지지 않은 곳에 가야의 한국 태자와 진구 황후(神功皇后), 오진왕(應神王), 그리고 다케우치 스쿠네(竹内宿禰·武内宿禰)를 모신 사당들이 있는데 이들은 모두 일본 역사에 나오는 '보물로 가득한 서쪽 나라'와 관련된 인물들이다.

일본 해안가에 만(灣)을 사이에 두고 마주한 지역 신사에 소리가 청아한 종(鐘)이 하나 걸려 있었는데 이 종은 647년 조선에서 만들어진 것으로, 화학적으로 분석한 것은 아니지만 금이 아주 많이 들어가 있는 종이라고들 한다. 여기서 멀지 않은 산속에 아오타니(靑谷)라고 하는 몇백 년 전부터 조선 반도로부터 온 제지공들이 정착한 조그만 동네가 있었다. 지금도 이곳에서는 양국 간의 외교문서를 기록하는 종이를 만드는 것으로 유명하다. 아이치현의 오래된 가문 사람들은 그들의 조상이 조선사람들인 데 대해 매우 자부심을 갖고 있었다. 온 동네가 모두 '바다 건너 고향의 것'에 정통해 있었다. 새와 가축·과실·매(鷹)·채소·나무·농기구류와 도공이 쓰는 물레, 땅 이름, 예술, 종교이론과 제도 등에 이르기까지 거의 모든 것이 어떤 식으로든 바다 건너 한국과 관련된 것이었다.

헐버트와 대한제국

헐버트(Homer B. Hulbert)의 1906년 저술 『대한제국 멸망사(*Passing of Korea*)』는 그가 헤이그에서 이상설(李相卨)·이위종(李瑋鍾)·이준 등 3인의 밀사와 행동을 함께한 사람이란 것, 그가 한국 신교육을 위해 무던히도 애썼다는 점에 감동해서 봤다. 한국의 흠도 많이 잡아냈지만 을사조약 당시 한말 상황 묘사가 정확할 뿐 아니라 중요한 역사를 몇 가지 기록하고 있다.

헐버트(1863~1949)는 1886년 고종이 조선에 신교육을 위한 육영공원(育英公院)을 설치하고 뉴욕서 데려온 3인의 영어교사 중 한 사람이었다. 모든 과목을 영어로 교습하던 육영공원은 고종 주변의 보수세력이 이를 위협으로 받아들이고, 교육은 진지하지 못한 양반 자제 학생들에게 실패한 것으로 간주돼 물거품이 되었다. 당시 조선인들에겐 유교적 안목 외에 근대 세계를 이해할 지식과 경험은 전혀 축적돼 있지 못했다. 그가 쓴 세계지리 교과서 『사민필지(士民必知)』(1889)는 일제가 '조선인들에게 진보적 사상을 가르친다'는 이유로 발매 금지되고 고종의 대신임을 받던 그는 내한한 지 5년 만에 미국으로 귀국했다.

조선에 와 있던 선교사 아펜젤러(H.G. Appenzeller)가 이즈음 미국으

덕수궁 인화문 앞. 덕수궁에 중요한 일이 있었던 날의 풍경인 듯하다. 큐빌리에 컬렉션

서울 정동 언더우드 선교사 집 앞에 모인 사람들. 언더우드 1세인 원두우 박사의 부인은
민황후의 의사였다. 왼쪽에서 두번째 우산을 펴든 사람이 모펫 선교사.

로 돌아가 헐버트에게 다시 권유함으로써 1893년 이번에는 선교회 홍보 담당자 직함을 얻어내 다시 조선에 돌아왔다. 그는 조선 독립을 위한 역사를 영문으로 써내고 영국왕립아시아학회 조선지부회지 『한국평론(*The Korea Review*)』 등의 편집자로 한국문화를 영어권에 소개하는 문필가로 활약했다. 한글을 애호한 그가 한자를 애호한 게일(J.S. Gale)과 맞붙어 대토론을 벌였다. 그는 또 언더우드 목사(H.G. Underwood) 등을 대신해 설교와 목회도 이끌었으며, 상동교회의 목사로 전덕기(全德基)와 인연을 맺었다.

한국에 대한 일본의 야욕이 점점 노골화하자 헐버트는 한국민족에게로 눈길을 돌렸다. 1905년 10월 15일, 그는 루스벨트 대통령에게 우호조약에 따른 지원을 청하는 고종 황제의 밀서를 가지고 서울을 출발했다. 11월 17일에 워싱턴에 도착, 미국 정부요인들과 접촉했으나 이미 친일화한 미국 정부는 그의 말을 경청하지 않았다. 미국 루스벨트 대통령과 일본이 각각 필리핀과 한국을 식민지화한다는 '가쓰라—태프트 밀약'을 알 수 없었던 대한제국 정부와 그는 헛수고로 애만 썼다.

"한미수호조약을 맺은 뒤 얼마 안 돼 미국의 우의가 절실했던 그 시기에 그토록 약삭빠르게 돌아선 미국, 다른 어느 동양 민족보다도 정중한 배려로 미국 시민을 아껴준 대한제국이 쓰러져 하나씩 죽어가면서 단말마적 괴로움을 삼키는 것을 냉혹히 외면하고 일본과 축배를 드는 미국"의 이런 배신을 저서 『대한제국 멸망사』에서 신랄히 비판한다. 그러면서 한국의 신교육을 위해 미국이 투자할 것을 호소했다.

1906년 7월, 일본의 온갖 박해가 기다리고 있는 한국에 다시 돌아왔다. 그는 처음엔 일본보다 러시아를 더 흉악하게 보았지만 곧 일본의 흉계를 알아차렸다. 워싱턴에서의 노력은 실패했으나 그는 을사조약으로 외교권마저 박탈당한 조선의 독립을 위해 계속 노력했다.

두 번째 방한에서 상동교회의 목사로 나온 그에게 전덕기 목사가 합류하고 이곳에서 1907년 신민회 비밀결사가 세워졌다. 상동교회는 당시 굉장한 애국운동의 소굴이었다. 신교육운동이 여기서 나왔다. 의사이자 목사인 스크랜턴(W.B. Scranton; 이화학당 설립자 메리 스크랜턴의 아들. 어머니와 함께 의료선교사로 조선에 왔다)이 전덕기에게 엡윗청년회(The Epworth League; 1889년 미국서 창설된 감리교 청년단체)를 하지 말라고 말렸을 때도 헐버트는 계속해야 한다고 우겼다. 전덕기가 이에 청년학원을 만들었다. 그때 상동교회 공옥학교 아이들이 홈빡 경신학교를 다녀 내게 그 당시 상황을 알게 해 주었다. 지금 생각하니 공옥학교 아이들이 부르던 "자옵던지 깨옵던지…" 노래를 이제야 알 것 같다.

전덕기 목사는 헤이그 회담에 이준 열사를 안내한다. 떠나기 전 전략을 의논하는 이준과 헐버트의 비밀 접촉이 손탁호텔과 상동교회에서 이루어졌다.

1907년 4월 그는 고종의 밀명을 받고 출발하여 7월 만국평화회의가 열리는 헤이그에 도착했다. 세 열사와 함께 을사조약이 일본의 탄압에 의한 것임을 각국 대표에게 알리고 조선 대표가 본회의에 참석할 수 있도록 러시아 대표이자 회의 의장인 넬리도프(Nelidof)에게 호소하고 각국 대표와 여러 신문을 통한 여론 일으키기에 성공했다. 이 외교사는 헐버트가 전적으로 나서서 기획한 일이기도 하다. 그것은 실제로 독립운동이었다.

회의 의장이 조선으로 확인 여부를 요청하여 보낸 전보를 이완용 등이 받아 이토 히로부미와 협의하여 거짓 회답 전보를 보냄으로써 끝내 세 밀사와 헐버트의 노력은 실패하고 말았다. 결국 이 사건으로 일본은 고종을 양위시켰다. 이에 헐버트도 조선에서 더 일할 수 없게 되어 바로 미국으로 돌아갔다. 그러면서도 한국을 위하여 독립과 문화를 소개하는 일을 계속했다. 그가 한국의 역사와 실정을 기술하고 한국이 취할 길을 제안한 바는 앞으로 펴낼 나의 한국사에서 다시 기술하겠지만 그는 나에게 바른 역사를 복원할 생각을 가지게 한 사람 중의 하나다.

『대한제국 멸망사』에는 또 일본군이 경복궁에 난입해 민황후를 추적한 을미사변과 하급관리인 아전들에 대한 생리 묘사가 탁월하다. 헐버트는 민황후와 대원군의 내부 갈등을 파악했다. 그때 헐버트는 창덕궁에 취직해 있어서 이런 사실을 알았다.

고종황제는 일본군이 노리는 것을 알아 민황후를 변복시켜 다른 데 가서 자라 하고, 어디 가서 숨으라고 가르쳐 주었다. 을미사변 때 시위대장이 일본군을 막다가 칼 맞아 죽는 것까지 고종과 순종(純宗) 등이 눈으로 직접 보았다. 민황후는 사진을 남기지 않았다. 조선 왕실의 중요 자료를 입수하지 못한 외국 책들이 일개 궁녀복 차림의 여성 사진을 민황후로 소개한 것을 보고 헐버트는 민황후가 아니라고 부인했다. 언더우드 1세 부인이 민황후 시의(侍醫)여서 자주 알현했는데 그 사람도 민황후 사진이 아니라고 부인했다. 내가 아이 때 동무가 한문으로 된 을미사변 책을 읽다가 뺏겨서 아까웠다.

아전이란 참으로 묘한 존재들이다. 헐버트가 그것을 간파하고 바로 보았다. 우리나라의 각 군에 있는 하부 관리인 아전·서리 들이 군수와 감사를 업고 부정부패하는 것을 묘사했다. 정직한 군수가 제대로 하려고 여론을 살펴보면 아전은 더 벌어먹지 못하게 되리란 생각에 백성을 충동질해 군수를 쫓아 보내는 것도 알았다. 군수가 나쁜 짓 하는 것을 막는 관리도 있긴 했다.

통나무를 싣고 가는 황소와 흰옷 입은 사람이 한국적인 분의기를 보여준다. 그러나 무거운 짐에 눌려 힘들어 하는 황소가 측은해 보인다. 뒷면 기와집에 있는 시(施)자 간판이 남대문 상동 시병원이 아닌가 짐작된다.

    헐버트의 이 책은 그가 한없고 변함없는 충성을 맹세하는 고종황제에게, 그리고 일제강점이라는 '가상의 죽음'에서 깨어날 한국인에게 바쳐진 것이다. 그가 평생 한국을 위해 바친 열정은 숭고하게 느껴진다.

    1949년 7월 29일, 헐버트는 이승만 대통령의 초청을 받아 선편으로 인천에 도착했다. "웨스트민스터에 묻히기보다 한국 땅에 묻히고 싶다"고 했던 그는 8월 5일, 서울 청량리 위생병원에서 86세로 영면하여 한국 땅 양화진에 안장됐다. 그가 들고 온 가방 속에는 그가 관여한 중요한 대한제국 역사자료와 남은 자금이 들어 있었으나 그의 사후 미국대사관 측에서 가져가 버렸다. 그가 알고 있던 많은 한국의 이면사가 밝혀지지 못한 것이 유감이다.

2장

서울의 신교육

1916년 서북학생 대운동회가 열린 장춘단에서 가운데줄 맨 오른쪽이 최태영. 장춘단은 대한제국 때 을미사변과 임오군란으로 순사(殉死)한 충신·열사를 제사 지내던 곳이다. ⓒ 최태영

기독교와 신학문의 유입

1903년 장련에 개신교가 들어오기 전 천주교 성당이 먼저 들어섰다. 안악 매화촌 안중근 의사의 부친 안 진사네 집에 처음 들어와 전도하던 독일인 오(吳) 신부와 프랑스인 홍석구(洪錫九) 신부가 순회하며 신부 노릇을 했다. 홍 신부는 안중근 의사가 뤼순(旅順) 감옥에서 사형 집행으로 돌아가시던 날 마지막으로 면회했던 분이다.

아버지와 나는 처음엔 천주교 성당에 다녔다. 아버지는 세례명이 베드로였고 나는 요셉이었다. 조선말 잘하던 두 신부는 우리 집에 와서 식사를 들곤 했는데 손님 대접하려고 밭둑에 늘 남겨 두는 참외며 감자를 부쳐서 대접했다. 내가 엄마 젖 떨어진 뒤 아버지가 안악 성당에 가서 깡통에 든 양젖을 가져다 먹였기에 성당 두 신부의 내력을 분명히 기억한다. 후일 황해도 천주교사(史)를 쓴 이들이 신부를 한 사람으로 오인하고 홍 신부인지 오 신부인지 헷갈려 내게 증언을 요청했을 때 분명히 설명해 두었었다.

1905년 개신교 예배당에 학교가 같이 섰다. 그 당시 개신교는 교육과 전도를 병행해 전국에 학교 천지였지만 천주교는 교육에 등한하여 겨우 종현 천주교당에 초등학교 하나뿐이었다. 할아버지는 교육과 동일한 의

미로 개신교를 받아들였다. 아들 손자를 위한 신교육을 열망했고 조혼이나 술·담배, 수도 없는 제사에 절어 사는 데서 벗어나기를 원했던 것이다. 할아버지는 그렇게 해서 잡된 일 않고 나를 이렇게 만들어 놓고 돌아갔다. 그래도 고모나 큰어머니, 사촌 누님들은 천주교에 남아 있었는데 종교문제로 가족 간에 틈이 벌어진 일은 없다.

나는 어려서 성당에도 자주 놀러 갔기 때문에 독일인 오 신부가 "요셉아, 열교(裂敎; 개신교)에 가지 말고 성당에 다녀야 한다"고 여러 번 권고하던 일이 생생하게 기억난다. 그러나 아버지와 나는 신식 공부를 위해 주저없이 개신교로 옮겼다. 개신교로 가니 오 신부가 아주 미워했다.

이 지역의 개신교회는 재령에 있는 미국 장로교 선교사 헌트(W.B. Hunt), 쿤스(E.W. Koons, 군예빈) 등이 순회 지도했다. 여름, 겨울 두 번씩 강연할 때 이들이 우리 집에 묵고 수백 명의 손님을 치렀다. 쿤스는 특히 우리 할아버지, 아버지와 친했다. 그것이 인연이 되어 할아버지는 아버지를 평양과 서울에 유학 시켰고 나도 구월산 속 종산과 서울에 유학했다.

개신교보다 먼저 들어온 천주교는 이 땅에서 엄청난 순교자를 내면서 피를 흘리며 들어왔다. 그건 전적으로 천주교의 문젯거리이다. 종교의 입장에서 정정당당히 죽을 셈치고 선교하든지 아니면 외교적으로 개방을 위한 노력을 했어야 했다. 서양인이 상제 복색으로 변복하고 상립 쓰고 조선사람 가정 안방에 숨어 들어옴으로써 한국인을 그렇게 많이 죽게 한 것은 의문거리 처사이다.

개신교의 알렌(H.N. Allen)과 언더우드 1세(H.G. Underwood, 원두우, 元杜尤), 아펜젤러는 상하이와 일본에서 기다리고 있다가 1882년 한미 통상조약 체결로 국교가 수립되자 따라 들어왔다. 새로운 문물을 갈구

하던 개화당의 갑신정변이 나던 1884년에 바로 이들이 의술과 교육과 언어를 가지고 유입된 것이다. 기독교는 처음에 '서양인만이 믿는다'는 약조를 하고 들어왔다. 알렌은 실상 목사인데 의사로 왔고, 헐버트도 처음엔 영어학교 교육자로 왔다. 선교사들은 "우린 교육만 한다. 기독교는 우리끼리만 믿는다"고 했지만 그건 술책일 뿐이었다.

서양인들이 저희끼리만 종교하는 척하면서 공작을 폈다. 이제 문제는 신학문이 들어온 것이다. 알렌은 광혜원(廣惠院, 후일 제중원으로 이름이 바뀜)을 세우고, 언더우드 1세는 의학·화학·공업 교육을 준비하면서 영어 선생도 했다. 영어학교는 허가되니까 영어를 가르치면서 슬슬 기독교 포교를 하여 부르지 말라는 찬송가도 몰래 부르면서 예수도 선전한 것이다.

언더우드 1세가 처음엔 알렌네 학교의 선생을 하다가 종래 세운 학교가 경신학교와 정신여학교이다. 건물은 정동(후일 이화학당 건물이 됨)에 있었다. 개화파들 자손을 다 죽이니까 그 아이들을 보살피기 위한 자리였다. 1기 첫 학생이 김규식(金奎植)이었다. 어느 부모가 문 앞에 두고 간 아기를 언더우드 내외가 아들로 키워 미국 보내 공부시켰다. 그 후 김규식은 월북했다.

그다음부터는 일반 학생들을 받아들여 2기생으로 안창호가 들어왔다. 안창호는 과거 준비를 하다가 청일전쟁을 보고 '우리도 깨야겠다'는 자각을 했다. 1895년 서울 정동 거리를 지나는데 민로아(閔老雅, F.S. Miller) 학당장이 '돈 없는 사람 공부시키고 먹이고 돈도 준다'며 떠듬거리는 우리말로 입학 권유하는 것을 보고 '예수는 안 믿어도 그만'이라고 생각하여 그대로 입학하게 되었다. 학문에 능통해 1년 후에는 그 자신이 교사가 되어 가르쳤다. 한 달 월급 1원씩을 저축하여 낙향하려다 서재필의 독립협회에 들어가 독립운동을 하게 되고 평양에 가서 독립협회 관서지부를 세웠다. 안창호는 연설을 잘하고 과거 준비를 한 터라 김규식보다 훨씬 유식했다. 그즈음 안창호 집에서 처녀 이혜련(李惠鍊)과 약혼을 해 놨다. 안창호는 서당 스승이던 장인 이석관(李錫寬)을 찾아가 "나장가 못 가오, 독립운동도 해야 하고 미국도 가야 하는데 무식한 여자하고는 같이 행동할 수 없소" 하였다. 장인이 그 말을 받았다.

"그럼 우리 딸도 배우게 하면 되지 않겠나. 어떻게든 잘되도록 신세계가서 살면 좋지 않으냐."

안창호는 벗어날 수 없었다. 그는 처녀와 누이동생을 서울 정신여학교에 넣어 공부시키고 도미 전날 민로아 학당장 주례로 결혼식을 했다.

그 당시 두루마기 댕기머리의 아이들은 남녀 구분이 잘 안 됐다. 긴두루마기 밑으로 바지를 입었으면 남자, 치마면 여자였는데 두루마기위는 뒷모양이 똑같았다. 어느 날 고아를 데려왔는데 여아였다. 도로 내보낼 수도 없고 담장 너머로 여의사에게 보내서 '이 애 하나라도 가르치라'고 하여 정신여학교가 됐다. 경신학교와 배재, 이화학당 모두 1885-1886년에 정동에서 개교하고 신학문이 들어오기 시작한 것이다.

고종이 대안문 안 경운궁(덕수궁)만 가지곤 좁아서 못살게 되니 언더우드 1세 소유의 땅을 사서 확장하고 외국 공사관들을 들어오게 하였다. 언더우드 1세에게 땅값을 많이 주어서 이후 연못골(지금 연지동) 선교시대를 열게 되었다.

이병도는 '민주주의와 자주주의 때문에 기독교가 학교를 많이 세웠다'는 주장이지만 내 생각에 그것은 가장된 민주주의일 뿐이다. 예수야어떻게 됐든지 '공부 가르쳐야겠다' 해서 평양이 학교 설립에 돈을 가장많이 내고 서울도 그 뒤를 따라왔던 것이다.

배재학교는 왕실에서 재정을 대주던 학교이고 예수를 안 믿으면 그땐 서양학문을 배울 길이 없었다. 교회를 지으면 으레 학교도 같이 짓는 것이었는데 거기서 친일파도 많이 나오고 항일하는 배일(排日)파도 많이 나왔다.

신교육과 세 인물

헐버트와 전덕기, 이용익

1907년 헤이그 특사 이상설·이준을 중심으로 이 일에 긴밀히 관련됐던 몇 사람들은 모두가 한국 신교육에 지대한 공헌을 한 이들이었단 점에서 특이하다. 헤이그 회담에 앞서 간도에 서전서숙(瑞甸書塾)을 세워 애국과 교육을 같이했던 이상설과 국민교육회 회장이던 이준, 고종 때의 탁지부 대신이던 이용익, 상동교회 전덕기 목사와 미국인 헐버트가 이들로, 교육과 애국이 하나이고 신민회 비밀결사와도 관련돼 있었다.

호머 헐버트는 고종이 신교육을 위해 설치한 육영공원의 영어 교사로 한국에 대한 진실한 우애를 지녀 어떻게 해야 한국을 도울까를 연구하여 근대사에 특별한 역할을 해낸 사람이다. 그는 한국이 독립 입장을 강화하기 위해서는 근대적 교육밖에 도리가 없다고 생각해 전덕기와 합류했으며 한국 역사서와 세계지리를 가르치는 『사민필지』 등 책을 펴냈다. 무엇보다 그는 세 특사와 함께 1907년 헤이그 만국평화회담에 가서 현지 신문을 통해 을사조약의 무효와 한국독립에 대한 세계 여론을 불러일으키는 데 성공했다. 그러나 이로 인한 고종 퇴위 후 더 이상 한국에서 일하지 못했다.

이용익은 보성전문의 원설립자이다. 그는 헤이그로 가는 이상설과 이준·이위종·헐버트 등을 위해 고종보다 더 많은 돈을 비밀리에 지원했다. 이용익의 출신에 대해서는 알려지지 않은 부분이 많다. 그가 금송아지를 대궐에 갖다 바치고 벼슬을 구했다고 전하는데 함경도 사람인 것은 확실하지만 무엇을 해서 그렇게 많은 돈이 있었는지는 모른다. 전통적인 사대부 출신은 아니어서 처음에는 무식하고 행동거지가 달라 다른 이들의 빈축을 사기도 했다. 그러나 오랜 벼슬살이 경륜으로 이준이 헤이그에 갈 무렵에는 유식해져서 러시아에 망명해 있던 이범진(李範晉)에게 아들 이위종을 통역으로 파견케 하여 밀사들을 돕도록 기획하는 편지를 써 보낸다.

반일을 위해 친러 입장을 취한 그를 일본이 강제로 1년간 쫓아냈는데 1905년 도쿄에서 돌아오면서 대량의 교과서와 인쇄기기를 갖고 왔다. 인재교육으로 국권을 다시 회복할 수 있으리라는 신념으로 보성 소학교, 중학교, 전문학교와 보성관(普成館) 편집소, 보성사 인쇄소를 세웠다. 이 중 교육기관으로 서울 박동(견지동)에 전문지식인을 시급히 양성하기 위해 세워진 학교가 고려대학의 전신, 보성전문이다. 견지동 조계사 뒤 작은 공원에 최초의 보성사 인쇄소 자취석이 남았다. 이용익의 손자 이종호(李鍾浩)는 헤이그로 가는 이준을 전송하며 "나랏일을 끝내고 여력이 있거든 구라파의 학교제도를 살펴보고 와 달라"고 부탁한다.

그러나 헤이그에서 이준 선생은 병사하고 이상설과 이위종은 독립운동하며 해외를 떠돌게 되었다. 고종은 강제퇴위되고 이용익과 이종호도 국내에 있을 수 없어 국외로 나갔지만 이용익은 1907년 러시아에서 끝내 친일파에게 암살됐다. 일본 은행에 들어 있던 거만의 재산은 일제에 몰수되고 보성중학은 불교에, 보성전문은 천도교에 경영권을 기탁했다.

전덕기 목사는 경기도 이천 사람으로 아홉 살 때 조실부모한 뒤 서울

남대문 상동시장에서 숯장사를 하던 숙부 전성여(全成汝)가 그를 친아들처럼 돌보았다. 전덕기 소년이 차후 애국의 뿌리를 상동교회에 내리게 된 것은 이런 성장 과정을 거쳐서이다. 스크랜턴 목사를 만나 결정적 교육을 받았고 독립협회운동에 가담하였다. 스크랜턴은 선교사 활동이 대궐을 기점으로 한 정동에서 이루어지는 데 불만을 품었다. 그는 민중들이 있는 상동으로 나와 1천 평 땅을 사서 시(施)병원을 운영하며 상동 일대의 기독교 세력으로 자리 잡았다.

나라가 기울어 갈 때 독립운동가로 활약한 전덕기와 김구, 이승만은 다 같이 1875년 운요호사건이 나던 해 출생한 동갑들이다. 전덕기와 이승만은 21세 때 서재필의 독립협회에 가입했다. 김구는 을미사변 이후 인천 감옥에 있던 때라 참가하지 못했다. 이후 탈옥해 을사조약 반대 상소운동 때 전 목사와 함께 투쟁하게 되는데 이승만은 이때 미국으로 떠나고 없었다. 김구와 이승만이 함께 있었을 때는 전덕기가 세상을 떠난 뒤라 3인이 힘을 합할 기회는 없었다.

전덕기가 상동교회 안에 엡윗청년회를 만들어 독립애국운동을 펼치자 스크랜턴은 "예수 믿는 이가 정치운동에 뛰어들어서는 안 된다"며 해산할 것을 강요했다. "나는 이 일을 하지 않을 수 없다"고 입장을 굽히지 않은 전 목사에게 헐버트가 동조하고 1904년 '상동청년학원'을 결성했다. 이 조직이 진짜 그의 이념을 살린 교육기관이 되는 것이다. 그 이전 1896년에 초등교육을 위한 공옥(攻玉)학교가 나오고 여자 학교도 있었다.

상동청년학원은 대단히 수준 높은 학교였다. 주시경이 여기서 한국어 문법을 본격적으로 가르치고, 황성신문 사장 남궁억(南宮檍)이 사립학교로는 처음으로 영어를 가르쳤다. 조선 역사와 세계지리 등을 가르쳤고 체육을 실시했다. 야학을 열어 전국 교사 강습을 했다.

상동교회는 애국운동의 대단한 거점이었다. 헐버트와 헤이그 특사 이준을 매국노들 모르게 비밀리에 해외로 내보내 활동케 하는데 전덕기 목사의 활동이 끼인다. 여기에는 또 이준 선생 전기에도 언급되는 대궐의 한 중요한 여성, 박 상궁이 등장하는데 그 신원에 대한 설명이 일정치 않아 어느 것이 맞는지는 더 연구해야 할 일이다.

나는 서울에 가 있던 아버지가 상동교회 전덕기 목사로부터 감화를 받고 와 얘기하는 것을 어려서 들었다. 그는 독립·자유·민권·민주 그런 소리를 해 봐야 알아듣는 사람이 없고 상소도 별 효과가 없다는 것을 알았다. 의병도 무기나 전술 없이는 오래 버티지 못하는 것이었다. 오직 횡적으로 널리 보급된 사상만이 가치를 나타낼 것이란 생각을 했다.

1907년 그를 중심으로 비밀결사 신민회가 만들어져 교육운동을 주창했다. 이준이 회장이 된 국민교육회는 삼천리 강산 1리에 하나씩 3천 개의 사립학교를 세우자는 계몽에 나섰다. 일찍이 헐버트가 열렬히 주장하였고 전덕기 등의 교육정신과 조직을 통해 안창호가 미국서 돌아와 왝짝 활성화시킨 신교육운동 아래 독립사상이 널리 고취된 것이다.

일제가 이런 열렬한 교육운동을 가만두지 않았다. 대부분이 초, 중등과정이던 사립학교들은 일제에 강점되자마자 규격 미달이란 이유로 대부분 폐쇄되거나 상급학교 진학 자격이 주어지지 않았고, 일제의 뜻을 가르치는 공립학교로 전환됐다. 교육가들은 잡혀가 고초를 당했다. 그러나 더러는 남아 있어 내가 광진학교에 이어 다닌 종산학교도 그런 사립학교 중 하나였다.

강점 직후인 1911년 일제는 두 가지 사건을 조작해냈다. 안악 안명근 사건과 데라우치 총독 암살미수사건이 그것이다. 독립사상을 가진 서북의 유력 인사들, 조선 지식인 세력을 제거하기 위해 일제가 벌인 이 두 사건은 완전 조작된 것이다. 일제가 냄새는 맡았어도 끝내 비밀결사가 토대로 된 본질은 알아내지 못했다.

1911년 1월 일제는 안중근 의사의 동생 안명근이 국내에서 무관학교 설립을 위해 벌인 자금 모집 등 독립운동을 파렴치한 '살인강도죄'로 조작해 주로 황해도 인사 160명의 체포를 시작했다. 양기탁·안명근 등을 기소하고 안악에서만도 김구를 위시해 양산학교 설립자 문중인 김홍량과 김용제, 양산학교의 전 직원을 잡아가 학교는 자연히 폐교되었다. 장련에서는 장의택·장원용·최상륜(우리 부친), 송화의 신석충 진사 등이 경성으로 잡혀갔다. 신 진사는 압송 도중 재령강 철교를 건널 때 차창으로 몸을 던져 자살했다. 공포 분위기가 그처럼 살인적이었다.

아버지가 잡혀갈 때 할아버지는 "마음을 독하게 먹어야겠다"면서 장련 순사한테 경성서 온 일본 헌병들을 매수, 술판을 차리게 하고 그 틈에 할아버지와 장손인 내가 아버지와 마지막이 될지 모르는 만남을 가졌다. 그렇게 잡혀가면 다 죽는 줄 알았기에 그것은 이별하는 것이었다. 말 탄 헌병 사이에 포승으로 묶여 압송되는 아버지와 다른 인사들을 보았다.

몇 달 후 아버지는 풀려서 돌아왔다. 나는 그때 어렸어도 비밀결사 신민회의 황해도 연락책인 김도희(金道熙) 선생이 여러 번 우리 집에 와서 묵는 것을 보아 알고 있었다. 김도희 선생은 게일 목사의 사랑에서 번역 사무를 보던 분이었다. 그러나 말을 내지 않고 있다가 아버지가 돌아오신 그때야 여쭤보았다. 부친은 "네가 바로 보았다. 일본놈들이 나를 매달아 놓고 매우 때렸지만 비밀결사에 대해 아무것도 불지 않았다"고 했다.

무관학교 설립자금 모집이 데라우치 총독 암살을 위한 군자금으로 조작되고 신민회 105인사건으로 알려져 일제가 다시금 수많은 애국지사들을 체포, 구금할 때 장련에서는 개화파 지식인 장응진 등이 잡혀가고 이승훈은 두 사건 모두를 뒤집어썼으며 전덕기 목사도 가혹하게 고문당했다. 그러나 일제는 신민회의 핵심인 전덕기로부터 비밀결사에 관한 어떠한 것도 알아내지 못했다. 너무 맞아서 병신이 된 전덕기는 목사관에 누워 앓다가 39세 나이로 1914년 사망했다. 그러나 그렇게 누워 있는 것만으로도 애국이 되었다. 그는 진실로 훌륭한 한국인이었으며 독립을 위해 끝까지 헌신했던 애국자였다. 전덕기가 좀더 살았다면 나중에 김구와 이승만은 그렇게 싸우지 않았을지도 모른다. 세 동갑 중 가장 설득력 있고 영향력이 컸던 전덕기가 어떤 방식으로든 움직였을 것이기 때문이다.

서울 경신학교의 중학교육

1913년 가을, 서울 경신(儆新)학교에 보결 편입했다. 나와 오기권을 데리고 서울에 온 오하형 선생이 화동 제일고보(경기고교)와 휘문학교를 보여주는데 둘 다 양철집에 설비랄 것도 없고 운동장조차 없었다. 친척 한 사람이 제일고보 교사여서 이 학교에 오라고 했지만 장련서도 공립학교 가면 일본인 된다 하여 피하고 구월산 종산학교로 간 내게 변변찮은 관립학교는 눈에 들어오지 않았다. 연못골(연지동; 언더우드 1세가 정동 시절을 마감하고 이전했다) 경신학교는 설립자 언더우드 1세가 세운 고전적 미국식 3층 벽돌 건물로 정신을 고양시키는 위용이 있고 시설이 뛰어났다. 교사진에는 미국, 일본에 유학하고 온 교사들이 있어 박물 선생도, 수학·물리 선생도 일본고등사범 나온 사람이었다.

오하형 씨가 아들 기권이와 함께 나까지 데리고 서울 간 것은 날 아껴서 그런 것이었다. 그분은 한겨울에 나는 입동 복숭아 같은 것도 수확하면 내게 보내 주시고 만년필 같은 걸 사주고 일본에 있을 때도 와서 고기를 볶아 먹였다. 그 은혜를 기권이와 아들대에 이르도록 내가 평생 갚았다.

입학시험을 치르는데 수학·한문 같은 것은 자신 있었지만 과학과 영어

시험도 치러야 했다. 종산에서는 배우지 않았던 것이다. 오 선생이 알파 벳과 간단한 단어를 가르쳐 주어 이틀 동안 떼고 영어 시험에 합격했다. '식물이 햇볕을 못 받으면 어떻게 되는가' 하는 과학 문제가 나왔다. '광합성 작용'이란 말로 설명은 못했어도 '숙주, 콩나물같이 된다' 하여 예를 잘 들었다. 세브란스 병원장 오긍선(吳兢善)의 아들 오한영(吳漢泳), 윤치호(尹致昊)의 아들 윤광선(尹光善), 후일 경신학교 이사장 나기호(羅基瑚) 군이 동급생이었다. 상동교회 공옥학교 아이들 상당수와 새문안교회학교, 승동교회학교, 연동교회학교, 연못골의 연못을 메워 세운 어의(효제) 소학교 졸업생들이 경신에 진학했다. 게일 선교사가 당시 교장이다가 몇 달 후 쿤스 교장이 황해도에서 전임되어 왔다.

세브란스 의전이 경신학교 대학부로 부설돼 있었다. 후일 연전 교수와 부산대 총장을 지낸 선교사 벡커(A.L. Becker)도 여기서 가르쳤다. 한국 최초의 공학사 유전(劉銓) 선생이 물리학을 가르치고 미국, 일본서 유학한 교사진이 쟁쟁했다. 과학실에는 현미경이 100대나 되어 학생 1

경신중학의 유전 선생의 화학수업 장면. ⓒ 최태영

당시 서울에서 두 군데밖에 없었던 3층 벽돌건물 연못골(연지동) 경신학교 양식 건물과 한옥 기숙사. ⓒ 최태영

명당 하나씩 볼 수 있고 개인용 락카, 계단식 교실에 기숙사가 있었다. 개인 장은 열쇠를 사면 칸을 하나씩 주었다. 샤워와 수세식 변소가 설비되어 있어 곳곳에서 이를 견학하러 왔다. 장련에서는 보통은 피마자 기름으로 등잔을 켜고 부자는 석유등을 켰는데, 서울에 오니 학교에서는 광물성 심지를 올린 가스등을 켰다. 가스등의 특색은 불이 '우-' 소릴 내는데 광물질로 만든 심지를 다치면 부스러졌다. 기숙사에서는 유리관을 닦아 쓰는 석유등이었다. 도쿄 유학에서 돌아온 뒤 보전에 재직하던 1926년에는 전기 전등을 설비하고 켜고 있었다.

고름 대신 단추를 단 검은 두루마기가 교복이었다. 학교 수공부에서 옷감을 사다가 학감 부인에게 맞춰 입었다. 버선발 위에 끈을 매는 편상화 구두를 신었다. 월사금은 50전이고 기숙사 한 달 식비가 상급이 4원 60전, 그 아래가 3원 60전인데 두 사람씩 겸상해 주었다. 실업교육을 강조한 수공부에서 옷감 짜며 자취하는 학생도 있고 서울 아이들은 도시락을 가져와 스팀 위에 놨다 먹었다. 장련 광진학교 때는 집이 먼 아이들만 놋주발에 점심을 담고 수저를 매달아 그물구럭에 들고 오고 집이 가까운 아이들은 집에 가서 먹었었다. 학교 공중탕이 공짜여서 매일 목욕했다.

장지영(張志暎) 선생으로부터 주시경 학설의 『조선어 문전』과 이윤재·권덕규가 쓴 『우리말 국사』를 배웠다. 장련과 서울에서 최광옥(崔光玉) 선생과 주시경 선생의 특강을 들었는데 주시경의 제자 장 선생께서 또 가르쳐 주셨으니 당대 최고 국어학자들을 다 수학한 셈이다. 나는 백살이 된 지금도 정확한 한글을 쓴다.

장지영 선생으로부터 배운 국사의 줄거리는 앞서 할아버지에게서 배운 것과 같았다. 장 선생은 "기자조선은 사대주의의 영향으로 끌어다가 접목한 허구요, 고려사는 조선 왕조에서 왜곡한 거짓이 많다"고 누누이 지적했다. 발해는 훗날 실학파 학자들의 학문 세계를 섭렵할 때 유득공의 저서 『발해고(渤海考)』에서 "신라가 우리나라를 완전히 통일한 것이 아니라 남조(南朝)인 통일신라와 북조(北朝)인 발해국이 병립하여 있었다. 그런데 고려가 그 역사를 제대로 정리하지 못한 것은 큰 잘못"이라는 것을 분명히 알게 되었다.

후일 발해 대국과 일본, 양국이 형제의를 맺고 군사를 양성해 신라를 치려다 일본의 정적들 반대로 중단된 것을 연구해냈다. 발해는 땅을 내버려둔 채 유민들만 내려와서 고구려의 후신을 자처한 고려에 합치고 이후 요동은 잃어버린 강토가 됐다. 고려는 왜 원래 영토를 안 찾고 딴 짓만 했을까. 대학에 가서도 동·서양사는 했으나 별도의 일본사는 공부할 기회가 없었다. 따라서 내 머리에는 일제 식민사관에 물들지 않은,

우리 조상 대대로 내려온 역사의 뿌리가 확고하게 박혀 있다.

그러나 한글 신식 교과서가 없는 영어·수학·물리·화학·세계지리 과목은 모두 일본 교과서 헌책을 사다 놓고 선생님이 조선말로 읽고 가르쳤다. 그때 진고개에서 파는 일본의 헌 교과서를 많이 소화했다. 값이 쌌기 때문이다. 수학은 평면기하·입체기하·삼각기하·미분·적분 다 했다. 예배는 조선말로 했다. 일본어 시간이 있었다. 차차 변해 가는 것이었다. 그래도 경신학교는 일본 역사를 가르치지 않았기 때문에 대입 자격이 주어지지 않아 졸업 후 일본에 가서 대학에 들어가는데, 입학시험을 보기 전에 입학자격 검정고시를 거치든지 중학교 예과를 2년 더 다녔

정동 이화학당 대학과의 1914년도 졸업식. 이 땅에 전개되기 시작한 신교육의 한 현장이다. 14세의 최태영 소년이 이 졸업식에 갔었다. 여러 명의 소년들이 사진에 보인다.

어야 했다.

나원정(羅元鼎) 선생은 대단히 명철하고 학문도 제대로 한 분이었다. 그가 북해도 제국대학에서 농과를 공부하면서 미국 선교사 클락(일본에 개신교를 처음 전한 선교사)과 만났다. 그 때 클락이 '소년이여 야망을 품어라(Boys be ambitious)'라는 말을 조선 학생 나원정이 속해 있는 교실에서 했다. 선생님이 그 말을 당시의 일화와 함께 전해

1917년 경신학교 중학 본과를 졸업하던 무렵의 최태영. ⓒ 최태영

주었는데 나도 그 말이 좋아서 머리에 남았다. 선생님한테 영어를 배우며 취미를 가지게 되고 이후 일본에 유학 가는 영어 준비를 선생님이 해주어 나는 문법 책 『스텝스(Steps)』를 통째로 다 외웠다. 나 선생님은 내가 경신학교 부교장이 되니 "조심해라, 부디 조심해라"는 말을 해 주었다. 중앙학교로 전근 가 있으면서 건강이 좋지 않아 일찍 작고했다. 수학·물리에 뛰어나 다른 아이들이 못 푸는 문제는 모두 내가 풀었다. 수학자 김형배(金亨培; 후일 서울대 교수) 선생님이 나를 몹시 아끼고 내가 묵는 기숙사 방에까지 일부러 찾아오셔서 수학 이야기를 하시기도 했다. 한문은 『논어』 『맹자』 『중용』을 강경(講經)했다. 『맹자』를 죽죽 내리 외우고 의미를 새겼다. 시험은 조선시대 과거보는 것처럼 어느 한 대목을 짚어 설명하는 것이었다.

1914년 이화학당 대학과 1회 졸업생 3인이 졸업 학예회를 한다 해서

"여자가 어떡하면 대학을 졸업하나" 보러 갔다. 가운 입고 학사모를 쓰고 나와 영어로 자기가 받은 교육 내용을 연설하는데 알아듣지 못해 시큰둥하게 듣고 왔었다.

경신학교에 들어가 보니 쳇바퀴 같은 것들을 들고 테니스를 많이 하고 있었다. 언더우드 2세 원한경 선생이 처음으로 럭비팀을 만들고 야구부와 축구부가 활발했으며 좀 뒤에 농구가 들어왔다. 나는 단거리 선수였다. 야구공 던지고 받기도 잘했는데 날씨가 차면 손가락이 부러지기 십상이고 야구방망이나 공·글러브 모두 값이 비싸 축구만큼 간편하게 즐기지는 못했다. 축구는 속의 고무공이 찢어지면 자전거포에 가서 바람을 넣고 겉에 씌우는 가죽은 신기려 장수가 새 가죽을 씌워 주었다. 옷 벗어서 걸어둔 자리가 골대였다. 그때 규칙은 지금처럼 오프사이드니 뭐니 복잡하지 않고 오직 한 가지, 손대지 못하는 것뿐이었다.

내가 소년체육부장이 된 것은 운동을 잘해서가 아니라 룰을 잘 알고 시합 때 상대팀과 싸움이 나면 심판한테 달려가 해결사 노릇을 하는 것이었다. 주로 훈련원(동대문운동장)에 가서 운동하고 장충단에서는 연합체조와 육상 경기를 했으며 옆에 붙은 배재학교와 시합을 많이 했다. 시합 때면 군수와 양교 교장이 나와 보는 자리에 체육부장이 같이 앉아 보는 것이니 대단한 명예직으로 전교생이 선거를 통해 뽑았다. 졸업 때까지 소년체육부장을 지냈다. 연말이면 성극을 했다. 에스더 같은 여자 배역을 맡으면 쇠테로 받친 무거운 가발을 쓰고 여자처럼 꾸미고 하는 것이었다.

연설이야 일고여덟 살 때 국채보상운동 때부터 해보았다. 1916년 경신학교 대표로 종교(宗橋) 예배당에서 주최한 전국학생웅변대회에 나갔다. 위인 전기와 역사의 사례를 말해서 호평은 받았으나 이재갑(李載甲)

이라는 학생이 세계 통계표를 들고 수준 높은 발표를 하는데 감심했다. 이후 "나도 실속 있는 논거를 알기까지 연설 같은 것을 않는다" 결심했다. 도쿄 유학생들이 조선으로 귀국하면 대중을 상대로 계몽 강연을 하러 다니는 데도 들지 않았고 평생 설교는 하지 않았다. 도쿄에 가니 과연 이재갑이 먼저 와 유학하고 있었는데 웬일인지 힘을 쓰지 못하고 얼마 후 사라져 버렸다.

골목길마다 소설책을 빌려 주는 셋집이 있었다. 1권에 1전씩을 내고 『춘향전』『숙향전』『콩쥐팥쥐』『박초시전』『김진사전』·서양 소설 같은 것들을 세내어 보았다. 연애소설은 애인의 해골을 화분처럼 놓고 보는 것도 있었다. 『을지문덕전』『강감찬전』『이순신전』 같은 책들은 일제가 금지한 것들로 밤에 몰래 기숙사로 팔러 오는 것을 사 보곤 했다. 최남선이 만든 잡지와 『경부철도가』『한양가』도 이때 기숙사에서 사 보았다. 남대문과 종로에 조선 책과 『논어』『맹자』 등을 파는 서점들이 있었다. 졸업할 무렵 이광수의 『무정』이 나왔다. 『금수회의록』『동물회의』도 그즈음 나온 소설이었다.

기숙사에서는 밤에 몰래 하는 일들이 있었다. 방에 있는 것처럼 불을 켜 놓고 담 넘어 나가 종로2가 우미관 영화관에 매일 갔다. '똘레뻬 똘레뻬-' 하는 나팔 소리가 연지동 기숙사까지 들리는데 그러면 엉덩이가 들썩들썩했다. 재산 싸움하는 탐정영화가 많았다. 대모테 안경을 쓴 배우 로이드가 이때 인기 있어서 굵은 테 안경을 '로이드 테'라고 불렀다. 채플린 영화도 보았고 무성영화는 변사들이 활약했다. '쿼바디스' 영화가 들어와 어떤 목사가 변사를 하는데 얼마나 재주가 없는지 화면을 보며 "이렇게 했습니다" 하는 게 고작이던 것도 있었다. 도쿄엘 가 보니 극장이 깨끗한데 거기서도 변사가 일본 옷 입고 나와서 겨울에도 부채를 들고 착 폈다 접었다 하면서 무성영화 화면을 설명했다.

기숙사 생활에 희극이 많았다. 가끔 학부형들이 와서 묵으면서 외출이 금지된 밤에 같이 담 넘어 나가다가 쿵 하고 떨어지기도 했다. 청요리집에 가서 8전 하는 우동, 12전 하는 튀김을 사 먹었다. 밤늦게 장사꾼이 낮은 소리로 "빵이요, 만두요, 고구마요" 하면 담 너머로 사 먹었다. 졸업 때 명월관에서 사은회를 할 때 한 사람 앞에 50전, 은전 5닢이 들었다. 얼마짜리 상을 주문해 술 없이 받쳐 놓고 국수·전골, 1인당 바나나 반 개씩이 나왔다.

서울을 둘러싼 성곽을 따라 산을 오르내리고 성벽 안팎으로 드나들면서 사대문을 하루에 다 도는 '성돌이'를 많이 했다. 성북동 혜화문부터 시작해 산을 오르락내리락하고 성 안팎을 넘나들며 하루에 사대문 둘레 40리를 도는 것이었다. 관악산에 올라가고 노량진으로 원족 갔다. 영등포로 일본 군인들 훈련 광경을 보러 기차 타고 갔다. 인천으로 수학여행 가 보니 상투 틀고 흰옷 입은 사람들이 자전거를 많이 탔다. 파고다공원·남산 한양공원 등이 있었다. 창덕궁 옆에 동물원·식물원이 있고 창덕궁에는 조그만 벚나무 묘목들이 심어져 있었다. 한국인들은 별로 벚나무를 찾지 않지만 일본인들은 우정 찾아다니며 놀았다. 우이동에 가면 일본인 등쌀에 편치 않았다.

서울대 병원 앞부터는 양반 동네는 아니어서 콩밭·앵두밭이 뻗어 있고 혜화동 천주교당 근처엔 유럽종 포도원이 있었다. 동소문 밖 넓은 삼선평은 연병장이고 목장이 처음 거기 생겼다. 세검정에 나가면 능금·자두밭이 있었다. 농가에서 콩을 사서는 밭머리에서 콩청대를 해 먹고 부암에 돌을 던져 돌이 붙나 안 붙나 보았다. 붙으면 재수가 좋다고 했다.

양력 6월 20일이면 언제나 장마가 시작이다. 장마에 걸리면 기차를 못

타니까(도쿄에서도 그러했다). 학기말 시험이 끝나기 전날 아침 이불·요 등 짐을 다 싸 놓고 있다가 시험이 끝나자마자 떠나는 것이었다. 이불과 요는 집에서 다시 꾸려 개학 때 가져온다. 홍수가 나면 소·돼지·뱀이 다 떠내려가고 사람이 지붕에 올라탄 채로 집이 떠내려가곤 했다. 구렁이가 떠내려가는 것은 징그러웠다. 홍수에 걸려 진남포에서 배가 못 떠나 며칠씩 묵기도 했다. 그런 일이 종종 있었다.

창덕궁·종묘는 돌보지 않아 모기 소굴이었다. 서울에 빈대가 많아 밤이면 천장에서 뚝뚝 떨어진 빈대가 사람 몸에 주사기처럼 침을 꽂고 피를 빨아 앵두알처럼 빨개지면 떨어졌다. 낮에도 등을 따끔 물어뜯었고 운동장에 가면 사람이 쓰고 있는 모자 테에서 빈대가 기어 나왔다. 장련은 빈대가 없었다. 서울에서는 장판을 뜯어 가지고 이사 다니지만 장련에선 흙벽에 구들을 매년 새로 놓고 갈대 자리를 깔았기에 빈대가 없었던 것이다.

개학해서 서울 오면 호열자(콜레라)에 걸려 죽어 새끼줄로 금줄 쳐 놓은 집들이 그렇게 많았는데 그게 그렇게 싫었다. 거기엔 회를 뿌렸다.

1917년 경신학교 12회 졸업생이 됐다. 처음 1학년 때 105명이 입학했는데 졸업할 때는 33명만이 남아 있었다. 낙제를 하면 가차 없이 재수를 하거나 퇴학당했던 것이다. 오기권과 나해서 7, 8명이 일본 유학을 떠났다. 김형배 선생님의 영향으로 수학·물리를 전공하려 했으나, 아버님의 명령으로 영미국의 법학과 서양철학을 공부하게 되었다.

서울, 1913년

당시 서울 인구는 13만이었다. 서울 종로 광화문 거리는 지금보다 넓었다. 임금이 거둥하던 거리이니 노점상들이 있다가도 거둥 때면 다 치워졌다. 지금 종로는 가게 한 줄이 길로 댕겨 나온 것이다. 동대문에서 종로 쪽으로 다리가 여러 개 나 있어 지나다녔다. '첫다리(初橋)'는 종로 5가쯤에 있었고 더 내려와 재교(再橋), 종교(宗橋) 같은 다리가 있었는데 일본인들은 '첫다리'를 발음 못했다. 그 후 길을 포장하면서 이 다리들 위로 그냥 흙을 덮었다. 파 보면 도로 다 나올 것이다. 종로에서 동대문에 이르는 길에 전등 외등을 켠 집이 꼭 두 집 있었다. 병원과 한석원(韓錫源) 목사의 집이었다. 동대문시장 안 복판에 사립학교도 하나 있었다.

통화 수단은 엽전 5닢이 1전이었다. 1전짜리 동전, 2전 5리짜리 백동전, 5전짜리 백동전이 있었고 10전짜리부터는 은전이었다. 1원은 종이돈과 은전이 있었다. 한 냥은 지방마다 달랐다. 서울은 한 냥이 2전, 우리 장련은 한 냥이 10전, 아래 남도는 한 냥이 20전이었다. 그러니까 모르는 사람은 계산하느라고 애를 썼다. 서울 처음 오니 물건 값이 어마어마해서 뭐 조금을 사도 한 냥이었다. 그러다 엽전을 쓰지 않게 됐는데 남도는 계속 엽전을 썼다.

종로3가까지 이층 기와집 상점이 즐비해 포목전이 많고 광목·비단 등을 팔았다. 종로4가부터는 초가집이고 전찻길이 바로 인가 앞을 지나고 있어 굉장히 위험했다. 동대문 밖은 더 말할 것도 없이 미나리밭이었다. 특색 있는 것들은 백화점에서 팔고 큰 물건들은 육전에서 샀다.

종로의 뒷골목 가게가 육전이고 손님을 끌러 나온 이들이 "갓 사시오, 망건 사시오" 외치는데 따라 들어가 보면 무시무시했다. 값을 서너 배나 높이 부르기 때문에 언제나 에누리를 해야 했다. 신식 문물이 많이 보급돼 중절모와 맥고모자를 많이 찾았다. 결혼 때 입는 신랑 관복을 파는 집도 많았다. 시골서는 이런 관복과 안경·망건·탕건 들을 사 오라고 부탁했다. 안경은 돋보기를 50경·70경 등으로 구분해 팔았다. 바늘도 많이 시골에 사다 드렸다. 한 쌈에 20개씩 들어 있는 세창양행(世昌洋行)의 독일제 바늘이 애용됐다.

시계는 해시계들을 많이 가지고 있었다. 동서남북 가리키는 지남철이 있어 그 위에 쇠로 그림자를 드리우는데 그림자로 몇 신지 아니까 해가 안 나면 못 봤다. 성냥이 없으니 보통은 쇠 하나, 차돌 하나씩 가지고 다니면서 착 그어서 불꽃이 일면 거기다 말린 쑥으로 불붙여 썼다.

안국동은 번화해서 각종 고급 상점이 많았다. 여기 단 한 군데 있던 한국인 시계점 경화당(京華堂)에는 커다란 목종이 하나 있고 작은 시계들이 그 주변에 있었다. 자명종 사발시계는 제일 싸서 1원이고, 회중시계를 팔았다. 여기 가서 회중시계를 처음 사서 차던 날 기분 좋았다. 스위스제 치마(CHIMAH)표 시계로 쌀 한 섬 값인 5원이나 했는데 매일 정오에 부는 사이렌에 맞춰 시계밥을 주었다. 이 백통 회중시계를 태엽이 다 달아서 안 돌아갈 때까지 유학 기간 내내 썼다. 미국제는 월섬(WALTHAM) 회사의 엘진 시계가 있어 경신 졸업기념으로 그 시계를 사 가졌다. 월섬을 '월성'이라고 불렀다. 손목시계는 아주 나중에 나왔다.

골목마다 가게가 있어서 식료품·과일·생선·고기를 팔았다. 무얼 붙이거나 옷에다 먹이는 풀을 파는 가게는 바가지에 풀을 쑤어 담아 놓았다가 칼로 잘라 떠서 팔았다. 술집 문 앞에는 장대에 용수를 씌워 세워 놓았다. 전당포는 큰길에나 작은 길에나 많이 있었다.

음식점으로는 냉면·설렁탕 집이 많았고 동전 두 닢인 5전이었다. 중국 우동과 만두는 8전, 튀김과 탕수육 12전, 짜장면은 더 나중에 생겼다. 커다란 호떡은 2전 5리로 선생님들도 점심으로 호떡 한 개 정도를 드셨다. 진고개에 가면 만 가지 물건이 있는 백화점이었다. 일본을 그대로 가져다놓은 것 같았다. 사탕도 보통은 눈깔사탕·오리 사탕·세모 사탕 정도지만 진고개에 가면 각종이 다 있었다.

1924년 유학서 돌아오니 서울에 양요릿집이 몇 개 생겼다. 종로의 백합원, 조선은행(한국은행) 맞은편의 청목당이 있어 윤치호, 신흥우(申興雨)와 함께 드나들었다. 왜식집은 큰집이 많았지만 가지 않았다. 그 당시 많이 사 먹은 것은 튀김·잡채·만두·우동 같은 것이었다. 일본 메밀국숫집이 동대문 입구와 창경원 입구, 광화문에 하나씩 있었다.

병풍 같은 것은 화가가 전국을 돌면서 그렸다. 화초 병풍 그리는 사람, 병풍 표구 꾸미는 사람, 갓신 짓는 사람 들을 사랑에 두고 가죽을 만들어 식구들 1년 신을 것을 짓게 하고 그림도 그렸다. 갓신은 들기름을 먹이면 쇠처럼 뻣뻣해지고 발이 그렇게 아플 수가 없었다. 노루·사슴 가죽신은 좀 부드러워서 돈 많은 사람들이 신었다. 장련서 양복 입고 구두 신은 사람은 장응진과 손영곤 두 사람뿐이다가 얼마 후에 장원용 씨가 일본서 구두를 사와 신었는데 깔창에 톱밥을 넣어 걸을 때마다 버쩍버

쩍 소리를 냈다. 아이들은 오기권과 내가 스타킹에 구두를 신었던 단 2명이었다.

미투리 짚신들을 신었다. 종산 갔을 때 하숙하는 집주인이 삼노끈으로 삼신도 삼았다. 종산학교의 나이 많은 친구 갈관호가 내가 서울 갈 때 이별의 선물로 한지를 꼬아 만든 종이신을 주어서 서울에 가져와 신었다. 가쁜하고 질긴 고급 신이었다.

서울은 거친 모래땅이라 미투리 짚신은 빨리 떨어졌다. 길 떠나는 사람들은 봇짐에다 여분의 짚신을 대롱대롱 매달아 가지고 다녔다. 강점 뒤에도 구두와 양말은 국산이 일제를 능가해 일본 제품을 많이 팔아먹지 못했다. 성냥·양지 종이·노트·고무·공은 일제가 석권했다. 하와이 사탕수수 농장에 있다 돌아온 한인들이 일본인들을 제치고 사탕을 만들어 팔았다.

여자들이 비단신을 많이 신었다. 종로4가 네거리 배오개시장에 커다란 '김영두 신점'이 있어 비단신과 갓신을 팔았다. 나중에 신사들에게 백구두가 유행한 때가 있었다. 대단한 호사품이어서 박가분을 뿌려서 흰 칠을 했다. 김영두 신점 맞은편이 박가분 상점이었는데 분이 없으면 백묵 가루라도 칠했다.

머리는 박박 깎고 학생 모자를 썼다. 양복 바지는 아무 데서나 다 쉽게 만들었지만 양복 상의는 재단이 어려우니 조선 저고리를 입었다. 양복은 대학에 들어가 입고 그전에는 너무 나이 어리니 중절모 대신 '호떡 모자'라고 부르던 캡을 썼다.

손수건은 아주 어려서부터 저고리 고름 끝에 매 가지고 다녔다. 저고리에도 개화 주머니를 달아 군밤이랑 콩 볶은 것을 넣고 다니고 동전도 늘 넣고 간수했다. 주머니를 찼다. 내복은 어머니가 만들어 준 잠뱅이를 오래 내복으로 입다가 서울 와서 메리야스 내복을 입었는데 안쪽에 솜을 받친 것이 몇 번 빨면 솜이 딱딱해졌다. 메리야스 팬티가 나온 것은 아주 뒤의 일이다.

평안도, 황해도에서는 말총 탕건만 쓰고 담뱃대 들고 수십 리를 다닐 수 있었다. 여자들은 수건을 멋지게 감아 쓰고 엷은 너울 같은 것을 쓰고 다녔다. 서울은 달라서 남자는 나이가 어려도 반드시 두루마기를 입어야만 외출했으며, 학교에서도 두루마기를 입어야 출입이 허가되는 장소가 있었다. 남자들은 갓 쓰고 다니는 사람들이 많았다. 어디 부딪쳐 찌그러진 갓도 많이 썼다. 서울 여자들은 장옷을 입거나 아얌을 많이 쓰고 다녔다. 처녀 총각은 모두 머리를 땋아 늘였기 때문에 구별이 잘 안되었다.

친구들과 서울에 남아서 노는 일도 없었다. 가는 곳은 영화관 정도이고 어디 가려면 걸어 다녀야 하니 힘들었다. 종로4가 연동에서 새문안교회까지 꼭 걸어 다녔다. 전차가 있었는데 파리가 까맣게 달라붙었다. 서울 전차는 아무 데서도 손들면 태워 주려고 서는데 도쿄 가서 그러니까 안 서고 가 버렸다. '도버요리'란 전차가 속력을 내지 않으니까 달릴 때 타고 뛰어내리고 하였다.

한강에 선유 나가면 뱃전에 앉아 발을 강물에 담그고 있는데 그 물을 그냥 마시기도 했다. 그게 싫어서 레모네이드를 사 먹었다. 한강물 절반은 강원서 내려오는 물이고 절반은 서울의 생활하수가 그대로 흘러들었다. 겨울엔 그 물을 얼음으로 잘라 팔았다. 서울이나 도쿄나 하수도 없이 길에 부어 버리는 오물이 지긋지긋했다.

수도는 1930년대 안암동 집에 처음 개설했다. 그전까지는 물을 사 먹었다. 물장수는 함경도 북청에서 올라온 사람들만 조합을 갖고 하는데 아침마다 서강의 물을 길어다 주면서 물통을 찌부러뜨려서 물이 덜 들어가게 담아 줬다. 교육열이 강해서 자기들은 평생 두루마기 한 벌 입어 보지 못하면서도 아들은 학교에 보냈다. 한 달에 몇 번은 이들에게 집에서 식사를 제공하는데 반찬도 하나 안 남기고 다 먹어서 '물장수상'이라고 했다.

라디오는 일본서 돌아오니까 조립해서 듣는 광석 라디오가 나왔다. 나무상자에 광석이 들어가는 것으로 경신학교 물리 선생한테 만들어 달래서 들었다. 텔레비전은 미국서 들어온 것을 보았다. 전화는 내가 경신학교 교장이 되고 나서 1920년대 말에 놓았다. 전화 추첨은 형식일 뿐이고 놓아 줄 사람이 정해져 있었다. 보전 백상규(白象圭) 선생의 집 전화가 12번이니 얼마나 일찍 놓았는지 알 만했다. 그의 부친이 은행가니까 아마 전화 생긴 첫날부터 놨을 것이다.

3장

도쿄에서

1920년 9월 메이지대학 법학부 영법과 서클 동기생들. 앞줄 맨 오른쪽이 최태영. ⓒ 최태영

일본의 대학과 법학

　내가 메이지(明治)대학에 입학한 1918년은 일본에서 근대적 5년제 대학교육이 자리 잡기 시작한 때였다. 도쿄대와 메이지대·와세다대·교토대·게이오대 등 5개 대학이 예과와 본과가 있는 5년 체제의 대학으로 한 반열에 올라 대학령이 막 정비된 때였다. 이들 대학은 일본의 공립 중학교 과정을 거친 뒤에 2년제 예과와 3년제 본과로 입학하는데, 조선에 아직 대학이 없어 입학체계에 익숙지 않던 조선사람들은 신분상의 특권을 써서 총독부를 통해 조선의 도지사 추천장을 받아 거저 입학이 되었다. 나는 일본서 공립 중학교를 더 다닌다든가 특권으로 추천받을 생각 같은 건 않고 정정당당히 입학시험을 봐서 예과부터 들어가기로 했다.

　내가 영미법을 일본을 통해 배우긴 했다. '건달로는 안 된다. 실력 발휘해야 한다'고 각오한 내가 그때 공부한 건 어마어마한 것이었다. 그렇다고 해서 일본인들로부터 영향을 받지는 않았다. 메이지유신은 어쩔 수 없어 그들이 택한 방법이고 생각 잘했던 것이지만 고약하게도 '일본이 조선을 공략해 먹는다'는 야욕으로 광분하고 있음을 나는 잊지 않았다. 메이지유신 했다고 그들이 뭐가 부러운가. 조선을 쳐야 된다고 한, 못된 사이고 다카모리(西鄕隆盛)나 조선을 먹어야 된다던 이토 히로부미 같은 원수들이 자살하거나 우리 조선사람 손에 제명껏 못 살고 죽은 사실은 너무 중요하다. 단지 교육, 공부를 해야겠는데 조선엔 아직 대학이 없었고 그때 서양 유학하고 온 사람들은 고학이나 했을 뿐 가르칠 지식 밑천이 별로 없다는 것을 알아 서양이 좋은 유학처라는 인식이 없었다. 대학 교육을 위해 갈 데가 일본밖에 없어 갔을 뿐이다.

그 당시 일본의 탈(脫)아시아, 서양을 닮자고 외친 개화인물 후쿠자와 유키치(福澤諭吉)의 말은 '동양 사람이 서양화할 필요가 뭐가 있느냐'는 내 생각과는 다른 것이라 영향 같은 것을 받을 리가 없었다. 그의 감화인지 일본의 유명한 학자·국회의원 등이 서양 여자와 결혼하고 그것도 '탈아시아'라고 권장했다. 그가 설립한 게이오 대학은 학사 가운 교복에 학사모를 쓰고 다녀 '별 중뿔난 놈들 다 보겠다'고 생각했다. 이 학교는 한국인들에게 불친절했다.

메이지대는 사이온지 긴모치(西園寺公望)가 서양 유학에서 돌아와 자기 집 구내에 학교를 설립하면서 시작됐다. 국제회의에 일본 대표로 나가던 사람으로 여러 특징이 있는 사람인데 연설을 해도 도무지 표정이 없어 별명이 '양초'였다. 그러다가 천황의 1등 원로고문이 되고는 학교를 돌아도 안 보았다. 메이지대가 그 사람을 짝사랑해서 학교 안에 그의 집을 그대로 두고 학교의 보물로 여기고 있었다.

메이지대는 5년제가 되면서 기존 학과를 다 없애고 법과·행정과·상과·정치과만 두는 바람에 소규모 학교가 되었지만 대법원장 등을 지낸 이들이 총장·학장이 되어 교수진에 들어와 법학을 가르치는 대학이었다. 관립학교에서는 후진들에게 자리를 물려주어야 하니까 정년 후 대법관 등이 사립인 메이지대로 왔는데 61세는 젊은 것이다. 일본 법조계의 최고급 영감들이 법학을 학생들에게 친절히 가르쳐 주었다. 여기선

조선사람을 정교수로 써서 김순식(金洵植, 후일 숙명여대총장)이 교수로 재직하였다.

일본의 5개 대학 중 졸업생에게 교수 자격과 영어 교원자격 주는 데가 메이지대·도쿄 제국대·게이오대뿐이었다. 메이지대는 법에 밝았던 학장·총장이 국회에 가서 애써 싸운 덕에 졸업생에게 각종 자격증을 주는 제도를 갖추게 된 것이었다. 하나이 다쿠조(花井卓藏) 학장은 당시 조선인 입장에 공감한 일본 변호사로 1910년대 신민회 사건과 3·1만세운동의 조선 학생 변호를 담당해 조선에 왔던 사람이다. 그 덕에 3·1운동으로 기소된 조선 학생 몇이 징역 1년 미만, 8개월형으로 재판을 끝낼 수 있었다. 메이지대는 그런 교수가 몇 있었다.

1920년대 도쿄 시내는 4층 집이 제일 높아 학교 같은 것은 다 4층이었다. 그때 막 생긴 와세다대학은 조도전(早稻田)이란 한문 이름 그대로 논밭 가운데 혼자 덩그러니 서 있었다. 오쿠마 시게노부란 인물이 와세다를 발전시켰다. 그는 외국 유명인이 만나자면 날짜를 멀리 잡아 놓고 그사이에 상대가 뭘 아는지를 연구하고 만나서 유식한 체하는 사람이었다. 외국인이 거기 속아서 돌아가 '그 사람 아주 유식하다'고 하지만 그런 건 유식한 게 아니었다. 그래도 장점이 하나는 있어서 철저한 사상을 가진 이들을 자기가 포섭해 보겠다는 야심으로, 한일합방에 반대한 법학자 우키타 가즈오(浮田和民) 등 돌려놓인 사람들을 데리고 대학 만들어 간 것 보면 대단한 사람이었다. 그는 벼슬도 버리고 학교에 전념했다. '일본에 영국식 헌법을 만들자'고 하다가 쫓겨난 급진주의자이던 그는 나이 아흔에 폭탄 테러를 당해 다리를 둘 다 잃고 병신이 됐는데 기생하고 살았다. 그는 자기 집을 와세다에 기증했으나 메이지대 설립자 사이온지는 그러지 않았다.

와세다에서 대학령에 의한 학과는 이공과 하나뿐이어서 공들여 이공과를 가르치면서도 그 외 여타 학과는 학생을 아무나 받아들여 등록금 받아 돈 버는 데 정신이 없었다. 법과는 법학을 가르칠 교수진이 없어 폐지하려던 판이었다. 거긴 이공과 말고는 할 게 없었다.

와세다는 졸업생에게 자격증 주는 문제에 등한했다. 문과 졸업생들은 아무 자격증도 가지지 못해 취직에 어려움을 겪고 자유업인 정치·언론계로 많이 진출했다. 일본의 제국대학 입학은 공립 중학교를 다시 다녀야 하는 것 때문에 돌아보지 않고 메이지대학에 훌륭한 법학 선생들 있는 것을 알아서 정식으로 시험 봐 예과부터 선택한 것은 머리를 잘 쓴 것이었다. 와세다에 갔으면 졸업 후 법과 교수를 하지 못했을 것이다.

나는 메이지대학에 들어가서 법학과 한문, 철학의 귀한 스승들을 만나게 된다. 법이란 게 모래 씹듯 빡빡한 것이지만 아버지의 명령으로 수학하게 된 영미법학에 철학이 더해지면서 범위가 넓어지고 깊이 들어갈 수가 있었다.

도쿄대와 교토대, 그리고 메이지와 와세다, 게이오 5개 대학만이 중학 5년 졸업 후 2년제 대학 예과에 입학하고 연이어 본과로 진학할 수 있었다. 이들 대학에는 5년 과정의 소수정예 예과–본과 과정 외에 입학시험 없이 돈만 내면 입학이 허가되는 1–3년 과정인 전문부가 있었다. 그때 일본에 대학교가 많이 생겨나며 등록금을 받아 재정 확충을 하려고 만든 전문부는 학교에도 안 가고 강의록으로 공부하면서 졸업생 자격을 딸 수 있었지만 이런 공부를 할 흥미는 아예 없었다.

그런데 내가 다닌 경신학교는 그때 '일본사를 안 가르쳤다'는 이유로 일제가 몇 년 동안 대학 입학자격을 안 준 기간이 있어서 별도의 대학입학자격시험을 보아야 했다. 아니면 일본 중학교에 다시 편입해야 하는데 서울서 다 끝낸 중학 과정을 또 다녀 밑지기는 싫었다. 그동안 아버지가 논밭 팔아 댈 것도 아까웠다. 메이지대에 "방도가 없느냐"고 물었더니 총장이 의논을 받아 주었다.

"조선사람을 대한제국 유학생으로 받는 법령이 아직 있으니 예과에 입학할 수 있다. 그러나 입학자격이 없으니 검정시험을 볼 수 있겠느냐" 자격이 없으면 실력이라도 있느냐는 것이었다. "검정시험이라면 내가 알아 할 일이니 당신이 걱정할 것 없다"고 했다.

영어는 도쿄 와서 1년 동안 정칙(正則) 영어학원을 다니고 영문법은 『스텝스』 책을 다 외우고 있었다. 한문은 서울서 『맹자』 『통감』 『논어』의 사서삼경을 다 외우는 공부를 했지만 "한문을 일본어로 읽지 못한다"고 말했다. 그랬더니 한문 교수를 소개해 주었는데 바로 소화 황태자의 스승이었던 사사가와 린푸(笹川臨風) 박사였다. 점잖은 분이었다. 그가 『맹자』와 『통감』을 내놓고 읽게 했다. 내가 우리말로 읽었다. 한국식은 한문 순서대로 '맹자 견 양혜왕 하신데…' 하고 읽지만 일본식은 '맹자가 양혜왕을 보고…' 해서 한자 단어를 올리고 내리고 위치를 바꿔 토를 달고 읽는다.

사사가와 선생은 내가 한 자도 안 빠뜨리고 막힘없이 읽는 것을 알았다. "그렇게 읽으면 뜻이 통하느냐"고 했다. "그렇다"고 했더니 "네가 하는 방식이 진짜 한문이다. 일본식으로 원문을 올렸다 내렸다 바꾸면서 읽는 방식은 배우지 마라. 검정고시 한문 시험문제는 내가 내니까 걱정할 것 없다."

시험문제를 보니 과연 일본말을 한문으로 옮겨 쓰는 문제가 나왔다. 편지를 모두 한문으로 쓸 때니까 그건 내게 쉬웠지만 일본인들은 못했다. 논술은 한자에 일본어로 토만 달아 냈는데 구성이 좋고 한자 구사가 정확하다는 평가를 받아 우수하다는 갑(甲)이었다. 영어 시험을 치러 합격한다는 것은 후일 영어교사 자격증을 갖는 첫 번째 자격 조건이기도 했다. 그해 검정고시로 대학 예과에 붙은 사람은 일본·조선을 통틀어 나 혼자였다. 그것은 피나는 노력이기도 했다. 그 당시는 일본서도 보통 사람이 검정고시 할 생각은 못하던 때이고 조선인은 도지사 추천을 받아 제국대학에 입학하든지 사립대 전문부에 들어가던 때였다. 그때 내가 일본 가서 실망하지 않고 유명한 사람 찾아가서 검정고시 권고 받고 그대로 한 것은 용감한 일이었다. 그렇게 해서 일본서 유수한 사람들을 사귀게 된 것이기도 했다. 그즈음 조선인으로 입학시험을 통과해 5년 과정의 예과·본과에 다닌 사람은 1천 명 유학생 중 10명 정도 되었다. 중국인 유학생도 사정이 비슷했다.

나를 아꼈던 사사가와 선생은 '네가 하는 옛글과 한문이 바른 것이다' 고 암시하듯 말했다. 뭔가 의미심장한 내용이 뱃속에 있으니까 그런 말을 한 것이다. 나는 아주 오랜 세월이 지난 다음에야 그 말의 배경을 정확히 짐작할 수 있었다. 일본 대궐 출입을 마음대로 하던 선생은 『상기(上記)』라는 역사책을 통해 한국 고대사의 진실을 알았던 것이다.

영법과(英法科)를 지망했으니 영어로 시험 치고 들어가 영어로 과목 강의를 듣게 되는데 그것이 쉽지 않아 많은 학생들이 영법과보다는 독일어를 초보부터 가르치는 독일 법학을 많이 택했다. 나는 아버지의 명령으로 영미법학을 배워 갈 작정이었다. 예과는 거의 외국어 과정이었다. 지금 생각하면 미친 짓이어서 1주일에 14시간 하는 영어 과정은 고대영어·현대영어·시학·문법·작문·영어 연설·시까지 다 거쳤다. 조선 사람의 발음이 일본인보다 좋으니 서양인 선생들이 '영어를 제대로 한다고 했다. 일본인들 발음은 '자또 이즈(that is)'에 시어터(theatre)는 '세타'라고 발음하니 그건 죽어도 못 알아들었다. 그래도 국제회의에 오가던 일본인 선생들은 영어를 일본글 읽듯 했다. 반면 조선사람은 'ㅉ' 발음을 못했다. 처음엔 토론할 때 내가 발표하면 일본 학생들이 웃다가 나중엔 내가 일본말도 잘하게 되니 웃음 살 일이 없었다. 그러나 예과에서 배우던 일본어 교과과정 중 도연초(徒然草)나 평가물어(平家物語) 같은 것은 매우 힘들었다. 주 4시간의 독일어는 초보부터 하는 것이라 문제가 없었다.

경제학과 사회학은 일본어로 한 가지씩 하고 그 위에 대만 장개석 정부의 경제고문이던 유명 경제학자의 책은 일본말로, 미국의 경제학자 셀리그먼(E. Seligman)과 일리(R. Ely)의 저서는 영어 원서로 읽어 비교하는 것이었다. 이 과정을 따라가기가 무척 어려워 많이 중도 탈락하고 경제학은 다들 간신히 가(可)나 받아 진급하는데 나는 그래도 양(良)을 받았다. 그게 아주 우수한 것이었다. 영어교사 자격증은 영어로 입학시험을 치고 들어가서 예과와 본과 5년 내리 영어로 강의하는 각종 과목에 우등을 해야 비로소 자격이 주어지는 까다로운 것이었다. 이런 과정에서 우등을 했기에 졸업할 때는 교수 자격과 영어교사 자격증이 나왔다. 일본인 동기생들은 다 법관 임용 국가고등고시에 붙었어도 영어자격증 가진 졸업생은 나 하나였다.

학교에서 유명한 사람들한테 강의듣는 게 그렇게 좋았다. 몇몇 교수들은 좋았다. 법학은 당시 '일본 천황은 신이 아니라 국가기관이다'고 주장한(독일서 그렇게 해석할 때였다) 소에지마(副島) 교수 등으로부터 배웠다. 도쿄 대학에서 1910년대에 같은 주장을 펼친 미노베 다키치(美

農部達吉) 교수는 쫓겨나고 고생했는데 사립인 메이지대학에서 같은 주장을 한 소에지마 교수는 직책이 유지되었다. 조선에서 판검사를 지낸 마쓰모도(松本) 교수는 예과를 거쳐 올라온 법학부 한 반에만 강의했다. 후일 내가 일제강점하에서 어쩔 수 없이 우리 학생들에게 일본 헌법을 가르쳐야만 했을 때 소에지마와 미노베의 책으로 가르치고 바이마르 법과 비교하는 비교헌법 강의로 일본 헌법의 직접적 강의는 피해 갔다.

상법 중에 뉴욕의 유가증권법을 배웠다. 유용한 학문이어서 졸업 후 보성전문에 와서 가장 늦게 생긴 만주국의 유가증권법과 비교해 가며 우리 학생들에게 시의적절히 가르쳤다. 아츠다 오사다로 형법 교수는 8개 국어를 하던 이였다. 외국에 갔다가도 미리 알리지 않고 귀국해서는 밤늦어 문 잠긴 자기 집의 담을 뛰어넘어 들어가던 일화를 가졌다. 그는 대학원 과정을 권하며 내가 조선에 나온 다음에도 정성껏 집안 얘기 상보를 편지 써 보내 주곤 했다.

철학은 이데 다카시(出隆) 교수에게서 배웠다. 그는 일본에서 서양철학을 처음으로 소화해 낸 니시다 기타로(西田幾多郎)의 제자로서 『철학이전(以前)』이라는 저서를 남긴 일본 제2세대 대표 철학자로 평가된다. 내가 니시다의 책을 얼마나 읽었는지 1년에 한 번 보는 시험에 '철학은 과학이다'라고 한 줄 써 놓은 것을 보고 '넌 더 쓰지 않아도 좋다'고 했다.

내가 그래도 선생의 말이 곧이 들리지 않아 '답안을 어떻게 안 쓰나' 하고 30장을 냅다 써서 냈는데 지금 그 답안이 다시 보고 싶다. 후일 우익 청년 장교들이 전쟁에 반대하는 그를 공산주의자로 몰아 죽였다. 사이토 총독도 이들 우익에게 죽었다. 철학과 법학은 스승이 내 실력을 보장했다. 한국인으론 유일하게 내가 이데 다카시의 제자였다. 아츠다와

이데, 두 교수는 내가 메이지대에 남았다면 극진히 이끌었을 사람들이었다.

그때 대학원은 선생이 지명해서 진학하게 하는데 졸업 무렵 그들 두 교수가 내게 대학원 과정을 권했지만 하지 않았다. '도쿄에서 공부 이만 했으면 교수 자격도 있으니까 그것 가지고 조선에서 교육을 하고 사회에서 노력하자'는 생각이었다. 다른 것들은 소용없었다. 쑤시고 다니면서 대학에서 조선의 교육을 위한 여러 자격을 얻어 오는 것만이 필요했다. 국가고시를 했으면 행정학과의 유학 동기생 이창근(李昌根)처럼 바로 도지사로 나가게 됐을 것이다. 그러나 나는 벼슬 않고 공부만 하겠다는 확실한 다짐이 있었다.

법학에도 시답잖은 선생들이 있었다. 국제법을 가르치던 이즈미(泉哲) 교수는 국제연맹[League of Nations; 국제연합(United Nations) 이전의 세계연합체]을 하늘같이 받들던 이여서 그때 '국제연맹이 만 가지로 성공할 것'으로 가르쳤다. 내가 '국제연맹 그걸로는 국가 간에 패권을 위해 맨날 싸움이나 하지, 성공하지 못한다'고 논문을 써냈더니 성을 내고 80점을 주었다. 다카시 선생이라면 내 논문의 가치를 알아보았을 것이다. 이즈미는 1924년 개교한 경성제대에 법문학부장으로 왔다가 대동아전쟁 때 일본 총군부(總軍部) 법률고문으로 갔다.

데루미질(燁道)이란 교토대학 교수가 있었다. '일본이 생긴 뒤로 처음 보는 천재'라고들 했는데 50세쯤 된 그는 메이지대 강사로 와 민법을 가르치면서 일 년에 단 네 번만 강의하러 나왔다. 그러면서 학생들한테 '외투 다 벗어라' 그런 소리나 한참 하고 시험에도 문제 같지 않은 것을 내서 '어떻게 하면 요놈들이 답안을 못 쓰게 할까' 하고 유쾌해 했다. 민법 중의 법률행위·불법행위(관념통지·감정통지) 설명도 제대로 친절히 안

해 줘서 그걸 모르고 졸업했는데 나중에 내가 따로 공부했다. 배우는 것도 없고 재주나 많은 그가 어떻게 미운지 그 사람 책은 졸업시험 끝나자마자 고물상에 갖다 팔아먹었다. 남들이 수재라고 하니 뭐 대단한 줄 알고 그런 자를 민법 선생으로 갖다놓았을 것이다.

또 하나 못된 교수 중에 논리학을 가르치던 기히라(紀平)란 철학 강사가 있었다. 기히라는 학습원 교수이기도 했는데 왕족들한테 아첨하느라고 교수가 학습원 귀족학생 복장을 별스럽게 차려입고 나오고 "한국인은 한문 포함해 외국어를 기막히게 잘한다. 외국어를 잘하는 것은 제 나라를 우습게 아는 망국종으로 타고났기 때문"이라 험담했다. 휴강은 한 번도 하지 않았지만 그의 시간은 다른 학생들도 죽어라고 싫어해서 전 학년이 낙제를 했다. 학교에서도 그 선생을 아니꼽게 보았던지 비밀리에 성적을 올려 학생들을 일괄 구제했다.

동양사를 가르친 하세가와(長谷川) 강사는 조그만 체구에 거지처럼 하고 다니는 50대 남자였다. 다른 선생들은 고구려 을지문덕의 수나라 침공 격퇴를 다 감심하는데 기히라와 이 하세가와만은 절치부심하면서 '당나라가 고구려 을지문덕에게 진 것은 우연한 기후와 풍토 때문이다'라며 열등감에 비틀린 말로 위안을 삼았다. 내가 이 두 선생들을 개똥·상것으로 여겨 그들과는 졸업할 때까지 한마디도 말을 나누지 않았다.

한국 고미술품 수집으로 유명한 야나기 무네요시(柳宗悅)는 메이지대학에서 윤리학을 가르쳤다. 조선미술을 애호해 조선미술 전시회도 열고 서울의 광화문이 헐리는 것을 그렇게 슬퍼했다. 조선 민중은 광화문이 헐리는 게 무엇을 뜻하는지도 모르던 때였다. 일본인 동급생들이 "야나기 선생이 자꾸 조선미술 이야기만 한다. 조선인인가 보다"고 배척하려 들었다. 내가 나서서 "야나기 선생은 진짜 일본인이다" 하고 적극 옹호

했다. 배척 운동은 더 일어나지 않았다.

당시 도쿄의 조선유학생회 경비도 마련할 겸 야나기 선생의 부인인 알토 성악가 가네코의 음악회마다 내가 표를 팔러 교회든 어디든 다니기도 했다. 가네코의 음악회라면 다들 두말없었다. 팔린 표값만큼의 돈을 유학생회에서 기부 받았다. 그 돈은 조선 유학생을 위한 활동비로만 쓰였다. 그래서 야나기 선생과 친했더랬다. 가네코가 부른 노래 중에 알토 음색에 잘 맞던 노래를 내가 우리말로 옮겨 불렀다.

'은빛 나는 작은 새가/ 바다 밀물 따라왔다가/ 썰물에 떠나 어디론가 간다'

영어는 도쿄 외국어학교 영어부장을 지낸 무라이(村井至知)와 와타나베 선생이 가르쳤는데 무라이는 목사이기도 했다. 그는 『고에(聲)』라는 자서전에 '내가 무슨 주의자인지는 죽어서 하느님 앞에나 가서 밝히겠다'고 했다. '천황이 신'이라는 당시 일본 사회의 보편 상식을 믿지 않는다는 것이었다. 멋있는 사람이었다.

그런데 나는 종래 법학을 하면서 테니슨의 시 등 영문학을 우리말로 번역했다. 영법과의 영어 과정이 워낙 어려운 것이라 스물한두 살 무렵에 공부 삼아 한 것이었다. 와타나베 선생이 영어를 정밀하게 읽는 일과 어려운 것 읽는 연습을 권했다. 『링컨전』이나 『헬렌 켈러』는 쉬운 것을 정밀하게 읽을 겸 감동해서 번역했고 테니슨의 시와 『아미엘의 일기』는 시와 어려운 문장 읽는 훈련 삼아 한 것인데 『아미엘의 일기』는 줄줄이 인생이고 철학이라 고생스러워 하다 말았다. '연해 십 리 뻗친 절벽…'으로 시작하는 테니슨의 『이녹 아든(Enoch Arden)』도 번역했다. 얼마나 정확하게 번역했는지 교수가 감탄했다. 지금 내놓는다 해도 자신 있다. 시인이 하는 번역이 아니라 법률가가 정확하게 한 번역인 것이다. 조선

도쿄가정음악회의 1921년 회원들. 왼쪽에서 두 번째가 최태영. ⓒ 최태영

에 돌아와 총독부의 출판 허가까지 받았으나 '내가 무슨 문학가 행세냐'
싶어 종래 출판은 하지 않았다.

『링컨전』 『헬렌 켈러전』을 내가 번역해 대한성서공회에서 출판했다.
링컨의 표기를 '륀컨'으로 했는데 윤치호가 이를 보고 좋아했다. 일본식
으로는 '린콘' 또는 '린칸'이었다. 어학에 재능이 많던 윤치호는 "어려운
글자 안 쓰고 이렇게 하면 되는구나" 하며 좋아했다. 윤치호와 한때의
친분이 이로 인해 생겨나 성경 개역작업을 함께했다.

그때 『파우스트』 같은 문학의 명작이란 것들도 다 읽었다. 톨스토이
와 간디의 사상에 깊은 관심을 갖고 두 사람의 저작은 여러 출판사에서
나오는 대로 열몇 권의 전집을 다 사서 보았다.

바이올린도 꽤 했지만 그것도 하려고 한 게 아니고 이데 다카시 철학

선생이 "뭐든지 예술 하나는 해야 된다"고 하는데 미술도 서예도 젬병이니 생각다 못해 하게 된 것뿐이다. 음악은 약간의 소질이 있었다. 피리 부는 걸 듣고 악보로 옮겨놓는 청음이 뛰어나고 경신학교에 다닐 때는 새문안교회의 제1기 합창단원이기도 했다.

도쿄에서 활동한 도쿄가정음악회 사진이 하나 남았다. 바이올린을 해보겠다고 도쿄가정음악회란 단체에 들어갔는데 조선사람은 나 하나였다. 재미있는 때였다.

메이지대학 5년

도쿄 유학온 일본 촌놈들은 처음엔 모양도 우습다가 7, 8월 여름방학 지나고부터는 미끈한 도쿄 신사가 되었다. 일본에서는 장자가 집안 재산을 상속하니 공부 안 해도 재산이 들어오지만 둘째부터는 집터만 주고 상속은 안 주니까 아버지한테 신세질 수 있는 동안 공부하느라고 대학 들어온 사람이 많았다. 일본은 그래서 공부 열심히 않고 다른 유명한 집의 장자로 양자 가서 상속을 받는 사람도 많다. 한국은 성씨가 같은 집안으로 양자 드는데 일본은 양자 들면 성을 아예 갈아 버린다.

학생들은 먹통과 붓을 들고 다녔다. 판결문·연설문·서류를 다 붓글씨로 쓰고 국가고시 시험답안을 붓글씨로 썼으니까 고시공부하는 사람은 보통 때도 강의 내용을 붓으로 받아썼다. 대학에 습자시간이 있었다. 붓 꼭대기만 들고 척척 글씨 써야 대단한 것이다. 연필은 그렇게 빨리 보편화되진 않았다. 만년필 쓰는 사람도 꽤 있었지만 그것은 아주 늦게 일반화된 것이었다.

예과는 고학을 하면서는 공부를 따라가지 못한다. 나는 고학하며 공부하는 스타일은 아니었다. 돈을 아껴 쓰면서도 책은 아낌없이 샀다. 마루젠(丸善) 서점에 가서 양서·원서를 마음대로 사 보고 학교 근처 간다의 고서점에 가서 '뭐 특별한 것 있나' 꼼꼼히 살펴보았다. 마루젠에서는 신간이 나오면 직원이 내게 갖다줄 정도였다. 성적이 우월하니 나는 학교에서 유명한 놈이었다. 1919년 3·1만세운동으로 휴학하던 해 이창근이 내게 편지를 했다. "너 없으니까 조선사람 성명이 없어서 네가 와야 체면이 서겠다."

한 학기가 지나 성적이 나오니 영법과 동기들 중 공부 잘하는 몇이 클럽을 만들어 거기 들어오라 해 나, 대만인 1명, 일본인 6명이 한 그룹이 되었다. 일본인들은 공부 잘하는 자한텐 두말없이 승복하는데 클럽 멤버들은 별 데를 다 같이 다니며 놀고 시간을 보냈다. 그들은 제국주의자들이 아니었다. 조선을 식민지라고 차별 않던 진보된 사상의 자유주의자들이었다. 나야 그 클럽에 안 든다 해도 별 문제없겠지만 거기 끼어서 좀 으쓱한 건 있었다. 친구들은 빠진 강의는 꼭 내 공책을 빌려다가 베꼈다. 그런데 집에서 카드놀이하는 밤이면 테이블 아래 난로가 달린 고다츠 속에 식구들이 모두 발을 넣고 살을 비비는데 나는 그게 징그러웠다. 일본에 이상한 풍습이 있어 1년에 한 번은 불 안 켜는 밤을 정해 놓고 누구 마누라든 아니든 어떤 남녀라도 같이 동침한다는 것이다.

내가 그래서 일본 유행가도 많이 알았다. 그런 노래를 한다고 오기권이가 뭐라고 야단했다. 그렇다고 내가 친일파 될 리가 없었다. 일본에 대한 원한은 조선인으로서 당연한 것이고 나는 8살 때 국채보상 애국 연설을 하고 공립학교 교육도 안 받으려고 피해 다닌 사람이었다. 나는 평생 어떤 일본인에게도 고개 숙이지 않았다.

일본 동기생 중 제일 공부 잘하던 친구는 누이가 기생해서 번 돈으로 보내 준 학비로 공부했다. 그는 종래 아무 소리도 않고 공부만 했다. 그도 우리 그룹의 일원이다가 나중에 판사가 됐다. 앨범 인쇄하는 일로 고

학하며 공부한 친구도 하나 있었다. 시험 때면 몇 번이나 필기한 것을 얻어가 보곤 했다. 대만 출신의 중국인 친구는 어느 핸가 아무 말 없이 귀국했다. 그가 중국인 유학생치고 드물게 일어와 영어를 잘했다. 학교를 졸업도 않고 중간에 돌아가더니 바로 대만 외교부의 참사관으로 일했다.

일본 동기생들은 졸업 후 다들 국가고시를 통해 법조계로 나갔다. 학교 땐 소설책만 보고 졸업 후엔 관직 벼슬은 않고 변호사가 된 나이또(內藤)는 사건을 맡아서 현장조사하러 서울에 자주 왔다. 서울 와서 나랑 어울리면 "학생들 휴강 시키고 같이 돌아다니며 놀자" 했다. "난 결심했다. 절대로 한 시간도 안 빼먹는다" 하면 "너 학교 다닐 때 선생이 휴강 써 붙이면 얼마나 좋더냐" 했다. 그가 도쿄에 돌아가서는 사이타마현에서 나는 갑주 포도를 보내 주었는데 그 포도가 우리나라 재래종 포도와 비슷했다. 1986년 도쿄에 갔을 때 동기생들 중 최후까지 생존해 있던 그와 만났다.

메이지대 여자부는 학교가 아예 정거장도 따로 떨어진 데 있어 여학생들과 대면할 기회는 없었다. 여자들은 대부분 경쟁자가 없어 들어가기 쉬운 의과나 치과에 다녔다. 일본 처녀들은 도쿄의 훌륭한 집에 들어가 하녀 노릇 하는 것도 유학이었다. 그 집안일을 하는 동안 개명해져서 저희 고향에 가서 뽐내고 살았다.

메이지대와 와세다대에만 교가가 있었다. 메이지대에서 처음 교가의 작곡·작사를 모집하는데 뭐 하나 시원한 게 안 나와 결국 전문가한테 의뢰해 지었다. 간단하고 잘 지은 노래였다. 5개 대학이 모여 조정 시합이나 야구를 하면 우리는 응원단으로 가서 교가를 불러 응원했다. 나도 크게 불렀다. 메이지와 와세다는 서로 상대 학교 교가를 불러 주곤 했다. 두 대학은 전문부가 있어 원체 조선 학생 수가 많으니까 방학이면 귀국하는 기차의 한 칸을 다 차지하고 왔다. 한쪽에서 '와세다! 와세다!' 하면 금방 다른 쪽에서 '메이지! 메이지!' 하고 되받곤 했다.

메이지대를 다니는 동안 여러 가지 일이 있었다. 소화천황 동생 '지치부노미야(秩父宮雍仁)'라는 사람이 웬일로 왕족전용 학습원엔 안 다니고 메이지대 부속고등학교를 다녔다. 사사가와 선생이 데려온 것 같았다. 가끔 가다 그런 인물이 있었다. 왕족들 중에 아마 좀더 개명했던 사람 같다. 그런데 그가 오고 갈 때마다 마주치는 학생들은 상급생까지도 90도로 최경례를 해야 되니 아주 불편했다. 그런 짓은 다 어디서 배운 것인가. 나는 그 시간은 절대 피해 교실 안에만 들어앉아 한 번도 그에게 절하지 않았다.

어느 해는 대정천황(大正天皇)이 와세다대학에 군사훈련하는 것을 보러 왔다가 시중드는 여자에게 반해 그 여자와 외도했다. 그녀의 약혼자이던 와세다대 학생이 자기 연인을 뺏기니 분해서 대정천황을 해치우려 공격했지만 헛맞아 실패했다. 나 같으면 그런 자리에 약혼녀를 내보내지 않았을 것이고 정 그렇게 됐다면 '에라, 너희끼리 잘해 봐라, 난 딴 여자 하고 산다' 하고 상관 안 했을 텐데. 대정천황은 아주 바보였는데 그건 또 왜 남의 약혼녀를 떼먹고 그러는지, 우리 학교 다닐 때 재미있는 일은 그것밖에 없었다. 그 여자는 그 후 대궐에 들어갔는지, 대정을 죽이려던 학생은 어떻게 됐는지 소식이 없었다. 그 바보 같은 대정이란 자가 어떻게 또 고런 깜찍한 소화란 작자를 낳았는지 모른다. 왕실이 권력은 잡았어도 천황은 늘 한구석에 갇혀 있고 정치는 언제나 막부가 실력을 행사했다. 막부에 대항한 건 오직 서부의 오우치 요시히로(大內義弘)뿐이다. 그는 백제 임성태자(琳聖太子)의 후손임을 자처한 인물이었다. 그 후손들이 공주에 있는 백제 무령왕릉에 제사 지내러 온단 말을 요즘 들었다.

1923년 9월 관동대지진이 났다. 그때 2학기 개학에 맞춰 가려고 서울까지 왔는데 마침 뱃증이 나서 바로 도쿄로 대가지 못하고 눌러앉아 군밤 까먹으며 치료하는 중에 지진이 났다는 것이었다. 바로 갔으면 죽게 고생했을 것이다. 조선에 정무총감으로 와 있었던 미즈노 렌타로(水野練太郎)가 관동대지진 때 일본 내무장관으로 있으면서 "무정부주의와 자유주의가 일어날 테니 방침을 세워야겠다" 하고는 "조선인이 일본인을 죽이려 한다"는 악질 유언비어를 퍼뜨려 일본인들이 조선사람을 얼마나 참혹하게 많이 죽였는지 모른다. 일본 소방대들이 조선사람을 쇠갈고리로 찍어 강물에 집어넣어 시체도 못 찾았다. 죽은 조선사람들은 숫자도 파악이 안 될 정도였다. 도쿄에 있던 유학생들도 죽을 고생을 해서 미치거나 죽은 사람도 있었다. 관동대지진의 조선인 죽음은 무슨 일이 있어도 언제든 한일 간에 해결해야 할 현안이다.

메이지대학 건물도 지진으로 새까맣게 탔다. 혼란스런 와중에도 학교 당국은 연못을 만들고 물속에 학생들 성적부를 보관해 화재로부터 지켜냈다. 불에 안 탄 공업고등학교를 빌려 거기서 배우다 졸업했다.

도쿄의 한·중 유학생들

   일본은 조선인들의 도쿄 유학을 억제했다. 조선인들이 대학과정 하는 것을 경계하는 풍토였다. 1920년 전후 도쿄의 조선 유학생들은 1천 명이나 됐어도 예과부터 본과까지 대학 5년 과정을 다 공부해 학사학위를 얻는 사람은 한 학년에 10명도 안 되고 대부분 전문부에서 1–3년 정도 다니거나 강의록으로 공부했다. 일본 대학의 전문부는 외국어를 가르치지 않았다. 그러나 별도로 예과–본과가 있어 학생들을 정밀하게 가르치고 대학 체제가 갖춰졌던 것이다.

   메이지대학에도 본과생은 정치·행정·법학·상과·경제의 다섯 개 과를 다 합해 1백 40명밖에 안 되는데 전문부 학생은 1만 명이었다. 그래서 전문부 학생들이 본과 학생들에게 '네놈들이 뭔데 우리가 돈 내서 너희들 호강시키느냐'고 유세했지만 큰 싸움으로 번지지는 않았다. 전문부 없는 대학이 도쿄대와 게이오 대학이었고 졸업생에게 교수 자격증과 영어교원 자격증을 주는 대학은 메이지대와 게이오대, 둘뿐이었다. 조선에 돌아와 뭘 모르는 사람들 앞에서 전문부 학력을 가지고 '대(大)학자'라고 해도 통했는데 오직 총독부만이 정확히 이들을 구별했다. 1920년대에나 와서 비로소 조선 학생들이 대학 입시에 대응하는 체제를 익히고 추천 아닌 입학시험을 통한 방법으로 일본 유학이 전개된 것 같기도 하다.

내겐 아버지뻘인 백남훈 선생이 장덕수(張德秀)·신익희(申翼熙)와 와세다 동기생이었는데 그때까지도 대학령에 의한 와세다가 아니었다. 이들이 졸업시험 공부를 할 때 내게 '밤참을 사오너라' 해서 심부름하면서 보니 내가 예과에서 하던 일리의 경제학을 와세다의 졸업반이 하고 있었다. 그때 간파한 것이 있었다.

장덕수는 일어를 잘해 웅변대회에서도 1등을 했는데 여운형(呂運亨)이 일본에 왔을 때 그가 통역했다. 신익희는 조선에서 영어학교를 나와서 영어를 꽤 했다. 그들의 졸업식에 내가 친척처럼 갔다. 오쿠마 총장이 콘트라베이스 단 하나의 악기 연주에 맞춰 등장해 연설했었다. 졸업생들에게만 오쿠마의 집이 공개되었다. 서울에 와서도 이들과의 친분과 우정이 지속되었다.

나보다 앞서간 조선 유학생은 상투를 틀고 갔다. 나 때는 이발이 일반화되어 상투 튼 조선 학생은 없었다. 우두 접종이 보편화돼서 일본 학생은 그때 벌써 곰보가 없는데 조선 학생들 중엔 그래도 얽은 이가 많았다. 조선 유학생은 미끈한 것이 도쿄 생활 단기간에 일본사람 다 돼서 일본옷에 게다 신고 다니는 사람도 있고 일본 여자를 얻어 외도하거나 먹는 것에 집착해서 처와 같이 오지는 않아도 식모를 대동하고 맷돌까지 가져와 빈대떡을 부쳐 먹는 이도 있었다. 그래 가지고 무슨 공부가 될 리가 없었다. 고학생도 얼마간 있어 신문배달 같은 것을 주로 했다. 이광수는 그때 돈이 없었을 텐데 허영숙이 이혼 위자료까지 내주고 했으니 그 도움을 받아 도쿄에 왔던 거라고 생각된다. 나머진 조선에서 제 돈 갖다 쓰는 부자들이었다.

같이 도쿄 유학한 친구들, 마선행·이동제·최석우의 운명은 후일 각각 제 갈 길로 가며 갈렸다. 모두 한 가지 이상씩 버릇이 있는 사람들이었다.

고향 친구 오기권은 와세다로 갔다. 장련의 만석꾼 아들인데도 구두쇠라서 자취하느라 손이 트고 말씀 아니었다. 고향에서 돈이 와도 '큰돈 허물기 싫다'면서 남의 돈을 취했다. 양말이 그의 금고이고 그래서 기권이는 언제나 돈이 많았다. 그런데 술 먹고 길에서 자지를 않나, 어수선한 일을 벌이곤 힘들어 했다.

와세다가 졸업생에게 아무 자격증도 안 주었기 때문에 일본 가서 중학교부터 나온 백남훈도 오기권도 졸업 후 조선에서 취직이 안 되어 애를 먹었다. 최고 학벌인 대학을 나와도 자격증 하나는 갖고 있어야 어디든 취직이 되는 것이었다. 나는 법과 교수와 영어교사 자격증을 따온 터라 보자마자 교감으로 오라던 경신학교 취직서부터 "오기권도 함께 가야 한다"고 해서 같이 들어갔다.

손두환은 김구 선생을 따라서 오 진사 아들과 양산학교로 가서 배우더니 문관고시에 패스해 있었다. 내가 도쿄 유학 중 집에서 방학을 보내고 평양서 떠날 때 우연히 그를 만나 깜짝 놀랐다. 내가 물었다.

"너 어디 가니?"

"도쿄 간다."

"고시 패스하고 조선서 벼슬할 줄 알았는데."

"아니다. 나도 도쿄 가서 공부해야겠다."

손두환은 내가 검정시험 봐서 예과 입학한 것을 보고 "네가 하는 방법이 옳다" 했지만 영어·수학 시험 볼 실력이 안 되니까 "내가 언제 영어를 너만큼 해서 따라가겠냐. 독어를 해야겠다"면서 독일 신부를 데려다 놓고 독어를 배웠다. 메이지대 전문부에 들어 둘이 한참을 붙어다녔다.

　손두환은 잘생긴 데다 부잣집 아들로 안하무인이면서 동네 부잣집 며느리들과 어울렸다. 밀회를 위해 기척을 보내면 안에서 알고 문을 열어 주었다. 담 너머로 사다리 놓고 들어갔다가 사다리 놓고 나오는데 따라다니며 그걸 거들어 주는 놈들이 또 있었다. 화류병을 옮겨 준 일도 있었다. 그때 조선사회가 신랑이 일곱 살, 신부가 열네 살 그렇게 결혼하니 사람 살 수 있는 환경이 안 되었다. 집안에서는 그 사실을 알아도 망신이니까 말 못하고 덮어 두는 수밖에 없었다. 손두환은 나 몰래 내가 수작 거는 것처럼 연애편지를 대신 써 보내고 회답을 받고는 "재미있다"고 좋아했다. 독일 신부한테 천주교를 배우더니 "내 탓이오, 내 탓이오, 내 생식기 큰 탓이로소이다" 하곤 했다.

　고향에서 북어를 보내오니 손두환이가 그걸 한꺼번에 다 먹고 배가 아파서 난리가 났었다. 북어는 뱃속에 들어가면 불으니까 병원에선 '너무 먹어 그렇다' 했다. 손두환이는 사철 그걸 먹었다. 독일 신부한테 배워 헤겔을 읽더니 공산당이 되고 상하이 임정에 가서 김구 휘하에 들어갔다.

　내가 손두환에게 "너 독일어, 중국어 잘하니 조선에 와서 대학교수 해라" 권하니 싫다고 했다. 자기가 최고가 아닌 한 누구 밑에 들어가 있는 것을 못 견뎌서였을 것이다. 상하이에 가서는 마작 노름으로 벌어먹고 거기서도 자꾸 첩을 얻었다. 아들은 비행사였는데 그 아버지를 미워해 쳐다보지도 않았다. 김구 선생이 임정을 이끌고 귀국할 때 그는 남한으로 오지 않고 이북으로 가 건설성 차관을 지냈다. 김구 선생에게 그의 소식을 물으니 "야, 그놈의 자식, 얘기도 하지 마라. 내가 손두환이 때문에 얼마나 혼이 났는지 모른다" 했다. 머리가 비상하게 좋았던 손두환이 김구 선생을 이만저만 골탕 먹이지 않았을 것이다. 손두환이는 뭘 하겠다고 이북으로 갔을까. 별난 놈이었다. 이북서도 그는 죽게 고생만 했다. 손두환이 나보고 장가들라던 그의 누이들은 그를 따라가지 않고 남한에서 배화학교에 다녔다.

메이지대에서 같이 배운 이창근·이우창은 순진한 사람들이었다. 이우창은 정치학과에, 이창근은 행정학과에 다 같이 예과부터 시험쳐서 들어가 제대로 공부했다. 평양 출신의 이창근은 처음부터 행정고시를 목표로 하더니 귀국해서 경북도지사가 되었다. 그 때문에 광복 후 친일파로 몰리고 끝내는 납북되었다. 경북 선산 사람 이우창은 아버지와 조부 모두 군수를 지내고 이왕직(李王職) 장관도 지낸 집안이었다. 일어·영어·한문 모두 나보다 잘하고 집안의 돈도 많으니까 선생들과 교제를 잘했다. 이우창은 도쿄 유학을 하면서 식모까지 데리고 왔는데 김치도 못 담그는 경상도 식모라 김치 먹으러 우리 집으로 왔다. 미신이 많아서 이력서를 쓰면 그 끝은 반드시 가위로 잘라서 그렇게 해야 좋다며 보냈다. 서울서 경성제국대 조교로 10년을 허송세월하다 군수 가라고 하니 그만두었다. 내가 그를 보전으로 끌어와 일본 헌법 등을 가르쳤는데 같이 경성대 조교로 있던 유진오가 보전으로 오면서 그는 보전을 떠나고 고시원장을 거쳐 대구대 학장을 지냈다. 그의 조부는 나를 보면 언제나 "최선생, 우리 손자랑 끝까지 친구해요" 했다.

오긍선 세브란스 병원장 아들, 오한영은 중학 때 장가들어서 고운 명주 두루마기를 입고 학교엘 다녔다. 동창생 모임에 한턱내는 일에 선선해서 도쿄 유학 때 그의 하숙집에 모이면 다들 신나게 먹었다. 또 다른 돈 잘 쓰는 유학생으로 황주 사람이 있었다. 똑똑한데도 조선서 중학도 졸업 않고 도쿄 유학을 갔는데 고향 갔다 오는 동안 마누라가 바람난 것을 알고는 그날로 떼어내 버렸다. 문 누구는 얼굴이 아주 잘생긴 미남자였다. 그는 여학교 제자와 같이 유학을 왔다.

개성 사람들이 일본 유학을 많이 왔다. 치과의사도 몇 명 있었다. 여운형을 따라다니며 부하 하다가 이북에 넘어간 것도 개성 사람이었다. 이들은 동향 의식이 얼마나 센지 개성 사람 누구 하나가 조직의 우두머리가 되면 휘하에 맨 개성 출신들만 데려다 놓았다.

나와 YMCA에서 만난 김우현은 서울서 민영환네 개인 서당에 다니며 서울 양반들을 아주 많이 알았다. 그는 도에이샤(同志社)대학에서 신학 공부를 했다.

현상윤(玄相允, 후일 고대총장) 동생 현상면은 와세다대학 다니다가 관동대지진을 현장에서 맞바로 겪었다.

나는 백남훈 선생 댁에 하숙하고 결혼해서는 아내와 함께했다. 내가 안 한 일도 많다. 일본옷이나 게다 같은 것은 단 한번도 걸치지 않았다.

중국 유학생은 조선 유학생보다 수가 훨씬 많았다. 우리가 일본 유학 생각 못할 때 중국은 이미 일본 유학을 대대적으로 했다. 변발한 머리에 전족한 발 그대로 일본 유학을 왔다. 도쿄대는 유학생을 선별하지도 않고 온갖 중국 학생을 무조건 다 받아들여 중국반을 편성해 전부 중국말로 가르치니 다 건달이었다. 일본말도 배우지 못하니 제대로 일본 공부하고 간 놈은 하나도 없을 것 같이 생각되었다. 땅덩어리가 큰 중국이라고 그렇게 위해 주는 것이었다. 조선 학생은 무관학교만 그렇게 대접했을 뿐이고, 일본 당국이 조선 유학생만 위해 따로 조선말로 가르친 적은 없었다.

그때 도쿄에서 본 중국 유학생들은 하나같이 외국어 하나, 일본말 하나 제대로 하는 경우를 못 보았다. 중국의 근대사상가 캉유웨이(康有爲)

가 일본에 와 있었는데 부자(父子)가 다 일본 여자 한 명과 어울려서 아들인지, 손자인지 모르는 소생이 있었다.

조선 예배당은 일본인이 장사하는 로이드 안경집에 세 든 건물이었다. 불교인이면서 그 예배당에 나오던 소설 쓰는 이광수의 빈번한 연애 행각이 화제였다. 그가 또 웬 여성을 짝사랑하고 호소하는 'P'라는 글을 썼는데 끄트머리에 가서 '그런데 P는 여자가 아니다'고 결말지었다. 나와 손두환이 같이 "도쿄 유학 여학생 김 누구인 줄 뻔히 아는 것을 끝에 가서 남자라고 뒤집으니 세상을 놀리는 더러운 남색 이야기냐. 연애에 그처럼 모럴이 없느냐"고 공박하는 글을 썼다. 우리가 아는 P는 그때 이광수 같은 사람은 쳐다도 안 보던 여성이었다.

여럿이 보고 재미있다고 하여 최남선이 하는 잡지에 보냈는데 묵살돼 버렸다. 이광수는 그러면서 자기 처제와 선을 한 번 본 젊은이 오 아무개가 막상 처제와 결혼을 않자 그를 비난하는 글을 쓰겠다고 계속 위협해 결국 직장을 그만두게 만들었다. 그는 어리광이 심한 사람이었다. 보성전문 때도 주변 사람들을 자꾸 글에 등장시키는 소설가가 있었다. 그 때문에 나는 시인이나 소설가라는 사람은 남의 인생을 소설처럼 받아들여 난처하게 만드는 족속으로 여겼는데 내 다섯째 동생 최태응도 소설가였다.

그 시절 내게 '될수록 어려운 책'들을 빌리러 오는 친구도 있었다. 자기 하숙방에 꽂아 놓고 연애하는 여성들을 감동시키려는 것이어서 우스운 일이 많았다. 여러 유학생들이 조강지처를 버리고 신여성과 결혼하는 연애담이 많고 버림받은 처들의 딱한 일도 많았다. 일찍 결혼하는 때였으니까 고향에 자식을 두고 온 유학생들도 많았다.

일본에 붙어 출세하는 유학생도 있었다. 도쿄 유학을 마치고 한국 사람이 많이 사는 하와이에 영사로 나간 조선인 박 누구는 미국과 교섭해서 조선이나 조선사람 단체와 관계되는 일을 알아내 안창호, 서재필 같은 한국인들이 독립운동 어떻게 한다는 것을 일본 정부에 고자질해 바치는 밀정이나 다름없었다.

백남훈 선생과 동시대에 도쿄 유학하고 순사가 된 조선인 선우가 도쿄 경찰청으로 와서 조선 유학생들 동정을 살피는 스파이 책임자가 됐다. 그가 유독 백 선생을 찾아와 '여보게' 하고 말을 붙였다. 내가 "아저씨, 백 선생한테 그러지 마쇼. 스파이하고 어울린다 소문나면 백 선생 망합니다" 했다. 백남훈은 내 선생님이고 YMCA 총무인데 살려 놔야 했다. "뭐가 듣고 싶소. 내가 말해 주리다" 하니 "그래, 내가 인제 너하고 지낸다고 하면 난 스파이 대장으로 승진한다" 하며 좋아했다. 내가 범의 굴에 많이 들어간 사람이다. 다른 사람 같으면 그 스파이한테 걸려 신세 망칠 뻔했을 텐데 나는 이용당할 사람이 아니었다. 어림없지, 그저 같이 놀아 주기만 하는 것이었다. "제발 체면 좀 봐달라. 왜 우리를 자꾸 찾아다니느냐?" 했더니 "내가 YMCA 총무인 백 선생과 친구라는 것, 유력한 유학생과 하루를 같이 지냈다고 보고하면 점수를 따고 일인들이 좋아하거든"이라고 선우가 설명을 했다. 창피한 일이었다.

조선서 온 인사들의 통역을 해 주기도 했다. 종로 파고다공원에 우리나라 최초의 도서관을 도쿄 유학한 이범승(李範昇)이 열었다(현재의 종로도서관). 얼마 후 경영난에 처하자 장련 출신의 인사로 보성전문을 다닌 이병조(李秉祚)가 인수했다. 그는 『서광』 잡지를 발행했던 인물이다. 단장을 짚고 깔끔한 신사인 그가 도쿄로 도서관 시찰을 와서 며칠 동안 내가 통역을 맡았다.

1918년 입학할 때 나는 전 유학생 가운데 유일한 미혼이었다. 나는 낭만이라곤 모르는 사람이었다. 예쁜 여자랑 같이 다니는 것도 그땐 관심 없었다. 유학온 조선 여학생들이야 뻔했다. 그때 여학생들 이름은 지금까지 다 왼다. 왜냐면 여자들이니까. 장련의 소꿉친구 현덕신이 있었고 치과의사 이보배·의과의 허영숙(許英肅)·황신덕(黃信德)·김필례(金弼禮)·박순천·나혜석 자매·윤심덕·봉명학교 교주 이봉래의 딸·김영두 신점의 딸·오천석 누님 오현명·김천애·김명순 등 전부해서 20여 명이 있었다. 나혜석 자매는 잘생긴 사람들이었고, 이보배는 예뻤는데 방방곡곡을 다니면서 강연을 했다. 지금 롯데호텔 자리에 있던 사립 봉명학교 설립자 이봉래는 매우 깬 사람이었다. 손두환이가 이광수보다 먼저 허정숙을 좋아했다. 유학생 체육대회를 하고 단체사진 찍으니 웃으면서 친구들 사이를 비집고 가더니 허정숙 뒤에 서서 찍었다. 이광수 글에 등장하는 P도 이 중에 있었다.

조선 여자 유학생은 대개 기독교 계통 여학교를 졸업한 여성들로, 한문 하나밖에 아는 것 없이 일본에 왔다. 일본말도 못하니 시험도 안 보고 다 자기가 뚫어서 어디든 들어가는 경우가 많았다. 여자 교육이 형편없을 때라 경쟁 없는 의과·약학과·치과대학에 많이 들어갔다. 동경여의전은 부부가 자기 집에서 여학생 몇 명 가르친 것이 시초였다. 부인이 의학을, 남자는 독일어를 가르쳤다. 여학생은 대개 의과 아니면 문과 계통을 다녔지만 거진 다 날탕이었다. 절반 가량은 조선에서 누군가의 재정 지원을 받아 유학 왔다가 나중에 그 비용을 돌려주기도 하고 심 누구처럼 먹고 떨어져 후원 받은 은혜를 차 버렸다. 모두 기모노를 입고 다녔다.

우에노음악학교에 다니던 윤심덕(尹心悳)은 대단히 활달한 여성이었다. 그다지 미성은 아니었지만 '사의 찬미'라는 노래를 남겼고, 기혼자

유학생 김우진(金祐鎭)과 연극판을 벌이곤 했다. 어느 날 백남훈 선생이 "윤심덕이 너를 찾는다"는 전갈을 했다. 그러면서 "그 여성은 한번 알게 된 남자를 사람 많은 데서 '아무개야, 너' 그렇게 부르니 주의해라"고 했다.

백 선생 댁에 온 윤심덕을 보게 되었다. 나는 아랫방에 앉아 윗방에 앉은 그녀를 보고 "날 찾으셨소?" 했다. 그랬더니 첫마디가 "뭐 이런게 다 있어!" 하고 멀찍이 떨어져 점잔 빼고 앉은 나를 아주 같잖아 했다. 자기 기숙사에 대신 가서 사감에게 "유학생 체육대회 준비를 하느라 기숙사에 안 들어간다"고 전해 달라고 했다. 그런 일은 얼마든지 쾌히 할 수 있었다. 수작을 경계한 나머지 윤심덕과는 그날로 끝나 버린 관계가 됐다. 후일 그녀가 바이올린 잘하던 점잖은 김우진과 현해탄을 건너던 연락선에서 행방불명된 사실을 알았다. 두 사람이 어디론가 피신한 줄 알았는데, 사람들은 그들이 바다에 뛰어들었다고 했다.

장련의 소꿉친구였던 현덕신에게 "여기 도쿄 유학생들은 모두 기혼자니 접근하는 사람을 주의하시오" 했더니, 그 말을 그렇게 고마워했다. 공부와 연애를 병행할 수 있다고 역설하는 편지를 보내던 여성도 있었으나 응하지 않았다.

일본 유학을 생각하는 조선 여성들은 대개 학령기를 넘긴 여성들이었다. 내가 처를 일본 여학교에 유학시킨다니까 안악의 당숙 한 사람이 옆에서 "건방지다"며 "이놈 저놈" 하고 나를 들었다 놨다 시비를 붙였다. 내가 그런 대우를 받아 본 적이 없는데 젊은 나이에 참지 못하고 "공부한 사람과 안 한 사람 둘 중에 누가 잘되나 내 눈에는 보입니다. 우리 장인도 찬성하는 일을 당신이 왜 반대합니까" 하고 그 사람과 다퉜다. 장인은 "노를 풀으라"고 달랬다. 나중엔 그 당숙이 생각이 달라져 자기 딸

1924년 도쿄 조선유학생들. 앞줄 왼쪽부터 현상면(현상윤 고대총장의 동생), 최태영, 오기권, 뒷줄 왼쪽부터 최석우, 이동제, 마선행. ⓒ 최태영

의 일본 학교 입학을 내게 부탁해 왔으나 내가 나서지 않았다. 그 딸은 끝내 입학 못하였다.

1920년대에 조선 여성이 일본 학교에 입학하기가 어떻게 쉬웠겠는가. 처음에는 요시노라는 여자 시인의 학교를 찾아가 부탁했더니 "아이들 다니는 데 어른이 들어와서 무슨 소리를 할 줄 아느냐"며 거절했다. 그후 이병조의 통역을 해 줄 때 생겨난 친분으로 도쿄 시학관(視學官)에게 가서 말했다. "조선에서는 어성에게 교육을 안 시기기 때문에 여성들이 나이가 많아져서 뒤늦게 일본 유학을 오는데 나이 많다고 안 받아들이므로 문제가 많다."

그가 선처하겠다고 답했다. 이후 시학관이 최적의 학교라고 소개하고 입학을 주선해 주어서 아내는 도쿄 쇼에이(頌榮)여학교에 입학했다.

서양 유학한 오카미(岡見)라는 사람이 세운 체육 잘하는 기독교 학교인데 유명한 문필가 누마타(沼田)가 교장으로 교복을 입히지 아니하고 사복으로 학교 통학을 하게 했다. 수영하는 학생은 집에 수영장이 있었다. 김홍량도 이후 자기 집에 수영장을 만들어 안악 학생들에게 수영을 가르쳤다.

거기서는 나와 내 처를 조선의 대단한 양반으로 알았다. 처의 주선으로 나중에 성악가 정훈모(鄭勳謨, 서울대 음대 교수)와 김말봉(金末鳳, 소설가) 등이 특별 우대생으로 그 학교에 입학했다.

일본인들의 조선인 차별 때문에 분개하고 괴로워하는 동포들이 많았다. 유학생들보다 일반인들은 더 심하게 당했고, 대응은 더 직접적이었다. 어느 날 도쿄 시내에서 전차를 타고 가는데 차장이 따라 내리며 '나도 조선사람입니다'고 말을 건넸다. 그는 자기가 당하는 것 말고도 그의 아내가 동네 일본인 여편네들한테 따돌림당하는 것은 정말 참기 어렵다고 했다. 식민지는 절대 돼서는 안 될 것이었다. 그를 우리 집으로 데려와 같이 저녁 식사를 했다.

얼마 뒤 신문에 그 사람이 도끼로 조선인을 차별한 동네 일본인을 죽였다는 보도가 났다. 길에서 마주친 사람도 일본인이기 때문에 죽여 버렸다. 당국이 그를 체포해 정신감정을 해보니 정신이상이라는 결과가 나와 사형은 면했다. 그러나 자기 아내는 다치지 않았던 것으로 보아 그의 행위는 순전히 일본인들이 책임져야 할 일이다. 정신감정을 한 구레(吳) 박사는 한국계인 것 같다.

1999년 재일동포 김희로 씨가 한인을 차별한 일본 깡패를 죽이고 오래 갇혀 있다가 석방돼 조국으로 왔다. 형벌은 받았지만 그는 끝까지 자기가 잘못했다는 말을 하지 않았다. 중요한 사건이었다고 생각한다.

야스쿠니신사와 북관대첩비

노는 날이면 야스쿠니(靖國)신사 마당에 많이 갔다. 하숙하는 백 선생 댁이 있는 오쿠보에서 가깝고 깨끗한데 거기 잔디밭을 운동하라고 열어 주니 매일 갔다. 일요일날 축구하러 가면 일본 여학생들이 '오빠, 오빠' 하면서 대학생이라고 그렇게 좋아했다. "사진 해 달라" 하면 "해 준다" 하고 사진 박아 주고 점잖은 말 쓰니까 저희 오빠들보다야 우리가 상등 이었다. 그렇게 하면서 손두환이는 곧장 연애했다. 촌할머니들이 신사 구경을 왔다가 축구하는 우리가 조선말 하는 걸 보고 "요새 젊은이들은 영어만 하니 어디 알아들을 수 있어야지" 했다.

논 가운데 서 있는 와세다대학 못 미처에 있는 연병장에도 많이 다녔다. 연병장 근처 가정집마다 차와 아이스크림을 팔았다. 긴자에도 갔으나 별 흥미 없었다.

야스쿠니신사에 있다가 2005년 한국으로 반환된 임진왜란의 조선 전 승비 북관대첩비는 그때 못 봤다. 야스쿠니신사를 샅샅이 봤지만 나 있을 때는 없었고 내가 떠난 1924년 이후 갖다 놓은 것 같다. 함경도 길주 에서 일본 야스쿠니신사로 옮겨진 북관대첩비의 사진에는 비갓이 육중 한 자연석으로 올려져 있는데 이것이 원래 모습인지는 알 수 없다. 한국 을 거쳐 북한으로 가면서 비갓을 자연석 아닌 기와지붕형으로 바꿔 얹

임진왜란 당시 함경도 의병들의 대 왜군 전승을 기념한 북관대첩비. 조선 함경도 길주에서 약탈되어 일본 도쿄 야스쿠니신사에 가 있다가 2005년 환수되어 다시 북한 땅으로 제자리를 찾아 갔다.

었다고 한다.

그때 내가 참배는 안 했어도 밤에 야스쿠니에서 지내는 제사에 몰래 구경 가 봤다. 불을 끄고 야단을 하는데 정말 귀신 나오는 것 같았다. 후일 주지가 제2차 세계대전에 희생된 일본 군인들 위패를 받아들여 이곳에 안치했다. 그중에는 조선인 위패도 있다. 그들은 정말 억울하게 죽은 영혼들이다. 조선인 희생자 위패를 거기서 가져 내온다면 두말할 것 없이 손해배상을 확실하게 받아내야만 한다.

2005년 9월, 일본 오사카 대법원이 고이즈미 총리의 야스쿠니신사 참배가 "정치와 종교는 별도"라 하여 위헌 판결을 내렸다. 일본 중의원 다

수가 이젠 일본 천황이 신이 아니란 것을 아는 데다 중의원 유력자 중에 반전론자가 있어서 그 덕에 이제까지 다섯 번이나 위헌 판결이 난 것이다. 그래도 천황 만세를 부르는 일본인들이 많으니 일본 정치인들은 그들한테 인기 사느라고 야스쿠니신사에 참배하지만 일본이 저지른 전쟁에 희생된 아시아 수많은 나라의 국민을 뭘로 생각하고 그러나. 한국인이 절치부심해야 할 정한론(征韓論)을 펼친 야만 인간, 도쿄 우에노공원에 개 데리고 있는 동상으로 서 있는 사이고 다카모리, 그 자는 한국 피가 하나도 안 섞인 토종 일본인 같다.

1960년대 일본과 수교하면서 외무장관 장택상(張澤相)이 내게 "네가 가서 일본과 맞서라. 한일회담 대표부로 가 달라"고 부탁했다. 그때 머리에 두 가지 사실이 떠올랐다. "북해도에 징용 끌려간 조선인 몇십만 명, 잡혀가서 일본군이 되고 억지로 죽어 야스쿠니신사에 있는 조선인들을 다 어떻게 하나" 하는 것이었다. 한일회담을 하게 된다면 "조선인 죽은 것 다 배상해라. 야스쿠니에 있는 조선사람 전사자, 관동대지진 때 너희가 죽인 조선인들 다 손해배상해라. 탄광, 일선에서 잡아 죽인 수만 명 조선인들 다 배상해라" 해야만 되는 것이었다. 일본이 들어주지 않는다면 회담은 결렬되는 것이었다. 그러나 문제는 한국이 일본에게 협상안을 받아들이게끔 몰아갈 군사력도, 외교력도, 돈도 없어서 일본이 그런 우리의 약점을 너무 잘 알고 이용해 우리 요구대로 움직이지 않는다는 것이었다.

일본은 제2차 세계대전에 항복한 그날로 벌써 북해도에 끌려가 있던 조선인 수십만 명을 풀어 주고는 그다음부턴 '아무 책임 안 진다'고 나왔던 철면피 국가이다. 저희가 다 잡아다가 그 고생시킨 사람들인데 배상 하나 않고 천황이란 자가 나서서 "책임 안 지겠다"는 것이었다. 앞으로 일본은 언제라도 야스쿠니신사에 모신 조선인 전사자의 위패를 쫓아 낼 것이다.

장택상은 내가 일본에 마주해 당당히 맞서는 사람이라고 해서 결사적으로 나를 한일회담 대표로 보내려 했지만 내가 혼자서 그 문제를 수습할 도리가 없었다. 그러나 일본의 요구대로 끌려가는 것은 있을 수 없었다. 그건 난 못 참는 일이다. 내가 끝까지 대표직을 고사했다. 내가 간대도 끝이 안 나는 일이었다. 장택상에게 솔직히 말했다. "내가 대표부에 갈 수 없다. 어려운 문제가 산적해 있다. 내가 가면 이거 저거 다 배상해라, 그러면서 싸울 터이다. 날 대표로 해서 외교하고 이기려면 내 뒤에 힘이 있어야 되는데 아무 배경도 없으니 수습할 도리가 없잖느냐. 일본에 끌려가지도 않을 것이나 아무 성과도 없을 텐데 내가 그렇게 하느니 안 가겠다."

그 당시 한국의 외교나 국방 조건에서 일본에 맞서는 것이 전부가 아니었다. 협상은 일본이 우리 요구를 받아들여 행동하게 해야 되는 것이다. 그러나 일본이 한국 측 말은 하나도 안 들었다. 그렇다고 징용에 끌려간 조선사람 수만 명을 북해도에 다 내버리고 배상도 못 받아 오는 타결은 있을 수 없는 일이었다. 그걸 내가 가서 무슨 수로 다 데려오고 먹여 살리나. 그들은 지금까지 북해도에서 못 나오고 있는 조선사람들이다. 얼마나 불쌍한가. 북해도에만 조선사람 수만 명이 잡혀갔다. 엄청나게 잡아가 죽도록 착취한 것이다. 그런데 일본은 항복한 날로부터 북해도의 수만 조선인들을 아무 책임 안 진다는 것이었다.

내가 고사하니 다른 사람이 대신 갔다. 1960년대 한일회담은 일본이 하자는 대로 다 내던져 준 것이다.

도쿄 1917-1924

　나라가 망했다고 왜 기까지 죽나. 나는 두루마기 차림으로 메이지대
에 들어갔다. 조선사람인 것을 감추려 해서는 안 된다는 생각이었다. 서
춘(徐椿)은 명함에 '조선인 서춘'이라고 써 가지고 다녔다. 여학생들은
다 기모노 차림이고 남자들도 조선옷은 안 입었다. 조선옷 입고 도쿄 거
리 활보하는 유학생은 나뿐이었을 것이다. 기 안 죽고 살려니 오죽했겠
나. 조선에서 일본 갈 때 현해탄 건너는 부관연락선 타는 것부터 문제였
다. 부산역에서 연락선에 오를 때 일본인들이 먼저 올라가 자리 잡도록,
조선인들은 짐짝 검사한다 뭐 한다 잡아두고 검색을 철저히 해서 나중
에나 타니까 자리도 못 잡았다. 처음 도쿄에 갈 때는 백남훈 선생과 같
이 가면서 검정 두루마기 한 벌을 새로 해 입고 가는데 백 선생만 빼고
일행 모두 한복 차림이니 꼼짝없이 검색당했었다. 그 뒤로는 진고개에
가서 일본식으로 머리를 깎고 양복을 입고 현해탄을 건넜다. 도쿄까지
아무 검색을 안 당하고 다닐 수 있었다.

　기차 타고 부산에 닿으면 부두에서 바로 시모노세키까지 연락선을 타
고 밤에 떠나 아침이 훤하게 밝을 때 도착했다. 다다미 한 장 넓이의 자
리를 잡지만 늦게 타면 그것도 없었다. 밤만 되면 멀미하는 사람들이

'옥옥' 토하느라고 야단이었다. 시모노세키에서 내려 도쿄까지는 열차로 가는데 조선인은 거기서도 또 검사를 당했다.

조선사람인 것을 알고 오래 붙잡아 두지 못하게 하고 일찌감치 빠져나가 자리 잡고 있으면 멀미도 그렇게 하지 않았다. 매번 나는 배를 타고 조사도 안 받고 도쿄까지 무사통과해서 갔다. 도쿄에 가면 다들 깜짝 놀랐다. 경찰이 그런 나를 수상히 보고 불러다가 '너는 어떻게 조사도 안 받고 이렇게 빨리 왔단 말이냐'고 물었다. 내용을 말하면 나중에 또 조사할까 봐 '모르겠다. 그냥 가게 하더라' 대답하면 '조화 먹었다'고 했다. 조화 먹을 것 없었다. 내가 일본인처럼 보이게 속였을 뿐이다. 현해탄 바다 건너는 기분이 괜찮았다.

짐은 미리 부쳤는데 배가 떠나도록 사람은 조사 받느라 못 떠나는 일도 많았다. 짐이 바뀌기도 했다. 풀고 조사하다 다른 데 잘못 넣으면 다 바뀌는 것이었다. 현해탄 건너는 데 귀찮은 일 또 하나는 변 검사가 있었다. 성냥갑을 하나씩 주고 한국인, 일본인 모두 검사를 해서 기생충 같은 게 많으면 일본에 안 들였다. 일본 가려면 다 대변 한 번 싸야 했다. 그때는 젊어서 성냥갑에 넣을 똥은 금방 쌌다. 그런데 한 사람 똥을 여러 사람이 나눠 넣으면 용케 알았다. 누구누구 호명을 해서는 '이놈아, 왜 남의 똥 넣어 왔냐' 해서 한 사람은 일본도 못 가고 잡혔다. 어떻게 남의 똥인 걸 아는지 그건 지금도 알 수 없다. 일본서 서울 올 땐 그런 검사는 안 했다.

배에서 조선 돈을 일본 돈과 바꿨다. 2전 5푼, 5전짜리 백통전이 생기고 은전으로는 1원, 반 원, 10전짜리가 있었다. 1전, 2전, 5푼짜리는 두껍고 큰 동전으로 만들었다. 가운데 구멍 뚫은 데로 새끼를 넣어서 한 타래씩 만들었다.

고향에서 도쿄에 가져가는 짐은 솜옷·이불·고추장에 박은 돼지다리 고기 반찬·간장 같은 것들이었다. 간장을 가져가다 깨뜨리면 다 흩어지고 말았다. 고추장을 항아리에 넣어 가면 일본인이 조사할 때 폭탄인 줄 알고 겁이 나서 나 보고 직접 꺼내 보여 달라고 했다. 짐이 많아도 아무 문제가 없었다. 기차의 2등 칸을 타고 다니니까 빨간 모자 쓴 짐꾼들이 다 날라다 주었다. 기차를 내려서는 자동차에 싣고 가면 되었다.

고향 집에 왔다 도쿄 갈 때면 보교나 말 타고 사리원 가서 평양 가는 기차로 갈아탔다. 평양서 서울로 가서 부산 거쳐 현해탄 가는 연락선을 타고 시모노세키에서 도쿄행 기차를 탔다. 겨울에는 나루가 얼어서 배가 못 다니니 안악으로 해서 사리원으로 가야 되었다. 여름엔 장련에서 배 타고 진남포 가서 기차로 평양 가고 거기서 다시 서울 가는 기차를 탔다.

여러 군데를 거쳐야 하는 기차 여행은 지루했다. 서울서 으레 내려 하루 놀고 쉬다가 밤에 경부선 타고 다음 날 낮에 부산에서 내렸다. 밤에 부관연락선을 타면 다음 날 아침 시모노세키에 내리고 그 다음 날 오후 기차로 도쿄에 닿았다. 도쿄 가는 기차는 일찍 개설된 협궤열차였다.

중학교 졸업하면 다 중절모를 쓰는데 열여섯 살에 경신학교 졸업하고 금방은 나이가 어리니 중절모를 못 쓰다가 도쿄 가서야 중절모와 사각모를 썼다. 처음 중절모를 쓰고는 신바람 났다. 겨울 양복은 사지(serge, 능직으로 짠 직물)로 여름 양복은 얇은 세루(serge의 일본식 발음)로 해 입고 양반처럼 뽐출했다. 대학생이 양복 하겠다면 양복쟁이가 견본을 들고 집으로 치수를 재러 왔다. 양말은 백 선생이 하는 대로 백화점에 가서 아주 든든한 것으로 샀다. 옷을 잘 입으면 어디가든지 대접을 받았다. 시골에 가면 대학생 왔다고 위하고 대학생들이 하는 그대로 따라 했다. 서울서 산동주(山東紬; 산누에 실로 짜 두꺼워서 양복감으로 사용됨) 옷감으로 양복을 해 입고 도쿄 가던 생각이 난다.

대학에 들어가서 교복 입고 사각모를 쓰니까 멋있어 보이고 좋아서 열심히 교복에 학교 단추를 달아 입었다. 양복점에서 학교 단추까지는 안 달아 주었다. 교복이나 양복은 전당포에서 비싸게 맡았다. 꼭 찾아갈 테니까. 넥타이가 매고 싶어 양품점에 가서 와이셔츠·넥타이·맥고모자를 사고 땀을 뻘뻘 흘리며 넥타이 매는 법을 배웠다. 그래도 사각모는 너무 유표해서 고향에 오면서는 쓰고 온 적 없다. 교복 아니면 조선 두루마기를 그대로 도쿄 거리에 입고 다녔다. 겨울엔 추워서 조선 솜옷에 두루마기나 외투 차림이었다.

고향에서는 종산학교 이래 1년 동안 입을 옷과 이불을 만들어 주었는데 나중엔 동정 달기, 버선볼 깁기, 옷잇과 이불잇 갈기는 내가 했다. 모기장도 내가 했다. 외국서 온 모기장용 헝겊 1필에서 작은 모기장 1개가 나오게 하려면 실수 없이 산술적으로 재단해야 했다. 고향에 가서도 내가 모기장을 재단해 주면 식구들이 좋아했다. 지금도 단추 달기나 간단한 수선 정도는 내가 한다.

그렇게 6년을 지나고 졸업할 때는 서울 정자옥(丁字屋, 미도파백화점 전신)에 가서 양복을 맞춰 입었다. 물산장려운동을 할 때라 바느질이라도 우리가 한 것을 입으려는 것이었다. 조금 후에는 인사동에 손가 양복점이 생기고 YMCA 사람 김덕은의 아들이 양복을 만들었다. 그때부터는 양복 멋쟁이가 돼서 나이 스물넷에 단장을 착 쥐고 휘두르며 걸어다니는 것이었다. 그래도 고향에 돌아가면 조선 옷차림으로 지냈다.

연미복은 일찌감치 장만했다. 경신중학교 교장을 하려니 행사 때마다 연미복이 필요했다. 중국인이 와서 월부로 지어 주었다. 일본 교수들은 무슨 수작인지 여름에도 연미복 차림이었다. 나도 한때는 여름에도 양복 조끼까지 받쳐 입었지만 더워 견딜 수가 없어 서울대 법대 졸업식에도 연미복 대신 모시 두루마기를 입고 갔다.

오기권·손두환·이우창은 도쿄에서 셋이 같이 하숙하고, 나는 백남훈 선생집, 학생 한둘 하숙 치는 초보 하숙집, 국화가 바다같이 펼쳐진 꽃농장 한가운데 집, 윤심덕 있는 기숙사 동네 2층 등에서 하숙했다.

다다미 4장 반 이상의 여분이 있으면 어느 집이나 세를 놓는데 '공간 아리마스(빈방 있음)'라고 적은 광고지에 '아리'라고 발음하는 개미(蟻) 그림과 '마스'라고 발음하는 됫박(升) 그림을 그려 놓아 하숙방 있다는 표현을 했다. 일인들은 변호사·경찰관·신문기자를 아주 싫어해 이들에겐 아예 세를 안 주었다. 중국과 조선 같은 타국에서 온 학생은 사절한다는 말도 흔히 쓰여 있었다. 교복 차림으로 하숙을 구해 들이고 얼마 후 조선 학생임을 밝혔다. 일본인들은 대학생한테는 잘 대했다. 주인은 내 일본어가 유창하고 점잖으니 안심하고, 고추장 얻어먹는 것을 아주 좋아했다. 한 달 방세 10원 외에 전등 값을 따로 내고 숯도 주인한테서만 사서 쓰게 했다.

내가 도쿄 시내 꽃농장에 세 들어 산 것은 친구들이 "너 한번 멋진 데 가서 살아 보겠냐"해서 "어떤 데냐" 하고 들어간 건데 사방에 벗나무가 있고 가운데 넓은 터에 국화꽃 등을 심었다. 주인은 꽃농사만 지어 놓으면 꽃장사가 트럭 가지고 가위 하나 들고 와서 꽃가지들을 베어 갔다. 주인은 밭에 나가 보지도 않고 돈을 주는 대로 받았다. 그런 게 영업이 된다는 것, 우리도 저렇게 되겠구나 하는 것을 그때는 꿈에도 생각지 못했다. 서울에서는 말죽거리, 지금의 양재동 농가에서 꽃을 길러 이고지고 서울로 팔러 오던 때였다. 그런데 여기 사는 데 도둑이 들어 내 시계며 마누라 웃가지를 훔쳐 갔다.

내가 마누라와 같이 있으니까 친구들이 김치가 먹고 싶으면 우리 집에 왔다. 김칫국에 메밀국수를 말아 먹으면 일등이었다. 김치는 그렇게 오래전 식품이 아닌가 보다. 우리가 안 했기에 일본도 김치는 안 담가 먹었던 것이겠다. 백남훈 선생이 서울 부자 학생들을 맞아 하숙 치는데 이들은 요리에 집착해서 맷돌도 가져오고 식모도 데리고 왔다. 일본인들이 고추장에 맛 들이면 조선인 하숙생이 언제 고추장 가져오나 기다리며 좋아했다. 돼지 치는 것은 조선에선 언제나 며느리 몫의 부업이었다. 그런데 오사카 시내 복판에서도 조선인이 돼지를 키우고 있어 난감했다.

입시 경쟁이 치열해서 영어를 잘해야 좋은 학교에 들어갔다. 1년간은 정칙 영어학원을 다니고 한문과 일어를 공부했다. 정칙 영어학원은 도쿄대 교수가 학교도 집어치우고 운영했는데 수강생이 1만 명이나 되었다. 서양식 시계 가진 게 장해서 큰 목종을 목에 걸고 다니는 의사도 있었다. 하긴 우린 그런 시계도 없었다. 내가 서울서 경신학교 다닐 때는 스위스에서 가져온 치마표 회중시계가 최고급이었다.

도쿄의 생활비는 서울 경신학교 때와는 비교가 안 되게 비쌌다. 대학 등록금이 한 번에 수십 원이고 방세가 비싸 한 달 생활비가 수십 원이 들었다. 일본 유학온 조선 학생들은 고학생 아니면 부자들이었다. 고학생들은 신문배달 등 힘든 생활을 했다.

대학에서 커다란 식당을 싼값으로 직영해 커피·홍차 같은 것은 얼마든지 먹었다. 카레라이스·하이라이스 같은 메뉴가 있었고, 외식으로는 우동·단팥죽·오리고기·새우 같은 것들을 먹었다. 일본인들은 자기가 먹은 음식의 돈을 각자 내는데 수년간 있다 보면 이게 버릇이 되었다.

조선서 새로 온 유학생들과 식사하고 각자 돈을 내면 처음엔 영문을 몰라 하였다.

도쿄에 중국요리집은 두세 군데밖에 없었다. 도쿄 제국호텔과 우에노공원 안에 '세요겐'이라는 양요릿집이 있었다. 양요릿집이래야 굴프라이·카레라이스·하이라이스를 팔았다. 스키야키 집이 서너 군데 있어 친구들과 많이 갔다. 새우 튀김을 얹어 주는 우동이나 담백한 오리고기에 국수를 말아 먹고 계란으로 위에다 꾸미(고명)를 덮어 주는 오야코 정도가 일본서 먹는 것들이었다. 메밀국수는 먹을 것 박한 일본에서 유일하게 파 썬 것과 고춧가루를 얼마든지 주는데 푸짐한 것이 고구려 절에서 메밀국수를 만들어 먹던 조선 풍습이 남은 것 아닌가 한다. 장련에 있던 일본 의사는 굵고 못된 가루로 한 검정 국수를 사다 먹었지만 우린 하얄수록 좋은 것으로 쳤다. 닭고기는 비싸고 오리고기는 흔했다.

밀크집이 없다가 생겨났다. 일본인들이 우유를 잘 안 먹어 많이 안 오니까 비스킷을 많이 서비스했다. 유학생들이 이런 밀크홀을 많이 갔다. 인력거집에서 밀크셰이크와 팥빙수·아이스크림을 팔았다. 영화관에 가면 커피에 코코아와 과일도 통째로 팔았다. 손두환이는 코코아에 초콜릿을 넣어 먹곤 했다.

쌀 한 가마 값이 서울서 5원쯤 할 때였다. 도쿄는 그보다 더했으리라 싶지만 일본 쌀은 맛이 없고 조선 쌀이 맛있어서 그걸 찾았다. 달걀은 조선서 가져다 파는데 달걀 하나 먹으면 대단한 영양을 섭취하는 줄 알았다. 나중에 일본에서 양계를 대규모로 해서 조선에다가 되팔았다. 고기는 중국 청도에서 가져다 얇게 썰어 대나무잎을 붙여 파는 것이 영 다라울 정도였다. 조기는 안 먹고 북어는 제2차 세계대전 때나 돼서 먹고 무도 다꾸앙 만드는 큰 무만 있었다. 도쿄가 그때만 해도 개발이 안 돼

1923년 도쿄 조선YMCA 총무 백남훈 선생댁에서. 앞줄 왼쪽부터 백선생, 아들 명기, 모친, 아들 선기, 부인. 뒷줄 왼쪽부터 오기권, 최태영. ⓒ 최태영

밤나무가 많았다. 천황이 밤을 먹는다며 길상사 절에서 열심히 키웠다. 조선에선 제일 비싼 게 고구마여서 한 개가 설렁탕 한 그릇 값이었지만 일본은 제일 싼 게 고구마였다.

저녁 먹고는 으레 친구들과 밖에 나가 귤과 땅콩을 까먹으면서 산책하는 것이 일과였다. 신주쿠에 야시장이 서서 조선 엿을 사 먹었다. 조선사람은 일본서 인삼 장사, 엿장사, 신문배달을 많이 했다.

당시 일본 사회가 그리 깨끗한 것은 아니었다. 도쿄조차도 불결하고 형편없었다. 돈 주고 똥 치우기 아까우니 밤에 몰래 운하에 버리기도 하고, 분뇨통에다 직접 고구마나 채소를 심어 먹으니 질색하지 않을 수 없었다.

도쿄 시내가 맨 뱀 천지였다. 이이다(飯田)정에 있는 조선 예배당 마당에도 뱀이 나왔다. 고양이가 뱀을 잡아먹으면 꼬리부터 먹고 독이 든 대가리는 남겨 놓는다. 남은 대가리가 혼자 뛰어 돌아다니며 방의 모기장 안에까지 들어왔다.

우리보다 앞선 것도 있어 도쿄에서는 화장실용 휴지를 썼다. 우리는 쑥이나 볏짚을 썼지만 일본 시골은 그보다 더 못해서 새끼를 썼다. 일본도 내가 갔을 때 종이가 귀했다. 뭐든지 신문지 아니면 대팻밥 종이에 싸주었다. 하숙집 주인한테 노트 한 권 갖다 주면 대단한 걸로 알았다.

우리나라에서 안 하던 노릇은 일본에선 장성한 남녀가 조그만 목욕탕에 같이 들어가는데 처음엔 하숙집 딸 같은 딸이 목욕물 데워 놨다고 같이 목욕하재서 당황했다. 창피하더니 나중엔 나도 일본법을 따라 목욕탕에 같이 있게 돼도 놀라지도 않았다. 고급 여관일수록 여자가 남탕에 들어와 앞에 앉는데 징그러웠다. 일본 여자는 처녀 땐 그렇게 노골적이다가도 일단 시집가면 꼼짝 못했다. 잘못하면 남자가 죽였다. 일본 가니 일본 여자 내복법이 생겨 비로소 여자들이 속옷을 입기 시작했다. 종래는 옷이라고 몸에 헝겊 통필을 감고 다닐 뿐이니 난처한 경우가 없지 않았다. 그런 시대에 일본에 있었으니 나도 참 옛날 사람이다. 일본서 내가 별걸 다 봤다. 여자가 남자를 둘 데리고 사는데 셋이서 또 의가 좋았다. 일 년 중 하룻밤은 불을 모조리 끄고 남녀가 누구하고든 마음대로 교접하며 지내는 마을도 있었다. 일본은 우리나라 사람들이 간 건데도 그렇게 풍속이 달랐다.

그래도 그때 일본인은 우리보다 편하게 살았다. 우린 먹는 사람 위한다고 세 끼 더운밥을 해 먹을 때 일본은 그때 벌써 아침밥 한 번 해서 두툼한 짚둥구리에 넣어 보온해 두고 하루 세 끼를 먹었다. 옷은 헝겊을 통필로 써서 다림질 않고 판대기에 붙여 말려 입었다. 우린 구김살 가는 모시옷, 세끼 밥, 옷을 뜯어서 다시 지어 입는 불편을 그대로 감수하고 있었다.

일본인 중 체격이 늘씬한 사람은 다 조선 종자였다. 털이 많고 조그만 체격의 사람은 일본 원주민으로 알면 됐다. 내가 도쿄 있을 때 일본인들의 몸에는 이가 없었다. 몇 년 사이에 그렇게 개명한 것이었다. 놀란 것은 코도 못 보던 사람한테도 가게가 외상을 주는데 장부에다 무 몇 개 등 자기가 사가는 물건 내용을 기록하고 가져갔다. 상점의 물건 배달하는 사람도 글씨를 잘 썼다. 한 달 만에 외상값을 받고 그 안에는 독촉도 않는다. 신문과 물은 무인 판매하고 있었다. 우리나라는 도저히 상상 못할 일이기도 했다.

숯장사가 톱을 가지고 와서 숯을 작게 잘라 대바구니에 담아 놓으면 주인이 하숙생한테 팔았다. 집집마다 센베이 과자와 아이스크림을 만들어 팔고, 부부가 이발사로 나서 남자는 머리를 깎아 주고 여자는 면도를 해 줬다.

일본은 태풍이며 지진이 무서웠다. 도대체 일본에 정이 안 붙었다. 그곳은 좋은 땅이 아니다. 태풍이 불면 큰 거목에 잎사귀가 하나도 안 남았다. 기분 나쁜 지진이 자꾸 나고 그러면 집이 기차처럼 흔들흔들했다. 도쿄 시내의 제일 높은 4층 집이 엎드렸다 일어났다 하며 기와가 다 빠지고 목조 건물은 다 불탔다. 일본은 틀을 짜고 그 위에 집을 짓기 때문에 지진이 나도 집 전체가 흔들리니까 무너지지는 않았다. 그런데 집안에 문이 뒤틀려 하나도 안 맞았다. 문이 꼭 맞는 집이 없었다.

기후는 조선보다 습해서 피부병에 각기병 흔한, 형편없는 야만의 나라였다. 깨끗해서 목욕하는 것이 아니라 몸이 끈끈해서 매일 씻어도 피부병이 자꾸 났다. 넓적다리에 동전 모양의 가려운 자리가 생겼다. 백남훈 선생이 '그건 일본 오면 의례히 앓는 전충(田蟲)이다. 약방에 가서 히후미(123)란 고약 달래라' 하는데 독한 냄새나는 약이었다. 사람들이 다 각기병에 걸렸다. 다리를 누르면 손가락 자국이 나고 안 튀어나왔다. 음식 때문이라는데 '팥을 먹으면 미리 예방이 돼서 안 걸린단다' 해서 단팥죽집에 많이 갔다. 폐결핵에 안 걸리려고 1년마다 전문의에게 가서 검사했다. 풍토도 다르고 음식이 안 맞으니 일본 유학생들은 다 바짝 말라서 돌아왔다.

도쿄 유학 6년은 지겨웠다. 뼈 빠지게 공부만 하다가 방학 때는 시험만 끝나면 곧장 귀국하고 개학날 아침에야 도쿄에 가 닿고 하면서 가까스로 6년을 채우고 돌아왔다. 조선에서 교육할 자격을 얻었으니 더 있을 필요가 없었다. 일본사람도 싫었다. 원래 모두 조선사람인데 잔인한 것 하며 지금 와서 조선을 못살게 하니. 천황 만세가 다 뭐란 말인가. 일본 여자는 너무 노골적이라 피했다.

도쿄 생활에서 좋았던 것은 좋은 선생한테 배우고 책 보고 국숫집에 가 메밀이나 사 먹고 하는 것뿐이었다. 내가 거기서 폐결핵이나 각기병 안 걸린 것은 행운이었다.

일본 유학 시절 그리운 것 하나도 없다. 1924년 졸업시험 성적 나오는 것까지 보고는 졸업식도 안 참석하고 바로 귀국했다. 학교에서는 나중에 소포로 졸업증서를 부쳐 주었다. 난 일본에 아주 멀미가 났다. 1926년 교육시찰 때도 일본 체류 2개월을 못 채우고 나 혼자 일찍 돌아왔다. 꿈에도 일본에 살 생각이 없다.

도쿄의 조선 YMCA, 서울의 YMCA

1903년 서울에 선교사 게일이 설립한 황성기독청년회(YMCA)가 생기고 얼마 안 돼 도쿄 간다(神田)구에도 조선 YMCA가 들어섰다. 일본에 오기 전 조선 YMCA가 대단한 건 줄 알았는데 가 보니 유학생들이 빚내서 지은 조그만 2층 건물이었다. 이곳이 조선 유학생 활동의 구심점이었다. 회장은 없이 총무가 이끌어 가고, 재정은 서양 사람한테 얻어서 운영했다.

1층 홀에는 평소 당구대를 비치해 두었다가 사람이 많이 모이는 때면 보자기 씌워 치우고 회의 장소로 이용했다. 조그만 마당이 있었고, 2층에 방이 여럿 있어 학생 기숙사로 썼다. 여기서 YMCA 회원에 가입하고 서춘(후일 조선일보 편집국장)과 함께 1년 이상 기숙사에서 생활했다. 새로 지어서 집은 깨끗한데 침대는 빈대 때문에 말썽이었다. 1층의 당구장은 운동 같지 않아 돌아보지 않고 축구를 열심히 하러 다녔다. 큰 행사를 하려면 우리보다 건물이 큰 중국 YMCA를 빌려서 했다.

조선 YMCA는 일본에 새로 온 조선 학생에게 일어도 가르치고 강연도 했다. 유학생들이 주로 왔다. 도쿄의 큰 조선 기관이라고는 그것뿐이니 모든 조선 유학생들이 드나들어 번창했다. 일요일이면 모든 단체에 소속된 조선 유학생들이 신자일 턱이 없는데 그저 다 모이는 것이었다. 여학생들도 오고 김영환(金永煥)·구자옥(具滋玉)·이광수 같은 골수 불교인이 오고, 민족주의에 이해가 깊은 아베 같은 지식인들이 와서 강연했다. 유학생회를 그곳에서 했다. 이이다 정에 있던 도쿄의 조선 예배당은 건물도 없어 로이드 안경점 건물 한 칸에 세를 얻어서 했다. 성질상 2·8선언이나 3·1만세운동 기념모임 등은 예배당에서는 안 되고 조선 YMCA가 주도했다.

백남훈 총무가 조선 YMCA를 이끌었다. 그는 조선 유학생 1천 명의 이름을 다 외우고 있었다. 나는 장련에서의 첫 스승이던 백남훈 선생님을 도와 YMCA의 잔일을 맡아 했다. 백 선생 밑에서 가진 심부름을 다 하니까 나를 YMCA 하인인 줄 아는 사람도 있었다.

재미교포 최정익(崔正益, 후일 세브란스병원장을 지내고 『조선상고민족사』 대저작을 남긴 최동 교수의 부친) 등이 1909년 창간하여 LA 미국 동포사회에서 발행하던 신한민보라는 국·영문 신문이 내가 일본 있는 동안 도쿄로, 조선 YMCA에 배달돼 왔다. 세계 정세가 어떻게 돌아가는지를 좀더 분명히 알 수 있었기에 소문 안 내고 그 신문을 정독했다. 여기서 안 사실로 미국 교포들이 안창호한테 독립자금을 많이 걷어주고 만주에 땅을 사서 독립운동하게 지원했는데 임정이 가 있던 프랑스 조계의 외교관 하나를 우리나라 친일파가 죽였다. 그때 안창호가 독립자금 모아 놓은 것을 보상금으로 다 주고 임정을 살렸다. 안창호는 간도에 땅을 많이 사 가지고 혁명군을 양성하겠다는 포부였는데 보상금으로 돈이 다 없어진 것이다. 카이로 회담 소식도 그 신문에서 보았다. 신한민보를 보는 것 말고도 세계 정세가 어떻게 돌아가는지는 러시아를 여행하고 온 일본 고위 관리가 초청한 대학생을 위한 보고회를 통해 공산주의의 창궐 등을 알았다.

2·8독립선언 이후 YMCA 총무 백남훈 선생이 나서서 잡혀간 조선 학생들의 뒷수습을 해냈다. 3·1만세운동을 알리는 비밀자료를 미국에 보내고 미국 소식을 받아들였던 맥퀸 선교사가 조선 YMCA를 방문했을 때 그와 백 선생, 나 셋이서 비밀자료를 의논하던 것도 이이다의 백남훈 총무 댁에서였다. 서재필이 1925년 범태평양 국가회의에서 독립을 청원하는 조선사람들의 서명을 제출하여 미국 사회의 반응을 이끌어내고 그 일의 결과 일본이 조선을 소위 문화통치하리란 것, 사이토가 총독으로 오리라는 극비 사실도 서재필이 맥퀸을 통해 전해 주었다. 우리는 그림자도 안 나오게 신중히 이 일을 했다.

조선에 돌아온 뒤에도 서울의 황성기독청년회(YMCA)는 계속 중요한 일이 일어난 곳으로 드나들었다. 이상재는 YMCA의 상징적 인물이었다. 개화와 근대화의 중요성을 일찍 깨달은 그가 기독교가 상징하던 자유와 모험의 서구문명을 받아들였다. 그래도 이상재는 집안 조상들 제사도 지냈다. 잘못될 것 없는 일이다. 이상재는 우스운 소리도 잘하고 나쁜 노릇 않고 친일 절대로 안 한 양반이다. 그는 황성기독청년회의 정신이 되었다. 그는 낙천적이고 일본에 비굴하지 않았다. 1911년 여름에 겨울 두루마기 입고 그때 도쿄에 무엇 하러 왔을까 생각해 본다. 도쿄에 조선 YMCA 있다니까 왔을 것이다.

황성기독청년회는 그때 운동장도 없으면서 유도부·농구부·야구부·옥돌(당구) 등을 고루 갖춰 운동을 많이 했다. YMCA 강당이 서울에서 제일 큰 강당이라 사회의 어지간한 강연은 거기서 다 했다. YMCA 설립자 게일은 경신학교 교장을 지낸 지식인이었다. 경신학교가 여기서 모임이 있을 때면 후일 KBS 방송국장을 지낸 박성실이 피아노를 치면서 노래했다. 게일이 한국에서 30년간의 선교를 마치고 떠날 때도 이곳에서 송별식을 했다. 2차 물산장려운동을 내가 맡아 하게 됐을 때도 종래 여기서 강연회를 했다.

일본 YMCA와 감리교 계통이 우리나라 교회까지 지배하려는 야심을 안 버리고 싸웠다. 그들이 별 요동을 다 했는데 종래 우리 황성 YMCA는 친일 않고, 안 넘어갔다. 일본 정부에선 배일 단체인 조선 YMCA를 아주 싫어했다. 나라는 망했어도 서울을 황성이라 한 표기는 일제 때도 인쇄 문제가 간단치 않으니 전화번호부가 고쳐지지 않아 종래 황성 YMCA로 표기돼 있었다.

YMCA는 민족주의 운동과 역사의 뿌리가 깊다. 다른 기독교 단체는 민족문제에 그다지 관심 안 갖는데 YMCA는 기독교 단체면서도 구한말부터 민족운동에 관심을 기울였다. 내가 단군의 광역국가 고조선 개국을 처음부터 주장했을 때도 다른 단체는 다 싫어하는데 YMCA 원로들 모임인 계묘구락부의 김우현·전택부 등 동지들은 단군 고조선을 조상으로 받들며 같은 길을 왔다. 조상은 조상이고 종교는 종교일 뿐이다. 이수민 목사도 "YMCA가 나서서 단군의 고조선 개국을 젊은 기독교인들에게 강연하고 가르쳐 주자. 우리 YMCA만이 교계에서 그 일을 할 수 있다"고 적극적이었는데 젊은이들이 나서지 않아서 흐지부지됐다. 앞으로도 YMCA는 민족운동에 관심 가질 것이다. 2003년 내가 마지막으로 YMCA 계묘구락부 모임에 나가던 날 "YMCA 하나가 교계에서 공식적으로 단군 실존설을 인정한다. 고조선 개국 역사에 환인은 없고 환국이 있을 뿐이다. 제천은 기독교와 상관없다. 그 설을 주장하는데 YMCA는 계속 협력해라" 그 말을 하고 나왔다.

조선의 교육을 위하여

졸업 때 조선 YMCA의 총무 최승만(崔承萬)이 도쿄의 조선 유학생 몇을 초청해 와세다대학 스콧트홀에서 졸업생 환송회를 열었다. 각자 졸업 후의 계획을 발표하는데, 다들 취직할 걱정이고 "할 게 뭐 있나" 고민이었다. 나는 "날 필요로 하는 곳에, 내가 아니면 할 수 없는 일을 하겠다"고 했다. 6년 전 신입생 환영회 때도 "나는 도쿄에 공부하러 왔다. 대학생 순회 강연단에서 하는 강연 같은 것 절대 않는다"고 답사했었다. 어떡하면 일본놈 안 되느냐, 어떡하면 생으로 우릴 망하게 한 일본에서 벗어나고 일본인에 반대하느냐, 그것만 생각했다. 가난한 사람을 위하고 계몽 연설하고 그런 건 생각 안 했다. 나도 일본인에게 눌린 나라 백성인데 다른 눌린 사람을 변호할 여유가 없었다. 그보다는 조선의 이권과 정신을 일본한테 뺏기지 않기 위해서 교육해야 하고 새로워져야 하는 게 내가 나라를 위해 할 일이었다. 어려서 구월산에 들어가 단군을 알게 되고 종산학교 간 것도 눌린 것 쳐들려고, 일본 교육 안 받으려고 간 것이었다. 대학 교육은 조선에서 가르치는 데가 없으니 배워 가려고 유학 온 것이 생각대로 마쳐졌으니 돌아가야 했다.

어떻게 내가 철학은 했을까. 아버지가 반드시 영미법에 철학 배워 오라고 한 요구에 따른 것이었다. 욕심도 많지 그걸 다 해 왔다. 그러나 잡학이 됐다. 그래도 메이지대 가서 유명한 선생들이 날 그렇게 좋아할 줄은 몰랐다.

일본에 계속 있었더라면 메이지대 법학 교수가 되었을 것이다. 그러나 일본엔 내가 없어도 됐다. 우등 졸업으로 학사가 되고 법학 교수 자격과 함께 20명의 동기생 중 유일하게 영어교원 자격증을 땄다. 그즈음 예과 본과를 다 마친 조선인 학사 학위자는 10여 명 남짓했다. 그전에는 국립대(제국대) 졸업생만 학사 자격증을 주었고, 사립대 졸업생들은 구제라 학사 자격증 없이 졸업하다가 내가 사립대를 나와 학사가 된 1924년이 신(新) 제1기였다.

영법과를 끝까지 한 학생은 20여 명 정도였는데, 조선사람은 나 하나였다. 한 명이 더 있었는데 중간에 없어졌다. 8·15 후 여러 대학에 강의 나갈 때 국제대학에서 한 영어 선생이 내게 와서 인사했다. 그가 메이지 영법과에 들어가 공부하면서 매일 내게 와서 영어 예습을 해 갔는데 그러고도 못 따라가 그만두었다고 했다. 지금 생각하니 메이지대가 미쳤다. 메이지대 예과 1학년에서 한 영어를 와세다 졸업반에서 할 정도였다.

졸업생에게 교수자격과 영어교원 자격 주는 데가 메이지대·도쿄대·게이오대뿐이었다. 와세다는 그런 데 관심도 없었다. 도쿄대는 일어·영어·법학 과목에 따라 선택하면 자격증을 주었다. 그때 나는 전 과목에 가장 탁월한 성적을 내는 존재였다. 누구도 겁날 게 없고, 일본인한테 얕보인 적이 없었다. 졸업할 땐 정말 무서운 게 없었다.

영어교원 자격증은 영어를 제1외국어로 선택하여 입학시험에 통과하고 영법학과 영어 과정을 다 이수하여 우등 성적을 낸 사람에게 준다는 법령에 근거한 것이었다. 영어 입학시험을 봤다는 사실은 별도의 증명서를 발급했다. 일본에서도 귀한 것이었다. 동기생들이 "넌 영어교사 자격증을 땄으니 취직 문제없다"고 다들 어떻게 부러워하는지 몰랐다. 그러면서 "너도 조선 독립운동할 테냐" 하고 한마디는 물어보았다. "물론이다"라는 것이 나의 대답이었다.

졸업 때 메이지대 총장이 법전 정교수 자격증을 겸한 추천장을 직접 써 주었다. 추천장이라기보다 서울의 경성법학전문학교(조선시대 법관 양성소의 후신; 서울대 법대의 전신)에 취직하라는 거의 명령장이었다. 봉하지도 않고 그대로 주었다. 조선에서 그때 법학 하는 데가 관립으로는 광화문에 있던 경성법전 하나뿐이었다. 일본인만 교수로 쓰고 조선인은 조선친족법 분야에만 한 명을 구색으로 뽑았는데 총장의 추천장을 갖다 주니 "바로 부임하라"고 했다. 경성법전은 어느 기관보다 좋은 취직자리였다. 그런데 선배 법학자인 김병로(金炳魯)가 알고 "거기는 조선인이 학문할 곳이 아니다. 보전으로 와서 조선 교육을 위해 일해라"고 했다.

1924년 보성전문 법과 교수가 된 이래 서울대·중앙대·청주대·경희대 등에서 법학을 가르친 세월이 50년에 이르렀다. 이어서 조선의 법철학을 저작하는 작업에 들어갔는데, 법학을 하면서 필연적으로 법에 인접된 학문, 한국 고대사를 연구하게 되고 10여 년간 지속적으로 논문을 발표했다.

법학 교수와 겸직해 경신학교의 영어 선생 겸 부교장이 되니 선교사들이 내 영어를 완전하게 해 준다고 날 아펜젤러 2세(H.D. Appenzeller)에게 보냈다. 아펜젤러는 진짜 영문학을 아는 사람이었다. 셰익스피어를 햄릿부터 모두 그로부터 강의 들었다. 또 상하이에서 피난 온 영어 선생을 파트너로 붙여 주어 실무영어를 익혔다. 그때 혼자 다니기 아까

우니 변영태(卞榮泰)와 이일(李逸) 등을 동반해 갔는데 변영태는 이후 그 경력을 활용해 영어 실력자로 알려지고 외무장관이 되었다. 그걸 보면 유치하기 짝이 없다. 경신학교 영어교과는 『킹스 크라운(King's Crown)』을 보면서 영문법과 포네틱(발음기호)을 가르쳤다. 영문학자일 필요까진 없었다. 밭 가는 데 송곳이 필요하진 않다. 단박에 경신 졸업생 30명을 경성제대에 입학시켰다. 해방 후에도 얼마 동안은 조선에서 내가 유일하게 대학원에서 영어 원서를 강의할 수 있었다.

정년 이후에도 숭실대에서는 법제사를 가르치고, 단국대에서는 10년 넘게 과학개론을 가르쳤다. 정신적인 면과 물리적인 면에서의 과학개론이었다. 그러다가 1970년대에 숙대에 오니 '국민윤리'라는 과목을 박정희 정부가 만들어 놓고 '법률이나 철학하는 사람이 가르치라'는 것이었다. 국민윤리라는 게 절반은 공산주의 비판, 절반은 우리 역사를 가르치는 것이었다. 국사를 알아야 되고 공산주의도 알아야만 가능한 어려운 것이었다. 그걸 무리하게 맡기니까 못하겠다고 재판을 건 선생들도 있었으나 판결이 어떻게 났는고 하니 '선생은 그 과정을 다할 의무가 있다'는 것이어서 패소했다. 나는 정권의 의도와는 상관없이 반공과 역사를 다 가르칠 수 있었다. "좋다. 가르치겠다"고 받아들였다. 학생들에게 공산주의의 본질을 알리고 우리 역사에 자신감을 갖게 하는 강의로 적극 활용했다.

난 정말 하고 싶은 일은 없었다. 그냥 책이나 읽고 공부하는 것뿐이었다. 책은 재미있으니까. 책을 보면 어지간한 건 다 잊는다. 몸이 아픈 것도 공부해서 나은 적이 있는데 정말이다. 농사는 내가 못할 일이었다. 해 보니 도리깨질을 10분밖에 못하고 나가 떨어졌다. 금광 하겠다는 생각도 없었는데 어떻게 일이 그렇게 척척 맞아 들어가서 한 것뿐이다.

4장

조선의 3·1만세운동과 일본

도쿄 조선 유학생들의 2·8선언

　1919년 도쿄 유학생들이 조선 YMCA에서 선포한 2·8독립선언은 여기 조선과 동시에 독립만세운동을 하자는 것이었는데 조선이 준비가 안 돼 도쿄에서 먼저 했다. 2·8선언에 참가한 송계백(宋繼白)·최팔룡(崔八鏞)은 국내와 연락이 있었던 사람들 같다. 그들은 국내에 와서 3·1만세운동도 했던 것으로 기억한다.

　'2·8 독립선언문'은 이광수가 썼다. 글을 잘 써서 당시 이미 유명했는데, 선언문을 쓴 뒤 일찌감치 상하이 임정으로 나갔다. 그는 안악서 교사를 지내다 도쿄에 오고 조선 유학생 예배당에서 여러 사람과 만나다가 나와도 친해졌다. 불교를 많이 알던 사람인데 어느 날 보니 구약 시편도 읽고 있었다.

　2·8선언 때 나는 집에 돌아와 있었다. 도쿄에 있었더라도 나는 전면에 나서지 않고 뒷수습할 사람으로 남겨졌을 것이다. 백남훈이 도쿄 조선 YMCA의 총무로 일을 뒷수습했다. 명총무였다. 일본인 변호사를 찾아가 잡혀간 조선 학생 변호를 의뢰했다. 그들이 승낙했다. 대단한 것이었다. 조선에서는 최진(崔鎭)·김형숙(金亨淑)·박승빈(朴勝彬)·허헌(許憲)·정구창(鄭求昌) 변호사들이 나서고 일본서 대법원장을 지내고 메이지대

학장, 총장을 지낸 하나이 다쿠조(花井卓藏)와 후세 다츠지(布施辰治) 변호사가 조선에 와서 변론에 나섰다. 그 사람들은 배짱과 의리가 있었던 것이다. 잡혀간 조선인 학생들에게 국가전복죄가 아닌 제일 가벼운 소요죄를 적용시켜 몇 달로 줄인 8~9개월의 금고형을 먹여서 형을 짧게 살고 나올 수 있었다. 후세 변호사가 변론했던 최팔용·송계백은 징역한 뒤 다시 학교에 돌아왔다. 어느 대학인지 어디 출신인지는 기억이 나지 않는다. 그때 후세를 공산당이라고 꺼려하고 있었지만 그는 공산당이 아니라 묵자(墨子) 철학자였다. '사랑에는 차등이 없다(愛無差等)'라는 묵자 철학은 공산주의와 같이 보이기도 한다. 그 사람들 다 고맙다.

백 선생이 찾아가 변론을 요청한 다른 변호사 니도베 이나조(新度戶稻造)는 '못하겠다'고 거절했다. 알고 보니 니도베는 서양에 가서 일찍 께 가지고 와서는 일본이 조선을 침탈하는 식민정책을 연구하고 관련법을 만들어 일본 정부를 뒤에서 조종하여 조선을 망하게 한 식민정책 전담자였다. 그런 자에게 조선 독립운동한 학생 변론을 하라니 말이 안 됐다. 백 선생은 그때 니도베의 정체를 몰랐던 것이다. 일찍 알았으면 도쿄 조선 YMCA는 더 많은 일을 했을 것이다.

그런데 우키타 가즈오가 포함된 한일합방 반대 7인 박사회를 두고 일본 당국이 '이 사람들이 큰일 날 소리 한다'고 이단으로 몰아 쫓겨난 사실을 백남훈 선생은 합방 당시 도쿄에 있어, 알고 있다가 자서전 『나의 일생』에 한 줄 기록했다. 나는 합방되고 7년 지나 도쿄에 가 있으면서 1924년 졸업하기까지 그 사실 자체를 까맣게 몰랐다가 수십 년 지나 백 선생의 자서전을 보고야 내막을 알아보기 시작했다. 좀더 일찍 알았다면, 내가 도쿄에 있을 때만이라도 알았다면 그들 생전에 일일이 찾아가 면담해 두었을 텐데 참으로 아쉬운 일이었다. 백남훈 선생이 그때 그걸 알아 놨다면 YMCA에서 백 선생과 가깝게 지내던 내가 덕을 봤을 것이었다. 합방 즈음에 도쿄 와세다대학 동기로 유학 중이던 백남훈과 장덕수·신익희는 모든 것을 다 알 수 있는 기회가 있었던 것을 그만 놓치고 만 것이었다.

상하이로 나간 이광수는 2년 후 부인 허영숙이 총독부와 협상한 데 따라 '일체의 처벌을 면해 준다'는 조건으로 귀국하여 변절자가 되고 이미 썩은 머리로 「민족개조론」이란 것을 발표했다. 그의 개조론이 한국인에게 영향을 끼친 적은 없다. 오히려 그의 제자 서춘(徐椿)은 만세를 부르고 감옥을 갔다. 서춘과 나는 YMCA 기숙사에 같이 있었기에 잘 알았다.

장련의 3·1만세운동

 서울과 도쿄에 유학하면서 방학이면 귀향해 장련의 공립학교 선생·학생들과 어울렸다. 그때 친해진 사람이 일본말 잘하고 유식한 조선인 순사부장(경찰서장 바로 아래 직위) 박명식(朴命植)과 정승업(鄭承業)이었다. 당시 장련은 은율에 합군됐지만 경찰서와 세무서는 장련읍에 그대로 있었다. 공립학교 선생인 정승업과 박명식, 나 셋은 단짝이 되어 여름마다 만나서는 과수원에 실과를 먹으러 가고 온갖 문제를 토론하며 정신적으로 통하는 사이였다.

 정승업과는 같이 연관된 일도 있었다. 장련서 공립 보통학교의 일인 교장이 조선 학생을 때렸다. 동네 유지들이 '나쁜 놈이다. 쫓아내야겠다' 하고 '내쫓는 이유를 충분히 설명해야겠다' 했을 때 내가 학부형 대표의 통역으로 나섰다. 일본인 교장이 안 나가려 하고 조선인 선생 중에도 '선생이 아이들 때리면 얼마나 고맙냐, 감사해야 한다'는 자들이 있었다. 교장 측 통역을 정승업이 했다. 둘이 대립되는 입장에서 통역하는 건데 둘이 다 속마음은 일치했다. 정승업이 "가당치도 않은 일이다. 내가 이 학교 선생이라 교장이 통역하라니까 하는 것이지, 내가 결단코 교장을 지지하는 것 아니다"라고 했다. 그 후 내가 서울로 와서 그 일의 결

192

말이 어찌 됐는지는 기억이 안 난다.

그럴 즈음 3·1만세운동이 터졌다. 1919년 초 겨울방학을 맞아 집에 와 있었고 막 약혼한 뒤였다. 아버지는 세브란스의전을 다니다 할아버지가 돌아가신 후 귀향해 광진학당을 열고 있었는데 연희전문 대표로 3·1운동을 주도한 김원벽(金元璧)한테서 만세운동을 사전에 귀띔 받았다. 2월 그믐 아버지는 나의 결혼 예단을 사러 간다는 핑계로 서울에 가서 3·1만세에 참여하고 독립선언서를 몇 장 가지고 다음 날 돌아왔다. 물론 결혼 예단도 사 가지고 왔다.

평양 신학교에서는 '이런 좋은 기회가 다시 없다'고 학생들에게 만세 할 것을 권하고 특별방학을 실시했다. 나중에 해주 목사가 된 황치헌 등 신학생들이 아버지를 찾아 우리 집에 들렀다. '서울로 만세하러 갔소' 하니 그들도 부랴부랴 만세를 준비하러 떠났다.

내가 장련서 놀러 다니는 곳 중 하나가 백태주(白台周) 면장댁 사랑으로 둘째아들 백승렬과 친했다. 그와 함께 "우리도 만세를 하자"고 의논을 폈다. 이태원 면서기도 동참했다. 6일이 장련읍 아랫장 장날이어서 이날을 기하기로 했다. 대읍인 안악 대행면도 장련과 연결된 생활권으로 '6일 장날 만세 할 테니 다 모여라'는 기별을 구두로 전했다. 면장 아들과 면서기가 만세를 주도하니 일이 쉬웠다. 이날을 위한 준비물은 태극기와 독립선언문이었다.

2천 호의 가구에서 3천여 명이 모일 것으로 예상했다. 그날부터 주야로 며칠 동안 면장댁 사랑채에서 태극기와 선언문을 만들었다. 사랑용 커다란 나무 재떨이에 태극을 새겨서 한지에 찍고 긴 담뱃대를 다량으로 사다가 깃대로 달았다. 장련면 사무소에서 수석 서기를 하던 이태원이 동참해서 원문을 간단히 요약한 독립선언문을 면사무소의 비품인 등

사기로 밤을 새워 밀어 주었다. 그 사람이 사실상 면장 노릇 다 한 것이다. 이태원은 고운 사람이었다. 나보다 맏이인데 "손두환이 하고 같이 다니더라도 그놈 하는 짓 절대 따라하지 마라. 장가가기 전에 외도하지 마라. 외도, 그거 아무것도 아니다" 했다. 내가 일본서 돌아와 경신 부교장이 됐을 때도 자기 일처럼 좋아하며 내가 돈을 아껴 쓰는 걸 알고도 "절대로 기차 삼등칸 타지 마라, 체면을 지켜라"고 말해 주던 이였다. 내가 "우리가 주목 받으니 당분간 모이지 말자" 하여 조심스럽게 행동했고 안 보이는 데서 태극기를 만들고 선언문을 복사했으니까 처벌을 피할 수 있었다.

3월 6일 장날이 되었다. 우리는 쌀 멱쟁이(가마니의 전신. 짚으로 짰다) 몇 개에 태극기와 선언문을 담아 장 한복판에 있는 싸전에 미리 가져다 놓았다. 10시경 사람들이 장 보러 나오기 시작할 때 멱쟁이를 열어 나눠 주었다. 모든 사람들이 이 순간을 기다리고 있었다. 아랫장 마당에 개울을 가로지른 다리가 있었다. 주최자들은 온 장꾼들이 올려다보는 가운데 다리 위에서 독립선언문의 취지를 낭독했다. 천주교 대표 정재용(鄭在鎔)이 먼저 연설했다. 그는 탑골공원의 3·1만세 때 독립선언서를 처음 낭독한 경신학교 학생이었다. 나도 연설했다. "이렇게 돼서 인제 우리가 독립운동해야 할 차례다. 미국의 윌슨이 민족자결 표어를 걸었으니 우리가 스스로 운명을 결정하자."

그땐 무서운 것 그런 생각이 없었다. 유원식·장원용 등이 만세를 이끌었다. 같은 동지인 아버지는 뒷수습을 위한 책임자로 남아 있었다. 3천여 명의 인파가 아래 위 동네를 돌며 몇 시간 동안 '대한독립만세!'를 실컷 부르다 해산했다. 일본인들은 무서워서 감히 나와 보지 못했다. 이날은 한 사람도 잡아가지 못했다. 나중에 알았는데 이것이 조선의 3·1만세운동 중 가장 큰 규모의 참여 인파였다. 일본이 발행한 『메이지유신 백년사』에 기록이 나온다.

다음 장날인 11일은 웃장날이었다. 이날 또 만세를 했다. 그사이 일본 경찰이 만세운동에 대한 조사를 마쳐 유원식·장원용·정재용을 다 잡아갔다. 다른 사람들은 피신해 있었다. '여차하면 소금 배 타고 상하이로 가야겠다'는 생각을 하고 있는데 그날 밤 우리 집에 일본 경찰이 앞뒷문으로 들이닥쳐 문구멍에 총을 들이대고 '꼼짝 마라'며 들어와 나를 잡아갔다. 백승렬도 잡혀갔다. 뒤처리 담당인 아버지는 내게 "너는 총각이고 다른 사람들은 부양할 가족들이 많으니 네가 주동했다고 해라" 하였다. 유치장은 이미 잡혀 온 사람들로 가득 차 있었다. 학생들이 가방을 둘러맨 채 잡혀 왔기에 거기서 얼른 연필과 종이를 꺼내 글을 써서 아무도 없을 때 갇혀 있는 사람들에게 보였다.

'내가 주동했다고 할 터이니 여러분이 말을 알아들었으면 기침을 한 번 해주시오. 만일 그사이에 다 불어 버렸으면 기침을 두 번 해주시오.'

사람들이 두 번 기침했다. 그 때문에 일은 진행이 빨랐다. 나를 잡아갈 때 일부러 박명식 순사부장이 왔다. "솜옷을 단단히 두어 벌 껴입고 가시오"라고 그가 권했다. 춥기도 하려니와 맞을 때 덜 아프라고 하는 것이다. 정재용과 유원식은 이미 해주 재판소로 이송돼 있었다.

검사국에 갈 때 박 순사부장이 내게 빨리 말했다.

"송화의 검찰지청이나 해주 검찰청에 넘어가면 네가 먼저 척척거리고 무어라고 말하지 말라. 그 사람들이 조서를 보고 묻거든 '그러하다, 아니다'라고만 대답해라."

곧 송화(松禾) 헌병대로 끌려갔다. 지방검찰청 검사를 겸한 일본인 헌병대장이 취조했다. 일본말 안다고 내색해서는 안 되었다. 요령은 나서

서 대답 말고 묻는 것만 대답해야 되는 것이었다. 검사가 취조하기를

"네가 장련에서 만세 주도했느냐?"

"했다."

"다른 놈들, 어른들이랑 다 같이했냐. 소학교밖에 졸업 못한 놈이 뭐 그런 생각이 났느냐?"

"옆에서 독립운동하자고 해서 만세 했소."

"너 소학교 졸업은 했지? 18살. 미성년자로구나."

"그렇소."

나는 그때 알아차렸다. 대학생 신분인 것을 숨겨 일이 단순하도록 장련에서 조서를 꾸며 준 것이다. 대학 다니는 것이 알려졌으면 어림도 없는 일이었다. 수많은 사람들이 만세를 했다고 참혹하게 살해된 데 비하면 나는 박명식 순사부장의 덕을 크게 입었던 것이다.

"너 애비, 에미 있냐? 뭐라고 연설했냐."

"대한독립만세 했소."

"어른이 하니까 네가 따라했구나? 그럼 너는 백주(白晝)한 놈이다. 이 놈 놓아 보내라."

'다신 안 하겠다'는 시말서를 쓰라는데 "난 그거 뭔지 모르니까 못 쓴다" 하고 안 쓰고 버텼다.

해주 검찰청으로 이송되기 전 송화 헌병대에서 일주일을 지냈다. 일본인과 조선인 헌병보조원들은 아주 사납게 굴었다. 그런데 밤이 되니까 칼 찬 조선인 헌병보조원이 내게 몰래 와서 밤참을 먹이며 이것저것 챙겨 주었다. 그리고 "우리도 조금 있다가 칼 떼어 내고 독립운동합니다"고 했다. 낮에 딱딱하던 사람이 밤이면 돌봐 주며 다정해지는 것이었다. 해주감옥 들어가기 전 많이 먹으라 해서 그렇게 했다. 취야장에서

해주까지 소달구지로 끌려가 감옥에 들어갔다. 조밥에 콩나물 대가리만 떠 있는 국을 주는데 처음엔 먹지 못했다. 그랬더니 '조금 있으면 사탕 맛이 될 거다' 했다. 아버지가 다른 사람은 다 사식 넣어 주면서 날 보고는 "너는 감옥에 오래 있으려면 관식에 익어 놔야 된다" 하고 사식을 안 넣어줬다. 그런데 그 안에서 또 요를 훔치는 놈이 있고 그래서 날땅에서 잤다. 3개월 동안 끌려다니면서 공판까지 했는데 여기서 조서를 꾸미기를 "이 자는 남들 따라서 만세한 것이다. 미성년에 소학교를 겨우 졸업한 자이니 사정을 봐서 불기소 처분한다."

석 달 뒤 해주감옥에서 풀려났다. 이한테 물어뜯기고 발바닥이 소가죽처럼 되어 있었다. 해주에서 장련까지 인력거로 왔다. 나와서 보니 종산서 같이 공부하던 이들도 다 만세 하고는 잡혀갔다 풀려나기도 했는데 더러는 시말서를 거부하고 갇혔다. 시말서를 쓰면 일본인들이 국제회의에서 '조선인들이 일본인 되기를 이처럼 원한다'면서 증거자료로 쓸 것이기 때문이었다.

만세운동은 1년여 계속되면서 2만 수천 명의 사상자가 나고 참혹한 희생자가 많았다. 내 주변에서는 정재용이 기소되고 김원벽은 잡혀가 얼마나 매를 맞았는지 사망하고 말았다. 시신이 까맣게 되어 있었다. 안악의 김홍량 등 김씨 문중에서는 3·1만세에 관련이 안 된 듯 연극을 하여 김구 선생을 안전하게 상하이로 나가게 했다. 그런데 내가 약혼한 김용승(金庸昇) 진사네에서는 총독부 의전(서울대 의대의 전신)을 다니는 맏사위 송영찬도 만세에 참여하고 감옥에 갔으므로 '사위와 사윗감 둘 다 계속 학교 다니기는 틀렸다' 하고 감옥서 고생하는 일에 시름이 많았다. 도쿄의 조선 유학생들은 1년 유급을 각오한 동맹휴학을 벌였다. 참여한 유학생들은 1천 명이나 되었다. 대여섯 명은 참여하지 않았다. 이들은 일제 치하에서 과연 출세가 남보다 빨랐고 도지사·하와이 영사 등으로 부임해 갔다.

그런데 막상 몇 학교에서는 만세운동한 조선 학생들을 내놓고 당장 나쁘게 취급하지는 않았다. 맏동서 송영찬은 학교의 일인 교수들이 석방에 힘써 소문내지 않고 복교하게 했다. 특별한 선생들이었다. 실제 보복은 1923년 관동대지진 때 1만 명의 재일 조선인이 참혹하게 학살되는 것으로 나타났다.

장련경찰서에 하나다(花田) 서장이 와 있었다. 조선말을 잘해 총독부 상을 받은 그는 3·1만세운동 이후 아버지가 임정 자금을 모집하면서 서류 장부를 집 천장에 감춰 둔 것을 찾아내 아버지를 평양감옥에 보냈다. 일본인으로 조선사람한테 적대적인 짓은 다 하면서도 "조선사람이 독립운동하는 것은 너무나 당연한 일이다. 똑똑한 사람이 아니 낄 수가 없는 것이다"라고 말은 그럴듯하게 하고 처세가 능숙했다. 후일 그가 동양척식회사의 고급 관리가 되어 경신중학 교장 겸 보전 교수로 있는 나를 찾았을 때 친일 세력에 이용당할 위험 때문에 온갖 방법을 다 써서 그를 피해 만나지 않았다.

1920년 도쿄의 조선유학생회에서는 3·1만세운동 1주년 기념식을 하기로 했다. 최승만과 내가 나서서 아무도 낌새를 못 채도록 YMCA 청년회를 통해 '1일, 오후 4시 히비야 공원에 모이라'고 구두로 전했다. "거기서 산보하는 척하다가 시간되면 다 모여서 만세하자" 했다. 이 일에는 증거를 하나도 안 남겼다. 되도록 주의를 끌지 않게 일본옷으로 변장하기도 했는데 나는 그대로 조선옷을 입고 갔다. 1년 전 3·1만세운동에 참가했던 사람들이 대부분 나와 만세를 부르니 일본 경찰이 모두 체포해 갔다. 우리는 잡혀간 경찰서 안에서도 만세를 불렀다. 이창직(李昌

1923년 원춘도·최상현·백현준·황현상·백준열·유원식 등 장련의 친우들과 전별하며. 장련의 유지들이자 개명한 지식인들이고 삼일만세운동 때 같이 옥살이했던 동지들이었다. 가운데 학생복 차림이 최태영. ⓒ 최태영

植, 게일 목사의 한문학 선생)의 아들 이신규도 있었다. 경시총감이 와서 "그러면 감옥에서 만세 한 죄가 더 보태어질 것이다"고 으름장을 놨다.

그런데 일본 경찰은 3·1만세운동 1주년 사건이 일본 사회에 중요하게 부각되는 것을 피해 '일반 소요범'으로 처리했다. "이놈들을 중히 다루면 문제가 더 커진다"며 정책을 다르게 쓴 것이다. 조선에서라면 제암리교회처럼 불에 타 죽을 수도 있었다. 황신덕·현덕신 등 10여 명의 여학생들은 그날 밤으로, 남학생들은 다음 날 새벽 모두 풀려났다. 하숙하던 백남훈 선생 집에 돌아가니 그때까지 내 밥을 화로에 따뜻하게 데워 놓고 있었다. 그 밥을 먹고 그날 있었던 예과 2학년 진급시험에 응시해 유급을 피할 수 있었다. 이미 1919년 한 해는 동맹휴학과 장련서의 3·1만세운동 참여로 학교를 쉬고 있었다.

학교에서 내게 일본인 동급생들이 물었다.

"너도 졸업하면 조선 독립운동할 테냐."

"물론이다. 그러니까 될수록 사진 같은 것도 안 찍어 내 모습을 남기지 않는다."

나는 이때의 맹세를 친일하지 않는 것으로 지켜냈다고 생각한다. 무력으로 목숨을 내건 애국자는 아니었지만 나는 일본어 상용이나 신사참배·세금 같은 일본제도에 저항했고, 어느 일본인에게도 머리 숙이지 않았다.

의대생이던 송영찬(서 있는 사람)이 삼일만세로 감옥에 갔다가 출옥하면서 김동량과 찍은 출옥 기념사진.

3·1만세운동은 국내외 한국인에 대한 인식을 바꿔 놓는 계기가 됐다. 상하이에 임정이 들어섰다. 게일 같은 선교사는 한국민을 일제 식민정책에 쉽게 길들여지는 싹수없는 민족으로 보았다가 3·1만세 이후에야 한국인의 저력을 제대로 평가하고 좋게 선전하는 글을 많이 썼다.

만세운동을 도와 활동하다가 쫓겨나거나 옥살이한 선교사들이 많았다. 숭실전문 마우리(E.M. Mowry, 牟義理) 교장은 집에 만세운동 주동자를 은닉하고 관악대를 시위대 앞에 내세워 후원한 죄로 용수 쓰고 징역을 살았다. 모펫 박사 집에서는 등사기와 유인물이 압수됐다.

베어드(W.M. Baird) 숭실전문 설립자는 당시 상황을 이렇게 기록했다. "수치와 비분과 증오의 감정은 국가 종국에 당하여 무슨 영웅적 거사를 행하려는 결의로 표현되고 있었다. 한동안 학생들은 수업을 전폐했다. 많은 학생들이 고향으로 돌아갔으며, 열두 명은 충고도 듣지 않고 허락도 없이 장차 터질 시위에 참가하기 위해 서울로 올라갔다. 열두 명의 학생은 정학 처분을 받았다."

맥퀸은 선천 신성학교 교장이었다. 교회 지도자들과 함께 3·1만세운동을 계획하였고, 미국에 한국 실상을 알렸다. 형이 미국의 주지사였다. 그가 이런 자료를 비밀히 미국에 전하는 길에 백남훈 선생과 나와 3인이 만났었다. "요기 중요한 것들 다 들어 있습니다"고 그가 구두창을 가리켰다.

스코필드(F.W. Scofield, 石虎弼)는 세브란스 전문학교 의과 선생이었다. 제암리사건의 현장을 답사, 사진 찍어 일본인의 잔인상을 알려 독립운동을 크게 돕고 사건마다 자전거 타고 쫓아가서 사진 찍어 외국에 알리다가 아주 추방된 사실은 유명하다.

벡커 연전 교수도 학생들에게 "옥외 말고 옥내에서 3·1운동 하면 덜

들킬 것"이라고 걱정해 주던 사람이다.

영국 신문 특파원 맥켄지(Mckenzie)는 외국인으로서는 유일하게 조선 의병을 직접 찾아가 만나 보고 그들과 이야기를 나눴던 사람이다. 의병들은 그에게 총을 사 달라고 부탁했었다. 그의 저작 『대한제국의 비극(The Tragedy of Korea)』에 이 사실이 기록돼 있다. 의병들은 모두 산속에 들어 있었다. 그들이 멕켄지에게 "당신은 총을 마음대로 살 수 있으니 우리 대신 총을 좀 사 달라" 했는데 그건 해 줄 수 없었다고 했다. 맥켄지 책에 보면 의병들이 우리 생각보다 많았다. 그렇게까지 많을 줄 몰랐는데 엄청난 수의 의병이 있었다.

이름이 같은 다른 멕켄지도 독립운동 관련 글을 썼는데 '그 상황에 선교사들이 무슨 일을 할 수 있는가' 제의했다.

3·1만세운동 얼마 뒤 일본은 세계 여러 지역의 독립투쟁이 어떻게 전개되는지, 조선인들이 어떻게 움직이는지 보고서를 만들어 각지 경찰서장에게 기밀서류로 보냈다. 일본이 국내외 정보망을 다 동원해 수집한 자료였다. 박명식 부장이 비밀리에 그 보고서를 보여주었다. "선교사 맥퀸이 도쿄의 조선 YMCA 백남훈 총무, 최태영과 연락이 있는 눈친데 증거는 못 잡았다"고 씌어 있었다. 비밀 보고서를 읽었단 얘기는 아무에게도 안 했다. 소문나면 박명식은 죽는 것이었다. 그런데 그 보고서를 보다 잉크를 쏟았다. "큰일 났다. 이걸 어떡하면 좋단 말이냐" 했는데 박 순사부장이 "무슨 걱정이냐. 내가 보다가 쏟았다고 하면 되지"라고 감싸 주어 면했다. 그는 후일 순사직을 내놓고 사립학교 교사로 나갔다. 삼팔선이 갈리면서 그를 만나지 못했다. 그의 후손들이라도 있어 소식을 들을 수 있으면 했으나 무소식이었다.

그 후 1921년 2월 16일 밤 도쿄 오한영 군 하숙에서 유학생 동창회를 가져 밤새워 놀다 돌아오는데 밤새 내린 비로 진창에 빠져 구두가 엉망이 되었다. 그때 조선의 시사신문(時事新聞) 사장 친일파 민원식(閔元植)이 도쿄에 왔다가 호텔에서 피살됐다. 하숙이던 백남훈 선생 댁에 오니 경찰이 여러 명 와 있다가 나를 "민원식 피살의 혐의자로 조사하겠다"고 했다. 백 선생이 "경찰에 갈 수 없다. 집에서 이야기하라" 했다. 형사들은 두 시간 동안 방 안에 날 에워싸고 앉아 노려보더니 영문을 몰라 태연자약한 내 모습에 "이 사람이 아니다" 하고 돌아갔다. 친일파 민원식을 제거한 유학생 양근환(梁槿煥)은 그 후에도 애국운동을 많이 했고 해방 후 신문 일에 종사했다.

최남선의 독립선언서는 일어 교사이던 임규(林圭)가 일본어로 번역해 독립청원서라 하고 일본 정부에 보냈다. 최남선 소개로 내가 그를 만났다. 최남선은 이후 친일파로 돌았지만 임규는 친일파가 안 됐다.

일본 경찰의 앞잡이를 하던 조선인 형사들이 있었다. 그 사람들은 말이 도무지 없었지만 어떤 상황이 되자 속은 선심이 있어 통했던 경우가 있었다. 진실하게 사귀면 되는 것이었다. 연동 예배당 사찰을 하던 형사 한 사람이 어느 날 둘이 있을 때 지나는 말같이 "그 왜 쓸데없는 소리 편지질 하느냐. 엽서도 다 검열한다. 주의하시오" 했다. 내가 일본 가서 쿤스한테 보내는 영어 엽서는 검열 않을 줄 알고 써 보냈는데 안 것이다. '아하, 저 사람들 다 속이 멀쩡하구나' 하고 알았다. "아, 그것까지는 생각 못했소" 대답했다.

그런데 윤치호가 3·1만세운동을 반대한 것은 도무지 말이 되질 않는다. 상식으로라도 좋은 건데 3·1만세운동이 어째서 나쁜 노릇이라는 헛소리를 하는 것인가? '같은 황인종끼리'라며 일본을 감싸다니 같은 황인종끼리니까 일본이 조선을 침탈해도 된단 말인가? 우리가 제대로 깨려면 우리가 따로 독자적 발전을 해야지 '일본과 합쳐서 힘을 키운다'는 것은 일본에 이용 당하여 비참한 처지로 종속된다는 소리다. 선교사들도 한국인을 형편없이 봤다가 3·1만세 하는 것을 보고 다시 평가했는데 3·1운동이 왜 나쁜 것인가. 그것은 한민족이 자주성을 각성하고 외국에 한국의 존재를 인식시킨 큰 운동이었다. 33인 민족대표 중에 한용운 등 몇 사람만 빼놓고는 옳게 늙은 인사가 별로 없다는 것도 생각할 문제이긴 하지만 어쨌든 3·1만세운동 하나는 유공(有功)한 일을 한 것이다.

한일합방을 반대한 일본의 7박사

한반도는 고대로부터 일본에게 있어 한국과 중국, 세계로 접근하기 위해 반드시 거쳐야 하는 관문에 있었다. 한국에서 간 선진 인재들의 힘으로 일본이 건설된 후에도 수백 년 동안 한국 문물에 깊이 의존하던 일본이었다. 임진왜란 이후까지도 일본은 조선의 통신사를 절대 필요로 하고 국부를 기울여 이들을 받아들였다. 고립된 일본국의 처지에서 문물을 받아들이는 유일한 통로이자 조선에 잘 보여야 중국에 접근할 수 있다는 필요성 때문에 나름대로 조선을 공경하면서 이용한 것이었다.

1910년 한일합방의 배경에는 꼭두각시 같은 메이지천황 뒤에서 이토 히로부미와 군부, 정한론을 주장하던 사이고 다카모리 같은 정치가들이 나서 '일본이 조선을 공략한다'는 야심을 보였고 일본 국민 대다수가 현혹됐다. 그런 일본인들이었지만 지식인 중에는 바른 생각을 한 일단의 인물들이 있어 한일합방 반대 성명을 발표한 7박사가 있었다. 일본 규슈 구마모토(熊本) 출신의 개화 지식인들이었다.

이 당시 구마모토 7박사 외에도 한국에 민주주의 모범국을 만들어 보자 하던 일파가 생겼다가 모두 처형된 오사카 사건도 있었다. 이병도의 『한국사대관』 538쪽에는 "1905년 오조약 때도 서반풍(西阪豊)이란 일본인이 한국에 와서 통신사를 설치하고 양국인의 오해를 푸는 동시에 동양 평화와 한국 독립을 확고히하는 데 이바지하겠다고 표방해 오다가 일이 뜻대로 되지 못함을 분히 여기어 할복자살한 기적적인 사실이 있었다"고 했다.

한일합방 반대 7박사에 관한 사실은 국내에서 별로 다뤄지지 않았다. 일본에서는 이들의 성명을 덮어두기에 급급했음은 물론이다. 국내에 소개된 자료는 1966년 발행된 백남훈의 회고록 『나의 일생』 105쪽에 "법학박사 우키다 가즈오는 한일합방 당시 이를 반대하는 성명서를 발표한 7박사 중의 한 사람이었다. 후일 와세다대학에서 강의했다"고 기록된 것뿐이다.

워낙 박사가 귀한 인재이던 때라 7박사는 일본의 국가정책에 정면으로 맞선 합방 반대 성명을 내고도 큰 압박을 받지는 않았지만 일본에서도 이 사실은 가려져 있었다. 이때 백남훈과 신익희·장덕수 등은 합방 전후 도쿄에 있었고 와세다대학에 다녀 우키다 가즈오를 알았다. 따라서 7박사가 누군지를 알아낼 수 있는 위치에 있었다. 7박사를 일일이 면담하여 자료를 갖출 수 있었다면 좋았을 것이다. 나도 후일 도쿄에 유학했지만 7박사의 존재를 몰라 이들을 현지에서 확인하지 못한 것이 안타깝기만 하다.

우선 합방반대 7박사가 누군지 알아내는 게 중요한 일이다. 이제 『구마모토 현의 산보(熊本縣의 散步)』 『다카키(高木)의 기독교사전』 등 여러 책에서 알아본 것으로 여기에 보충해 보면 이들은 경제학·농학·공학·정치학 박사들로 우키다(浮田和民), 미야카와(宮川經輝), 우미로(海老名彈正), 오키(小崎弘道), 요코이(横井時雄), 긴모리(金森通倫), 이치하라(市原盛宏)의 7인으로 추측된다. 1869년 설립된 구마모토 양학교(洋

學校)에 처음으로 미국인을 데려와 영어를 배우다 개신교를 받아들인 일본 초기 기독교사에서 유명한 인물들로 후일 합류한 사람까지 지칭해 구마모토 밴드(熊本隊)라고 부른다.

이들이 배출된 배경은 일본의 근대화와 밀접한 관계가 있다. 구마모토 양학교는 일본 최초의 관비 미국 유학생 요코이타 다이라(横井大平)가 돌아와 세웠다. 구마모토대 대원들은 신식문명을 받아들이다가 미국인 퇴역 대위이던 청교도 젠스(L.L. Janes)의 영향으로 1876년에는 개신교까지 믿게 된 것이다. 7박사는 거기서 다 나온 것으로 보인다. 이들은 압박을 피해 구마모토를 떠나 교토로 가서 도시샤(同志社) 대학 1회 졸업생이 되고 우키다 같은 법학자와 공학자·농학자·경제인·정치가·언론인 등으로 각계에 진출했다.

내가 1917-1924년 유학중 메이지대학에서 윤리학을 가르치던 야나기 무네요시 교수의 부인, 성악가 가네코의 음악회 표를 팔러 다녔었다. 그때 각 교회에 가 보니까 무슨 박사, 무슨 박사 아주 점잖은 사람들이 있었다. 당시 박사는 아주 귀했다. 그들이 바로 '합방 반대 7박사'라고 생각한다. 이들 중 우키다가 늘 선두에 섰던 것이다. 그는 다른 대원들과 함께 도시샤 대학에 진학했고, 한일합방 반대 선언을 이끌고도 대학에서 쫓겨나지 않았다. 와세다의 오쿠마 초대 총장은 그와 같은 인물을 대학에 데려다 쓰던 특출한 점이 있었다.

구마모토에서는 서양 문물을 용인한 구마모토 대(隊) 등 기독교 세력에 대한 반동으로 신도(神道) 신사 출신들이 일으킨 '신풍연(神風連)의 난'이, 1877년에는 사이고 다카모리가 일으킨 반란, '서남(西南)의 역(役)'이 일어나기도 했다. 사이고 다카모리는 안중근 손에 사살된 이토 히로부미과 함께 제 풀에 자살해 죽을 때까지 한국 침략의 야욕을 숨기지 않았던 한국의 원수이다. 그런데 일본에서는 그의 고향이며 정한론의 본거지인 가고시마를 위시해 도쿄 우에노공원 등 곳곳에 그의 동상을 세우고 그를 기리고 있다. 일본의 내심을 말하는 단면이기도 하다.

5장

조선의 교육과 배일(排日)

1937년 가을, 황해도 안악의 고인돌 위에서 김홍량 문중 사람들과 서울에서의 교육사업에 관한 회의를 마치고 찍은 사진. 이날 경신학교를 인수하고 경신대학도 설립한다는 계획을 세웠다. 왼쪽부터 김홍량, 최태영, 김용진, 미상. 쿤스 교장이 고인돌 이야기를 글로 쓴다며 같이 안악읍 근처의 고인돌로 가서 이 사진을 찍었다. 수수깡을 모듬발로 뛰어넘는 판이라 고인돌 위로 사뿐히 올라갔다 내려왔다. ⓒ 최태영

교육 일선에 나서다

도쿄 유학에서 돌아오자 쿤스가 경신학교의 부교장직을 맡겼다. 쿤스는 경신학교 설립자인 언더우드 1세의 아들이나 마찬가지였고, 언더우드 2세는 경신중학교 다닐 때 서양사를 가르친 스승이어서 어려서부터 자연스럽게 언더우드 집안과 친근해졌다. 1937년에 내가 이들로부터 경신학교를 인수해 한국인 설립자이자 교장이 된 것은 언더우드와 평양의 코엔(R.C. Coen), 로즈(H.A. Rhodes), 겐소(J.F. Genso) 같은 장로교, 양파로부터의 신임 말고도 배후에 대한제국 시대부터 황해도의 신교육 사업에 힘써 온 안악 김씨 문중과 나의 관계를 평양과 서울의 미국 선교사들이 잘 알고 있었기 때문이기도 하다.

보전 교수보다 경신학교 교장 직책이 사회적으로 더 명망이 높았다. 당시 조선의 중학교는 일본인이 와서 조선인 교장을 다 밀어내고 저희가 차지하고 있는 터라 조선사람 교장은 13명뿐이었는데 내가 최연소자였다. '어떤 사람이기에 그 나이에 교장이 되나' 하고 보러 온 사람들이 있었다.

경신학교에 와서 처음 한 연설은 "호랑이에게 잡혀가도 정신만 차리면 된다. 호랑이는 최면을 걸어 오래 왔다 갔다 해서 사람이 정신이 나가게 한 뒤에야 잡아먹기 때문이다"는 것이었다. 새로 온 일본인 선생에게 기울어져 있던 친일 분위기는 금방 바뀌었다. 선생들이 이 변화를 반겼다.

1924년부터 1945년까지 보전 교수와 겸직해 경신학교 부교장·설립자·교장으로 있으면서 영어를 가르치고 학교 운영에 참으로 힘든 일들을 해결해 나가지 않으면 안 되었다. 일본 역사를 안 가르친다고 대입 검정고시를 따로 봐야 했던 수년 간의 불편은 지정학교가 됨으로써 해결되었다.

장지영·이윤재(李允宰)·권덕규(權悳奎)·함태영(咸台永) 선생 등을 교사진으로 모셨다. 교장이 되어서는 친일 노래의 가사를 지은 일본인 선생을 쫓아냈다. 당시의 친일 분위기 하나가 총독부에서 회의할 때면 북을 '두두두둥' 치면서 시작하는데 거기 맞춰 청승맞게 '우미유카바(바다에 가면)'라는 노래를 하는 것이었다. 들은 일도 배워 준 적도 없는데 무슨 회의에 가면 다들 그 노래부터 불렀다. 고대 일본의 시가집인 『만엽집(萬葉集)』에 나오는 그 노래는 조선인들이 일본에 가서 조선인 천황을 위해서 지은 것인데 그때 와서는 일본 천황을 위해 부르는 셈이었다. 좌우간 우리나라 사람들은 일본 가면 임금도 되니까 좋아서 간 것이다. 조선에서 가면 하늘에서 사다리를 타고, 돌배를 타고 내려왔다 하며 천황이라 하여 받들고 한 것을 보면 한국이 고대에 썩 선진국이었던 것이 분명하다.

또 다른 친일 노래 '미호노 카이노(보아라, 동해에 밝은 해가 솟는다)'라는 것도 있었다. 총독부 배정으로 경신학교에 와서 일어 선생을 하던 일본인이 작사하고 누구 시켜 작곡한 거라고 해서 애쓴 끝에 그 일본인을 쫓아냈다. 그 자는 꼴에 유명해져서 얼른 다른 학교로 전근 갔다.

경신학교에 야구가 유명했는데 재미 한국인 동포인 에디를 데려다 야구 코치를 맡기고 선수들은 내가 직접 선발했다. 『임꺽정』의 작가, 홍명희는 야구에 미친 사람이라 시합 때면 매일 구경 와서 우리는 친해졌다. 경신학교 강당 낙성식 때는 동아일보 송진우(宋鎭禹) 사장과 미국인들 150명을 초청하고 사이토 총독이 지하 통로로 와서 영어로 축사했다. 그가 경신학교에 와서 영어 연설을 하게 된 것은 서재필이 일본의 무단정치를 비판한 이후 일본이 문화정치를 하겠다고 공표한 정책 때문이었다. 사이토는 그 시점에서 조선 총독으로 온 사람이었다. 나는 서재필을 통해 그 정보를 먼저 알았다. 전과는 좀 다른 총독이 올 것을 알아 사이토를 끌어낸 것이었다. 초청에 응한 사이토는 그가 읽을 연설문을 보여주며 "이렇게 말하면 되냐"고 했다. 사이토와의 이런 인연으로 보성전문에서 한글 논문이 실린 『보전학회논집(普專學會論集)』을 3차에 걸쳐서나마 편집, 발행할 수 있었던 것이다.

조선인이자 중학교 교장으로 할 수 있는 애국은 일제에 길들여지지 않고 친일할 기회를 피하는 것이었다. 그런데 신사참배 강요가 큰 문제였다. 내가 일제에 저항하는 배일파라는 것을 겉으로 드러내지 않고 경신학교에 의무적으로 고용된 일본사람을 대신 보내 신사참배를 하게 했다. 이 기간 중요한 몇 가지 사건이 있었다.

1926년 6·10만세사건 직후 2개월간 조선의 교육자들을 이끌고 일본교육계 시찰을 하러 갔다. 일행은 나와 이춘호 연전 교수(李春昊, 후일 서울대 총장) 등 조선인과 일본인 10여 명이었다. 일본 교육당국은 도쿄 교외 길상사(吉祥寺)란 데 있는 학교를 자랑한다고 보여주는데 재벌이 하는 남자 사립 중학교였다. 물론 월사금도 어마어마하게 비싸고 한반이 30명인데 영어·수학 같은 중요 과목은 또 줄여서 15명씩 수업을 했다. 선생은 학생들이 다 집에 돌아갔음직할 때까지 교실에 남아서 무사히 가라고 빌고 앉았고 10년만 근무하면 연금을 주었다. 학생들은 문지기한테도 경례를 하며 꽃을 꽂아 주었다. 일본인들은 내가 마냥 부러워할 걸 기대했지만 내가 전혀 그러지 않았다. "어이없지, 별짓 다 한다. 우리하곤 상관없다. 이런 학교 참고도 안 된다. 이런 건 지금 흉내도 낼 수 없는 것 아니냐."

일정에 메이지신궁 등 몇 군데 신사참배가 있었다. 도청에서 짠 이 일정이 어긋나면서 단장인 내가 재조정하게 되었다. 이때 '시간이 없다'는 이유를 내세워 여러 신사와 왕릉 참배를 과감히 생략했다. 이세신궁에는 동행한 일본인 회계를 내세워 혼자 다녀오게 했다. 신사에 참배하면 상에 차린 음식을 다 싸주는데 재무과 소속의 공무원인 그는 이 음식들을 집에 가져가는 것을 영광으로 알고 대신해 주어 우리는 그 시간에 여러 학교를 시찰했다. 보전 교수이자 경신학교 부교장 신분의 교육자인 내가 단장이면서 신사참배를 않고 넘어간 것은 큰 모험이었다. 당국은 설마 시찰단이 신사참배를 하지 않았으리라고는 꿈도 꾸지 못했을 것이다. 귀국해 일본인 회계가 보고서를 써내는데 그대로 보고할 수 없었겠지만 특별한 사귐 덕으로 잘 넘어가게 되었다.

이 시찰 때 두 종류의 재일 한국인을 보았다. 한 청년은 이세신궁 부설대학에서 장차 그 신궁의 궁사가 되려는 수업을 하고 있었다. 물론 해방되고 망했을 것이다. 히로시마의 한 대학에는 조선 여학생들이 여럿 있었다. 누가 시킨 것도 아니건만 돌아간 순종 황제를 기려 흰 상복을 입고 있었다. 모두들 기특해 했다.

일행 중 얄미운 일본인 교사가 하나 있었는데 촐싹둥이였다. 이 자를 골려 주기로 했다. 기차가 한 정거장에 섰을 때 다들 내릴 것처럼 움직

보전 교수와 경신학교 부교장을 지내던 1926년 일본교육계 시찰단장으로 조선인 및 일본인 교육자들을 인솔했다. 뒷줄 오른쪽에서 세 번째가 당시 연전 수학과 교수 이춘호, 두 번째가 최태영. 두 사람은 이때부터 친해져 후일 이춘호 서울대총장과 최태영 서울법대학장 및 평의원의 직책으로 국립서울대학교를 건설하는 작업을 함께 해냈다. ⓒ 최태영

였다. 그 일인이 제일 먼저 뛰어내리고 기차가 떠났다. 우리가 도쿄에 도착하고 난 뒤 한참 지나 그 자가 한밤중에 도착했다. 일본인 회계가 "당신이 그렇게 행동하니 창피해 죽겠다"고 싸우는 소리가 났다.

이때 동행했던 이춘호 교수와 친해졌다. 그는 신사참배를 피해 일정을 조정하는 것 등 내가 일 처리하는 것을 눈여겨보았던 듯하다. 그가 서울대 총장이 되어 내게 해방 후 서울대 건설을 맡기고 문제를 수습하는 데 나서 달라 하고 법대학장을 권했다.

1936년 신사참배가 발등의 불이 됐다. 일제가 신사를 지어 놓고 아마테라스 오미카미(天照大神)와 메이지일왕 신주에 절할 것을 강요한 것

이다. 가톨릭의 교황은 신사참배 거부로 일본과의 충돌을 원치 않는다는 입장을 표명했다. 조선의 감리교는 총감독 해리스(M.C. Harris)가 일본 총감독까지 겸한 사람으로 일본 방침에 순응해 신사참배를 받아들였다. 해리스는 그 꼴에 언제나 프록코트에 실크해트를 쓰고 정동 제일교회에 나왔다. 아주 미워 죽을 지경이었다. 일본과 한국을 한 지역으로 묶어 선교한다는 것은 말도 안 되는 일이었다. 해리스가 조금만 더 유표하게 굴었다면 한국인의 미움을 못 견뎌 스티븐스처럼 암살됐을 것이다.

장로교가 문제였다. 장로교는 5개 파가 있는데 미국 남부를 대표한 남장로파는 일본서 오래 선교 활동을 펼쳐 일본을 잘 알았다. 이들은 신사참배 문제가 나오자 당장 선교 구역인 전라도의 학교들을 자진 폐쇄하고 신사참배를 반대하며 미국으로 돌아갔다.

나머지 4개 파는 150명의 선교사 중 5인 위원을 뽑아 이들의 결의에 따라 한국 내의 신사참배 방침을 정하기로 했다. 로즈·겐소·코엔·쿤스·언더우드 2세가 그 5인 위원이었다. 1937년 정초 회계사 겐소의 연지동 집에서 열린 비밀회의에 나와 김명선(金鳴善) 박사가 참석했다. 일제가 알면 두 사람은 목숨이 위험해질 모임이었다. 선교사들이 신사가 무엇인지를 물었다. 신사참배의 본질이 어떤 것인지를 설명하게 된 것이다. 김 박사는 의견 제시를 거부하고 중도 퇴장했다. 내가 설명했다.

"신사참배가 기독교 신앙에 관계되는 것인지, 우상숭배인지 아닌지는 너희들이 판단할 일이다. 신사가 무엇인지 너희는 모를 테니까 내용을 말해 주겠다. 신사에는 두 귀신이 있다. 그중 하나, 아마테라스 오미카미는 이 세상에 실존했던 인물도 아니다. 또 하나 메이지일왕이란 자는 한국을 이 지경 만들고 죽은, 너희도 본 사람 아니냐. 둘 다 신과는 아무 상관없는 것이다."

선교사 5인이 결의했다. "신사참배는 기독교 신앙에 위배된다. 우리는 우상숭배에 반대한다."

나는 일본인들이 그날 모임을 알 리가 없다고 믿었기에 생각하는 바를 말하고 오늘까지 비밀을 고수하는 것으로 입장을 지켰다. 일제는 참배 거부 결정의 근원을 알아내려고 매우 애썼지만 끝까지 캐내지 못했다. 기독교적 입장도 입장이지만 그에 앞서 일본인이 시키는 대로 그들 조상을 받들며 굽힐 수는 없었다.

1937년 6월 21일 선교사 150명이 모인 기독교 장로교 총회가 평양 숭실전문학교에서 열렸다. 이 자리에 극비리에 내가 옵서버로 참석했다. 모펫과 비밀회의 5인만이 이 사실을 알았다. 나는 옆 방에서 회의 진행 사항을 낱낱이 지켜보고 자문에 응했다. 5인의 비밀회의에서 결의한 내용이 그대로 만장일치 통과되어 장로교는 신사참배를 공식 거부했다.

그러나 같은 시기에 열린 조선인 장로교 총회는 일본 경찰이 김선두(金善斗) 목사를 위시해 참석하러 가던 사람들을 기차에서 연행해 개성에 잡아 가두고 조직적 방해를 폈다. 평양에서 기다리던 소수의 총회원을 일본 순사들이 윽박질러 강제로 가결을 시켜 신사참배 참여 결정을 내렸다. 김선두 목사가 일본의 기독교도 국회의원들에게 "신사참배와 종교는 별도이니 신사참배를 않게 교섭해 달라"는 로비를 했는데 김 목사가 체포되면서 일은 다 깨졌다. 총독부는 이들 일본 국회의원들에게 "신사참배는 조선인들이 자원해 하는 것이니 우리가 따지지 않는다"고 거짓 해명을 했다.

선교사들이 일본 신사참배를 거부키로 결의하면서 장로교파 학교의 처리 방향도 결정됐다. 처음엔 아예 모든 학교를 폐쇄하기로 했다가 "경

1938년 미국 선교사들로부터 경신학교를 인수하는 최태영(왼쪽에서 두번째)과 김원량(맨 오른쪽). ⓒ 최태영

신학교만큼은 최태영에게 개인 명의로 인계한다”는 결정을 내리고 총회 결의로 발표했다. 그들은 내가 신사참배를 않고 학교를 지키리라 믿었던 것이다. 또한 재정적으로 당국에 아부하지 않으려면 학교를 인수할 만한 재력가여야 된다는 조건에 나는 광산을 경영하는 부자이기도 했고, 안악의 대지주 김홍량·김용진이 나와 함께 제2차 경신학교 설립자가 될 터였다.

학교를 개인 명의로 한 것은 다수결로 의사결정하는 재단법인이 되면 친일의 대세에 끌려 들어갈 것이 뻔하지만 최태영 혼자 명의의 학교라면 끝까지 버텨 볼 수 있으리란 것이었다. 매우 힘든 시기에 경신학교를 인수하게 된 것이었다. 그리고 나는 버텨냈다. 내 개인 명의로 학교가 등록됐다는 사실은 당시엔 비밀이었다. 사람들은 나중에도 이 사실을 믿으려 들지 않다가 등기부를 직접 보고 나서야 믿었다. 장로교는 그래도 기독교 학교가 신사참배에 휘말릴 소지를 없애기 위해 아예 학교터를 옮길 것, 정 못 견디고 참배를 하게 되면 학교 이름도 바꿀 것을 조건으로 내세웠다.

숭실전문 등 여러 학교는 폐교되었다. 이때 이 학교를 살려 보려는 인사가 "돈 100만 원이라도 낼 터이니 숭실이라는 이름만은 그대로 쓰게 해 달라" 했으나 선교사들이 숭실의 이름으로 신사참배를 아니하려고 폐교하는 문제의 핵심과는 상반된 조건이라 끝내 동의를 못 얻었다.

선교사들은 1940년 일제로부터 추방명령을 받고 황급히 쫓겨 갔다. 쿤스는 "다급하게 쫓아내서 만나지 못하고 간다"는 말만 인편에 남기고 떠났고, 겐소는 회계사무차 그나마 뒤늦게까지 남아 있다가 내 손을 잡고 "무서운 세상입니다. 조심하시오, 조심하시오" 하는 말만 간신히 남기고 작별했다. 에비슨(O.R. Avison)과도 마지막 작별을 했다.

그런데 이상하게 언더우드 2세한테서는 아무 소식도 없었다. 그 사정은 오래 지난 후 알았다. 그즈음 일제에 잡혀가 연금되어 고생하고 있다가 누구에게도 연락을 취하지 못한 채 소리 없이 추방당했던 것이다. 『연세대 1백년사』는 연전 교장으로서 언더우드 2세를 '일제에 순응하는 태도를 내세워 학교 폐쇄의 위기를 넘기려 했다'고 기록했지만 그가 5인 비밀회의 위원이 되어 애쓴 것은 알 리가 없었기에 엉뚱하게 그렇게 적었던 것 같다. 1937년 정월의 비밀회의는 5인의 위원들과 나만이 알고 있었던 것이니 종래 연세대에서 원한경의 진면목을 알 리가 없었다.

맥퀸도 강제 추방됐다. 밀러(E.H. Miller, 密義斗)는 경신학교 대학부인 연전에서 화학 교수를 하고 있었다. 연세대에 백양목을 심어 백양로를 만든 사람이다. 그도 한국인의 독립운동을 돕다가 간첩 혐의를 받고 몇 달이나 옥살이를 하고 1942년 강제추방됐다. 그 뒤에도 밀러는 미국의 소리 방송에서 한국인을 향해 "조금만 있으면 해방이 될 터이니 한국 동포들은 끝까지 견디어 참아 주시오"라고 격려했는데 해방 후 한국에 돌아오지 못하고 작고했다. 그는 만년에도 자신이 경신학교와 경신대학부 역사에 기여했음을 늘 자랑으로 알고 애정을 표시했다.

8·15 후에 쿤스 교장은 병으로 쇠약해져 나와의 약속대로 내가 설립자가 되고 그가 교장이 돼 경신학교를 재건하자던 언약을 실현하지 못한 채 작고했다. 코엔 목사와 겐소는 서울 비전옥(備前屋)여관에서 재회했다. 언더우드 2세는 군정 고문으로 재임해 와서 김구 선생 일로 몇 번 만났다. 이들을 생각할 때마다 일신의 고단함을 감수해 가며 어려운 시절 한국인의 벗이 되었던 이들의 진실함이 새삼 소중해지곤 한다.

결혼과 김씨 문중의 교육사업

1919년 대학 1년 겨울방학에 집에 와 있는데 정월 들어 김구 선생이 안악에 놀러오라 했다. 황해도 안악 김씨 문중의 제일 어른인 김용승 진사와 김용진, 김홍량(김씨 문중의 장손) 선생 등 여럿이 나를 오라 하고 안악서 제일 큰집 사랑으로 가자며 김용진 씨 집으로 갔다. 사실은 나를 선보이려는 것이었다. 김구 선생이 당신의 제자 중에 나를 좋다 하고 김구 선생 부인 최준례 선생은 안악 명신학교 제자 중에 김진사 딸 김겸량(金謙亮)이 좋다 하여 "다른 사람 구할 것 없이 두 사람을 혼인시킵시다" 하고 중매했다.

장인 김용승 진사는 '맹자보다 율곡이 낫다'고 할 만큼 한학을 깊이 공부한 분으로 많은 책을 곳간에 쌓아 두고 '앵앵' 소리내 읽곤 했다. "소리내 읽으면 눈으로 보고, 귀로 듣고, 입으로 말하니 세 번 읽는 효과가 난다"는 것이었다. 그 당시 교양인 관상이나 풍수 보는 일과 한의학에도 조예가 있었다. 김진사는 내 얼굴을 보더니 "네가 오래 살고 녹밥 먹을 팔자로 욕심만 안 내면 평생 할 일을 하겠다. 그러니까 내 딸을 맡기겠다" 하고 우스운 이야기를 꺼내 내 웃음소리까지도 확인했다.

양명학을 좋아한 그는 정인보와 한학을 논하는 교우지간이기도 하고 고종의 아들 이강(李堈) 공과는 글씨 잘 쓰는 명필이라 서로 벗이 되었다. 장인은 "이강 공이 대단히 똑똑한 사람인데 일제가 그렇게 맥 못추는 인간으로 선전한다" 하였다. 공의 글씨로 된 병풍이 집안에 여러 채 있었다. 육류가 귀하던 그 시절 장인은 사냥으로 잡은 꿩을 "정인보 갖다 준다"며 허리에 띠고 서울로 가곤 했다. 후일 남북이 갈려 있을 때 북의 김진사 별세 소식을 들은 정인보는 황해도를 향해 망곡했다.

부친은 처갓집 항렬의 100인 중 악병을 앓거나 친일한 자가 없는지를 살폈다. 우리 어머니만 가서 김진사 막내딸 선을 보고 왔다. "귀가 두 개 다 있습디까?" 하고 내가 물었다. 그즈음 어떤 사람이 귀가 없는 색시한테 장가들 뻔했다고 화제가 됐었다.

결혼식 전날 키 큰 흰 말을 타고 안악까지 60리를 갔다. 후행으로 외할아버지와 아버지 친구 장원용 선생이 같이 말을 타고 따랐다. 음력 5월 늦은 봄날의 꽃들이 많이 피어 있었다. 그날 밤 김진사 사랑에서 잤다. 신부는 모습을 드러내지 않았다. 다음 날 아침 사모관대 의상으로 갈아입고 기러기를 가운데 놓고 혼례를 치렀다. 금을 물린 호랑이 발톱 노리개 같은 것을 많이 차고 성장한 나의 신부를 처음 보았다.

식을 끝내고 바로 돌아서 우리 집이 있는 장련으로 왔다. 처가에서는 많은 친척들이 자전거를 타고 대열을 지어 30리 밖까지 배웅해 주었다. 이번에는 처의 후행으로 외조부 등이 동행했다. 오갈 때는 혼례용 사모관대 대신 두루마기 평복 차림을 했다.

신부가 탄 가마는 창문을 굳게 내린 채 초여름 미풍 속에 꽃송이처럼 흔들리며 따라오고 있었다. 아무 기적도 없기에 점심참 겸 쉬는 동안 가마 안을 들여다보았다. 창문을 꼭 닫은 가마 안에서 신부는 무거운 머리 장식과 화장품 냄새와 먼 길에 멀미를 해서 아무것도 먹지 못하고 지친

듯 앉아 있었다.

우리 일행이 동구 밖에 도달하니 화려한 장식을 한 국악대들이 기다리고 있다가 "원로에 잘 댕겨 오셨습니까" 인사를 하고 삼현육각을 연주했다. 나는 전연히 꿈도 안 꾸었는데 깜짝 놀랐다. 그때 들은 음악은 60년 뒤에 다시 뜻밖의 장소인 학술원 시상식장에서 듣게 된다.

집에 와서 "저 사람이 멀미를 하고 아무것도 못 먹었으니 우선 쉬게 하시오" 라고 말했는데 그게 아내를 두고 말한 첫마디였다. 집 마당에는 차일을 치고 병풍과 돗자리를 깔아 피로연이 준비돼 있었다.

참석한 손님들 중에는 동네 유력한 집의 새 며느리들이 와 있었다. 초대하는 쪽에서는 정성을 베풀고 초대받는 쪽에서도 영광으로 알아 혼례 때처럼 원삼 족두리로 아름답게 꾸미고 나타났다. 이들에게는 신부한테 내리는 큰상과 똑같이 차린 큰상을 하나씩 대접했다. 떡과 과일·고기·꽃 등이 차려진 상이다. 초대 받은 새색시들은 신부와 같은 또래로 얼마 전 결혼한 여성들인데 신부가 앞으로의 시집 생활에 그 지역에서 같이 어울릴 또래로서 상견례 같은 것이었다. 이때 이덕원의 처, 이도원의 처, 손경환의 처가 초대되었다. 따라온 하인들이 저희 아씨들을 모시고 떠날 때 큰상의 음식을 싸 가지고 갔다.

처가인 김씨 문중은 황해도의 신교육운동을 주도한 만석꾼 집안이었다. 김겸량은 1901년생으로 안악의 명신학교를 나와 한문을 배워 잘했다. 나는 여느 개명인처럼 마누라가 구식이라고 타박하는 대신 도쿄 오카미 여학교에 유학시켰다.

아내는 잘 다니고 노래를 했다. 그래도 평생 집에만 머문 사람이었다. 마차를 내어 통필로 피륙을 사들여 쓰던 집이고 수많은 하인들을 두고 살던 화려하던 사람이 소지주인 시집에도 잘 적응해 그 많은 시동생 뒤

아내 김경량. 1919년 안악에서 혼례를 치른 뒤 장련 시집의 피로연 자리에 앉은 모습이다. ⓒ 최태영

치다꺼리도 다 해냈다. 음식과 바느질 솜씨가 좋았다. 손님이 아무리 많이 와도 불평이 없었고 한복과 와이셔츠는 언제나 만들어 입혔다. 내 조끼의 단춧구멍 바느질을 보고 "누가 했느냐"고 묻는 사람이 있었다. "내 색시가 했소"라고 나는 말했다.

장인은 사위를 얻으면 5백 석씩의 땅을 떼어 주었지만 나는 이를 받지 않았다. 장인은 "고얀 놈, 고집 센 놈" 나무라면서도 내 뜻을 존중해 주었다. 처가에 갈 때도 반드시 왕복 차표를 미리 사 가지고 갔다. 그런데 손자가 보고 싶다 해서 데려다 주었더니 '생활비를 보내라'고 통지가 왔다. 장인은 그것을 빌미로 손자인 우리 아들 앞으로 땅을 사 주어 조그만 아이가 해방 전 땅부자가 되기도 했다.

처는 평생 나를 윗사람 대하듯 했었다. 1975년 아내가 먼저 세상을 떠났다. 충격이었지만 그래도 나는 학문에 정진했다. 그럭저럭 내 나이 백

살이 되었다.

김홍량과 그의 숙부 김용진으로 대표되는 안악 김씨 문중과 내가 밀착하게 된 데는 김용진 진사(김홍량의 큰 숙부)의 딸 김겸량과의 결혼이 계기였다. "우리 집안에 학자 하나 생겼다"며 나를 반긴 이들은 애국운동의 하나로 교육사업을 펼쳐 나갔다.

김홍량은 와세다대학 재학중 안창호의 뜻을 알고 하루라도 빨리 조선 민중을 깨우치리라 하여 고향에 돌아와 양산중학교를 세웠다. 이후 안악 남자중학교, 여자중학교, 서울 경신학교 등 여러 학교를 세워 운영했다. 그는 자기 집에 수영장을 만들어 안악의 수영 선수들을 연습시키고 안악면학회를 만들었다. 그의 교육계몽운동은 황해도 일대의 신교육을 활성화시킨 것이었지만 황해도의 학교는 모두 일제에 의해 폐교되든지 공립으로 뺏긴 것이 되었다.

김씨 문중은 서울로 진출해 민립 대학과 경신학교 재설립을 위한 일에 김농장 소유의 최고 옥답을 투자했다. 안악 수수밭 사이에 있는 거대한 고인돌에서 김홍량, 그의 숙질 김용진, 나, 쿤스, 넷이 경신학교를 인수하고 경신대학을 만들기 위한 가문의 비밀회의를 열었다. 경신학교 땅을 크게 잡아 놓은 건 김홍량의 투자였다. 그 회의가 투자하겠다는 증거였다.

교육사업과 함께 몇 가지 기념할 만한 일을 만들어냈다. 그중 하나가 한글학자 최광옥을 후원, 양성해 최초의 국어문법책 『대한문전(大韓文典)』을 안악면학회가 발행한 것이다.

최광옥은 똑똑하고 훌륭한 사람이었다. 김홍량의 양산중학교에 재직하면서 강연을 많이 했다. 내가 장련 광진학교 다닐 때 최광옥이 장련 지방 인사들을 위해 공립 보통학교(봉양소학교)에서 강의하는데 "학생이라도 알아들을 수 있는 사람은 와서 들어라" 했다. 그때 아버지와 함께 동구 밖 비석거리에 나가서 선생을 모시고 들어와 최광옥의 강의는 처음부터 들었다. 『대한문전』 책도 가지고 있다.

최광옥 선생의 딸 최이권은 후일 서울에 유학했다. 우리 마누라가 "귀여워하는 후배이니 서울까지 건사해다 주라"고 부탁해 개학하여 서울로 갈 때면 그녀를 서울까지 데려다 놓고 짐도 다 부쳐 주고 했다. 후일 연대 총장 백낙준의 처가 됐다.

그러나 교육사업에 전적으로 협력하던 김용진은 그렇게 비단같이 고운 일하다 일찍 병사했다. 김홍량은 월남 후 6·25 때 사망해 더 큰일을 이루지 못했다.

경신학교 인수와 세금 저항

 1938년 연못골(연지동) 경신학교의 경영권과 재산을 77만 원에 인수했다. 일시불로 지불했더니 반값으로 깎아 준 것이었다. 그 학교 땅(현재 기독교 여전도관 자리) 1천 평을 총독부에 팔았다. 그래야 의심을 안 할테니 오죽 잘한 짓인가. 그 돈으로 정릉 일대 20여 명의 지주들로부터 3만평 땅을 학교 부지로 사들였다. 모두 훌륭한 부자들이었다. 보전 백상규 교수가 감정했다. 이 땅을 사들이는 데 시차를 두고 처리하면 지주들이 단합해 땅값이 폭등할 것이 확실하므로 정릉 청수장에 놀러간 것처럼 하고 하루 새에 시간차를 두고 모두를 상대하여 하루 종일 계약을 치렀다.

 치밀한 계획과 행동 아래 사들인 땅이었다. 땅을 소개한 왕씨 등 주변에서는 내가 해낼까 잔뜩 긴장하고 있다가 요리집이나 기생이 단순히 위장 수단이요, 아무 일 없이 끝낸 걸 보고 안심했다. 이후 왕씨는 나를 전적으로 신뢰하여 정릉에 있던 그의 건물을 내게 한국학연구원으로 무상 사용토록 배려를 베풀고 며느리를 내 제자 중에서 골라 갔다.

 신흥우가 이때 연희전문을 살려보자고 했다. 연희전문은 장로교와 감리교가 합해진 것인데 신흥우는 감리교 사람이었다. "장로교에서는 네

게 연전을 맡기고 싶어 하니 감리교는 내가 알아봐서 연전을 살리자"고
했다. 선교사 측에서는 정신학교·배재학교·연희전문을 내게 모두 맡으
라고 했으나 "경신학교 하나만으로도 힘들다"고 거절한 뒤였다. 그 위
에 김홍량은 신흥우를 신용하지 않았고 "최태영이 직접, 단독으로 교장
하는 학교만 지원하겠다"고 했다.

1939년 3월 부로 경신학교는 완전히 최태영 개인 명의로 되었다. 곧
바로 일본이 경영하는 조선식산은행(지금의 한국산업은행)에 13만 원의
근저당을 설정하고 그 돈으로 터를 닦았다. 그래야만 학교를 제3자에게
뺏기지 않을 것이란 생각이었는데 후일 과연 그렇게 되었다. 경신학
교에 김홍량과 나 단 두 사람이 전권을 가지는 재단법인 한양학원을 만
들면 다수결에 의한 친일 행각을 걱정 않아도 되고 세금도 내지 않고 지
정학교라는 특별허가 없이도 대학입학 자격이 생기는 것이다. 일제는
약점을 알았다. 김홍량과 내가 신청한 '재단법인 한양학원은 시기상조'
라는 말도 안 되는 이유를 내세워 허가해 주지 않았다. 그렇다고 이에
대처해 나갈 방법이 없는 건 아니었다. 법률 지식이 필요한 때가 있다.
법학을 하니 남모르는 지식까지 알게 되었는데 그중 하나가 세금 납부
에 관한 것이었다.

개인 재산이라도 공공의 이익을 위하여 사용하며 그 목적을 변치 않
을 경우 세금을 안 내도록 총독부가 인증한다는 '총유(總有)등록제'란
게 있음을 알게 되었다. 총유로 한 번 내놓은 재산은 재단법인이 아니라
도 세금을 내지 않고 개인이 맘대로 처분하지 못한다. 경신학교가 바로
이에 해당했다. 김씨 문중이 개간한 땅 중 옥답 중의 옥답을 경신학교를
위해 내놓은 것이 있었다.

'아하, 경신학교를 총유로 해야겠구나' 하는 생각이 머리에 떠났다. 조선

총독부 모르게 땅 소유증명서 같은 관계 서류를 마련해 가지고 혼자 비밀리에 도쿄의 대장성(大藏省)으로 가서 총유등록을 했다. 서울의 총독부가 알면 총유등록 못하게 미리 공작할 수 있으니까 누구도 알면 안 되는 것이었다. 대장성으로선 사유재산을 총유로 만들어 놓으면 좋은 일이니까 대환영이고 어려운 것도 아니었다. 조선의 법원에서는 이 제도를 모르고 있었다.

도청에서는 어떻게 해서든 경신학교를 빼앗아 내려고 경신학교가 토지 수만 평을 보유한 것을 기화로 세금을 왕창 때렸다. 그대로 내야 한다면 망할 판이었다. 그렇지만 일본 대장성에서 '경신학교로부터 세금을 받을 수 없다'는 통지서가 날아왔다. 서울에 와 있던 일본인들이 돈을 잔뜩 뺏어낼 걸 기대했다가 대장성의 통지를 받고는 날 죽이려 하고 분해서 울었다. "그렇게까지 할 줄은 몰랐다"며 이를 갈았는데 여하튼 나는 세금 한 푼 일제에다 내지 않았다.

일제는 또 학교 이름을 일본식 아사이학교, 사쿠라학교로 정해 주고 고치라고 우겨 댔다. 보성전문은 이미 '경성척식경제전문학교'가 되고 연희전문은 '경성경영전문학교', 세브란스의전은 '아사이학교'로 개명되어 일본인들이 학교 재단이사와 관리인이 되어 있었다. 내가 "'경신' 이름을 못 쓴다면 '동명'이 어떠냐"고 했다.

"그거 고구려를 생각하자는 것 아니요?"

"그렇다면 홍화."

"창경궁 대궐 이름 말요?"

"그럼 성북."

"지명을 따는 건 공립학교만 가능하니 안 됩니다."

정릉 경신학교 교사 기공식. 위쪽 왼쪽에 서 있는 이가 교장겸 2차 설립자 최태영이다.
ⓒ 최태영

어떻게든 버텨 보는 것이었다. 겁이 많은 이광수가 옆에서 보고 "그러다가 너 죽을라. 이름을 고치고 시키는 대로 하는 게 안 좋으냐" 했다. 그러나 학교 이름이 앵(櫻, 사쿠라)이나 욱(旭, 아사이)이 돼서야 말이 안 되잖는가. 내가 타협하지 않았다. 일왕의 '교육칙어(敎育勅語)'라는 것도 받아 오지 않았고 신사참배조차 국내에서나 일본 출장 가서나 메이지신궁이건 이세신궁이건 모두 참배 안 했다.

일본 천황의 '교육칙어'라는 것도 갖다가 봉독한 일 없다. 학교마다 천황의 칙어란 걸 받아다가 안전하게 방화벽 만들어 그 안에 보관해 두어야 된다는 것이었는데 "그 시설이 아직 없다. 천황칙어 못 갖고 온다. 그때까진 내가 써서 읽는다" 하고 내가 썼다. 서무주임도 그게 신통해서 한 손으로 휘딱휘딱 들고 다녔다. 후일 한 대학 총장을 지낸 정모가 이를 보고 시비를 붙여 "천황의 교육칙어를 그렇게 한 손으로 불경하게 들고 다니느냐" 했다. "그거 천황이 준 게 아니고 내가 그냥 쓴 거다. 왜?"
하고 근사하게 설명해서 시비를 잠재웠다.

그러나 1945년 일어 상용을 정면 반대한 이후 경기중학 교원이던 일
본인 아베가 와서 경신학교장 실무를 보고 나는 학교에 못 나오게 했다.
그래도 아주 쫓아내지는 못했다. 역효과를 우려해서였을 것이다. 이미
모든 학교마다 일인들이 차지한 판이라 학교에서 무슨 일이 진행되는지
한국인은 알 수도 없었다. 이 기간 중 군사훈련한다고 학생들을 한강 한
가운데 빠뜨리고 헤엄쳐 나오게 하는 무자비한 훈련으로 사망하는 학생
들도 나왔다.

일제는 몇 달 동안이나 나를 학교에도 못 나오게 하면서 학교를 거진
뺏어갔으나 은행에 저당 잡힌 것만큼은 어떻게 할 수 없어 뺏을 수 없게
되니 "조선인 학교는 우리 일본이 다 차지해서 공립을 만들었는데 경신
학교만 못하다니 이런 경우가 없다"며 매우 분해 했다. 재산권을 끝까지
안 내놓기 위해 근저당을 설정해 놓은 예비조치는 적중한 것이었다. 그
것은 내가 법률하는 사람이라 가능했다. 그러나 나와 김홍량은 매우 시
달리고 견디기 힘든 지경이 되었다. 김용진은 병으로 사망했다.

"은행에 저당 잡힌 돈을 다 갚아서 학교를 성북구 경방단장인 안종원
에게 넘기라."

"뺏어갈 수 있으면 뺏어가라. 그러나 빚은 못 갚겠다."

내가 배짱을 부리자 도청의 기무라는 젊은 일인 학무과장이 나를
빈방에 가둬 놓고 욕설을 퍼부으며 "너 같은 나쁜 놈과 김홍량을 쥐도
새도 모르게 죽이겠다"고 날뛰었다. 그렇게 수상하게 죽은 사람이 그때
많았다. 일본군이 잡아가 처리하면 끝장이었다. 장덕수의 형, 동아일보
기자이던 장덕준(張德俊)도 간도에 간 조선인을 일본군이 학살한 사건

을 취재하러 갔다가 아무도 모르게 죽었다.

김홍량이 '이제는 죽나 보다' 하고 도청에 갔다. 이들은 우선 김홍량이 가진 8대의 뷔크 자동차를 헌납하라고 했다. 김홍량이 '그까짓 자동차라면야' 하고 학교 대신 뺏기고 나오고 나 역시 이제 죽나 사나 하고 있을 때 히로시마에 원자탄이 떨어져 해방 소식을 접했다. 연전을 맡았다면 죽었을 것이다.

해방 후 미군이 각급 학교를 다 접수했다. 이때 군정이 우리나라 사람을 못 믿고 패전국민인 일본인을 도로 내세워 접수하는 것을 보고 기가 막혔다. 미국 또한 믿을 수 없는 자들임을 바로 간파했다. 미국인들이 모든 종합대학의 총장이 되었다. 김홍량과 나는 계획했던 대학 설립의 꿈을 포기했다. 내 이름으로 되어 있던 경신학교를 장로교 노회에 반납하고 미련 없이 물러났다. 저당 잡힌 13만 원은 몇 번의 화폐개혁으로 나중에는 큰돈도 아닌 게 되어 수월히 갚았다.

이후 나 자신이 하는 교육사업에는 뛰어들지 않았고 가르치는 일에만 열중했다. 성신여대 이숙종(李淑鍾) 총장이 날 보고 "일제 때 무섭게 나와서 해방 후에도 뭐 할 것 같더니 왜 그렇게 순해졌냐"고 했다. "우리끼리 일하는 데 무슨 시비를 할 것 있겠냐"고 했지만 여러 교육자의 변신과 군정의 태도를 보면서 느낀 절망감이 커서 속으로 웃었다.

그런데 친일파라는 모함도 받았다. 내가 도쿄에 유학시켜 준 사람 하나가 정릉에 새로 마련한 경신학교를 뺏어다 건국대에 주고 자신이 그 학교의 유공자 교수로 한몫 하려고 사사건건 방해하고 갖은 짓을 다 했다. 그가 나를 동대문경찰서에 친일파라고 밀고하고 "잡아다 족쳐달라" 하였다.

동대문경찰서에 "날 왜 오라 하오? 날 잡아가려오?" 하니 서장이 "이

○○ 저 사람이 선생을 친일파라 하니 친일파가 어딨어요" 했다.

"그럼 친일파면 벌 받아야 안 하겠소?"

"아닙니다. 이 사람들은 당신을 끌어내린 뒤 경신학교 3만 평 땅을 건국대에 가지고 가서 덕 보려고 그러는 겁니다."

나를 모함한 그는 식물인간이 돼서 죽었다. 그 후 경신학교는 정릉 땅을 팔고 혜화동으로 이전했다. 어느 해 개교기념일에 경신에서 내게 공로상을 주었다.

일본어 상용정책에 반대하다

태평양전쟁으로 일본의 군국주의는 더 심해졌다. 1940년에 일본 건국 2000년 기념행진이 있었다. 학생들 모두 '기원은 몇 년' 일본 구호를 외치며 거리를 행진했다. '빨리빨리 걸으라' 닦달을 해서 거의 뛰다시피 한 행진이었다. 큰 기념일이라 총독이랑 다 나왔는데 조선인 누가 또 저희 죽일까 봐 그런 것이었다. 이미 조선사람의 일본 총독 암살 기도가 몇 번 일어나 미수에 그쳤었다.

내가 부드럽게 하고도 선은 안 넘는 사람이다. 일본 유학할 때나 해방때까지 일본인들과 부대껴 가며 교육사업을 할 때도 일본인에게 비굴해본 적은 한번도 없다. 미국인과 동지가 되어 목숨 내대고 비밀 지키면서도 미국인에게 비굴한 것도 하나 없었다. 선교사를 통해 조선 소식을 미국에 보내고 미국 소식을 받아들였다. 내가 일본 경찰 비밀보고서 내용을 알았다는 사실은 조선인 친일파들도 몰랐다.

윤치호와는 친했으나 그가 신사참배하면서부터 거리를 두고 안 만났다. 그는 일본 국민이 되어 가지고 그 힘으로 미국을 대적하겠다고 망상했다. 친일을 하려니 마음에 있건 없건 별소리를 다하는 것이었다.

1940년 창씨개명이 강제되었다. 시골에선 창씨 않고는 기차도 탈 수 없었다. 그러나 아주 내놓은 친일파들은 창씨를 않고도 박해 받지 않았다. 부친이 창씨한 성을 나도 따르지 않을 수 없었지만 그렇다고 그 이름을 써본 적이 없고 '어떻게든 일본말 안 한다, 신사참배도 하지 않는다'는 신념을 지켜 나갔다. 부친도 일본어를 배워서 잘 알았지만 한 번도 일본말을 쓰는 법이 없었고 언제나 통역을 내세웠다. 아들에게는 따로 떨어진 방에서 조선 역사와 영어·독일어·우리말을 가르쳤다. 경신학교에서도 학부모들을 모아 놓고 일어 연설을 마친 뒤에는 우리말로 말했다.

"내가 당신네 이이들을 맡았소. 이러이러하게 교육시키겠소."

학부모들은 아주 좋아했다.

일제는 조선말 쓰는 학생들을 벌주었다. 그 판국에 교장이자 교수가 되어 '신사참배도 않고 일본말도 상용하지 않는다'는 것은 실상 목을 내댄 것이었다.

1945년 해방되기 얼마 전 총독부 주최로 조선인에게 언제 어디서나 일본말을 써야 한다는 '일본어 상용(常用) 완전실시 방책 토의'라는 게 열렸다. 총독부 학무국장(교육부장관), 경성부윤(서울시장) 등 일본인 관리들과 한국인 교육자 30여 명이 참석했다. 나는 보성전문 대표이자 경신학교 교장 자격으로 참석했다. 연희전문에서는 유억겸이 왔다. 일본인 후루이치 경성부윤이 서울에서 학교장을 맡고 있는 교장 4명─중앙학교장, 사립 여학교장, 정동의 학교장, 그리고 나를 지명해 일본어 상용에 대한 연설을 하게 했다.

형식적으로는 회의 자리에서 연설자를 즉흥 지명한 것처럼 보이지만 연설할 교장 4명을 지목해 골라낸 배경이 짐작됐다. 황해도에서 고위직을 지낸 후루이치 경성부윤이 황해도 출신 인사로서 나를 전부터 뒷조사해 알고 있다는 사실을 떠올렸다. 그가 일부러 나에게 일본어 상용정책 연설을 시킨 것임을 알았다. 내가 꼼짝 못하고 친일 대열에 끼어들길 바랐던 것이다.

중앙학교의 교장을 선택한 것은 영향력이 큰 김성수의 사람으로서 어떻게 나오나 보자는 심산이었을 것이다. 그는 "일어를 안 쓰는 학생은 엄벌하면 된다"고 했다. 실제로 엄벌하지 못할 것인데 그렇게 말해서 일본인을 속이고 그 자리를 넘어가려 했던 듯하다.

방송국에서 내보내는 일어 강의를 열심히 하던 사립 여학교 여성 교장은 "아름답고 우아한 일본말 쓰는 것을 자랑으로 알게 하면 젊은 사람들이 좋아서 따라 온다"고 하였다.

또 다른 교장은 "꿈도 일본어로 꾸게 하자"고 역설했다.

세 사람의 너무도 적극적이고 민망한 말을 듣고 난 뒤 마지막으로 연설하게 된 나는 불쑥 "일본말을 상용토록 하는 것은 안 될 말"이라고 했다. 대담한 발언이었다.

"4천 년이 넘게 써 온 조선말이다. 조부모는 일본어를 못한다. 우리 부모 세대도 일본어를 모른다. 그런데 어떻게 일본어를 상용하라는 것인가. 저희 나라 말을 저희 집에서 하는 걸 가지고 엄벌을 하자 하나 말이 그렇지 실제로 벌을 주지 못한다. 또 아름답고 고급한 일본말을 쓰자니 보통 사람은 보통 말만 하려 해도 죽을 지경인데 무슨 고급 상등 일본말을 쓰게 한단 말이냐. 꿈도 일본어로 꾸자는 게 무슨 소리냐. 생시에도 안 되는 걸 어떻게 꿈에 할 수 있단 말이냐.

나도 일본말을 하고 싶어 하는 것이 아니다. 너희들이 듣겠다니까 하는 것이다. 머릿속에서 한국어로 우선 생각하고 이를 힘들여 일본어로 옮기려니 분주하기 짝이 없다. 이 회의를 파하고 나가면서 우린 당장 조선말로 이야기 나눌 것이다. 생각해 봐라. 그것이 자연스러운 현상이다. 너희들이 이런 식으로 하면 반감만 더해질 것이다. "

가정에서까지 일본말을 쓰게 하라는 정책을 공식석상에서, 그것도 총독부 관리들 면전에서 "일어 상용 안 된다" 반대한다는 것은 실로 어리석은 것인지 몰랐다. 평생에 한 연설 중 가장 위험한 연설이었다. 식은땀 나는 회의가 끝나고 나올 때 경성부윤과 학무국장이 따라 나와 절을 하며 말했다. 진짜 속셈은 물론 따로 있는 것이지만 어떻든 그들은 "잘 들었소. 정말 진실을 말해 주어 알게 되었소." "정책을 세우는 데 많은 도움이 되었소"라고 내 면전에서는 그럴듯하게 말했다.

공개적으로 한 명분 있는 반대라 이들이 체면상 나를 곧바로 어떻게 할 수는 없었던 것이다. 그러나 나도 각오해야 했다. 배웅을 하면서 그들은 내 일본어가 '아주 훌륭하다'고 치켜세웠다. 하긴 대학 때 우수한 일본인 학우들과 어울려 다녔기 때문에 일본어가 좋았기 망정이지 내가 일본어를 친일파들보다 못했다면 무슨 일을 당했을지 알 수 없다. 친일에 온갖 잡스런 일을 다 하던 보전 강사 하나는 일본어가 유창하지 못한 조선사람 몰아세우는 일을 아무렇지도 않게 했었다. 학자라던 그에겐 조국이라는 개념이 없었다. 실제로 집안에서도 일본말만 쓰던 사람들이 적지 않았다.

내가 총독부에서 조선에서의 일어 상용정책을 반대할 때 대만에는 그 정책이 벌써 실행되고 있어서 아주 참혹했다는 것을 최근에 한 책을 읽고 알았다. 일본이 망한 뒤 대만 사정이 폭로됐는데 참 불쌍하였다. 공사하는 데 대만 주민을 동원해 일 시키고 전장에 내보내 못할 노릇 다 시키면서 그렇게 못살게 굴었다. 중국은 대만을 버린 자식처럼 내놓고 있었다는데 일본 황태자이던 소화가 한 달이나 대만에 가 있으면서 대만사람을 다 일본사람 만들어야겠다며 일본어 상용하라는 정책을 강하게 밀어붙였다는 것이다. 그래서 대만인들은 죽을 때도 일본말로 '아야야, 나 죽는다' 해야 병원에 갈 수 있었다. 일본말 못하면 아파도 그냥 죽어야 했다. 해방 후 대만인들은 일본에 사과와 함께 배상해 줄 것을 요구했다.

소화는 일왕이 되어 이번에는 조선을 대만처럼 하려 했던 것이다. 그런 상황 아래 내가 공식석상에서 일어 상용을 반대한 것은 사이토가 조선 총독으로 두 번째 와 있을 때였다.

총독부에서 그 연설을 하고 나온 뒤 총독부 시학관이 경신학교를 시찰 나왔다. 나의 행동을 응징해 겁주려는 것이었다. 그들이 학교를 발칵 뒤집어 내가 일본어 상용정책을 어긴 빌미가 될 자료를 압수해 갔다. 그러나 뒤이어 다시 조선인 시학관 조재호가 나와 일본 당국을 젖히고 나를 살릴 자료를 찾아내었다. 조재호 일행이 찾아낸 한 학급일지에 "우리 교장은 우리가 조선말을 써도 처벌하지 않는 사람이다. 그 대신 교장이 당국에 불려가서 혼이 많이 나니 우리가 알아서 하는 수밖에 없다"는 기록이 있었다. 이에 시학관들이 나를 학생들 사랑을 받는 교장으로 알고 이 일지를 특별하게 여기면서 감싸주어 내가 도청의 음흉한 손아귀에서 얼마간 벗어났다.

당시 일부 교육계 인사들의 친일 언행은 옆에서 보기 창피할 정도였다. 한 여교장은 고위 관리도 못 되는 일본인 하급자에게까지 잘 보이려고 술자리에서 무릎을 꿇고 술을 따랐다. 내가 아끼는 사람이라면 "그렇게까지 하지 않아도 된다"고 말해 주었을 것이다.

일제가 펴는 정책에 대해 보통 조선인들은 무서워하고 실무를 담당한 일본 관리들은 잘 먹혀 들어가지 않는 부분에 분개해서 날뛰었다. 고위

급들은 체면상 직접 나서지만 않을 뿐 뒤에서 모든 것을 일본의 이익에 맞게 조종하는 진짜 실권자들이었다. 이 사건 이후 나를 정말로 좋아하는 사람들이 많이 생겼다. 그러나 나를 거북하게 여기고 제거하려고 애쓰는 친일파들의 질시도 대단했다.

일제 기간 내 인생에서 아슬아슬한 때가 참 많았다. 그래도 늘 어떻게 빠져나왔다. 경신학교를 돈까지 붙여 친일파에게 내주라는 것 때문에 크게 충돌했지만 해방이 되면서 살아났고 지원병이나 정신대 나가라는 연설은 무슨 수를 써서든 피했다. 일어 상용하라는 정책에도 공식적인 자리에서 안된다 반대했고 신사참배도, 세금도 안 내는 데다 『보전학회논집』을 내느라고 검열자와 수없이 싸웠다. 일인 통역관 '하옵나이다'의 이름은 잊었다. 국산품을 쓰자는 물산장려운동을 해서 일본의 경제정책과 상충하는 입장에 서기도 했다. 무력으로 대담하게 싸우는 애국자는 아니지만 말로 대항해 지킨 것이다. 그러나 더 이상은 버티기 어려웠다. 일본에 원자탄이 조금만 늦게 내려왔어도 나는 죽었을지 모른다. 일제는 언제고 처치할 인물들 명단을 작성해 두어 나도 그 속에 들었는데 갑작스럽게 항복하면서 죽일 겨를이 없었다는 것이다.

광복 후 도청의 학무국 일본인들을 보러 갔다. 지금의 신세계백화점인 미스코시 건물 안에 모두 연금돼 있었다. 나 대신 경신학교장 일을 보던 아베는 "한국이 이제 일본어를 제2외국어로 쓸 테니 그때는 나를 강사로 불러 달라"고 비위도 좋게 말했다. 사헤키(佐伯) 시학관은 나이 많은 사람이었는데 "마지막 순간까지 괴롭혀 드려 미안하다"고 했다. 나를 협박하던 젊은 놈, 학무과장 기무라는 등을 돌리고 나를 쳐다보지도 않았다. 그는 허탈한 듯, 악이 바친 듯 했다.

쫓겨 가는 일본인들이 귀한 책을 들고 가지나 않나 내가 부산에서 검사했다. 책을 빼앗으려고 별렀는데 특별한 성과는 없었다. 그러나 일본인들의 독기는 자기네가 살던 적산가옥 담벼락에 '10년 후에 다시 보자' 어쩌고 써서 남긴 것으로 잘 드러난다. 이들이 오래전부터 가슴속 깊이 품고 있는 비수는 때만 오면 언제고 빼어 들 작정이 되어 있는 것이다.

갑자기 해방이 되니 한글을 아는 학생이 드물어 해방이 됐다는 한글 대자보를 써 붙일 사람조차 없었다. 아들은 내가 비밀리에 한글을 가르쳤기에 세브란스 의대에서 할 일이 많았다. 총독부에서 "조선의 학생들이 일어로 꿈꾸게 하자"던 교장의 학교에도 해방된 날 짐짓 가 보았다. 교문 앞에는 어느 새 '이 몸이 죽고 죽어 일백 번 고쳐 죽어…' 하는 정몽주의 시조가 커다랗게 써 붙여져 있었다. 놀랍게 재빠른 변신이었다. "음, 나보다 애국자구나" 하고 나는 속으로 웃었다.

교장이니만큼 창씨개명만은 나도 피할 수 없었던 상황이었다. 그래도 그 이름을 한 번도 안 쓰는 것으로 버텨 어느 서류에도 창씨개명으로 오르지는 않았다. 나는 누구처럼 해방을 전후하여 태도를 180도 전환해야 할 것이 없었다. 내가 순하지만 타협하지 않았다. 처세술이 부족한 곰이었던지도 모른다. 그래도 학생들이 내게 '한마디 말을 써 달라' 오면 '한결같이 살자'고 써 주었다. 그 평범한 말은 한평생 내가 지켜 온 길이기도 했다.

한결같이 살려면 대세에 묻어 이리저리 이문을 찾아 왔다 갔다 하지 않아야 되는데 상황 판단이 미숙한 사람이라면 뭘 모르고 거기 따라 움직일 것이다. 자기 줏대가 있고 매사를 정확히 알아야만 이문 따라 왔다 갔다 않고 살아갈 수 있다. 민족주의자라면서 '일본말을 안 쓰면 엄벌하자'고, '꿈도 일본어로 꾸자'거나 '아름다운 일본어를 하자'는 등 말이 안 되는 소리나 하던 사람 같은 것은 우습지 않은가. 한결같이 살려면 용감

해야 했다. 총독부 회의에서 일본어 상용을 반대하는 말이 아무한테서나 나올 수는 없는 것이었다.

어느 해 광복기념일에 교육회에서 근속 20년 넘은 각급 학교 교사, 교수를 불러다 상을 주고 금반지도 주었다. 이때 내가 대표로 답사했는데 이것이 유명하다.

"그동안 우리말로 강의도 못하고 한국말도 못 가르쳤다. 상을 받기는커녕 내놓아야 할 것이다. 당신네들은 몰라도 나는 아이 때 배운 역사 지식이 송두리째 뒤집히면서 태극기가 차례로 떼어 내지는 것을 보고, 애국가 못 부르고, 우리말 못하게 하던 일을 당하며 살아왔다. 이제 반쪽 독립이라도 태극기가 날리는 하늘 아래 우리말로 이렇게 답사를 하니 일제와 싸우던 힘든 때 같은 생각이 하나도 없다."

세상이 급변하던 때 교육자·지도자 들이 제대로 했다면 역사도 바르게 세워졌을 것이다.

6장

법학 50년

1934년 보전 금강산 여행 중 총석정에서. 뒷줄 오른쪽 넥타이를 맨 신사복 차림이 최태영이다.

ⓒ 최태영

보성전문과 법학

1924년 3월 메이지대 영법학과를 졸업했다. 영어교사 자격증을 가진 학사가 되었으며, 총장은 내게 곧바로 서울의 경성법학전문학교 교수로 갈 수 있는 추천장을 써 주었다.

경성법학전문학교는 조선의 법관양성소에서 출발한 3년제 관립학교로 교장은 아비코란 일본인이었다. 으레 일본인 학생들이 입학하고 교수도 일본인만 쓰고 조선인은 친족법 교수 1명만을 구색으로 갖췄는데 얼마 후 경성제대 법문학부로 합쳤다. 메이지대의 학형 김병로가 거기서 친족법을 강의하다 나와서 변호사를 하고 있었다. 그가 내게 "일본인들만이 정교수로 가르치고 있는 판에 우리나라 사람도 앞으로 교육해야 할 것 아닌가. 경성법학전문학교에 가면 한국인은 나중에 군수나 나가라 하니 학문할 곳이 아니다. 보전에 와서 가르쳐라" 했다. 그 말을 듣고 보성전문학교로 가기로 용단을 내렸다. 자유인으로 마음껏 공부할 수 있는 데라야 했다.

그때 조선의 근대식 고등교육기관은 경성법전 외에 의전·공전 같은 관립 전문학교가 있고, 사립은 3년제 보전과 연전이 같이 있었으며 일인들이 주도한 5년제 경성제국대학이 막 생겼다. 성균관은 교육 기능이 폐지됐다. 보전은 상과와 법과, 두 과가 있어 법과 정원이 1백 명인데 연전은 법과도 없고 학교 분위기도 안 나서 보전이 더 학교 같았다. 보전은 김성수 때 커졌다. 그래도 연전은 학교 설비가 좀더 나았다. 설립자 언더우드 2세는 좋은 사람이고 내가 그와 친하니 연전에 법과가 있거나 내가 문과를 했으면 두말없이 연희전문 사람이 됐을 것이다. 그러나 연대와는 후일에도 학교를 맡아 달라는 것을 거절할 수밖에 없어 종래 인연이 안 생겼다. 경성제국대는 조선인의 민립대학 설립을 막고자 1924년 일제가 세운 학교인데 거기서 교수로 오라고 했으나 중요한 법학 과목을 맡길 것이 아니란 걸 알아서 거절했다. 많은 사람들이 경성제국대에서 일본인 교수의 치다꺼리나 하며 세월을 허송했다.

보전의 법학과 강사 1년을 거쳐 1925년 보전 상과와 법과에서 상법·민법·법률통론 등 과목을 주 13시간씩 가르치는 조선인 최초의 정교수가 되었다. 경신학교의 부교장이자 대학 입시를 앞둔 상급 학년 영어 가르칠 일도 급한 것이어서 두 학교를 겸직했다. 김용무 등 일본 주오(中央)대 졸업생들이 운영하는 경성법학원과 보전의 야학부 전수학원에도 나가 법률 강의를 했다. 여기에는 신문·잡지기자들이 많이 와서 열심히 강의를 들었다. 두 군데는 보수 없이 봉사하는 것이었다. '그렇게 일하다 죽는다' 소리도 꽤 들었다.

한동안 내가 유일한 정교수로 존재했다. 교수 외에는 대용 교사들이었다. 학사 학위가 있어야 정교수가 되는데 그때 5년제 대학 정규과정을 마친 학사가 귀한 데다가 막상 학사를 한 이들은 관직을 택해 도지사 나가는 것이 대세였고 나만 교육계로 들어온 셈이었다. 게다가 학교당국에서도 정교수는 여간해서 안 시키는 주의였다. 보전이 처음부터 내게 정교수를 맡긴 것은 아니었다. 그동안 가르치던 일본인 교수가 다 도쿄제대로 떠난 뒤 대용 교사가 그 강의를 이어 맡아 그만 못하면 그날로 학생들한테 스트라이크 맞아 쫓겨나곤 했다. 민법총칙을 하던 서 교수도, 진 교수도 학교를 떠났다.

나는 무슨 과정의 강의든 시작 전 한두 달 동안 혼자 그 과정을 다 떼 본 뒤에 자신이 생겨야 '오, 인제 하겠다' 하고 나섰다. 내가 새로 맡으면 그 전에 아무리 훌륭한 자가 하던 강의라도 학생들이 아무 말 않고 받아들였다. 나는 학생들이 무서워하는, 어떻게 하지 못하는 교수였다. 영법과 출신이니 미국 뉴욕과 만주국 유가증권법, 상법·민법 같은 것을 강의했다. 뉴욕의 유가증권법이 세계통일법이 되고 동양에선 만주국의 유가증권법이 유일해서 둘을 비교해 가며 가르치는 것이었다.

내 최초의 법학 논문 「바빌로니아법 연구」는 1925년경 우리말로 쓴 것이다. 어느 논문집에 실렸는데 내가 지니고 있는 것이 없다. 이는 이로 갚고 눈은 눈으로 갚는다는 것은 바빌로니아법에서 나왔다. 김성수가 '당신은 왜 바빌로니아 문명만 찾느냐' 했지만 바빌로니아 문명이 우리에게 온 것을 알게 될 것이다. 내가 1930년대에 보전 도서관에 비치해 둔 바빌로니아 『함무라비 법전』이 고려대학에 아직 있을 것이다. 1934-1937년간에 쓴 「히브리법 토라 연구」는 일제 치하에서 『보전학회논집』에 우리 글로 3회에 걸쳐 발표한 논문이다.

보전서 가르친 법학은 점점 전문적인 것으로 들어갔다. 민법은 법률행위를 가르칠 사람이 그때 달리 없었다. 메이지대에서 안 배워 준 민법 중의 법률행위·불법행위(관념통지·감정통지) 항목은 보전에 와서 따로 공부해 가지고 '우리 학생들에게 알아듣게 해 줘야' 하며 열심히 가르쳤다. 원로가 가르치는 법학통론도 맡았다. 메이지대와 교토제국대를 나온 일본인 3명이 정교수로 있다가 도쿄제대로 옮겨가는 통에 그 강의를 도맡아 일본 헌법·행정법·형법 등을 강의하느라 숨 돌릴 새 없었다. 일본 헌법을 가르쳐야 하지만 내가 강의한 것은 일본 천황에게 경어를 써가며 들먹어야 하는 일본 헌법이 아니고 바이마르 헌법 등 여러 나라 헌법을 비교하는 것이었다.

상법·민법·행정법·헌법·법학통론 등 여러 법을 두루 3년 이상씩 한 강의 경력으로 대한민국 정부의 대법관직 제의와 변호사 자격을 제1차로 받았으나 둘 다 뜻이 없어 경력으로는 되지 않았다. 1958년에는 중앙대에서 명예법학박사 학위를 받았다. 후진들을 박사로 키워 내려니 나부터 박사가 되어야 한다는 문교부 방침에 따른 것인데 별로 가질 생각 없던 박사학위를 굳이 후진들에게 심사받아 받을 생각은 없어 논문 제출을 졸랐어도 응하지 않아 명예박사가 됐다.

상법은 내가 치중한 과목이었다. 상법이 왜 중요한가는 그 안에 어음·수표법이 있기 때문이다. 어음·수표 종이 한 장을 두고 일 년 내 강의하는데 보통 사람은 흥미를 갖기도 어렵거니와 절대로 거짓말이 통용되지 않는 것이었다. 그때 어음·수표에 관한 상법은 독일법과 영국법이 일반적으로 통용되다가 국제무역의 비중이 미국 쪽으로 옮겨 가며 영미법이 선진법으로 차용되기 이르렀다. 1931년 세계통일법이 제정된 뒤에도 영미법은 독자적인 세력을 갖고 통용됐다.

상법에 관한 한 상당기간 나는 독보적인 존재였다. 뉴욕과 만주국의 유가증권법을 비교해 시의적절한 강의를 학생들에게 해 줄 수 있었다. 그때 다른 사람은 내용을 몰라 입도 떼지 못하는 것이었다. 세계통일법이 제정됐을 때 동아일보에 이 법의 해설을 연재했는데 은행 같은 데서 당장 적용해야 되니까 도움이 되었다. 평양의 실업가들이 이를 반겨 평양에서 단행본으로 출판했다. '비교 어음·수표법'이라고 할 것이다. 그

후 내놓은 저서 『현행 어음·수표법』은 세계통일법과 영미법을 비교한 전문서적으로 1953년 중앙대출판부가 발행했다.

이 책으로 어음·수표란 순수 우리말 용어를 그대로 살려내 오늘에도 쓰이는 표현으로 굳힐 수 있어 자부심을 느낀다. 어음이란 종이 한가운데를 생선 지느러미처럼 지그재그로 베어 두 쪽으로 들고 나게 해서 한쪽은 은행에 두고 한쪽은 발행자가 가지고 있다가 나중에 지느러미를 서로 맞춰 보아 위조하지 않았나를 살펴보고 돈을 지불하는 것이다. 지금의 보증수표와 같다. 내가 아이 때 할아버지의 상거래에서 '어음(魚驗)'이란 말이 생생히 쓰이고 있음을 알았다. 이때의 기억이 상법을 하면서 우리말 용어를 찾아내는 데 도움이 된 것이다. '수표'도 우리말로, 손 전체로 도장을 박아 위조하기 어렵게 만드는 것이다. 일본에서는 어음을 '수형'이라고 하고, 수표를 '소절수'라고 하는데 이런 일본식 용어를 막아내서 다행이라고 생각한다. 우리가 오랜 경제생활을 해왔다는 증거이기도 하고, 일본보다 먼저 발달한 나라라 '어음' 같은 우리말이 있었던 것이다.

『현행 어음·수표법』 책은 학생들이 바로 민중서관 인쇄소에서 450원의 실비로 사 볼 수 있게 했다. 저자인 나는 한 푼도 이문을 취하지 않았고, 민중서관도 최소한의 인쇄비만으로 학생들에게 책을 줄 수가 있었다. 6·25동란 중의 학생들 형편은 아주 구차했다. 도와주지는 못할망정 그들로부터 이문을 남긴다는 것은 할 일이 아니라고 생각했다.

고래로 우리나라 선비의 책들은 모두 자기가 하고 싶은 말을 기록하는 것이었고 그렇게 해서 전해졌다. 누군가 저술을 돕겠다면 영광이고 많은 독자들이 사 보면 좋은 일이지만 돈을 벌기 위해 책을 쓴다는 것은 책을 쓰는 원래 목표와는 다른 것 아닌가 한다. 『서양 법철학의 역사적 배경』 책도 그렇게 비매품으로 냈다. 나의 이런 생각에 이 회고록의 나보다 젊은 정리자는 이 회고록이 판매를 염두에 두지 않은 발행이 될까봐 걱정스러운 눈치였다. 그러나 "그러지는 않을 것이니 걱정 말라"고 했다. 요즘엔 지적재산권이란 것도 있으니까.

어음법은 보전 재직 내내 강의했고, 서울대 등에 옮겨 가서도 계속했다. 총 50년의 강학이었다. 애초에 상법에 치중한 것은 일본 천황을 들먹이는 일본 헌법 이야기를 그나마 좀 덜 할 수 있다는 점 때문이기도 했다. 상법학회 회장직도 오래 맡았다. 민법도 상법과 병행해서 강의하고 1957년 『상법총칙 및 상행위법』을, 1960년에는 공저 『법학개론』과 1961년 공저 『신민법총칙』을 냈다.

위의 책들은 학생들 교재로 펴낸 것이지만 내가 가장 힘을 기울인 역저라고 할 것은 1977년 숙명여대출판부에서 펴낸 『서양 법철학의 역사적 배경』이다. 50년에 걸친 영미법 연구의 결정판이 된 이 책에서는 고대 함무라비법부터 그리스 로마의 법, 중세의 법 등을 거쳐 현대의 켈젠(Hans Kelsen)에 이르는 민주주의에 관한 상당한 논고를 썼다. 치밀하게 연구했다는 자부심이 있다. 코잉(Helmut Coing)을 논하는 데까지 들어갔다. 7천 장이 넘는 원고를 카드 없이 머릿속 기억을 가지고 썼는데 참고문헌 정리에만 1년이 걸렸다. 그 해 이 책이 학술원 저작상을 탔다.

이 책을 낸 이후에는 한국의 전통법을 정리할 계획으로 한국의 고대법부터 조선시대 법철학까지 다룬 논문을 냈다. 고대사를 비롯한 한국사는 법학의 인접 학문이라 당연히 들여다보게 됐다. 논문은 평생 쉼 없이 썼다. 동서양 법철학을 같이 논할 수 있다는 학문을 인정받아 학술원의 지명필자로 선정되어 1980년 학술원 국제회의에서 동서양 자연법을 비교해 「동서양 법사상의 유사점과 차이점」을 발표했다. 사람들이 놀라는 것은 어떻게 동서양 법철학을 다 했느냐는 것이었다. 서양 법학자는 서양 법철학만 안다. 일본도 동양법학 중에 중국 정도나 들어 비교할 수 있을 뿐이다. 이 회의에 참석한 독일 법학자 코잉이 나의 논문을 보고 '동서양 법학이 같이 논의 되니 신난다'고 하고 친해졌다. 이 논문으로 유승국 한국정신문화연구원장이 지기가 되고 여러 나라 학자들과 교분이 생겼다.

중국 법철학 연구는 한국의 법철학 연구를 위한 준비로 했다. 중국법만 있고 우리나라엔 전통법이 불분명한 줄 아는데 우리나라가 외형상 중국 것을 많이 받아들인 듯 보이지만 실상은 허다한 명칭의 왕명과 관습법·불성문법 등 한국의 고유한 법이 고대 이래 큰 비중을 차지하고 있다. 이들 논문을 중심으로 서양 법사상과 비교될 한국의 법사상을 정리해 펴내려던 것이 한국사가 왜곡되어 있음을 알게 되면서부터 본격적으로 들어간 한국사 연구로 미뤄지면서 그동안 책으로 꾸미지 못했다.

미비하더라도 법이 있어야 사회질서를 유지하고 일정한 효과를 내게 한다. 그걸 공부하는 과정은 모래 씹는 맛과도 같다. 법 중에도 민법은 아주 어렵다. 그러나 민법을 알아야 형법과 행정법을 익힐 수 있다. 학생들이 졸지 않고 듣게 하려면 교수법의 연구가 필요했다. 젊어서 하던 바이올린 연주를 생각했다. "법을 어떻게 해석하고 실제 사건에 어떻게 적용하느냐에 따라 같은 악기라도 명연주가 있고 시끄러운 소리가 있다"는 체험적 비유를 들었다. 국제법은 지금과 달리 그때는 법으로도 생각 않을 만큼 미미한 것이었다. 한글학자 주시경 선생이 일찍 명언을 했다. "만국 국제공법이 대포 하나만도 못하다"는 것이었다.

안 해본 것은 소송법과 해상법인데 소송법은 내가 대서인이나 판검사가 될 리 만무하니 손도 대지 않고 '변호사나 판사 데려다 해라'고 버티었다. 그때 대법관 한 사람이 살인사건을 오판한 데 대한 갈등 끝에 출가해 스님이 되었다. 해상법은 해양에서 장사하는 일을 다룬 것이지만 실제로 배를 타보지 않고는 그 상황을 몰랐다. 노동법은 나도 못했다.

일본인은 못 가르치고 조선사람만 가르칠 수 있는 게 친족상속법이었다. 다른 법은 다 신식법이지만 친족상속은 우리나라 관습대로 하는 습관법이니까 일본인이 모르니 교장이 일본인인 학교라도 조선사람이 꼭 하나씩 있어 그 과정을 가르쳤다. 김병로도 경성법률전문학교에서 친족상속법을 강의하였고 연전에서는 정광현이 상과에서 가르쳤다.

일본에서 공부할 때부터 장차 조선에서 교육할 것을 생각했다. 나만치 서양학문에 능통한 사람이 그때 없었다. 금광 등으로 그렇게 돈을 벌어도 종래 교육에 전념하여 학교에서 가르친 것은 '젊은이들을 깨우쳐야 조선의 정신과 이권을 일본에 뺏기지 않는다'는 신념이 있어서였다. 내가 선생이 되면 첫째, 학생들이 알아듣게 강의하고 둘째, 법률 선생은 과목을 맡아 대개 앞부분만 강의하다 끝내는데 나는 끝까지 다 가르친다는 원칙을 지켰다. 실제로 보전이든 서울대든 그렇게 수업하였고 나중에 몇 시간 놀렸다. 서울법대 제자 이태영이 말하길, 나만이 법학과목 맡은 것을 다 떼어 주었을 뿐이라고 했다. 학생들이 졸지 않게 우스운 얘기도 하는데 시치미를 뚝 떼고 했다. 학생들이 수업시간에 공부 말고 재미난 얘기해 달라면 "다른 분들이 그렇게 하더냐" 물어서 "그렇다"고 하면 "그럼 그분들이 해주니까 나는 안 해도 되겠다. 민법 얘기하겠다" 하고 "다른 선생들이 안 해준다"면 "그분들도 하지 않는데 내가 어떻게 하겠냐. 민법 얘기하겠다" 하니 학생들이 꼼짝 못하고 들었다. 휴강은 한 번도 안 했다. 학생들이 저희끼리 하는 소리가 내 눈알이 별나다는 것이었다. 뭐하다가 내가 똑바로 쳐다보면 그만 항복이었다.

나는 그때 세월에 아주 적합한 교수였다. 불이 나가도 상관없었다. 이시영 부통령이 와서 하던 신흥대학(경희대 전신) 야간부 시절에도 전등이 곧잘 꺼졌다. 아무것도 안 보고 강의하고 그만큼 익숙했다. 메이지대에서도 아무것도 안 가지고 들어와 강의하던 사람도 많았다.

내가 처음에 하려던 것은 물리학자였지만 지금 물리학은 아주 딴 학문이 되었으니 그때 물리학을 했으면 지금 아무 소용없이 됐을 것이다.

내가 쓸모는 많던 사람이었다. 할 사람이 나밖에 없대서 단국대에서는 과학개론을 10년이나 가르쳤다. 과학개론은 물질과학과 정신과학을 함께하는 것이어서 철학과 물리과학을 다 해야 했다. 숭실대에서는 서양법제사를 가르쳤다.

채병덕(蔡秉德) 장군이 내게 군에 와서 별 달고 법무감 노릇을 겸직해 달라는 것을 거절하고 끝까지 법전편찬위원만을 했다. 이때 중앙대 대학원에 나의 법학 강의를 들으려고 들어온 서울법대 출신 제자들이 많았다. 이태호 부총장도 내 강의를 들으러 와서 늘 앞자리에 와 앉곤 했다. 중앙대에 있으면서 「사권(私權)의 상대성」 「자우어(Sauer) 법철학의 문화가치와 규범적 범신론」 등 법학 논문을 발표했다. 서울대 재직 중에는 학교 건설에 몰두하느라고 논문을 쓸 겨를이 없었다.

젊어서부터 『화엄경』에 나오는 '부동지(不動地)'란 말을 좋아했다. 부처로 성불하기 전의 수행 단계로 어떤 일을 자기 판단에 맞게 하면 큰 과오 없이 옳은 방향으로 처리되는 경지를 말하는데, 그 경지에 들어갔다고 생각하기보다 거기까지로 만족한다는 것이다. 오세창이 그 글귀를 붓글씨로 써 준 편액을 늘 내 방에 걸어 놓았다.

창덕궁 앞 와룡동 집에서 송현동 보전과 연지동 경신학교를 다니기 좋았다. 안암동 집에서도 송현동과 정릉 경신학교까지 걸어 다녔다. 다리 힘이 세기도 했거니와 큰 운동이 됐을 것이다. 그래도 아침 일찍 못 일어나는 체질이라 이른 시간 강의는 피하고 주중의 하루는 쉬면서 잠을 자거나 산 좋고 물 좋은 곳을 찾아다녔다.

나의 취미가 그것이고 그 덕에 견뎌낼 수 있었다. 서울 근교 모든 산은 안 가본 데 없고 멀리도 갔다. 서울 사대문을 잇는 한양도성을 따라 산을 오르락내리락하면서 걷는 '성돌이'를 즐겨 나섰다. 꼭 40리(약 15.7km)였다. 성문을 옆에 두고 굳이 성벽을 타 넘는 월성을 했다. 동소문, 서소문 등 8개 성문이 다 남아 있었고, 각처에 절들이 있어 절밥을 먹었다. 소요산은 보전 교수들이 잘 가던 곳으로, 절에서 하룻밤 자면 정신이 쇄락해졌다. 어딜 가나 떡전 거리가 있었다.

양평이 좋았다. 두 군데 강물이 모이는 두물머리에 자주 갔다. 한라산도 올랐고 금강산은 혼자서도 가고 학생들을 인솔해 가기도 하여 스무 번도 넘게 갔다. 내금강의 마하연 있는 곳까지 들어가 보아야 금강산의 진풍경을 본다. 마하연에서 우연히 만난 이광수와 함께 비로봉을 올라가기도 했다. 그가 숨가빠 하므로 비로봉까지 수백 계단을 붙잡고 올라갔다. 비로봉 정상은 벌판처럼 펼쳐진 곳에 나무들은 바람에 쓸려 다 누워 있었다. 같이 마의태자 후손들 사는 비로봉 근처에 가서 자기도 했다. 산간에서 먹는 피밥이 어떤 건지 먹어 보자 주문했더니 왜 굳이 그런 거친 밥을 먹으려 드느냐, 의아해 했다. 목침밖에 아무 설비도 없는 잠자리였지만 불을 뜨끈뜨끈하게 때 주었던 기억이 난다.

함경도 세포 밑의 김일성 별장지라는 '검불랑'은 낙엽송이 잘 자라고 고지대라 땅속에서 자라는 감자·무·배추가 잘돼 사람 다리통만 했다. 땅 1평에 1전씩 했다. 그곳이 매우 마음에 들어 노후에 금강산 안내원을 하든지 검불랑에 와서 나무 심어 놓고 살려고 했었으니, 어리석다.

보성전문 박승빈 교장

　보전은 고원훈(高元勳) 교장 때 총독부에 교섭해 그전까지 법률·경제 잡종학교이던 것을 전문학교로 만들어 놓은 뒤 자기는 도지사로 가면서 허헌(許憲, 1885~1951)을 교장으로 앉혀 놓았다. 그때 교장을 하고 나면 으레 도지사 나가는 것으로 정해져 있었다. 그는 도지사로서 보전 졸업생들을 많이 취직시켜 주었다. 내가 재직하는 동안 보전은 재정이 어려워 교장이 여러 번 바뀌었다.

　1924년 처음 보전에 갔을 때 교장은 변호사 허헌이었다. 신간회에서 활동하던 그는 민족주의자와 공산주의 진영으로 갈릴 때 공산주의 편을 들고 나중에 월북해 공산당이 되었다. 1924년 그가 관철동 집을 팔아 세계일주를 계획하면서 내게 영어를 가르쳐 달라고 했다. 알려진 것과 달리 그는 메이지대학 법과에 다니지 않았다. 단지 '추천 학우'로 등록된 것뿐이다. 그의 사무실에 수습 나오던 김용무 변호사(金用茂, 후일 대법관)와 공산당으로 유명한 그의 딸 허정숙(許貞淑)이 못 알아채게 비밀리에 알파벳부터 시작해 사전 찾는 법과 간단한 회화를 익히게 했다.

　그가 세계일주에서 돌아와 "세계 각국 지사들을 다 만나 의사 교환을 하고 다녔다"고 말할 때 나는 하나도 곧이듣지 않았다. 그러나 그런 선전이 효과가 있었는지 그는 이후 빠른 출세 길을 걸었고 종래는 월북했다. 그 사람이나 홍명희가 공산당이라는 것은 우스운 일이다. 허헌은 수표교 예배당의 목사 월급 등을 지원했었다.

이때 경상도 부자 김기태가 보전에 돈을 내서 재단법인을 만들었는데 사립학교를 만들어 놓으면 일본이 다 공립으로 뺏어가니 김기태가 열이 나서 자기 파에 들지 않으면 "우리하고 맞지 않는 놈이다" 하고 싫어했다. 허헌 다음번 교장으로 온 유성준(兪星濬)은 『서유견문』을 쓴 유길준의 동생으로, 우리나라 최초의 『법학통론』 저작을 남겼다. 그는 파벌들 틈새에서 휘둘려 강하게 나가질 못했다.

1925년 교장으로 온 박승빈(朴勝彬) 변호사는 명석한 사람이었다. 강원도 부유한 집안 출신의 변호사로 박 교장 자신은 국어학자이기도 해서 국문법을 가르쳤다. 인사동의 스팀 시설이 된 넓은 집에서는 큰 연회가 많았다. 학술지 『계명』을 발행하던 계명구락부는 그의 집에 있었다.

최남선·박승빈 등이 회원이고 유식한 이부터 시시한 이들까지 다 들어가 있었는데 그중에 최린도 있었다. 내가 박승빈을 좋아했지만 최린 같은 친일파 있는 계명구락부가 마땅치 않아 사무실에도 한 번 안 갔다. 난 언제나 혼자서 공부하는 사람이었다. 최남선은 박승빈을 통해 알았다. 구락부에 들지 않았어도 최남선이 그의 글 「살만(샤먼) 교차기」「삼국유사 해제」가 실린 『계명』 18호와 19호를 주어 지금까지 지니고 있다.

박 교장 재직시 나는 법과 정교수가 되어 법학 강의하는 것 말고도 특별한 업무를 했는데 바로 중요 입시과목인 역사지리를 출제하고 채점하는 것이었다. 보전에 그때까지도 역사과가 없었다. 내가 "면해 달라" 하면 박 교장은 "당신 말고 아무도 할 사람이 없으니 도리가 없다. 역사 안 하려면 법학도 하지 말라"고 나왔다. 내가 배우고 아는 한국사에는 자신

1932년 학교인계가 결정된 뒤 퇴임을 앞두고 보전의 전임교수 전원과 교직원이 기념촬영했다. 앞줄 왼쪽부터 황태연 상무이사, 김영주, 박승빈 교장, 백상규, 홍성하, 최태영, 뒷줄 왼쪽부터 교직원 오일철, 김재영, 와다나베, 다카하시. ⓒ 최태영

있었고 메이지대에서 배운 동·서양사를 바탕 삼아 10년 동안 역사문제를 출제했는데 사실 이것이 국사 연구와 맺은 첫 인연이기도 했다. 역사는 중학교 때부터 대단하다고 선생님들이 날 아주 접어 놨었다.

이후 사학자 황의돈(黃義敦) 선생이 들어왔다. 『삼국사기』와 고조선 건국을 말하는 '석유환국' 구절이 훼손되지 않은 『삼국유사』 임신본(壬申本) 정본을 가지고 있던 분이며(현재 서울대 규장각 소장), 최초의 여판사 황윤석(黃允石)의 부친이다.

당시 보전의 경영자는 애초의 설립자인 이용익과 손자 이종호의 손을 떠나 천도교가 관리하다가 김기태에게 넘어와 있었다. 신설동의 솔밭 3만 평과 천도교가 기부한 손병희 별장 상춘원, 송현동의 강의실 7개와 사무실 2개, 정구장이 딸린 작은 규모의 학교 교사가 보전의 전부였다. 재정이 어려운 보전에 새로운 경영자를 물색하는 일이 보전을 살리는 길이었다. 나는 모펫 박사가 권하는 대로 고향 가까운 평양 숭실전문으로 옮길 생각이었으나 박 교장은 "우리가 무슨 파벌에 들지 말고 경영자를 찾아 보전을 살리자"며 평양행을 말렸다.

매사에 경우 밝은 박승빈은 종교도 없고 이론에 따라 사는 정직한 사람이었다. 나를 보고는 "아주 삼엄한 이론대로 사는 사람이다. 나하고 맞는다"고 했다. 6·10만세사건 때 내가 시위학생 문제를 처리하는 것을 본 뒤 박승빈은 나한테 맡기면 자기가 하는 것보다 더 잘할 것을 알았다. 내가 그의 부하인데도 "이건 안 됩니다. 이렇게 하면 안 됩니다" 하면 조금도 불쾌해 하지 않고 "그건 네 말이 옳다. 삼엄한 이론에 복종한다"고 했다. 그의 '삼엄한 이론'이라는 것은 이론이 이론다워야 한다는 것이었다. "역사 안 하려면 법학도 하지 마라"는 박승빈의 삼엄한 이론에 따라 내가 역사를 한 것이기도 했다.

박승빈 교장은 '보전에 붙어 오래 해 먹자' 그런 소리 없이 "우리 보전에 야심 갖지 말고 학교를 튼튼히 해 놓자" 하던 볼 만한 사람이었다. 박교장과 나, 두 사람만이 아무 파에도 안 들었다. "당신 하나가 자격 있는 정교수이고 내가 의식주 걱정 없는 교장이니 우리 두 자리를 내놓고 힘을 합쳐 이 학교를 감당할 훌륭한 주인을 찾아 보전을 완전히 기초를 잡아 살려놓고 물러납시다"라는 그의 지론에 내가 따랐다.

"어떤 방식으로 하잡니까?"

"우선 원효섭부터 만나 보전 맡을 의향이 없나 타진하자."

그때 재력가이면서 도지사 같은 것을 지내고 가서 지방의 면장을 겸하는 거물 면장이 유행이었다.

"그 사람 안악서 면장합니다."

"그를 찾아가서 보전 교주하라고 설득해라. 교장과 정교수 자리를 원효섭 당신 사람으로 쓰라고 해라."

눈이 펑펑 내리는 날 푹푹 빠져가면서 내가 황해도 안악 그의 집으로 찾아갔다. 일본서 학교를 다니고 나이는 나와 비슷한 사람이었다. "거물 면장 그만두고 서울 가서 전문학교 맡아서 하시요. 시방 보전이 돈이 없소." 이틀 밤을 자면서 권했다. 안악의 만석꾼인 그는 방에 사냥개 수십 마리를 들여놓고 왔다 갔다 하게 위하면서 보전 인수나 교육사업에는 관심이 없고 뭣자리나 좋은 것 구하는 데 돈을 얼마든지 내겠다고 했다.

윤치호에게도 의사를 타진했는데 "돈 든다"고 거절했다. 윤치호가 그때 보전 안 맡은 것은 오히려 잘된 일이었다. 맡았다 해도 YMCA 청년회 학관을 없앤 것처럼 보전도 돈 들어간다고 얼마 안 가 또 없앴을 것이다. 그는 아들이 다니던 경신학교에서 일본 역사 안 가르치는 걸 그렇게 미워했었다. 그때 조선의 학교에서 일본 역사 안 가르치는 것은 일리가 있는 것이었다. 경신학교는 그 때문에 한동안 대학입학자격을 안 줘 별도의 검정시험을 치게 만든 것을 내가 부교장으로 오면서 지정학교가 되어 해결했다.

김홍량·김용진은 윤치호에 비하면 훌륭하고 정말 애국한 사람들이었다. 안악 부자인 그들은 "우린 보전을 인수하기보다는 대규모로 민립대학 세울 것을 계획하고 있다. 돈은 얼마든지 낸다. 그러나 양산학교 만들어 놨더니 총독부가 일본서 거물 백작을 데려와 학교만 뺏겼다. 우리의 조건은 하나다. 무슨 학교든지 최태영, 네가 직접 하겠다면 돈을 내겠다. 장응진은 황해도의 교육을, 너는 서울의 민립대학을 맡아라. 연전의 신흥우는 재주가 너무 많고 일본인과의 관계도 신뢰할 수 없다"고 보전도, 연전도 기피했다. 그 후 김병로가 나서서 그의 인척이기도 한 김성수를 보전의 새 교주로 맞아들였다.

『보전학회논집』과 김성수

1932년 김성수가 새 설립자로 들어오고 교장직을 맡았다. 그는 5백 석 토지를 중앙학교 재단에 내놓고 보전을 인수했다. 이후 신설동 3만 평 땅과 별장, 송현동 교사를 팔고 안암동 국유지를 불하 받아 본관 4층 석조 건물을 지었다.

정교수가 귀한 때라 맡을 사람이 달리 없어서 나는 보전에 계속 재직했다. 그보다 김성수가 내게 기대한 것은 다른 것도 있었다. 나는 학교의 복잡한 시간표 짜는 데 명수였는데다 지주 계급 출신인 점이 호감을 준 것도 있었다. 그가 보전 확장을 위해 전국에서 기부를 받는데 김홍량 같은 안악 대부호를 친척으로 둔 나 같은 얼굴이 필요하기도 했다. 모펫이나 언더우드 등 유력한 선교사들과 대를 이어 내린 친분이 있어 총독부와의 교섭에 내가 적임자라고 생각한 것도 있었다.

김성수가 "미국에 재정 후원을 요청하면 어떨까?" 하고 말을 꺼냈을 때 나는 "절대로 서양인한테 재정 도움을 받지 말자"고 막았다. 지금도 잘한 일이었다고 생각한다. 이미 미국 선교사 돈으로 세운 연희전문이 있는데 한국인 혼자 힘으로 세운 학교가 나와야 했다. 그것이 보성전문이었다. 김성수도 동의했다. 대신에 그는 뷔크 차를 타고 전국 13도를 돌아다니며 유지들로부터 3천 원씩의 기부금을 받았다. 이들이야말로 보전 설립의 진정한 공로자들이다. 안악의 김홍량한테서 내게 전화가 왔다.

"김성수가 여기 온다 하는데 자네 체면만큼은 돈을 낼 터이니 자네는 올 것 없네."

김성수가 다녀와 안악 김 농장을 두고 "황해도란 데가 시골이기만 한 줄 알았는데 그게 아니고 정말 놀랍더라"고 했다. 김 농장에서는 벌레가 앉지 못하도록 사과를 일일이 반질반질하게 닦아서 키우며 '진남포 사과'로 일본에 수출하고 있었다. 김성수는 김씨 문중으로부터 더 많은 특별기부금을 기대했지만 김홍량은 얼마 후 보전 대신 경신학교를 인수했다.

보전의 도서관과 연구실이 거뜬히 세워졌다. 이왕직 땅이던 산을 불하받고 김성수가 세계일주를 하면서 본 독일의 올림픽 경기장과 똑같은 운동장을 보전에 건설했다. 김성수의 생부 김경중 씨가 술을 사 가지고 이따금 나를 찾아왔다.

"김성수가 내 말은 안 들어도 당신 말은 듣는다는데 보전 짓는 터의 청룡발·백호발을 다치지 않게 부탁 좀 해주오."

"내 말도 안 들을 것입니다. 그 자리가 좋은 자리니까 당연히 건물을 지을 것입니다."

보전의 청룡발·백호발은 지금 도서관과 강당이 있는 자리다. 가운데는 본관이 들어앉았다. 보전은 교실에 학생들 의자 놓는 일까지 김성수와 내가 둘이서 직접 했다. 같이 이야기할 틈을 만들기 위한 것이었다. 김성수가 나보다 힘이 셌다. 그러나 이런 일이 김성수와 나를 가까운 사이로 만들어 놓은 것은 아니었다.

그와 나 사이에 정작 다른 밀약이 있었다. 국내 대학 중 보성전문이 최초로 학술논문집을 내는데 "다른 사람은 일본어로 쓰더라도 최태영 만큼은 반드시 우리말로 논문을 쓸 것이며 최태영이 맡아 편집하여 한글 논문을 권두에 싣는다"는 것이었다. "조선인 인쇄소에서 발행한다"는 것도 약조였다. 보전논문집을 조선말로 발표한다는 것을 총독부 사이토에게 '조선말로 낸다' 통고하고 했다. 사이토가 경신학교 강당 낙성식에 와서 영어 연설을 하도록 만들어 놓고 그에게 『보전학회논집』 발간 이야기를 할 수 있었다. 그게 다 고급 교제를 통해서 가능했던 일이다.

포항공대 박기환 교수의 1998년도 오사카대학 박사논문 「근대 일한문화교류사 연구─한국인의 일본 유학」에 이 사실이 세밀히 언급돼 있는데 김성수와 나만 알고 아무에게도 말을 안 냈던 그 약조를 어떻게 알아냈는지 모르겠다. 그 내막을 모르는 사람은 『보전학회논집』 발행에 내가 스스로 미화했다고 생각할 것이다. 좌우간 세상에 비밀이 없다.

"너는 조선사람 행세를 그대로 해다오"라고 김성수는 말했었다. "총독한테 가서 조선말 쓰면서 조선말로 논문 발표할 사람은 당신밖에 없다"라고 했다. 장덕수도 "최태영만이 총독부와 맞서 굽신거리지 않고 당당하게 맞상대할 수 있다. 부디 그래다오" 하고 말했었다.

내가 대표 편집자가 되어 박흥식(朴興植) 인쇄소에서 찍은 『보전학회논집』 제1집이 1934년 3월에 나왔다. 국내 대학으로는 최초의 학술논문집 발행이었다. 법률·정치·경제·문학·철학 분야의 논문들로 박승빈과 오천석(吳天錫)·안호상(安浩相)·최태영의 한글 논문을 집어넣었다는 것만으로도 대단한 것이었다. 일본인 친구까지도 충고했다. "학교 때 일본어 논술에 갑을 받은 네가 일본말로 글을 못 쓰느냐."

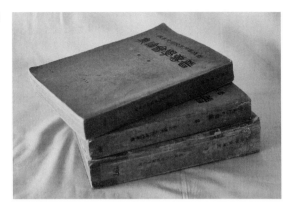

설명을 할 수 없는 것이라 씩 웃고 말았다. 나는 보전에서 일본말로 법률을 가르치긴 했지만 그래도 일본어로는 한 번도 논문을 쓰지 않았다. 1935년의 제2집에는 총 6편의 논문 중 3편, 1937년의 제3집에는 총 4편 중 최태영의 「히브리법 토라(TORAH) 연구」 한 편만이 한글이고, 최정우(崔珽宇) 교수의 영어 논문 한 편이 실렸다. 나머지는 모두 일본어로 발표됐다.

히브리법은 함무라비법부터 바빌론법, 아시리아법 등 고대법을 연구했기에 당연히 알았다. 토라(구약성서의 첫머리 5개 부문)에서 굳이 법률 항목을 찾아낸 것은 이집트에서 독립해 나오는 히브리법을 말하면서 조선의 처지를 간접적으로나마 말할 수 있어서였다. 세상이 공평치 못한데 7년마다 1번씩 모든 채무를 탕감해 주는 법이 있었다. 맷돌·밥솥 같은 생필품은 전당을 잡을 수 없고, 누구도 강제집행할 수 없었다. 일제 치하에서 현대법을 언급하기에는 너무나 걸리는 것이 많았고 논문집 발행에 결정적 장애가 될 수 있었기에 피했다. 히브리법 연구 논문은 당시 도쿄제대의 헌법학자 호츠미 야스카(穗積八束) 교수의 연구보다 앞선 것으로 평가됐다. 그도 고대법에 통달했으나 구약에는 나처럼 깊이

들어가지 못했다.

총독부에서 이 논문집을 검열했다. 검열 담당자인 일본인은 조선말에 능통했으며 광무황제 고종의 통역을 하던 사람으로 우리말 말씨도 보통이 아닌 대궐 말을 썼다. 이 검열관은 한글 논문을 보면서 "황공하옵나이다. 이것은 빼겠나이다" "이 논문은 고치겠나이다" 하고 제 맘대로 뽑아내 삭제해 버렸다. 나이도 많은 이 '하옵나이다'와 매일같이 양보 못하는 부분들을 가지고 싸웠다. 결국 3회를 내고 난 1937년 이후에는 더 낼 수가 없었다.[정리자 주; 최태영 선생은 검열관 '하옵나이다'의 이름이 기억나지 않는다 하는데 순종 황제비 윤황후의 조카 윤건로 씨의 증언에 따르면 대궐의 통역관 다나카 도쿠타로(田中德太郎)이다.]

그 당시 전문학교 이상은 총독부가, 중·고등학교는 도청에서 관할했는데 나는 보전과 경신학교를 겸직하고 있던 터라 양측 관리들을 잘 알았다. 총독부 고위 관리들은 체면을 우선 내세워 내 앞에선 "네 말이 옳다"고 발라 맞추었지만 실제 막후 결정은 면전에서 한 말과는 180도 딴판이었다. 실무자인 도청의 관리들은 아주 못되게 꼬투리를 잡아 못살게 굴었다. 그래도 고급 관리들을 많이 안 덕에 논문집을 3회나마 발간하면서 한글 논문을 유지할 수 있었다고 생각한다. 이 일은 후일 김성수를 친일파란 낙인으로부터 구해 낸 것이기도 했다.

이런 일을 하면서 김성수와 나는 매일 요릿집으로 갔다. 당시 요릿집이란 일제의 눈을 피해 사람을 만날 수 있는 유일한 사교장이었다. 그는 다른 사람이 끼어드는 것을 달가워하지 않았다. 나하고만 다닌 이유는 소문을 낼 것이 아니니 의논 상대로 허물이 없었다. 김성수는 조선춤과 일본춤, '심청가' '춘향가' 같은 판소리 할 것 없이 조선 노래, 일본 노래 모두 광대처럼 잘했다. 그것은 전라도 토호들만이 할 수 있는 풍류이

김성수가 보전을 인수하던 무렵 손병희 별장 상춘원에서 회의를 마치고. 앞줄 오른쪽 최태영, 뒷줄 왼쪽 김성수. ⓒ 최태영

기도 했다. 난 듣고 보기만 할 뿐이고 기생들이 내게 따르는 술병은 보리차나 사이다를 채운 것이었지만 김성수는 그 시간을 즐기고 돈도 많이 썼다. 그러나 술을 몇 달씩 마시지 않을 때도 있었고 미식을 탐하지도 않고 방탕으로 흐르지도 않았다.

보전 학생들을 취직시켜 준 사람이 서울에 오면 또 좋아서 대접하느라 요릿집에 가는데 내가 물었다. "그 돈, 학교 돈 쓰는 것 아니냐?" 김성수가 "아니다. 학교 돈 쓰는 것 아니다. 그건 너하고 같다. 따로 세워놓고 쓴다."

김성수네는 경성방직에서 태극성표 광목을 만들어내고 대륙고무를 통해 고무신을 생산해 내고 있었다. 나도 광산주에 장련의 지주였다. "돈은 얼마든지 있으니 우린 학교에 피해를 주지 말자."

이상한 것은 김성수가 일본 가서 누구한테 뭘 배워 왔느냐, 아는 사람이 없다는 것이다. 후일 런던 대학에도 잠깐 갔다 왔는데 뭘 공부했는지 졸업한 것도 아니고 몇 달새 영어를 조금 익혀 와서는 보전 선생들한테

'영어가 어떻다'고 뻐겼다. 단 5백 석 땅 내놓고서 선생들한테 또 영어 가르친다고 하니 골치 아파들 했다. 그와 어울린 나도 참 별났다. 정치도, 신문 편집국장도, 관리 벼슬도 싫어하고 안 했다. 그 덕은 고려대학이, 김성수가 본 셈이었다.

그런데 김성수가 해방 후 '한민당'을 만들어 내 이름을 허락 없이 정당 발기인으로 집어넣으려 할 때는 "나 데리고 정치할 생각마라. 난 정치 절대 안 한다. 난 원한경이가 미아리고개 너머에 건물 짓고 경신대학 하는 것 맡아 하게 된다" 하고 끝까지 거절했다. 정치 쪽에는 추호도 기웃거릴 마음이 없었다. 그건 학문에 전혀 도움이 안 되는 것이어서 내가 끝까지 기피한 영역이기도 했다. "한 번만 회비를 내라"고 했지만 발기인으로 기록에 남는 것이 싫어 기어코 내지 않았다. 김성수가 내게 보전 교장을 하라 해도 거절하고 자기가 오라는 한민당도 안 오고 내가 원한경(언더우드 2세)의 경신대학에 가겠다 하니 화를 벌컥 냈다. 그러나 배짱 있는 사람은 아니어서 부통령에 정치하겠다는 사람이 6·25가 나니 한민당 부당수 백남훈에게도, 고려대 총장 현상윤에게도, 담장 하나 사이에 사는 나에게도 안 알리고 혼자 피난을 갔다. 한 번만 소리 질렀어도 됐을 일이었다.

노선과 행동반경이 그처럼 다르긴 했어도 우리는 끝까지 다정해서 나는 그의 계동 집 정해진 사랑꾼이기도 했다. 내외 모두 나를 반갑게 맞았다. 보전에는 후일 고대 총장이 된 유진오도 있었지만 계동 사랑에는 그를 한 번도 들이지 않았다. 김성수는 사회에서 친일파들과 어울렸지만 집에는 절대로 그들을 들이지 않았다. 김성수 사랑의 사람은 정인보·윤제술(尹濟述)·나 3인뿐이었다. 내가 보전을 떠난 뒤에도 화분에 포도를 심어 놓고는 나보고 "와서 봐줘야 된다"며 부르곤 했다. 김성수는 어떻게 그렇게 날 좋아했는지. 그러나 그는 내가 왜 보전을 떠났는지는 끝까지 몰랐다. 김성수 아버지의 동상을 세울 때는 내가 돈을 제일 많이 냈다. 만년에 병석에 누웠을 때 그를 찾아가면 "정치 이야기는 싫다"며 옛 이야기를 즐겁게 꺼내곤 했다. 김성수가 죽어 입관을 하던 날에는 그 부인이 유일하게 날 데려다 놓고 고인을 입관했다.

김성수와 친일을 말한다. 그러나 나는 그렇게만 보지는 않는다. 김성수의 위치와 입장에서 일본인과 친하지 않고는 아무 일도 이뤄낼 수가 없었다. 아마도 그의 동생 한 사람이 내놓고 친일을 했기 때문에 김성수는 그만큼 살아남을 수 있기도 했다. 김성수가 이룬 업적은 대단한 것이었다. 1989년 유진오가 사망하여 장례를 학교장으로 치르려 했을 때 학생들이 크게 반발했는데 그 불똥이 김성수에게까지 튀어 동상까지 메칠 기세였다. 이때 나는 고대 교우회장 송찬규(宋瓚圭)와 함께 발 벗고 나서서 만류했다. 그가 친일파라면 친일파지만 그렇게 하지 않고서는 학교를 못했을 것이다.

연대는 나와는 상관이 없었다. 연전에는 그때 정치과도 행정과도 법과도 없었다. 설립자 원한경은 대를 이어 나와 오랜 세교를 맺었던 좋은 사람이고 하니 전문분야가 맞았다면 아마 두말도 없이 거기 가서 연희전문 사람이 됐을 게 분명하다.

나중에 보전 교수와 경신학교 교장을 겸하고 있을 때 연대 학장 신흥우가 연전을 같이 맡아 하자고도 했지만 그때도 거절했었다. 더 이상의 학교 업무에 힘을 쏟을 수도 없었고, 그때는 친일을 피할 방법을 염두에 두어야 하는데 신흥우와 함께 학교 일을 한다면 어떤 일이 일어날지 몰랐다.

1945년 내가 보전을 떠날 때까지 남아 있던 교수들은 대충 다음과 같다. 영어 전공자 백상규 교수는 은행가 부친 아래 성장해 그때 시절에 드물게 자기 돈으로 미국에 유학 다녀온 부자였다. 원래는 연전 교수로 갔다가 보전에 왔는데 생각을 영어로 하니 대단했다. 그가 보전의 교호 '시스뿜빠--' 하는 가사를 작사했다. 작곡자는 아마 김영환일 것이다.

백상규는 재주가 많은 데다 부자라 굉장히 큰 한옥에 살았다. 집에 손님 50여 명이 초청돼 온 연회가 있었는데 손님 수대로 요강을 내주었다. 별명이 프린스였다. 미국서 주위 사람들이 서울에 월섬시계 총대리점을 하라고 권했지만 "내가 미국 와서 대학교까지 하고 나서 시계장사하게 됐냐"고 흘려들었다. 했으면 정말 떼돈을 벌었을 것이다. 그때 부동산 감각이 있어 혜화동 일대를 평당 15원씩 많이 사 놓았다가 큰돈을 벌었다. 집에 제일 먼저 전화며 전용수도 등 만 가지를 다 갖춰놓고 살다가 6·25 때 납북되었다. 북에 가서도 그는 영어의 달인인 만큼 숙청되지 않고 남아 얼마 동안 북한이 참여하는 국제회의마다 그가 등장하는 것을 알았다.

이우창 교수는 메이지대 정치학과를 나와 경성제대에서 10년이나 도를 닦아도 일본사람 치다꺼리나 하고 교수 자리도 안 주다가 '군수나 나가라'하니까 '못 있겠다' 하고 보전에 왔다. 그는 영어·일어에 뛰어나 일본 헌법을 맡아 강의했다. 유진오 또한 경성제대를 바라고 80원의 적은 월급을 받으며 10년이나 조교로 있다가 김용무 교장 때 보전 강사로 왔다. 유진오가 이우창이 하던 일본 헌법과 내가 하던 국제법을 맡아 가르쳤다. 그는 후일 대한민국 헌법기초위원회에서 헌법 초안을 작성하고 고려대 총장으로 오래 일했다. 홍성하 교수는 영어 책도 안 보면서 공산주의 연구한다고 한동안 나섰다.

김성수가 학생을 정원초과 입학시켰다 하여 잠시 교장자리를 빈 동안 김용무 교장이 맡아 하면서 옥선진 교수가 들어오고 최두선과 현상윤이 보전 선생으로 왔다. 김영주 교수가 있었고, 시인 김광진(金光進)은 본처를 놔두고 연애하던 노천명 시인이 너무나 집요하게 나오니 그를 피해 보전을 사직하고 일찌감치 북쪽 평안도 맹산으로 떠나 다시 본처와 합친 뒤 끝내 월남하지 않았다. 일본인 교수로는 메이지대 동창 다카하시가 있었는데 일찍 죽고 와타나베 교수는 국가개념이 없는 개인주의자였다. 와타나베가 쓴 리쓰메이칸대학(立命館大學) 박사논문은 사실 내가 조선 외교사 자료를 얻어 주며 써 주다시피 한 것이었다. 그가 해방 후 일본에 돌아갈 때 보전서 일한 경력을 증명서로 써 달라 했지만 김성수가 써 주지 않았다. 와타나베가 "조선에는 이런 것 할 사람 없어 내가 다해서 날렸다"는 식으로 악이용할까 봐 안 써준 것이었다.

독일어 가르치던 윤태동 교수는 간도로 나가 산동성(山東省) 등 동삼성(東三省)의 성장이 되었는데 독일어를 잘해 일본이 놔주질 않고 해방 후에는 중국인이 놔주질 않아 종래 고국에 못 돌아왔다. 그는 순한 사람이었다. 학생들이 수업 중간에 그만하자고 조르면 마지못해 학생들을 빨리 놔주면서도 자기는 시간 끝까지 교실에 남아 있곤 했다. 그의 딸이 명동 부근에서 '양지다방'이라는 큰 다방을 경영하여 많은 지식인들이 그곳을 모임처로 삼았다. 딸은 종래 아버지를 그리워하다가 서로 연락이 되는 일본으로 떠났다.

공산당이던 최용달(崔容達)은 공부는 열심히 했지만 얌체여서 일본인 강사들을 찾아다니며 그들의 강의를 모두 뺏다시피 양보 받아 전임이 되었다. 6·25 때 선등 월북했다. 거기 가서도 공부만 했을 것이다. 윤행중(尹行重)은 북한군이 서울을 점령한 동안 한국은행 총재를 잠깐 지냈다.

6·10 만세운동과 학도병

고려대 옛날 얘기는 지금 내가 제일 잘 알 것이다. 보전이 전문학교로 각종 자격증을 주니까 보전에 입학한 일본인 학생들이 꽤 있었다. 그러나 일본인 교수들이 "여기서는 너희를 귀찮아한다. 일본어 못하는 교수들도 있고 너희들은 학교에 짐이 된다"고 이들을 쫓아냈다. 경성법전에는 으레 일본 학생들이 들어왔다.

연전서는 법률이나 정치를 안 가르치니 행정법을 배우려는 학생들 한 반이 통째로 보전에 옮겨 온 해가 있었다. 그 학생들이 다 영어를 잘했다. 경성제국대는 5년제로 가르쳤는데 예과 2년만 하면 일어교원, 영어교원 자격은 다줬지만 실력은 없어서 그 자격으로 영어 선생 된 사람이 하나도 없었다.

애초의 보성전문 교가는 이광수가 짓고 김영환이 작곡했다. "인고단련 하여서 눌린 자 쳐들리게, 굽은 것 펴게 해" 이광수다운 미문이고 잘 지은 노래였다. 그런데 얼마 뒤 보니 교가 곡조가 몇 군데 달라졌다. 내가 나서서 "교가는 애국가 같은 건데 세상 모르게 슬그머니 고쳐 놓으면 어떻게 하냐" 그랬더니 선생들이 그제야 알고 깜짝 놀랐다. 음악 연주를 잘해 늘 방송에 나오던 보전 제자 하나가 자기가 고쳐 놨다 실토해서

"안 된다. 도로 고쳐 놔라" 했다. 지금의 고대 교가는 새로 지었다고 들었다.

'시스뿜빠' 하는 교호 응원가는 미국 유학하고 온 백상규 교수가 지었다. 그런데 혼자만 아는 그 말이 무슨 소린지 우스워서 모두들 '시스뿜빠 찡쿵빵쿵?' 하고 놀렸다. 작곡자 김영환은 우에노 음악학교를 8년 다니고 여러 학교의 교가를 모두 작곡한 사람이다. 도쿄에서 나 하고 늘 우유 먹으러 다녔는데 안암동 우리 집에도 자주 왔었다. 조선 총독과 총감의 딸들 피아노 선생을 해서 그를 통해 지사가 많이 나왔다.

고대 100주년 되던 해, 날 찾아온 고대 사람들이 옛날 고려대가 무슨 깃발 가지고 다녔냐고 물었다. 그때 깃발 같은 것은 없었다.

보전 졸업식에는 안창호네 고향 사람 화신상회 사장 박흥식이 꼭 왔었다. 그는 1등 졸업하는 학생에게 은시계 하나씩을 꼭 갖다 주었다. 큰 사업가였다. 친일을 않고 어떻게 사업을 그렇게 하겠는가.

보전에서 재직하며 강의 말고 어려운 임무 두 가지가 있었다. 하나는 졸업생들을 취직시키는 일이고 하나는 국내외로 학생들을 인솔해 나가는 것이었다. 학생을 인솔하고 외국에 가려면 일본 당국이 승인하는 인물이라야 했다. 보전서는 졸업생 몇 명씩 할당해 취직을 떼어 맡겼다. 이를 위해서는 보전 교수 김영주·홍성하·나 세 사람이 나서서 일을 했는데 이 때문에 고위급 고관들, 거물 친일파들과도 친분이 오갔다. 교수들 중에는 학생 한 명도 취직시키지 못하면서 이를 시기하는 이도 있었다. 전국의 법원과 도청, 철도국 등을 돌며 보전 졸업생들의 취업을 부탁하면 친일파 거물들 중에 제자 등 핵심이 있어 졸업생 취직을 시켜 주었다. 그런 인연으로 알게 된 이성근(李聖根) 함경도 도지사나 도경 경부 김태석(金泰錫)이 후일 국내에 발 못 붙이고 일본으로 갈 때는 내가 부산까지 가서 점심을 대접하고 밀항 배를 태워 배웅했다.

1930년쯤 함경도 꼭대기 나남으로 이 지사한테 취업 문제를 알아보러 갔다가 돌아오는 서울역에 보전 학감(교무처장)이 나와 마중했다. 그 길로 바로 보전 럭비팀을 인솔해 일본 오사카에서 열리는 체육대회에 가야 한다는 것이었다.

"홍성하 교수가 지난번 상하이에 운동부들 데리고 갔다가 친일파들과 싸움박질나는 바람에 총독부가 홍 교수의 인솔을 금지했어요. 일본의 황태자가 나오는 체육대회라는 데 총독부가 최 교수더러 인솔하랍니다. 지금 럭비팀은 동래까지 가 있습니다."

보전의 럭비팀은 1929년 국내 최초로 결성됐는데 씨름 잘하고 단거리 잘 뛰는 젊은이들이 모여 있어 국내 최강이었다. 떠나는 자리에 경찰서장도 나왔다.

"일본인들과 충돌하면 모든 책임은 선생께서 지게 되니 조심하십시오."

이미 경성의 일본 관립학교 운동팀들과는 다 돌아가며 한바탕씩 싸움이 붙었었다. 식민지였기 때문에 덤터기는 언제나 조선인이 썼다. 일본 가서 시비가 생기면 총독부가 내 교수직도 여차직하리라 공갈한 것도 눈치챘다.

나는 경신학교 다닐 때부터 선거를 통해 뽑힌 소년체육부장이었다. 운동의 룰을 잘 알았고 선수끼리 싸움이 붙으면 해결사 노릇을 했다. 그런데 럭비 룰은 알지 못했다. 마침 보전 팀과 함께 경성사범의 럭비팀도 도일 경기를 갖게 되어 같은 배에 탔다. 그 팀에 가서 현해탄을 건너는 하룻밤 새 럭비 룰을 다 배워 익혔다.

오사카 갑자원에서 와세다대학 팀, 메이지대학 팀과 싸우게 돼 있었다. 응원도 없는 외로운 경기가 되려니 했는데 관서에 속하는 오사카 관중들이 어떻게든 관동팀을 제압하고 싶어해 이들과 맞붙은 보전팀을 열렬히 응원했다. 우리는 아주 잘했지만 준우승에 그쳤다. 국내에서는 최강이지만 국외 강자들과는 대적할 기회가 없었던 탓에 최강 럭비팀을 두 개씩이나 운영하는 일본 대학을 넘어서지는 못했다.

그런데 아니나 다를까 돌아오던 길에 일본인들과 충돌하게 됐다. 철도청에서 기차 한 칸을 아예 보전 럭비팀이 다 차지하고 가도록 해 주었다. 이때 일본팀도 기차 한 칸을 독점하고 탔다. 중간 역에서 웬 자동차를 타고 온 일본인들이 기차에 오르더니 우리가 있는 칸으로 들어왔다. 차장이 막으니까 "저것들이 뭔데 저놈들만 타게 하느냐" 시비가 붙었다. 싸움을 돌아 세울 방안을 생각해야 했다. 옆 칸에 같이 탄 일본팀에게 "저 사람들이 단체 위한다고 성이 나서 저러니 어떻게 하면 좋겠느냐" 그랬더니 우리 대신 일본 단체팀이 나섰다. "모처럼 우대 받아 가는데 어떤 놈들이 시비냐."

일본인들끼리 싸우는 틈에 우리는 시비에 말려들지 않고 빠져나왔다. 이후 운동부를 해외경기 때마다 인솔하거나 금강산과 한라산, 중국으로 수학여행 떠나는 일도 내가 인솔하게 되었다. 일제강점하에서 조선의 젊은이들을 데리고 다니는 일은 늘 조심스러웠다. 김구 선생도 "상하이에 일단 들어오면 반일의 기운으로 그 티가 드러날 텐데, 그렇게 되면 학교를 그만두든지 이광수처럼 변절하기 전에는 귀국하지 못할 터이니 더구나 학생들까지 데리고 상하이에는 함부로 오지 말라"고 했다.

그 말을 듣고 상하이를 피해 하얼빈까지만 학생들을 인솔해 만주 여행을 다녀오는데 이곳에도 일본의 모든 것을 배척하는 배일 단체와 친일 단체가 나란히 있었다. 두 단체와 모두 교섭하여 하루는 배일 단체가, 다른 하루는 친일 단체가 우리를 안내하여 충돌을 피했다.

보전 학생들 데리고 중국에 수학여행 갔다 올 때면 관세가 없어 싸니까 설탕가루·담배·술을 많이 사오고 비단을 몸에 감고 들어왔다. 담배도 술도 안 하는 내가 먼저 검사 받아 아무것도 없으니까 저런 선생이라면 학생들도 별 문제없다고 학생들은 조사 안 했다. 오는 길에 평양서 내려 맥주집 가서 맥주 한 잔씩 먹고 가는 파티를 여러 번 열어 주었다.

보전과 경신학교에 재직하는 동안 조선 민족주의와 일제가 충돌하는 일이 몇 번이나 있었다. 그런 일들을 해결하지 않으면 안 되었다. 1926년 순종 장례식 날 6·10만세사건이 일어났다. 학생들이 조선독립만세를 외치니 일제는 기마병을 동원해 시위하는 학생들을 짓밟았다. 나도 시위에 참여했다가 잡으러 오길래 도망가 민가에 숨어 있다가 나왔다. 경찰이 이날 만세한 보전 학생들을 처벌하라고 강요하는데 박승빈 교장이 "만세를 주동한 그 아이들이 이제 3학년 졸업반인데 벌을 가하면 졸업도 못하고 취직도 안 된다. 네가 재주 좀 부려 어떻게 해봐라" 했다.

내가 생각 생각하다가 1학년생으로 같이 만세 시위한 학생들을 불러 설득했다.

"너희는 아직 졸업하려면 멀었으니 3학년이 6·10만세를 지도한 것이 아니고 1학년생 너희가 대신 주동했다 하고 벌을 감수하고 나서면 조금 있다 내가 반드시 구제해 줄 것이며 졸업에 지장 없도록 하겠다."

그러자 1학년생이 "제가 하겠습니다" 하고 나섰다. 내가 이원홍이란 그 학생을 "무기 정학한다"고 소문내었다. 경찰이 와서 "아, 이게 어떻게 된 거냐. 1학년 놈이 만세 지도를 했다는 말이냐. 그거 어떻게 1학년이 주동을 했나?"고 의심했다. 내가 "그렇다. 1학년생이 주도했다. 인기 있는 놈은 1학년이든 3학년이든 상관없는 거다. 그놈 내가 무기정학을 주겠다" 했다. 일본 당국이 계속 의아해 했다.

"1학년짜리 그놈이 아닐 텐데."

"내가 알지 네가 아냐."

경찰이 "당신이 그렇게 알아서 나오니 우린 그럼 손 놓는다" 하고 무겁게 벌 받았다고 안심하며 간섭하지 않았다. 내가 그 1학년생에게 방학날 무기정학을 주었다가 개학 전날 슬그머니 풀어 주면서 "소문 내지 말고 공부해라" 했다. 무기정학 푸는 데는 경찰의 허가를 받을 필요가 없었다. 그렇게 6·10만세사건을 해결하니 박승빈 교장이 "그것 참 기가 막힌 해결방안이다" 하고 나에게 반했다.

그 1학년생이 종래 나를 좋아해 오래도록 찾아왔다. 6·10만세사건은 그에겐 오히려 영광의 경력이 되어 두고두고 훌륭한 일을 한 학생이 됐다. 벌이라곤 방학 때 무기정학 받은 것뿐이니 모두에게 좋았다. 나중에 국회의원이 되고 고시패스해서 변호사도 되고 국제대학 야간부를 만들어 거기서 번 돈을 정치자금으로 썼다. 내가 활용한 적은 없는 경력이지만 군정에서 변호사 자격인증 받을 때 그가 나 대신 다 다니면서 "이거 해 놓으시면 좋습니다" 하면서 일을 다 했다. 내가 마음으로 좋았다.

또 다른 친일의 올가미는 청년들을 학도병의 이름으로 일본군에 지원케 권하는 연설을 하고 똑똑하고 인물 좋은 여학생들을 뽑아 '일본에 데려가 기술을 가르쳐 주고 교육도 받게 해준다'고 강연하는 것이었다. 사실은 정신대로 보내는 것이었다. 조선인 교육자가 되어 일본의 그런 범죄적 계략을 눈치채지 못한다는 것은 있을 수 없었다.

나는 그런 강연 대열에는 결코 합류하지 않았다. 전임강사급 이상의 교수로 있으면 비행장 닦는 데나 철도 닦는 데 학생 동원하여 데리고 가야 하고 강연회 나가서 학도병 자원이나 정신대 가라는 연설하라는 권고가 있었다. 나는 보전 정교수로 재직중이었는데 어떻게 하면 이 난관을 피할 수 있을까 생각 끝에 소문 내지 않고 정교수직을 내놓고 시간강사로 내려앉는 결단을 내렸다. 강의는 전과 다름없이, 아니 전보다 더 많은 시간을 강의했으나 내가 시간강사가 되었다는 것은 주변에선 거의 몰랐다. 처에게도 말하지 않았다. 집에서 아들한테 딴 방에서 한글과 역사·영어·독어 가르친 것도 마누라는 몰랐다. 말 안 해야 될 땐 안 하는 거다. 그런 소문을 내면 단박에 일본에 거역하는 요주의 인물로 주목되는 것이었다. 그래도 아는 사람은 나를 위해 가만히 덮어 두고, 모르는 사람은 내가 '운수 좋다'고 했다. 그렇게 해서 학도병 지원 연설에 비켜서긴 했다.

어떻게 시간강사 될 생각을 하고 연설을 않았을까, 이때의 결단은 지금까지도 정말 잘했다는 생각이 든다. 보전에서 내가 한 일 중 가장 잘했다고 할 만한 것이었다. 정교수직을 내놓는 일은 쉬운 것 같아도 머리 제대로 쓴 것이었다. '세상이 바뀔 수 있다. 일본은 마지막으로 망하지 않을 수 없다'는 걸 믿었다. '못할 노릇 해선 안 된다. 욕심 안 내고 전임교수를 사직, 시간강사가 되면 제대로 하는 것이다.'

일본이 치르는 전쟁은 침략 전쟁일 뿐이었다. 한국 청년이 거기 끼어들 일이 없는 것이다. 일제가 한국 여학생들에게 특별히 기술을 가르치고 교육시키리라는 말도 믿지 않았다. 그럴 리가 없었다. 일본 관리들을 접촉해 보면 그것이 술수란 것을 당연히 짐작할 수 있었다.

여러 사람들이 일제가 한 이 감언이설을 곧이곧대로 받아들여 조선 청년과 여학생들을 설득했다. 여러 지식인·학자·정치가·교육자 들이 이런 반민족적 연설을 하고 돌아다녔다. 여학생들은 선발된 것을 영광으로 알 정도였다. 일제는 이들을 데리고 가 처음엔 공장에서 부려 먹었다. 얼마 후 정신대로 보냈다. 일본은 두말할 것도 없이 그 범죄의 대가를 치러야 한다.

그러면서 총독에게 내가 직접 실탄 쏘는 총 다섯 자루를 교섭했다.

"우리 학교만은 실제 총을 다오. 철저히 군사훈련시킬 테니 달라."

총독부가 "아, 이게 애국자구나" 하고 내주었다. 그러나 나는 딴 생각이 있었다. 실총과 탄환으로 가르치는 학교는 없었으나 나는 총 쏘는 법과 함께 만주에서 병원 일하던 동생을 시켜서 청나라 말을 제2외국어로 해야 된다며 가르쳤다.

장덕수·유진오가 '일본을 위해 죽어라' 할 때 나는 학도병 나가는 학생에게는 반드시 전송 나갔다. "가지 않을 수 없다 해도 네가 청어를 하고 총을 잘 쏘니 중국과의 전선에 배치될 것이다. 그럼 어떻게 해야 될지 알 것이다"고 말했다. 학생들은 "알겠습니다" 하고 떠났다. 청나라 말을 알고 총을 잘 쏘니 안심하고 중국군과의 접전지에 배치된 학도병들은 일본군에서 탈출해 중국 군대로 갔다가 장개석에게 가고 독립군이 돼 살아왔다. 그렇게 내 휘하의 학생들은 전장에서 모두 살아 돌아왔다.

이렇게 하니까 일본도 주목하지 않았다. 소문나지 않는 방법을 썼기 때문에 일본인도 속았던 것이다. 내가 일본 가서 설마 신사참배를 않고 왔을 줄은 꿈에도 몰랐을 것이다. 안창호 장례식을 서울대병원 맞은편 경신학교 운동장에서 거행했을 때 일본 경찰이 거기 오는 인사를 다 시찰했으나 경신학교장으로 운동장 주인인 나는 아무 주목 안 받고 참석해 끝까지 보았다. 나는 그런 것들을 유표하지 않게 했다.

나는 관직벼슬에 나가 출세하지 않았다. 그래도 일본인들이 끌어냈지만, 그럼에도 이용당하지 않았다. 소극적인 사람이었지만 그래도 못할 노릇은 안 해야 된다는 생각이었다. 보전 정교수를 제꺽 사양한 건 정말 잘한 것이었다. 일본에게 기대 좀더 해먹겠다는 생각이 없었고 그때 정세에서 주변의 몇 사람들은 정보를 모으고 이렇게 하고는 일본이 망할 수 있다, 한국이 독립한다는 가능성을 믿었다. 그중 휘문학교 교장을 지낸 선우전은 조선은행의 유력한 지위에 있다가 제꺽 나왔다. 그는 조선은행장 후보였다. 그러고서 운동구 상점을 차렸다. 나라 밖에 나가 있는 조선독립 운동권이 들어오면 안에서 호응해 조선독립할 것이라고 확신하고 있었다. 먹고사는 게 문제가 아니었다. 그때는 출세할 때가 아니었다. 일본 세력에 의지해 무슨 기미를 가지고 있겠다, 그런 생각 버려야 하는 것이다.

제자를 정신대 나가라고 권유한 김활란은 문제였다. 그 사람은 그저 전도부인 감이었다. 김활란은 일본어도 못하고 했으니 그 핑계잡고 연설 안 해도 되는 건데 일본 세력에 붙으려고 더 요공하느라 친일 연설했을 것이다. 똑똑한 사람이라면 총장직을 사직하고 미국으로 갔어야 했다. 지방에 대한 편견도 심해서 그는 안창호를 평양 사람이니 가까이 하면 안 된다고 하는 것이었다.

보전을 떠나다

내가 야심이 없어 보전에서 교장직도 거절하고 권력을 안 잡았더니 가만히 생각하면 주위가 전부 다 적이었다. 총독부 일어상용회의 때 참석한 교장 중 한 사람이 공박당한 뒤 날 싫어하고 내가 말을 낼까 봐 경계했다. 그가 "우리나라에 법률 제대로 강의할 사람은 유진오밖에 없다, 법률하려면 프랑스말을 알아야 하는데 그는 프랑스말도 잘한다"며 나를 젖혀내려고 애썼다.

내가 "그러냐? 어디 가서 해봐라" 했다. 영어나 독일어·일어·한자 같은 외국어나 법학에서 못하는 것 하나라도 있었으면 모함에 못 견뎠을 것이다. 그는 사상적으로도 한결같지 못했다. 그런 사람을 이기려면 악착같이 싸우고 해야 할 텐데 그런 건 질색이었다. 그렇다 해도 그 사람 편드는 일은 할 수 없었다. 유진오는 내게 와서 "내가 사립학교에서 일할 수밖에 없는데 당신은 친일도, 친공도 안 해 어느 대학이든 갈 수 있으니 보전에서 용퇴해 달라"고 했다.

그때 교수와 학장을 7개 대학에서 겸직할 만큼 여기저기서 학장해라, 강의해라 하는데 뭐 그 귀찮은 데서 악착같이 싸우고 있겠는가, 더 있을 맘이 없었다. 보전을 나왔다. 서울법대로 갔다. 경신대학이 건립될 예정이어서 맡아 하려 했으나 원한경이 일제에 쫓겨나면서 중지된 터라 못 가고 대신 친분이 있던 서울대 이춘호 총장이 서울대 건설을 위해 와 달라 하고 법대 학장직을 권한 데 따른 것이었다.

사실 내가 21년간 재직하던 보전을 떠난 것은 있을 만큼 있었다고 생각해서였다. 내부에서 파가 갈려 서로들 굉장히 싸우는데 내가 그런데 들지 않았다. "실컷 해라. 난 너희 덕에 살진 않는다. 공부나 하겠다"는 것이었다. 일제가 발악을 하던 1944년 초부터는 보전의 이름도 '경성척식경제전문학교'가 되고 강의도 없었다. 그 이전에도 학생들을 비행장 닦는 공사에 인솔해 가거나 학병 나가라는 연설을 하라고 조르는데 내가 그럴 수는 없었다. 또한 학생들 취직을 도맡아 여기저기 다니며 부탁하고 해결하는 일에 오래 시달렸고, 후배인 유진오 같은 사람의 청을 생각지 않을 수 없었다.

고대는 일찌감치 지금보다 더 클 수 있었다. 그런데 어느 시점부터 논문이라곤 한 줄도 써보지 못하고 강의도 제대로 한 것 없는 교수진이 들어오면서 학교가 침체됐다. 내가 보전의 유일한 정교수에 그때까지 가장 오래 재직한 사람이고 보전 교수들이 대부분 도지사 등 벼슬길로 빠지는 것과 달리 학자의 입장을 유지했으니 그냥 있었더라면 고대 사람이 됐을지 모른다. 그러나 한 번 나온 이후에는 고대와 별 인연이 없었다. 오히려 내 손으로 건설하며 가 있는 서울법대와 가까워졌다. 나는 서울법대를 세계적인 법과대학으로 만들 생각이었지만 훼방을 받아 생각대로 되지는 않았다. 그러나 서울법대에서는 나의 학문을 잊지 않는 후학 학자들이 생겼다.

고대에서는 보성전문 졸업생들이 날 스승으로 받들며 매년 집으로 찾아오기도 했다. 송찬규 고대 교우회장은 지기가 되었다. 안암동 살다 일제의 학도병으로 끌려 나갔지만 탈출해 살아 돌아와 후일 문교부 차관을 지낸 졸업생은 매년 부부가 같이 세배하러 왔다. 병으로 몸이 불편해지고도 다른 사람의 부축을 받으면서까지 찾아와 절을 하니 그를 잊지 못한다. 나의 105세 생일에는 뜻밖에 고대 학생 몇이 병실로 찾아와 생일축하 노래를 불러주고 갔다. 젊은이들의 합창이 병실을 꽉 채웠다. 오랜 기간 학생들과 떨어져 있어 그런 정이 있으리라곤 기대하지 않았는데 고대 100주년 기념 인터뷰 기사가 나가고 난 뒤 나를 생각한 학생들이 있었던 모양이었다.

그래도 나는 김성수와 끝까지 각별한 친분을 유지했다. 유진오와 나 사이의 일을 모르는 그는 총장을 해라, 고려대로 돌아오라고 성화를 했다. "유진오가 정치적 인물이라 언제 건 정치판에 나가게 되면 고대를 어떻게 하느냐"는 것이었다. 김성수가 유진오를 가까이 하는 것을 한 번도 못 보았는데 어떻게 그가 총장을 지냈을까 하였지만 나는 김성수에게 한 번도 묻지 않았다. 고대 교수직은 거절했으나 그래도 박사학위 심사는 내가 맡아 해냈다. 이때 고대 법학박사 1호로 나온 이가 이건호이다. 그는 유진오 휘하의 고대를 마다하고는 박사학위 받은 다음 날로 이대 대학원장으로 가 버렸다. 훨씬 나중에 나는 차낙훈 총장의 권유로 다시 고대에서 헌법 강의를 하였다. 학생들이 정말 좋아하던 기억이 있다.

광복이 된 뒤에도 집에서 책만 읽는 사람이 되고 싶었다. 그러나 주변에서 놔두지를 않았다. 나는 대학교육 경험이 가장 많은 교수이자 행정가가 되어 부산대와 서울대·중앙대·신흥대·청주대·숙명여대 일에 연속 나서게 되었다.

보전에서 시작해 서울대와 여러 대학에서 50년 강의한 법학은 대학을 떠난 이후에도 대한민국학술원논문집을 통해 「한국 법철학의 역사적 배경」, 「중국 법철학의 역사적 배경」 등의 논문으로 계속 발표됐다. 104세 때까지 학술원 통신에 「한일합방을 반대한 7박사」 「신황기 자료답사기」 「구한말의 산업」 「광산 이야기」 등의 글을 썼다.

법전 편찬에서 한국사로

　초창기 법조계에는 판검사·변호사 수가 아주 적었다. 6개월 기간의 조선법관양성소를 거쳐 법관으로 임관되다가 이후 법관 될 자격자가 여러 갈래 있어 조선 변호사시험이 생겨나고 이인처럼 일본서 고시패스로 변호사 시험에 든 사람들이 활동했다. 변호사가 생기기 전에는 소송 대리인이 있었다.

　미군정 때는 국내의 법과 있는 학교에서 10년 이상 몇 가지 법률과목 강의를 맡았던 교수들에게 변호사 자격인증을 주어 이들이 변호사가 됐다. 그런데 법과가 없는 연전에서도 법관 되는 자격자로 참여하겠다고 나왔다. 현행 한국의 사법고시는 몇 년 전까지만 해도 임명해서 당장 쓸 수 있는 정원만큼만 판검사를 뽑아서 썼다. 이런 경우는 세계에서 우리나라뿐이다. 고시 합격 인원을 많이 뽑아서 법관 자격증 주는 정도라야 질 나쁜 인간들을 걸러 버릴 수 있다. 일본은 1920년대부터 사법고시 한 번에 1천 명 그렇게 뽑아 일종의 자격증만 주었다.

　나는 처음부터 관직에 나갈 생각은 하지 않았다. 누구든지 옹호하는 변호사를 하는 것은 내게 맞지 않아 경력으로 되지 않았다. 내가 한 것은 교수뿐이었다가 대한민국 정부수립과 함께 법전편찬위원회에 들어 처음부터 끝까지 주어진 임무를 완수했다. 그것은 법학 실력 없으면 못

대한민국법전 편찬시 준비과정에서 출판된 각국 법 번역서. 최태영 소장. ⓒ 이순희

하는 일이고 내가 잘할 수 있는 일이기도 했다.

정부수립 직후인 1948년 9월 법전편찬위원이 되었다. 김병로 대법원장과 이인 법무부장관이 민법·상법·헌법·형법을 통틀어 법학 강의를 한국에서 가장 먼저, 가장 오래 해온 사람으로 나를 끌어들였다. 여기서 대한민국 육법 중 민법·형법·상법·행정법·소송법이 제정되었는데 헌법에 가서는 문제가 생겼다. 법이란 아주 없는 것보다 아쉽고 약간 잘못된 부분이 있다 해도 만들어서 다 같이 질서를 지켜 잘살기 위한 목적에 부응하는 것이라야 한다. 법을 적용할 때도 해석을 잘해야 함은 물론이고 시행할 때도 정의와 일반의 행복을 염두에 두어야 한다.

법전 편찬에는 예비공사가 컸다. 법전편찬위원회에서 내가 "외국의 좋은 법들을 번역해서 자료를 준비해 가지고 대한민국 법을 만들어야 되지 않겠냐" 고 발의해 어학실력 있는 다수 법관들에게 여러 해에 걸쳐 세계 각국 법을 다 번역시켜 십수 권의 법무자료 시리즈를 만들어 출간했다. 주문기(朱文基) 검사, 주재황(朱宰璜) 교수, 조규대(曺圭大) 서울고법 판사 등이 이때 독일민법 등 각국 법 번역에 나섰던 이들이다. 바이마르 법부터 미국·일본·프랑스·소련·중국·체코슬로바키아 등 10여개 국의 법까지 모두 번역되었다. 김병로와 이인은 일본 법서를 읽어 두루 참고하였다. 그때는 바이마르 헌법이 제일 나은 법이었다. 그것이 대한민국 법전편찬작업의 예비였다. 실속 있는 나랏일을 한 것이다. 무식하면 예비작업 같은 것 생각 못한다. 그런데 법전편찬위원회에 법이라곤 모르는 문외한 두엇이 직책만 가지고 끼어들어 확대위원회를 할 때면 와서 자꾸 묻기만 하니 가르쳐주면서 만들었다.

정동 법원 건물 10층 꼭대기에 모여서 법전을 만들었다. 승강기 운전하는 사람이 저녁이면 다 퇴근하니까 깜깜한 계단으로 십 층을 올라 다니곤 했다. 내가 다리는 튼튼했다. 법전편찬위원은 모두 명예직으로 수당도 아무것도 없는 무보수 봉사였다. 나는 평생 판공비 같은 것 한 푼도 안 써봤다. 내가 뭐 하는 동안은 돈 가지고 날 어떻게 놀리지 못한다. 그러니까 김성수 같은 사람들이 날 좋아한 것이다. 그래도 고시상임위원 일은 월급이 있었다.

법전편찬위원 시절 김용무 입법위원이 내게 '제헌헌법 초안을 기안하라' 했다. 그 의뢰를 받았을 때 나는 앞으로 이승만 대통령의 국회를 통과하면서 어떻게 변질된 헌법이 될 것인가를 걱정하지 않을 수 없었다. 법을 만들 때는 그걸로 뭘 차지해야겠다는 사심이나 이점을 노린 독소가 끼어들어서는 안 된다. 그것은 반드시 폐해를 몰고 온다.

이승만은 처음부터 독재자 기질이 있었다. 그는 일본 천황 같은 사람이었다. 독립운동하면서도 임시정부에서 스스로를 대통령이라 내세워 안창호한테 공박 받고 임정에서 탄핵 받았다. '내가 대통령인 걸로 해외에서 다 알고 있는데 어쩌구' 했었다. 미국에 부하들이 많았다. 그는 틀림없이 독재헌법을 만들 사람이었다.

헌법 제정은 대통령이 된 이승만과 배가 맞아야 되는 일이었다. 거기에 나를 끌어들여 이승만과 붙여놓으면 싸움이 날 게 뻔했다. 내가 대통령이 책임지고 비토당하게 하는 대한민국 헌법을 만들었다면 이승만과 싸웠을 것이고 그랬으면 죽었을 것이다. 이승만과 싸운 사람은 다 죽었다. 임정 때 탄핵을 받았던 이승만이 대통령 탄핵을 못하게 헌법화하여 자신의 대통령직을 굳게 유지토록 할 유도에 따라가는 대한민국 헌법이라면 처음부터 빠지겠다는 생각을 하고 초안 제출을 거부했다.

헌법 초안은 법전편찬위원회가 아닌 헌법기초분과위원회로 넘어가 유진오 위원이 작성했다. 이승만의 뜻대로 되었다. 대한민국 제헌헌법에 '국회에서 대통령을 탄핵할 수 없다'는 조문을 집어넣게 한 것이다. 육법에 불법이 하나 더 들어갔다. 내가 헌법 작성과정에서 그가 참고한 한 일본인 저작의 문제점을 지적하니 '당신이 그걸 어떻게 알았냐' 했다. 과연 이승만은 제 뜻대로 헌법을 만들고 난 뒤 편협함이 더 심해졌다. 유진오조차 멀리하고 장덕수도 백남훈도 가까이 오지 못하게 했다. 김병로·이인·김구·이시영·김성수 모두 이승만과 함께 끝까지 일하지는 못했다. 이승만과 한 패거리이던 이기붕은 애초에 요릿집 명월관 사무원이었을 때 내가 봤다. 그의 처, 박마리아가 이승만 부처를 삶아 놨나 보았다. 박마리아를 본 일은 없지만 수완이 좋아서 이기붕을 1인자로 만들어 이승만의 찰떡 부하가 되게 하고 대통령직을 이어 받을 태세를 갖추고 그 위에 아들은 이승만의 양자로 들였다. 4·19혁명 때 나는 이승만이 아무래도 이기붕네 식구를 모두 죽였다고 생각했다. 이승만은 그들 때문에 자기가 국민들한테 미움 받는다고 생각하고 그들을 자살 형식으로 제거해 버렸다고 믿는다.

고시상임위원은 서울법대 진승록 교수와 나, 2명이었다. 전형위원으로 고시의 방침을 정하는 권한을 갖고 사법·행정·외무고시 같은 고시령을 만드는 데 주력했다. 이때 강력히 주장해 국사를 국가고시의 필수과목으로 집어넣었다. 시험 볼 입장이 안 되는 장차관 국장들에게는 구술로 국사와 헌법 상식을 시험했다. 적어도 국사와 헌법은 알아야 국가의 고급관리를 시킬 수 있다는 생각이었다. 백낙준 등은 "그만한 지식을 시험하고야 장·차관을 시킬 수 있다면 쓰고 싶은 사람을 쓸 수가 없다"고 반대했다. 그러나 나는 국가의 앞날을 크게 계획한 데서 주장한 것이다. 백낙준과는 입장이 갈리긴 했어도 우리는 법을 만들고 시행하는데 같은 원칙을 갖고 만든 것이며 사이가 어그러진 것도 아니다.

2년이 걸려 1949년의 고시령을 제정해 놓고는 잘되어 가는 줄로 믿고 안심하고 있었다. 그러나 이병도 체제의 한국역사가 우리들이 생각한 것과 방향이 전혀 다른 '일본의 황통사(皇統史) 식민사관' 그대로라는 것을 늦게야 알고서는 크게 놀라 경악을 금치 못했다. 이후 "정 할 사람이 없다면 나라도 하겠다"고 생각해 역사 연구에 뛰어들었다. 한국 고대 법사상을 연구하면서 필연적으로 역사까지 들여다보고 줄곧 그 방면 학자들로부터 인정을 받고 있었기에 가능한 일이기도 했다.

이병도 체제의 강단파 국사교육은 4천 년이 넘는 우리나라 역사에서 전반부 2천여 년을 싹둑 잘라 버리고 단군 조상과 요동의 강역에 살았음을 부정하는 것이었다. 과거에는 사대주의자들이 중국에게 요공하느라고 없는 기자조선을 갖다 넣어 국가 역사를 왜곡하더니 이제는 일본이 하자는 대로 역사를 호도하려는 것이었다.

나는 우리의 고대사를 이처럼 부정하는 학자들 중에 누구도 단군이나 고대사를 제대로 알아서 이를 부정해 버렸다고는 생각지 않는다. 일제의 음습한 기도 아래 제대로 된 한국사를 듣지도, 자료를 찾아보지도 못하고 일제가 가르친 대로 자기 나라의 역사를 멸시하고, 일제가 취사선택해 실증적·과학적이란 말로 던져 준 자료만을 다루는 학문 풍토가 득세하고 이런 결과로 몰아갔던 것이다.

이들이 금과옥조로 내세우는 『삼국사기』는 김부식이 당시 반대파의 북진 논리를 막기 위해 한국사 전반부 2천 년을 싹둑 잘라낸 역사서이다. 김부식은 자신이 참고로 했던 그 이전의 수많은 역사서들을 모두 대궐 안 깊숙이 수장해 남이 알 수 없도록 했다. 그래서 그가 나쁘다는 것이다. 신채호·정인보·안재홍·손진태·최동·장도빈 같은 학자들이 살아 있었다면 국사가 오늘날 이 지경으로 되는 것을 막을 수 있었을 것이다. '그렇다면 나라도 역사 연구에 나서겠다' 생각한 것이 그즈음이었다.

역사를 바로 세워야 한다는 생각뿐이었다. 한문과 일본 고문에 소양이 있는 것을 믿고 고대사를 파고들었다. 정인보의 저작부터 다시 읽었다. 정인보는 "단군이 중국 요와 같은 시절에 고조선을 건국했다는 것은 새롭게 주장할 것도 없는 사실이며 단군은 신도 아니고 곰의 아들도 아니고 중국인도 아닌 우리 조상, 할아버지와 똑같은 사람이다"라고 했다. 한국사의 출발은 정인보가 옳다.

연구에 들어가기 앞서 내가 법학을 못하니까 역사에 손댄다는 비판을 면할 수 있도록 민주주의 등을 논한 『서양 법철학의 역사적 배경』을 내놓고 국제회의를 통해 「동서양 자연법 비교(동서양 법철학의 유사점과 차이점)」와 「한국의 법철학 연구」를 영문 발표했다.

1970년 이전에 한국학을 강의한 일은 없지만 나는 일찍이 『동몽선습』

을 익힌 것부터 구월산의 단군유적을 확인했고 중학시절부터 역사공부에 발군의 소질이 있었다. 일본인이 소위 말하는 한국사는 배워본 적이 없다. 1925년 이래 10여 년간 보성전문에서 역사과목 입시 문제를 내가 출제하고 채점했다. 일제강점 말기에는 중학생 아들을 위해 집에서 한글과 국사를 가르쳤는데 이윤재 선생의 『국사강목』을 줄거리로 내가 엮은 것이었다. 광복 후에는 서울법대와 대학원에서 한국학 관련 논문을 폭넓게 지도 심사하고 국사 과목을 자원해 가르치기도 했는데 이것이 한국학과 본격적 관련을 맺은 것이라 할 수 있다. 그보다는 법철학을 연구하면서 우리 조상들의 사상을 공부하는 과정에서 필연적으로 한국학, 특히 국사에 주목해 왔기에 그 연속으로 고대사 연구가 가능했다고 생각한다.

고대사 연구, 한국학에 대한 자신감이 생긴 것은 이 학문 전공하는 사람들이 쓴 논문 중의 더러는 나보다 못하다는 걸 알고서였다. 역사를 전문할 생각 같은 것은 안 했는데 정인보·손진태 등이 북으로 잡혀가기 전에 날 만나면 그 방면에 보통 이상으로 대우해 주었었다.

1985, 1988년에는 정신문화연구원의 해외한국학자료조사위원으로 위촉받아 일본에 가서 고조(高祖)신사, 한신(韓神)신사, 백제왕신사, 가야신사, 옥산궁(玉山宮) 등 유적지를 조사했다.

1985년 '한국학 연구원' 모임을 만들어 역사 강의와 토론을 본격적으로 시작했다. 정릉의 한 건물에서 2년 남짓 지속된 이 모임에 윤태림(尹泰林, 전 숙대 총장), 송지영(宋志英, 전 KBS 이사장), 유승국(柳承國, 전 정신문화연구원장), 김재원(金載元, 전 국립중앙박물관장), 손보기(孫寶基, 교수), 윤내현(尹乃鉉, 교수), 김주현(金周賢, 교수), 박진근(朴縝根, 전 광신상고 교장), 김성호(金聖昊, 백제연구가), 김선기(金善琪, 전 문교부차관), 김우현(목사), 문

승연(이화대학 강사) 등이 참여해 총 22회의 역사 강연을 했다. 송지영은 특히 열정적이었다. 그와 나는 단군 조상의 위상을 굳히는 일에 힘을 합하기로 했는데 먼저 타계해 버렸다.

1989년 10여 년간의 역사 연구에 어느 정도 자신이 붙어 일부가 정리된 것을 『한국상고사입문』으로 발행했다. 이 책에는 강단파의 거두 이병도 박사가 일생 주장해 왔던 학설을 바꾸어 중요한 관점에 나와 의견을 같이 할 결단을 내리고 '단군은 실재인물이다'는 논지를 발표하며 나의 역사관에 동의한다는 증거 삼아 공저자로 이름을 올렸다. 다음해인 1990년에는 별도의 독자적인 내 저서로 『한국상고사』를 발행했다. 내용은 앞의 책과 거의 같다. 이 책은 알래스카 대학 한국학연구소 재단이사장인 이병창 박사의 청으로 영문 발행되었다.

책을 펴낸 이후 나의 연구는 중요한 전기를 맞았다. 1988년 김주현·이병창 박사의 주선으로 전후 일본의 새로운 고대사학파인 상가야 연구자들을 알게 되고 일본 후지산 아래 지하 서고에 1,200년간 보관돼 온 「후지미야시타문서」[신황기(神皇紀); 후지미야시타문서를 현대어로 출판한 것)를 직접 확인하고 읽어 볼 기회를 얻었던 것이다. 당시 국사학계는 나의 답사 보고를 진지하게 받아들이는 것이 아니었다. 1999년 2월에야 『대한민국학술원통신』에 첫 번째 공식 보고로 「후지미야시타문서 답사기」가 간략히 소개되었다. 송곳 끝이 들어간 셈이다.

7장

음악과 시국과

1930년대 중반 금강산 비로봉 꼭대기에서 소설가 이광수(오른쪽)와 함께. ⓒ 최태영

음악에 관한 사색

아마 나는 우리나라에서 두 번째로 노래 가사 많이 아는 사람일 것이다. 첫째는 불문학자 이헌구(李軒求) 선생이었다. 1960년대 둘이는 펜클럽에서 정말 많은 옛 노래들을 기억해 냈다. 어려서 부르던 노래들도 잊히지 않는다.

내가 들은 신라 향가가 있었다. 집의 머슴이 구월산에서 나무 한 짐을 해 오다가 동네가 내려다보이는 산말랭이(산꼭대기 고개)에서 흥이나 이런 노래를 목청껏 하곤 했다.

"사내지로구나. 저 건너 갈(갓)모봉에 비가 묻어 들어온다. 누역을 허리에 두르고 기심 매러 갈거나."

현대말도 아닌 노랫말을 들었을 때 그를 부여잡고 물었었다.

"아까 산말랭이에서 노래 불렀지요. 뭐라고 불렀소? '사내지'라고는 왜 부릅니까."

"몰라요. 그전부터 부르던 노래랍니다."

무슨 뜻인지 잘 모르면서 그처럼 자연스럽게 육자배기로 부르는 노래. 내가 읽은 『화엄경(華嚴經)』에는 신라말이 많았다. 신라의 노래 가사는 고려 때까지 이어져 왔다. 고려의 노래 가사도 신라처럼 이두로 쓴 것이 있어, 신라 가사와 고려 가사는 같은 문체이고 고려 가사에도 신라 말이 많이 들어 있다. 불교가 최전성기를 누린 고려 때 사상은 『화엄경』에서 유래한 것이 많다. 『화엄경』에서 고려 노래도 일부 나왔다. 신라, 고려의 가사는 불경을 읽지 않고는 연구할 수 없다. 그리고 어떻게 해서든 이런 것 알아내는 게 나의 장기이기도 했다.

'사내(舍內)'란 신라말로 '노래'라는 뜻이다. '지'란 조(調), 노래 곡조를 말한다. 말하자면 노래 한 곡 부르기 전 '신라 향가 한 곡조 나간다' 하고 서두를 꺼내는 것이다. 노래를 말하는 '사내'는 신라말이지만 백제 말로는 '산유화'라고 한다. 이때의 산유화는 꽃이름이 아니라 약간 슬픈 노래, 비가를 뜻한다. 신라와 백제의 정서가 그렇게 달랐다.

'갓모'는 비 올 때 쓰는 삼각형의 끝이 뾰족한 모자로 우리나라 어느 동네든지 오뚝한 산봉우리를 말하는 갓모봉이나 넓직한 치마바위가 없는 곳이 없다. '누역'은 고어인데 짚으로 엮어 비 올 때 등에 두르는 도롱이, 우장을 말한다. 우리 고을에서는 그때도 누역이란 말을 그대로 썼다. 이희승 한글사전에 누역이 짚으로 엮어 비 올 때 쓰는 도롱이의 고어라고 나와 있다. 일반인은 잊었어도 학자들은 알았던 것이다. '기심', 혹은 '지심'은 김맨다는 뜻이다. 농사일을 노래한 신라 향가인 것이다.

하나를 알게 되면 그다음부터는 쉬웠다. 『화엄경』은 그런 지식을 캐내는 보고였다. 후일 경시학교에 재직하던 양주동에게 "신라 향가가 별거냐. 우리 머슴이 부르는 '사내지'가 바로 그것이다"고 노래를 전해 주었다. 사내지는 양주동의 향가 연구의 시발이 되었고 그는 해석한 모든 향가를 내게 보여주곤 했다. 1942년 그가 연구한 향가를 『조선고가연구』라는 책으로 발간하고 그에 앞서 1927년 『향가와 이두의 연구』 저서를 냈던 일본인 오쿠라 신페이(小倉進平)에게 보냈다. 오쿠라에게서 온 답신에는 "당신의 새로운 연구서 발간으로 내 책은 그만 휴지가 됐습니다"고 써 있었다. 정직한 학자였다.

나라가 기울던 대한제국 말년, 그때는 누구나 다 애국하는 노래 '동해 물과 백두산이…'를 불렀다. 애국가에 대한 경건한 추억이 있다. 일제강점 뒤 애국가 부르는 게 금지된 이후에도 구월산 종산학교에서는 매일 아침 산속의 운동장에 모여서 이 노래를 불렀는데 우씨네 집성마을인 그곳에서는 끝까지 아무도 밀고하는 사람이 없었다는 것이다. 그 단결력은 대단했다.

애국가의 작사를 두고 안창호에 관련된 전기 4종 중 안창호를 직접 만나 본 주요한이 쓴 책에 이 애국가 가사를 안창호가 지었다는 주장이 나온다. 애국가의 가사는 묘하게 재주를 부려 쓴 글이 아니요, 평범한 말로 순하면서 씩씩한 기상을 드러내는 글귀들을 외국 곡조에 갖다 붙여 부르게 한 점이 특징이다. 당시 안창호는 애국하는 노래를 많이 지었는데 작곡에 대해서는 전혀 아는 바 없었으므로 하나같이 평범한 말로 지은 노래 가사를 외국의 민요나 국가에 맞추어 부르게 했었다. 안창호는 조선을 떠나 미국으로 돌아가면서 '나의 한반도야—' 하는 노래도 불렀다.

그가 윤치호에게 '당신이 애국가를 지어 보라' 했으나 윤치호가 '못 하겠다'고 하여 안창호 자신이 직접 가사를 만들었다는 주장인데 '당신이 애국가 가사를 지었소?' 하고 물어보면 '기다, 아니다' 대답을 않고 웃기만 했다는 것이어서 단정적인 확신까지는 가지 못한다. 그렇지만 이 당시 윤치호가 지은 노래는 다음과 같은 것이다.

'성자신손 오백 년은 우리 황실이요/ 산고수려 동반도는 우리나라일세'

이 가사는 서울 양반에게 걸맞은 화사하고 규격진 사고방식을 잘 나타내 주는 것이다. 애국가 가사의 고요하나 장중한 분위기와는 사뭇 다르다. 태 부리지 않고 힘이 실린 노랫말로 미루어 나는 안창호가 애국가 가사를 지었다고 확신한다.

어떻게 해서든 나라가 안 망하도록 안간힘을 다하는 학도가는 여러 가지가 있었다. 어린 시절 장련에서 저녁 먹고 나가 동무들과 떼 지어 다니며 부르거나 장련 광진학교에서 군대식 체조를 하며 부르던 노래로

'우리 민족아!

사천여 년 역사국으로

자자손손 복락(福樂)하더니

오늘날 이 지경 웬일인가?'라는 것도 있고

'13도 각군 합이 334/ 면적이 3천리 인구 2천만' 하는 학도가도 불렀다. 그 노래를 불러서 나는 지금까지 대한제국 최후의 행정구역이 13도 334군이었음을 잊지 않고 면적과 인구수를 기억한다. 나는 어지간한 건 그렇게 노래로 불러 알았다. 노래를 통해 역사가 이어질 수 있는 것이다.

만주의 신흥무관학교 출신이 부르던 '정몽주가'가 있었다. 선죽교 피다리를 노래한 것인데 장련면 수석서기하던 이태원의 동생 이준원이 신흥무관학교를 졸업하고 왔다. 무관학교는 엷은 흰 비단에 졸업장을 써 주었다. 접으면 작아지니까 아무 데나 감추기 쉬워서 들키지 않고 몸에 지니도록 한 것이다. 이준원이 내게 상해에서 부르던 '정몽주가'를 가르쳐 주었는데 그 노래를 부르면 사람들이 좋아했다.

선죽교 피다리 개성군 선죽교야

국사에 피 흘린 자 혈죽이 솟았다

오백여 년 빛이 나니 비할 데 있으랴.

정 선생 돌아가니 백골이 진토되어

넋이야 있건 없건 본받을 우릴세

용수산 지는 해 말없이 넘어갈제

선죽교 피다리에 물소리 목메는데

슬피 우는 저 두견성 못 들을 곳일세

서울로 공부하러 오니 전덕기 목사의 공옥학교에서 온 경신학교 동무들은 노는 시간마다 이런 학도가를 불렀다.

'자옵든지 깨옵든지 이 내 몸에/ 복락과 기쁜 점 우리 가정/ 아침이면 동생들과 학교에 가고/ 저녁이면 손목 잡고 돌아오누나/ 상제의 큰 인물도 여기서 나고/ 국가의 큰 재목도 여기서 난다'

'무쇠 팔뚝 돌다리 소년 남아야/ 애국의 정신을 분발하여라/ 다달았네 다달았네 우리나라에/ 소년의 활동 시간 다달았네/ 만인대적 연습하야 후일 전공(戰功) 세우세'

'저기 청산 바라보게/ 고목은 썩어지고 영목이 소생하네'

'국권 독립 없고 보면/ 한간 두옥도 내 건 아니오/ 좁은 땅도 내 건 못 되네'

그때 어린 동무들이 부르던 노래를 되살려 내노라니 그 심정을 이제 와 더 잘 알 것 같고 오늘 내가 다시 생각하게 된 데 감회가 인다. 그러나 나라를 위해 목숨을 내걸고 무언가를 하자던 노래들은 강점이 되면서는 죽고 살자는 정신이 사라지고 아무런 사상이 없는 무색무취한 묘사로 변했다.

'낙락장송 큰 나무도 깎아야만 동량되고/ 청산 속에 묻힌 옥도 갈아야만 광채나네'

'저기 앉은 저 포모(빨래하는 여인) 방망이 들고/ 이웃 저웃 빨 적에 해

는 어이 지나서 서산을 넘네'

위의 노래는 장응진 선생이 105인 사건으로 감옥에 갔다 나와 지은 것이다. 일본 노래를 부를 수는 없고 그렇게 노래를 지어 불렀던 것이다. 그러다가 일제 통치가 심화되면서는 일본말로 일본 왕에게 충성을 바치자는 징그러운 노래를 강압적으로 부르게 된다. 어떤 모임에든지 '우미 유카바'란 노래를 애국가 대신 불렀다. '바다에 가면 물에 묻히고/ 산에 가면 풀에 묻힌다/ 우리 (일본) 임금 곁에/ 죽음도 돌아보지 않는다'는 것이었다. 남의 나라를 침략하려는 근성이 여실히 드러나 있는 이 노래는 특별히 가르치지 않았어도 빨리 퍼졌다. 독립이 되고 이런 노래도 버리게 됐다.

1910년 할아버지가 차린 독(獨)서당에서 오순형 씨가 일본 유학에서 돌아와 악보 보는 법하며 음계와 반음 등을 가르쳤다. 사실 나는 음악에 소양이 없지 않았고 일생에 걸쳐 다방면으로 음악과 접했다.

'우리가 음식 먹는데 채소가 반찬 되소사/ 우리도 세상 사람의 채소가 되기 원하네'

우스운 것이지만 11살 아이 때 구월산 종산학교서 지어 불렀던 노래이다. 가을 텃밭에서 뽑은 별나게 생긴 무를 안고 독창했는데 여학생들도 박수 치고 하던 생각이 난다.

경신중학에 들어오니 김인식 음악 선생은 내가 청음만으로 악보를 정확히 그리는 것을 칭찬하고 내 성악이 괜찮다 하셨다. 집에 와서 음정 연습한다고 "시도레미" 하면 옆에서 "저놈은 왜 맨날 시돌 애미를 찾냐" 했다.

그때 학교에서는 갑을병정으로 성적을 보여주고 학생은 점수를 받아 보지 못했는데 경신학교장이 되어 나의 묵은 성적부를 들여다보니 음악

점수가 100점, 최하 99점이었다. 김인식 선생의 권유로 서울 코러스 1기 단원이 되었다. 홍난파·이상준·김인식·김형준·최태영 그게 다 서울의 제1차 코러스 단원이다. 여성은 알토 단 1명이 있었는데 바깥 외출을 못 해 남편이 없을 때만 나와서 노래했다. 코러스단은 주로 새문안교회에 서 음악회를 열었고 언더우드 1세 추도식 때도 노래했다. 단원들은 후일 음악계의 동량이 된 사람들이 많았다. 이상준은 보성학교의 음악 선생 을 했는데 그는 평생 일본말을 안 한 사람이었다. 그래도 그가 재직하던 보성학교의 일본인 교장 고마쓰는 한국인으로 귀화하고 싶어 했던 사람 이라 학교에서 쫓겨나지 않았다.

메이지대학에 들어가니 선생이 철학을 위해 예술 한 가지는 이해해야 된다고 했다. 그림도 글씨도 못 쓰고 음악은 좀 통하는 듯해 가정음악 회라는 모임에 갔더니 제꺽 붙여 주어 바이올린·만돌린 같은 것을 배웠 다. 처음엔 잘한다고 해서 연주도 하고 여흥에 놀기도 했다. 내 깐에 악 보대로 소리를 내고 박자를 정확히 하면 되는 줄 알았는데 전연히 그런 게 아니었다. 악기를 바꿔보라 해서 몇 번이나 바꿨지만 내가 켜는 바이 올린 소리가 내 귀에도 시끄럽기만 해 참을 수가 없었다. 노래도 여럿이 할 때는 그런대로 넘어갔지만 나 혼자 해보면 영 개수작이라고밖에 할 수 없었다.

도쿄의 조선유학생회가 체육대회를 할 때면 응원가가 당장 필요했다. 체육대회는 달리기부터 씨름, 축구 같은 운동을 했다. 이때 얼른 작사해 서 서양 멜로디에 붙여 응원가 부르는 건 내가 잘하였다. '솔개야 공중 에 훨훨 날아라 백호야 산중에 펄펄 뛰어라' '무쇠 팔뚝 돌다리 청년 남 아야(명대 남아야) /애교(애국)의 정신을 분발하여라/ 다 달았네 다 달았 네 우리나라(학교)에/ 청년의 활동기가 다 달았네/ 만인대적 연습하야

후일 전공 세우세'

이런 노래를 메이지대학 조선 학생 응원가로 불렀다. 뭐든 즉석에서 해내는 데는 내가 명수였다.

요새도 서울 사람들 굿 많이 할 것이다. 일제 때 굿 못하게 하느라고 무당들 풍악 못 잡히게 하니까 서울 사람들은 굿하면서 풍악 대신 고리 짝을 벅벅 긁으면서 풍악을 대신했다. 요즘 보니 풍악 못 잡는 대신 고리짝 긁는 그걸 또 전통이라고 속이는 사람이 나왔다.

도쿄에서 평생 친구 김영환을 사귀었다. 그는 우에노 음악학교를 8년이나 다니고 작곡가이자 피아니스트·교육가로 활동하고 일본 총독 딸의 피아노 선생을 했다. 도쿄에서 여러 음악회들을 가 보고 윤심덕·김천애 등의 노래도 들었다. 그다지 미성(美聲)은 아니었지만 〈사의 찬미〉 〈봉선화〉 같은 노래를 남겼다. 가수가 되진 않았어도 오천석 전 문교장관의 누님 오현경의 목소리가 아주 좋았다. 그녀는 철학을 공부했는데 교회에서 독창을 여러 번 했다. 김홍량의 딸이 도쿄에서 음악을 공부하고 서울 와서 음악회를 하는데 김홍량이 걱정스런 얼굴로 내게 왔다.

"딸이 초상난 것 모양 머리를 풀어헤치고 노래를 한다는데 그것 좀 막아달라."

김홍량 자신도 일찍이 와세다를 다녔으면서 딸의 신식 스타일을 편치 않아했다. "우리가 시대에 뒤떨어진 것이니 염려할 것 없다"고 했다. 당시 예술가들은 모두 머리를 길게 풀어헤치는 게 유행이었다.

한국 가곡으로 많이 부르는 〈바위고개〉 노래도 안악 김씨 집안에서 나왔다. 김용진의 아들 김형량은 아주 미남자였는데 정훈모(1909~1978, 서울 음대교수)와 같이 도쿄 음악학교를 다니다가 연애가 되어 결혼했다. 정훈모는 조그마한 여성이 목소리가 예쁘고 높이 올라가고 낮추 내려오는 메조 소프라노였다. 바위고개는 치마바위, 옷내바위(꽃밭바위)처럼 전국 어디나 있는 언덕이다. 둘이 살던 안악에도 '수박재'란 이름의 바위고개가 있었다. 형량네 집에서 내려오면 바로 수박재 바위언덕인데 꽃이 많이 피고 경치가 좋아 둘이 자주 왔다 갔다 하던 곳이다. 나도 안악에 가면 수박재 바위고개를 지나 김용진 사랑에 가곤 했다.

큰아들은 폐결핵으로 죽고 김형량은 막내이자 하나 남은 아들이라 김용진이 몹시 귀여워했건만 그 집안이 다 단명해 김용진도 해방 전 일찍작고해 수박재 바위고개에 큰 비석을 세워 두었다. 형량은 큰 부자의 아들로 북에 둔 재산을 다 잃고 월남해서도 세상 물정 모르다가 자기를 위하던 사람이 하나도 없으니까 성이 나서 술 먹고 술잔 던지고 하다가 일찍 죽었다.

정훈모가 〈바위고개〉 그 노래를 형량의 장례식에서 불렀다. 그 집안의 학교이던 경신학교의 음악 선생 이흥렬 작사·작곡이지만 정훈모가 적잖이 관여했을 것이다.

'아름다운 꽃들은 곱게 피었네/ 바위고개 언덕을 혼자 넘자니 옛 님이 그리워 그리워…'

나도 〈바위고개〉 그 노래가 좋았다. 아름답던 안악의 수박재 바위언덕이 실감나는 노래, 그건 정훈모의 노래이기도 하다.

또 하나 음악회의 추억은 조선 문화를 애호하던 야나기 무네요시의 부인 가네코의 독창회였다. 조선 유학생회의 경비를 마련할 겸 내가 가네코 씨의 음악회 표를 여기저기 팔러 다녔다. 음악회 청중들은 신문명의 지식인들이었다.

조선 무용가 최승희(崔承喜)가 일본의 현대무용가 이시이 바쿠와 경성서 처음 한 공연도 가 보았다. 무대에 선 최승희는 빛나 보였다. 그래도 나는 무용을 왜 그렇게 하는지 이해 못했다. 그런데 만년에 발레를 하는 서정자 교수가 가까운 사람이 되어 나는 그의 발레하우스 건물에 가서 한국사 강의를 하기도 했다. 연극은 당시 민중들에게 큰 역할을 발휘하던 오락이었다. 여러 사람들이 열심히 무대를 만들고 여러 계층 사람들이 모여 일하는데 딴 세계였다. 그래도 이화학교를 다니던 누이동생 태임이 연극을 한다기에 윤심덕 생각이 나서 질색을 하고 말렸다. 장련에 백간집을 지어 놓은 시골 부자이던 둘째 동생 태환은 내가 번역한 『이녁 아든』 같은 원고를 들고 나가 이서구와 함께 연극을 만들곤 했다.

바이올린 때문에 뜻밖에 한 여성을 알게 되었다. 내가 연애라는 것을 중요하게 여기지 않고 살았기에 주변 여성들을 많이 알긴 했어도 특별한 일이 난 적은 한 번도 없다. 젊은 날의 풍경 정도이다.

대학의 여름방학, 귀향하는 경부선 열차 안에 같은 방향으로 가는 학생들 한 패거리가 타고 있었다. 아예 한 칸을 차지하고 있던 동무들이 갑갑하니 내게 바이올린을 연주해 보라고 했다. 아마 〈유모레스크〉나 무슨 명곡 같은 걸 켰을 것이다. 그때 바이올린에 맞춰 한 여성이 노래를 부르기 시작했다. 바이올린 병창이 된 것이다. 그 때문에 쉽게 얘기를 나누게 되었다. 스물하나둘 나던 그 여성 김은희는 원산 루시여중 음악 선생인데 집이 평양이라고 했다. 혹시라도 과분한 호의를 받게 될까 염려되어 나는 결혼한 사람으로 아내가 기다린다는 말을 했다. 얼마 후 우리 집으로 간단한 안부를 묻는 엽서가 한 장 날아왔다.

부친이 그 편지를 전해 주며 "여자들한테 너무 친절하게 하지 말라"고 경계했다. 그 후에도 몇 번 편지가 왔는데 얇은 비단 손수건이나 말린 꽃이 들어 있기도 하고 악보를 구해 달란 부탁이 오기도 했다. 엽서에 간단히 답하고 부탁한 악보도 보냈다. 특별한 정을 나누는 것도 아니었으므로 아내도 무어라 하지 않았다.

어느 날 그녀가 결혼한다는 소식이 오고 편지도 더 오가지 않게 되었다. 그 후 10여 년이 지나 보성전문 학생들을 데리고 만주로 여행을 떠나게 되었는데 기차가 평양을 지나쳐 갔다. 그때는 별의 별일이 다 신문에 나던 때라 평양의 김은희가 이 기사를 신문에서 보았던 모양이다. 기차가 어느 역에 정차하자 김은희가 학생수대로 먹을거리를 한 보따리 해서 들고 인사하러 온 것이다. 학생들은 뜻하지 않은 선물에 좋아서 난리였다. 그녀는 그저 선의의 여성인 것 같았다. 그러나 돌아오는 날에는 역에 나올 것 없다고 말했다. 그녀의 집은 평양역 부근의 이층 양옥인데 창문에서 기차를 향해 손만 흔들어 작별하기로 했다. 나도 그 집에 잠시 눈을 주었다.

몇 년 후 다시 서울대병원에서 김은희의 가족들로부터 내게 연락이 왔다. 그녀가 무슨 수술을 받게 되었는데 수술실에 들어가기 전 내가 한 번 면회를 와 주었으면 한다는 것이었다. 그녀의 부모와 남편을 비롯한 가족이 모여 있는 병실에 갔다. 그때 수술을 한다는 것은 죽음을 거의 각오하는 것이어서 마지막 인사를 미리 해 두는 자리 같은 것이었다. 그녀가 나를 어떻게 말했는지 가족들은 나를 깍듯이 대했다. 수술은 잘 끝났다. 그 부친은 그때 내게 미국 유학을 권했다. 모든 비용을 자기네가 대겠으며 그들도 미국에 왕래하고 싶다는 것이었다. 당연히 거절했다. 그때까지도 나는 그녀의 집안이나 가족 상황 등에 대해 한마디도 물어본 적이 없었다. 김은희는 은시계에 자기 사진을 하나 담아 보냈다. 그녀가 마지막 서울을 떠나는 날 서울역에 그녀의 지기이던 평양 출신의 이용설 박사와 내가 배웅을 나갔다.

그리고 6·25가 났다. 종래 소식이 끊어졌다. 아마 대단한 평양 부호 집안이었으려니 싶은데 공산당 손에 견뎌 나지 못했을 것이다. 그녀가 도움을 요청했더라면 적극 도울 수 있었다. 그러나 아무 뒷소문도 듣지 못했다. 몇 해 전 그녀의 제자라는 사람이 나를 찾아왔었다. 나는 그 제자의 청에 따라 그녀의 은시계 사진을 스승의 기념품으로 전했다.

이면상(李冕相)이란 재능 있는 음악인이 있었다. 일본 빅터 축음기회사의 녹음담당자였는데 작곡에 능하고 일본말을 잘했다. 내가 경신학교 음악 선생으로 와 달라고 했더니 좋아하고 승락했는데 '회사에서 없어서는 안 될 사람'이라며 놓아 주질 않았다.

1930년대 일본에서 유명한 가수가 경성에 와서 공연하는데 그에 필적할 한국인 가수를 내세워 듀오 공연을 하기로 했다. 한 무대를 위해 이면상과 내가 똑같이 선택한 사람이 이 모 여성가수였다. 그 가수는 내가 골라 준 가사만을 고집했다. 시조도 엄청나게 고급한 수준의 것을 택했다. '백두산에 올라가니 백두산 상상봉 이끼 낀 바위마다 조상 얼이 들어 있다'는 노래를 부르게 했다. 무대에 오르기 전 "수줍어하지 말고 곡조에도 구애받지 말고 가사말만 충분히 살리면 성공한다"고 일렀다. 이면상도 흥분해서 "선생님 어떻게 하셨습니까"고 설레었다. 음악회는 성공했고 그녀는 훌륭한 가수가 됐다. 그런데 이면상은 해방된 후 월북했다. 그곳에서 대활약을 했다고 들었다. 2000년 북한의 조선교향악단이 서울에 와서 연주할 때 과연 이면상의 작품이 여러 곡 연주된 것을 알았다. 이 모 가수는 결혼 후 일체 사회활동을 금하고 살고 있어 이름을 밝히지 않기로 한다.

판소리, 조선 노래와 춤이 어우러진 자리는 명월관, 응벽정 같은 요릿집이나 집의 사랑채였다. 김성수와 안창호와, 김홍량과, 그리고 의사 이돈희 등과 어울리던 시절 나는 거문고·가야금 잘하고 춤 잘 추고 노래 잘하는 예술가들 모두를 잘 알았고, 어떤 경우에든 점잖았기 때문에 이들의 절대적 신뢰를 받았다. 일본에서 오는 손님들은 조선춤을 제일 보고 싶어 했는데 이돈희는 그럴 때마다 내게 물었다.

내가 그들을 특별히 찾을 일이 있을 때, 그들이 들어가 있는 요리집 방에다 대고 "손님 중에 최교장이란 분 있소?" 하고 묻게 했다. 그러면 눈치채고 나와서 전화했다. "만사 제쳐 놓고 성북동 아무개 사랑에서 점잖은 손님들이 기다리니 오시오" 하면 버선발로 십 리, 이십 리 밖까지 인력거를 타고 오기도 했다. 요릿집에서 다른 데 가는 걸 싫어해 신발을 감춰 놓고 안 주기 때문에 버선발로 오는 것이었다. 후일 유명해진 분들이 나를 보면 그렇게 반가워했다.

6·25로 잃은 음악 취미 하나가 있다. 나는 좋은 레코드판과 축음기에 돈을 아끼지 않았다. 레코드사에서 새 음반이 나오면 내게 알려 주었다. 서울코러스단의 친지들 사인이 들어가 있는 LP판, 수많은 명곡집들, 특히 아끼던 이왕직 아악부의 연주곡 전집이 있었는데 피난에서 돌아와 보니 그동안 집을 지켜주던 행랑의 중학생 아들이 팔아 버렸다. 동네 젊은이가 어린 중학생을 꾀어 돈 몇 푼을 쥐어 주고 가져간 것임을 알았지만 되찾지는 않았다.

1977년 『서양 법철학의 역사적 배경』 저술로 학술원 저작상을 받던 날 국악원의 축하 연주를 들었다. 그 음악은 오래전 새색시가 된 아내를 데리고 장련 집으로 돌아오는 길 동구 밖에서 국악대들이 들려준 음악이기도 했다. 그새 아내는 세상을 떠난 뒤여서 이번엔 혼자 들었다. 경사스러운 날 하는 음악 같았다.

몇몇 친분

경신학교의 스승이던 장지영 선생은 나를 귀애해서 뭐든지 내게 권한 것이 많았다. 나는 중학생 때 선생님 결혼식에도 갔었다. 박희도·나원정 씨가 들러리였다. 경신학교 재직도 선생이 권한 바였다. 거절하긴 했지만 선생이 조선일보로 가면서 신문사 편집국장으로 같이 가자는 제의도 받았었다. 건달들이 신문사 일을 많이 했다. 장 선생의 부친이 대궐 의사였기 때문에 당신도 한방 처방에 능해서 나도 선생의 처방 덕을 보곤 했다. 경성제대(서울대) 병원에서도 손 못 쓰던 안악의 김용진 씨를 장 선생의 산삼 처방으로 정신을 되돌리게 했었는데 일본인 의사가 깜짝 놀라 "이게 무슨 조화냐. 산삼을 또 먹입시다"라며 놀란 일이 있었다.

선생이 이두의 대가이신 것을 말년에야 알았다. 일찍 알았더라면 내게 아주 도움이 됐을 텐데. 만년에 찾아가 뵈면 꼭 지팡이 짚고 동구 밖까지 마중 나와 계셨다.

내가 대학 졸업하고 온 뒤 아버지의 친구분들과도 가까이 지냈다. 부친은 장련에, 장응진·선우전·백남훈 선생들은 서울에 있으면서 어디 갈 때면 꼭 나를 불러 끼여 주었다. 이분들이 "언제고 독립한다, 일제가 이대로 끝까지 가지는 않는다"고 나를 붙잡아 주지 않았으면 힘든 세월 속에 자포자기했을 것이다.

"어떻게 희망을 붙입니까?" 물었다. 휘문학교 이윤주 선생의 논리는
이랬다.

"우리나라가 지금 망하긴 망했다. 그렇지만 만주 간도와 미국, 소련으
로 나간 많은 동포들이 새로운 힘을 몰고 돌아와 해방시킬 것이다."

독립운동가들, 노백린이 미국에다 세운 비행학교, 만주의 신흥무관학
교 등을 두고 하는 말이었다. 이들이 독립의 많은 부분에 기여한 것도
사실이다.

장응진 선생은 대단한 분이었다. 황해도의 대표적인 개화 인물로 후
배들을 감화시키고 평양 대성학교, 서울 경기여학교, 휘문학교에서 교
육사업에 평생을 바쳤다. 해방 후 남들은 중·고등학교를 떠나 대학으로
다 갔는데 장 선생만은 "지금은 정력이 기우는 때이니 대학에 가기보다
는 젊어서부터 공들이던 일을 계속하겠다"며 끝까지 휘문학교장을 했
다.

내가 영향을 받은 사상가로 서재필과 안창호를 들지 않을 수 없다. 둘
다 유식한 사람들이었다. 서재필의 독립협회를 본딴 자신회라는 게 장
련의 광진학교에도 있어 어린 내가 회장을 했었다. 갑신정변이 실패한
뒤 그는 미국으로 망명해 의사 공부를 하고 독립운동을 계속했다. 그는
민주주의의 원론이다. 나는 민주주의에 대한 원론적 생각이 날 때면 서
재필의 책을 꺼내 읽는다. 그는 가장 앞선 민주주의의 실천자였다.

1947년 서재필이 귀국하여 이승만을 능가하는 인기와 대통령 표가 많
이 나오니 이승만 측에서 그의 미국 국적과 미국인 부인을 두고 국회에
서 트집 잡고 역적 소리를 해 가며 그를 쫓아내는 공작을 벌였다. 그때
이승만의 미움을 무릅쓰고 세브란스 의사이자 독립운동가였던 이용설

박사와 내가 여론을 일으켜 반대했다. 그가 우리말을 잊고 영어로 말한다며 비난했지만 서재필의 친척한테 직접 확인해 보니 우리말로 대화를 나누었다고 했다. 신흥우는 1925년 미국 하와이에서 열린 범태평양 국가회의에 송진우·백관수와 함께 한국 대표로 참석해 서재필의 도움을 받아 "한국인이 서간도, 북간도로 쫓겨 간다"는 발언을 하여 친일파를 면하고 진정한 한국인이 되기도 했다. 조선독립청원서를 제출하고 분투하는 서재필에게 미국인 의장이 일부러 의장대리를 맡김으로써 그 같은 발언 자리가 가능했다. 다른 두 사람은 한마디도 발언하지 않았다. 서재필의 도움이 컸던 신흥우는 한국에 돌아온 그를 도와 눌러앉게 했어야 했다. 그러나 서재필 구명을 위한 아무 움직임도 일으키지 않고 숨죽이고 있었으니 의외였다.

안창호는 한말 이토 히로부미가 이갑(李甲)을 시켜서 국무총리로 포섭하려 해 봤더니 "이토 그놈을 만나면 내가 이용당하면 당했지 이로울 게 없다"고 거부했다. 상하이로 가서 임정 때 노동장관을 지냈으나 특별히 직책에 연연치 않았다. 한국인을 화합케 하고 깨우는 일만을 자신의 할 일로 여겼다. 그러나 이승만이 독립운동을 하면서 자칭 대통령이라 하고 다니는 것을 공박하고 탄핵했다.

그는 윤봉길 의사 사건에 연루돼 옥살이를 하고 나오면서 일본 형사가 "나가서 뭐할 거요?" 묻는 말에 "나는 독립운동밖에 할 것이 없다"라고 한 사람이다. 그의 지조는 본받을 만하다. 조선인 사상범을 담당하던 종로서 미와 경부가 감심된 듯 수술 받는 안창호를 찾아와서 자기 처의 피를 헌혈하겠다고 했다. 안창호가 물론 거절했다.

그는 대인다운 포용력이 있었다. 변절한 이광수도 제자로 끝까지 아꼈다. 가출옥 후 안창호는 이광수를 동행해 다니면서 일제의 주목을 피하고 김흥량은 나와 동행해 일제를 피하면서 네 사람이 명월관에서 몇 번 만났다. 거긴 돈 쓰고 놀러가는 데라 일본 당국이 주목하지 않았다. 따라서 큰 요릿집이야말로 다수가 모여 깊은 이야기를 할 수 있는 유일한 장소이기도 했다. 1919년 3·1운동 때 민족대표 33인이 태화관에 모여 독립문제를 논의한 것도 그러한 연유가 있었기 때문이다. 교육문제를 논의한 것도 이때였다. 안창호는 솔직하고 촌사람 그대로였고 겁내는 게 없었다. 자기가 뭐하려는 야심이 없었다. 하지만 김흥량은 안창호를 동지로는 만났으나 "동포를 위해 애쓰는 것은 고마운 일이지만 흥사단은 하는 일이라곤 없으니 아무것도 아니다"라고 생각했다.

안창호가 끝내 세상을 떠나고 장례식이 열렸을 때 일제는 사람들의 참석을 막고 시찰하고 있었지만 나는 경신학교장의 신분으로 서울대 병원과 맞붙은 경신 운동장에서 처음부터 끝까지 그의 장례식을 지켜봤다. 그런데 해방 후에 보니 경신학교를 뺏으려고 나 죽이겠다고 뒤에서 조종하던 경방단장이 애국지사 임정 요인과 사돈을 맺고 안창호의 흥사단에도 들어왔다. 그렇게 재빨리 친일의 흔적을 지우다니 정말 돌아붙는 데는 뭐가 있었다. 안창호는 좋았어도 내가 그 소식을 듣고는 흥사단 근처에도 발을 대지 않았다.

어떤 일에 반드시 피해야 할 고비가 있는 법이다. 내겐 박영효와 일본인 하나다와의 만남이 그러했다. 박영효가 만나자 하여 동대문 밖 그의 거처 문 앞까지 갔다가 마지막 순간 '양반 신분을 포기할 수 없어 일본 귀족이 돼 버린 이 사람을 만나는 게 무슨 이(利)가 있을 것인가' '그의 말대로 따를 수도 없고 버티려면 곤란한 일만 일어날 것이다'는 생각을 했다. 안내한 사람에게 그 자리에서 "돌아가겠다" 하고 나와 버렸다. 그때를 피하지 못했다면 그의 말을 들어야 되었을 것이다. 그는 개화당 난리를 겪고 미국에 갔다가도 "미국은 양반을 못 알아보는 나라"라며 돌아온, 그저 집안이나 양반스럽게 유지하려는 부잣집 철부지였다.

장련경찰서장 하면서 조선말을 아주 잘하던 하나다는 조선독립운동하는 한국인 입장에서 동조하는 바가 없지 않았다. 그러나 일본인은 일본인일 뿐이다. 일본 관리는 조선말을 잘하면 월급에 더 많은 가봉을 해주니까 우리말 열심히 하던 일인이 많았는데 하나다도 그중 하나였다. 그는 후일 조선의 토지 수탈사업을 펼치던 동양척식회사에 있으면서 사람을 보내 나를 만나자고 했다. 내가 피했다. 아마 도지사 같은 요직에 나가라고 권했을 것이다. 만나서 그런 말을 듣고도 응하지 않는다면 나는 그다음부터 요시찰 인물이 되는 것이다. 아예 안 만나는 게 일을 만들지 않는 방법이었다. 하나다는 나를 이해했다고 생각한다. 그는 다시 내게 접근하지 않았고 8·15 후 떠났다. 역사를 살려야 한다. 내가 지금 바른 역사를 할 수 있는 것도 내가 이런 고비를 피해 하나도 걸리는 데가 없기 때문이다.

윤치호는 오산(誤算)했다. 그는 미국·일본·중국을 다녀 왔고 언어 재능이 있었는데 야망에 불탔던 사람이었다. 구한말에서 일제강점까지 우리나라가 망하는 조약이 차례로 맺어지는데 그가 외무대신 서리가 되어 일본의 하야시(林權助) 공사와 단둘이 맺은 조약은 '일본과 서양 정부가 보내는 사람을 대한제국 고문으로 쓴다'는 것으로 망국으로 가는 첫걸음이었다. 그도 처음에는 독립협회원이었지만 개화당 다 잡아 죽이던 시절 권력자에게 잽싸게 돌아 붙어 벼슬을 했다. 그리고 결코 한국이 독립 못한다고 생각하고 친일파가 됐다. 그는 일본이 조선의 독립을 깨부수면서 식민화하는 것을 '한일 공조'라며 받아들였다. 1939년 그와 성경 번역 작업을 같이 하기도 했지만 그가 평민 출신으로 일본 귀족 작위를 받고 매일 신사참배 다니고부터 만나지 않게 됐다.

안국동에서 종로로 나오는 동네의 집들을 전부 윤씨네가 갖고 있었다. 선우전 교수가 날 더러 "최 선생은 윤치호와 친하니까 말해서 안국동과 종로 사이에 있는 집 중에 하나만 양보해 팔라고 해라"고 했다. 윤치호에게 부탁했더니 "우리 어머니가 그 구간 집들을 어느 거나 윤가가 갖고 있다고 해야 좋아한다"면서 거절했다. 해방 후 그는 이승만에게 편지를 썼는데 아무 소식이 없자 중간 사람이 바빠 못 전한 것을 '이젠 다 틀렸다'고 생각하고 죽었다. 이화대학 졸업생이 쓴 『윤치호 전기』에 '윤치호가 자살했다'고 했다. 아마 사실일지도 모른다.

해방 후 반민특위가 생겨나 친일한 사람들을 가려내는 데 경북도지사 이창근이 친일 혐의를 받았다가 반민법에서 제외됐다. 이창근은 특이한 사람이었다. 나와 같이 메이지대학을 나오고 속마음을 다 터놓고 이야기하던 사이였다. 내가 아내를 도쿄의 여학교에 유학시키자 이창근도 처를 여학교에 유학시켰다. 그가 행정고시를 해서 도지사가 되며 비록 일제하에서 관료로 출세했지만 나를 후원했고 나는 그를 도왔다.

도지사를 지내는데 가난한 집안 출신의 그가 관료사회에서 일본인들 틈에 비굴해지지 않으려면 체면 유지에 돈이 들어야 할 것이 분명했다. 나는 그때 광산을 경영해 돈이 많았으므로 친구의 의리로 그에게 3천 원을 준 적이 있다. 후일 그가 돈을 모아 땅을 사고 싶어 했는데 자기 이름으로 사면 수상하게 여길 테니 내 이름으로 하자고 했다. 그때는 내가 용납지 않았다. "네가 상여금 받은 것만으로도 그 땅값이 되니 네 이름으로 사도 된다."

그가 경북도지사로 있을 때 농사가 흉작이 되자 그의 직권으로 그해 경북도의 쌀 공출을 거부했다. 쉬운 결정이 아니었다. 그의 휘하에 있던 한 일본인이 내게 말했었다. "우리 도지사 영감이 요즘엔 하고 한 날 동네 늙은이들을 불러내 한시나 짓는 일에 골몰합니다."

그가 친일할 기회를 가급적 피하기 위해 그런 짓을 한다는 것을 대번 알았기에 시치미를 떼고 대답했었다.

"내버려 둬라. 시에 미치면 그럴 수도 있다."

그가 창신동 집에서 밤낮 조그만 소반 위에 책을 놓고 글을 읽고 있으므로 동네 사람들이 그의 아들에게 "너희 아버지 점쟁이냐?"고 물었다. 일제 치하에서 그는 다른 것은 변한 게 없었지만 자신은 물론이고 처와 아이들까지 모두 일본말만 했기 때문에 해방 후 매우 업신여김을 받았다. 화신상회 박흥식이 그를 데려다 회사 사장을 시키자 사방에서 친일파라고 들고일어나 그를 더 쓸 수가 없었다. 한국을 위하려는 생각을 종래 가지고 있었음은 도지사 때 쌀 공출을 거부한 것으로 증명됐지만 6·25 때 납북되었다.

청주대학 이사장이던 김원근도 일제 때 충북도 평의원을 지내 친일 시비에 말려들 뻔했지만 그는 오직 돈 벌어서 공업학교를 세워 인재 육성에 이바지하려던 우직한 인물이었다. 일제는 한국인이 조그만 것이라도 직접 만드는 것을 금했기 때문에 그가 아무리 죽을 애를 써도 공업학교는 관철되지 않아 상업학교(현 청주대학)를 세웠다. 이로써 그의 애국 의지가 성사됐다.

선교사들과의 추억

언더우드 2세(원한경)·모펫·게일·쿤스·커·벡커 같은 선교사들과의 친분은 할아버지부터 나까지 3대에 걸쳐 그들이 이 땅을 떠날 때까지 지속됐다. 그들을 통해 신교육을 접한 것이 정신적 지주가 되고 일생 전반에 걸쳐 그들과 행동을 같이한 일들이 생겼다. 친일하던 악질 선교사가 없는 것도 아닌데 몇 선교사들은 인간으로나 선교사로나 한국에 다행하게도 양질의 사람들이었다. 루스벨트 미국 대통령은 한미수호통상조약을 헌신짝처럼 저버렸다. 미국은 일본의 한국 침략을 묵인하는 가쓰라−태프트 밀약을 맺어 고종의 밀서에조차 화답 않는 친일 정부가 되었다. 한국에 파송된 미국 선교사들은 그것도 모르고 열심히 성의를 보였다. 구식 군대 해산으로 분개한 군인들이 부상하자 이들을 치료한 세브란스 병원이나 헐버트, 알렌 같은 초기 선교사들이 끼친 공적을 루스벨트가 일거에 다 날려 버렸다고 해도 과언이 아니다. 이에 대한 비판이 1907년 고종의 밀서를 루스벨트에게 전했던 장본인 헐버트의 책 『대한제국의 멸망(The Passing of Korea)』에 절절히 기록돼 있다.

한미 국교수립 이후에 들어왔기에 이들은 천주교처럼 이 땅에서 수만의 순교자를 내는 비극은 만들지 않았다. 언더우드나 아펜젤러처럼 이 땅에 아예 묻힐 각오를 한 사람들도 있었고, 활동기간을 채운 뒤 귀국할 날을 낙으로 기다리던 사람들까지 여러 층이었지만 나는 이들이 어떻게 이 땅에 그토록 깊은 관심을 가졌었는지, 감옥까지 드나들면서 그토록 열심히 한국을 생각했는지 아직도 새삼스럽다. 그들에 대한 추억 같은 것으로 내가 알았던 몇 사람의 면면을 기록해 놓고자 한다. 3·1만세운동을 도와 활동한 것이나 신사참배 거부 등에 관한 이들의 활동은 앞서 말한 대로이다. 내 특색이 미국 정치가들은 미워해도 그때 사귄 선교사들은 좋은 사람이었던 것이 확실하다.

개신교에 앞서 들어온 천주교는 황해도에서 안중근 의사의 동네 안악 매화동 성당에 머물면서 순회 포교하고 있었다. 바티칸 외방선교회가 신부들의 국적을 따지지 않고 한꺼번에 파견을 할 때라 독일인 오 신부와 프랑스인 홍석구 신부 둘이 같이 와 있었다. 홍 신부가 조선말을 잘했고 오 신부는 떠들어 제끼는 사람이었다. 안악 매화동에 있던 홍 신부가 진남포로 왔다가 진남포 개항하면서 바로 거기서 안중근에게 갔다. 그는 안중근 의사가 돌아가시기 직전 감옥에서 마지막으로 면회를 했다.

쿤스 선교사는 20대 나이에 황해도에 와서 선교를 할 때부터 우리 집안과 세교를 가졌다. 그는 언더우드 1세의 양자이기도 해서 언더우드 2세 원한경과는 형제간처럼 친했다. 1924년 내가 도쿄에서 돌아와 경신 부교장이 되고 얼마 후 쿤스가 교장으로 부임해 왔다. 장련서 업어 키웠던 아이였던 내가 성장한 것을 보고 반가워했다. 내가 도쿄에서 배운 영어만으론 서투르다 하여 쿤스의 배려로 아펜젤러 2세에게 가서 영어를 계속 배웠다. 아펜젤러 1세는 마산에 성경 번역하러 가다 타고 있던 배가 충돌해 사망했다.

1891년 미국 장로교 예배당 앞의 선교사들. 왼쪽 끝에 개를 안고 있는 사람이 게일. 그 앞에 모펫 목사가 보인다.

　모펫 박사가 나를 평양 숭실전문 교수로 데려가려 했을 때 쿤스와 언더우드 2세는 모펫에게 "이 사람을 데려가면 우리 학교가 큰 타격이다"는 편지를 보내고 내게는 "너희 3대가 나와 세교 집안인데 떠나서야 되겠느냐"고 막았다. 신사참배를 거부한 장로교 비밀회의의 일인이었고 일제에 의해 추방당했다. 일부에서는 그가 친일했다고 하지만 실제로 그가 얼마나 배일을 했는지 몰라서 하는 소리다. 그는 일본의 '미국의 소리' 대한 방송에서 한국 독립을 그렇게 기뻐했는데 몸이 쇠약해 한국에 다시 돌아오지 못해 나와 같이 경신학교를 재건하자는 언약도 이루어지지 못했다.

　맥퀸은 평양 숭실학교장도 역임했다. 조선말도 평안도 사투리를 써서

"에, 데거 봐라(저거 봐라), 데거 봐라" 했다. 그는 일본인하고 맹렬히 싸움도 하고 조선독립운동도 하리만큼 열정적이었는데 일제에 의해 쫓겨나갔다. 3·1운동 당시 맥퀸을 통해 조선의 소식을 미국에 보내고 서재필이 전하는 미국 소식을 받아들였다.

감리교의 조선 총감독이던 미국인 해리스는 처음부터 시종 변함없는 친일파였다. 늘 실크해트에 모닝 연미복을 입고 정동교회 예배에 나왔다. 감리교의 일본 감독과 조선 감독을 겸했던 사람으로 한국 기독교를 일본 기독교에 종속시키려고 기를 쓰고, 일본이 하라는 대로 신사참배도 했다. 그가 조금만 더 한국인의 비위를 거슬렸으면 조선 정부의 고문이면서 일본의 이문을 대변하는 스파이였던 스티븐스처럼 암살당했을 것이다.

선교사들 중에 커(W.C. Kerr, 공위량, 孔韋亮)라는 사람이 있었다. 아주 개명한 사람이었고 음악에 정통했다. 부부가 다 음악을 잘해 접는 풍금을 말 등에 싣고 다니면서 예배당에 와서 풍금을 탔다. 커 목사와 나의 사이가 좋았다. 1919년 장련 여래벌 잔디밭에서 같이 학생운동 얘기를 했다. 친절하고 솔직한 사람이었다. 커는 이성적 해석을 하는 유니테리안(Unitarian) 파의 목사로 성경에 나오는 "생선 두 마리와 포도주로 몇천 명을 먹었다(오병이어)"를 그때 벌써 "몇천 명이 다 제 먹을 것 가지고 와서 먹는데 예수도 제 몫을 가지고 와 먹고 남았다. 이스라엘의 모세가 이집트 군사를 피해 홍해로 간 것도 마침 바다가 갈라지는 시간에 거기 와서 건넌 것뿐이다. 바닷물이 갈라지는 것은 조선에도 있지 않느냐. 이적이 아니다"고 해석했다.

조선 기독교도들이 커 목사가 예수 기적을 아니라고 비판한다고 이단이라고 몰아 당장 쫓아내고 대신 일본인 교회의 목사를 데려왔다. 서울의 일본 선교사회가 냉큼 커 목사를 데려갔다. 서울대 상과대학 영어 선생을 했는데 나중에 어떻게 됐는지는 모른다.

모펫(S.A. Moffet)은 한국에 온 선교사들 중 능력으로나 학식으로나 가장 뛰어난 인물이라 할 수 있다. 그는 외교관 자격을 갖춘 석사 출신이었다. 가톨릭은 금지된 포교활동으로 수많은 순교자를 내면서 오직 포교에만 힘쓸 뿐이었으나 개신교는 포교와 교육을 같이 다뤘다. 평양을 중심으로 한 평안도 일대의 신교육과 개신교 포교는 그와 베어드(숭실대학 창립자) 선교사의 역량에 힘입은 것이고, 장로교의 중심 세력은 서울보다는 평양에 있어 장로교 신학교도 모펫이 평양에 세웠다. 거기 가서 몇 개월 공부한 사람들이 목사가 되었다. 개신교가 포교 초창기에 그렇게 강력한 힘을 가졌던 것은 당시 이 땅에서 요구되는 신교육열의 일정 부분을 수용했기 때문이다. 서울은 교육보다 교회 일을 더 앞세우려는 본부 사람들을 이해시키지 못해 지지부진한 데가 있었다. 모펫 같은 북한 지역 선교사들이 이러한 교육의 중요성을 간파했다.

모펫은 포교보다 교육을 앞세워야 된다는 것이고, 비기독교인도 대상으로 했다. 언더우드는 모펫과 달라서 장로교 일에 양반 한국인을 데려다 쓰고 자꾸 대궐 출입하려고 했는데, 모펫이나 맥퀸은 '양반이라야 쓰겠다' 그런 편향이 없었다. 그런 점이 언더우드보다 뛰어났다.

할아버지가 그와 형제처럼 지내고 부친이 평양 숭실학교를 다녀 모펫과 친했다. 내가 도쿄에서 돌아온 뒤 평양 거리를 지나다가 숭실전문 교장으로 있던 모펫을 만났다. 그가 숭실전문에 와서 법학·경제학·철학·논리학 등을 가르치라고 했다. 나도 고향서 가까운 평양으로 가려 했는데 쿤스가 말리고 나중에는 보전의 박승빈 교장도 "보전을 살려 놓는 게 우선이다" 하고 붙잡아 가지 않았다. 그러나 모펫이 내게 목사가 되라고 권했을 때는 "그럴 생각 전혀 없다"고 단호하게 뿌리쳤다. 그래도 그는 다정하던 사람이었다.

모펫은 평소에 유고시 자신의 동상을 만들지 말고 비석만 세우라고 부탁했다. 1939년 그가 미국서 작고한 뒤 서울 새문안교회의 언더우드 비석과 똑같이 평양에다 그의 비석을 만들어 세웠다.

게일(J.S. Gale)은 원래 캐나다 사람으로, 소속돼 있던 토론토대학 선교부의 지원이 끊기자 모펫이 그를 미국으로 데려가 미국 목사로 만들었다. 경신학교의 교장직을 맡아 정동에서 떠나 연못골 시대를 연 공로자였다. 그는 대중적 친밀감보다는 지식인들에게 큰 매력이 있었고, 평민들과는 잘 어울리지 않았다. 교육에 열심이어서 독립협회 사건에 관련돼 옥에 갇혔던 사람들을 학교 교사로 데려왔다. 이때 이상재 등에게 게일이 세례를 주었는데 이승만에게는 정동교회에 가서 받을 것을 권하고 거절했다. 게일이 고의로 이승만을 회피한 것인지 알 수 없다.

게일이 1889년 황해도 송천(소래)에서 이창직(李昌稙)이라는 한학자를 만나고 그에게서 한글·한문·풍습을 배웠다. 이후 이창직은 30년 가까이 게일이 귀국할 때까지 한국 고전문학의 귀한 자료를 그에게 가르쳐 주고 번역 사무에 협력했다. 그런 사귐도 쉽지 않을 것이다. 게일의 『금강산 여행기』에 소개되는 이원·이정구·조성하의 한문 기행문이나 수많은 고사와 시귀의 인용 등은 이창직이라는 선비가 곁에 없었으면 게일로선 알 수 없었던 한국 고전의 유장한 세계인 것이다. 이창직 외에도 김도희·이원모·이교승·김원근이 한국고전 번역에 협력하여 게일은 『원각사탑기』 등 근 40권의 한글 저작과 『심청전』『춘향전』『구운몽』 등 9권의 영문 저작을 남겼다.

한문 옹호론자인 게일이 왕립아시아학회에서 한글이냐, 한문이냐 하는 문제를 두고 한글 옹호론자인 헐버트와 대토론을 벌인 것, 언더우드 1세가 천주라고 할 것을 주장한 데 반해 하나님으로 부르자고 해 합의를 끌어낸 것 등은 유명한 일화이다.

이창직은 게일과 비슷했다. 온 가족이 서울로 와서 게일과 같이 살았다. 점잖고 바깥 세상에 모습을 드러내지 않았다. 경신학교에서 조선 역사와 한문을 가르쳤고, 새로운 것으로 깨우친다는 뜻의 경신(儆新)이라는 학교 이름도 그가 지었다. 이창직의 아들 이신규는 나와 같이 도쿄 유학을 하고 시부야 공원에서 3·1만세 1주년 기념식을 하다 일경에 같이 구금되기도 했었다.

게일네 사랑에 피터라는 개신교 목사가 있었는데 유태인이었다. 「히브리법 토라 연구」에 필요하기도 해서 내가 피터한테 "유태글 좀 배우자" 했더니 그가 "그거 어려워서 못해요" 하고 말도 못 붙이게 했다. 자기가 유태인이란 것을 드러내기 싫었나 보았다. 그래서 혼자 공부했다.

1903년 게일이 황성기독청년회(서울 YMCA)를 창립했다. 이곳은 조선 사회운동의 중심이 되었다. 그는 1919년 3·1만세운동이 일어나기 이전에는 한국인을 일본 식민정책에 종속된 무기력한 민족으로 얕보다가 만세독립운동 이후에야 비로소 한국인을 높이 평가했다. 그와 각별한 친분으로 그의 사랑에 자주 다녔다. 1927년 여름 그가 한국을 떠나며 선교 30주년 축하 및 송별식을 가졌을 때 내게 송별 연설을 부탁했다. 그가 세운 황성기독청년회 강당에서 나는 이렇게 송별사를 했었다.

"게일 선교사는 30년 한국에 와 있었는데 얼마나 정밀하게 한국을 연구했는지 한국인이 쓰는 한문이 중국인의 한문과 다르다는 것도 안다. 한국문화를 맛보고 그 진수를 안다. 교회 일과 교육을 꼭 같이 병행했다. 무사히 30년 지내고 귀국한다. 여생을 편히 지내기 바라며 한국을 잊지 못하리라고 생각한다."

　언더우드 2세 원한경은 1890년 원두우 목사(언더우드 1세)의 장남으로 서울에서 태어났다. 원두우의 형은 미국에서 타이프라이터 회사를 경영하다가 세계대전이 나니까 칼빈총 만드는 회사로 돌아서서 돈을 많이 벌었다. 언더우드가 조선에서 쓴 돈은 다 자기 형 돈이었다. 조선에서의 일은 원두우 혼자 힘으론 안 되는 것이었다. 원한경은 미국에서 공부한 뒤 1912년 한국에 파송되어 아버지 원두우가 설립한 경신학교 교원으로 있었다. 중학생이던 나는 그에게서 서양사를 배웠다. 명강의여서 나중에 메이지대에서 들은 서양사 강의도 그만한 것이 없었다. 교과서 없이 강의한 뒤 학생의 필기장을 먼저 보고 이해했는지 여부를 우선 결정하여 채점했다.

　쿤스 선교사는 원두우 노인의 양자와 같았고, 원한경과는 형제처럼 친했으므로 나도 원한경 선생과 친하게 지냈다. 선생 내외분은 나를 제자라기보다 동지처럼 친근하게 대해 주었다. 원두우 노인 내외분이 남대문 밖에 살 때 중학생이던 내가 세배하러 갔다. 원한경 선생에게도 정초 세배를 하러 가면 아이들을 물리고 두 내외와 나, 셋이 함께하는 식사를 했다. 조선에 미국인 초등학교 교원으로 와 있다가 원한경과 결혼한 에델 부인은 손수 겨울 포도 껍질을 벗겨 권하면서 담소했었다.

　원한경은 연희전문 교장 에비슨의 뒤를 이어 1934년 연전 이사장과 교장이 되어 일제하 사학 육성의 난세를 겪었다. 가장 큰 문제가 신사참배였다. 원한경은 장로교 비밀위원의 일인으로 연지동 겐소 선교사 집에서 1937년 정월에 열렸던 5인 비밀회의 및 숭실전문에서 열린 1937년 6월 평양 장로교 총회에서 신사참배 반대결의를 이끌어냈다. 이 사실은 5인 비밀회의와 평양 장로교 총회 때 한국인 옵서버로 참가했던 내가 직접 보고 확인한 것으로 이에 밝혀둔다.

1940년 일제가 외국인 선교사들 퇴거 명령을 내렸다. 비밀회원 5인 중 쿤스 교장과 회계사 겐소는 급급히 퇴거하는 와중에도 작별 인사를 나누고 그들의 퇴거를 지켜보았지만 원한경 선생만은 소리 소문이 없어 한참 궁금했었다. 나중에야 그가 1940년 12월 충정로3가 외국인수용소에 연금되어 있다가 아무에게도 소식 전할 틈 없이 퇴거당한 것을 알았다.

해방되자 그는 미국의 요청으로 미군정 고문단의 한 사람으로 재임했다. 김구 선생을 만나게 해달라 하여 김구도 응락하고 그때 안암동(安岩洞) 내 집에서 만났다. 군정이 끝나자 다시 선교사 자격으로 연세대 일을 도왔다. 1948년 원두우 동상 제막식에서 원한경과 나는 김구와 이승만이 충돌할지 어떨지를 조마조마하게 지켜보다가 끝내 엇가게 되자 걱정했었다.

1949년 3월 17일 에델 부인이 모윤숙 시인을 죽이러 온 좌익 앞을 가로막다가 피살되었다. 원한경은 부인을 잃은 얼마 뒤인 1951년 피난지 부산에서 세상을 떠났다. 그는 한국의 문화를 사랑했고 이순신 장군의 해도(海圖) 등 한국에 관한 많은 저술을 남겼다. 원한경은 한국에서 일평생을 봉사했다. 그의 5남매들도 4대를 이어 한국에서 일하고 있다.

8장

대한제국 말의 산업

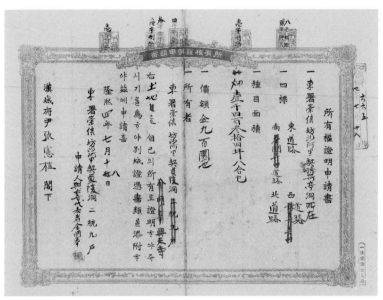

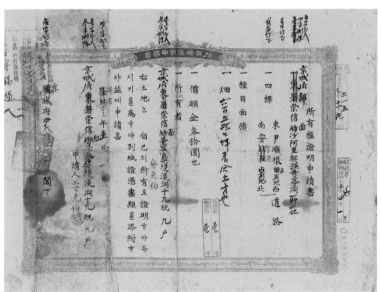

(위) 대한제국 시절인 융희 4년(1910) 7월 18일자 토지소유권증명신청서는 대한민국 한성부윤 장헌식에게 제출되었다. (아래) 합방 직후인 1910년 11월 1일자 토지소유권증명신청서는 동일한 양식이지만 빨간 두 줄로 융희년간이 지워지고 메이지 1년으로, 한성부윤은 경성부윤이 되어 일본인 오니와 히로시(大庭寬一)로 바뀌었다. ⓒ 김유경

토지조사사업부터 어음까지

1910년 일제강점이 시작되면서 기존의 조선 토지조사사업이 더 본격적으로 펼쳐졌다. 일제가 을사조약 이래 계획해 온 식민통치의 기초작업으로, 수탈을 위해 세원을 확실히하고 일본인의 정착지 마련과 구질서를 허물려는 등의 목적으로 행해진 것이다.

여러 양상 중에 내가 기억하는 것은 나무 말뚝의 사방을 깎고 먹 글씨로 동서남북 방향에 '동쪽은 아무개 땅, 서쪽은 아무개 땅' 쓴 나무 말뚝을 논·밭·산 경계에 박아 놓는 것이었다. 10여 살 난 내가 깎은 표목을 어깨에 메고 할아버지와 같이 가던 생각이 난다. 그렇게 박은 수십 개의 말뚝 사면에 소유자를 밝혀 토지 신고한 것이었다.

그러면 토지조사국에서 양성한 측량기사가 다니며 삼각측량한 것 그림 그려서 면적을 내고 누구네 땅이다 정했다. 측량기사는 제등·분수·기하 같은 수학 교육과 근대식 측량기법을 얼마 동안 배우고 나서 그 일을 했다. 금테 두른 모자를 쓰고 논두렁에서 아주 장한 듯이 사무를 보았기에 '논두렁 판임관'이라고 불렀다.

이때 말뚝에 자기 소유 표지해서 땅에 박지 않았거나 미처 토지신고 안 된 사람네 땅은 다 몰수되어 동양척식 소유 일본 국유지가 되었다.

그전까지 논밭을 사고 팔면 온 동네 사람을 다 불러들여서 잔치를 해먹었다. 그것이 '등기'였다. 이 잔치에서 먹는 국수를 '성에 국수'[정리자 주: 성의(誠意) 국수란 말의 구어체 표현은 아닐까 생각한다]라고 했다. '등기 국수'라는 뜻이다.

난데없는 토지 측량한다는 게 무슨 소린지 몰라 가만 있다가 졸지에 땅을 뺏긴 사람들이 장련에도 많았다. 그러니 전국 각지에 얼마나 많이 있었는지 모른다. 일제는 이런 조선사람이 많이 나오기를 속셈으로 바라마지 않았다. 이렇게 뺏긴 땅이 조선 토지의 40퍼센트가 되었다고 한다.

이때 몰수된 땅에 궁땅도 있었다. 조선왕실 소유의 땅을 흔히 궁땅이라고 불렀는데 장련군에는 이도면에 궁땅이 많았다. 거기서 소출된 쌀은 서울 대궐로 갔었다.

궁땅을 관리하는 서울 사람들이 와 살아서 '서울 할머니집'이라고 놀러 가면 쪽찌고 두루마기 입고 서울 말씨 쓰는 할머니가 있었다. 이런 집안사람들이 나중에 면장도 되었다. 궁땅이 전국적으로 어느 정도나 됐는지는 엄귀비 친척인 왕실 종친 엄씨의 말로 20퍼센트가 된다고 했었다.

일제에 몰수된 땅은 동양척식회사가 관리하면서 일본 이민에게 정착지원금을 대주고 실제 가격의 20퍼센트라는 개값으로 차지하게 했다. 이런 헐값으로 돈이 없는 조선 농민들로부터 땅을 많이 사들이기도 했다. 조선의 토지제도를 '개량'한다며 뺏을 수 있는 만큼 뺏어다 수많은 일본 이민을 데려와 정착시키는 동양척식 땅이 된 것이다. 이를 두고 근대화로 조선사람 덕보게 한 것이라고 말할 수 없다.

조선시대 토지세금은 전체 면적에 대한 총액만 맞춰 결제했는데 담당

관리가 그 한도 안에서 임의로 세금을 매겼다. 땅주인이 세도가라면 관리와 짜고 자기 땅에는 세금을 적게 매기고 그 대신 남의 땅에 세금을 많이 매기기도 하니 부패의 여지가 있어 관리(官吏)를 관리(管理)하는 것이 중요한 정책이었다.

토지조사하고 나서 땅에 번지수가 매겨지고 지목도 논·밭·묘지·산·등으로 정해졌다. 재무서가 각 처에 생기고 일본 정부에 의한 세금 징수가 이루어졌다. 일본이 '조선을 근대화시켰다'고 자랑하는 새 제도는 조선사람을 착취해 일본 정부의 재원을 충당하는 것이었을 뿐이다.

조선 토지조사사업으로 단 하나 조선이 얻은 수확이라면 조선에 수학 교육이 일게 된 것 정도다. 측량기사들은 토지조사가 끝나자 다 학교 선생이 되어 산수를 가르쳤다. 내가 배운 장련의 사립 광진학교에도 토지조사국 출신 이명온 선생이 와서 가르쳤다.

세금뿐만 아니라 조선에서 나는 쌀 등 모든 곡식·소고기·닭·달걀까지 포함한 육류와 모든 농산물이 아주 싼값으로 일본에 공출돼 '수출'되었다. 무까지 일본인이 가져다가 무말랭이를 만들어 되팔았다. 강점 전후해서부터 일본인은 비누·사탕·성냥 같은 밑천 안 드는 잡화장사 몇 년에 조선에서 돈을 벌고 사기꾼 행상이 나타나 조선사람 푼돈까지 뺏어 갔다.

1920년대에 두 번에 걸친 조선물산장려운동이 있어났다. 강점 기간 중 일본이 별걸 다 갖다 우리한테 팔고 일본 상품을 사도록 강요했지만 양말과 구두 만드는 업종만큼은 우리를 못 쫓아왔다.

조선에 땅이 귀해 소작 짓기도 어려웠다. 내가 본 걸 다 말하려면 창창하지만 이 말은 차마 하지 못했다. 장가 못 가는 총각이 여자를 예장 주고 사간다고 하면 어린 딸을 파는 것이다. 조그만 애가 자궁에 병이

나고 생활은 참혹하였다.

간도로 이민 가는 조선사람들이 생겼다. 간도는 그 전까지 조선 땅이니 우리나라 땅으로 알고 가는 것이다. 조선국에서 간도에 파견한 관리가 있어서 내 눈으로 분명히 보았다.

장련에서 나귀 등에 성경책을 싣고 다니면서 팔던 사람이 여기서 살 턱이 없어 간도로 떠나던 날 동네 사람들 틈에서 나도 배웅했다. 볍씨 한 짐을 소중히 지니고 바가지 몇 짝과 밥상을 가지고 떠났다. 아이는 짐짝 위에 올려놓았고 바가지는 대롱대롱 매달렸다.

나루에서 고향사람들이 손을 흔들며 "잘 가오!" 소리쳤다. "잘 있소, 어서 들어가쇼" 하고 떠나는 이들이 답했다.

간도는 조선인 개척자의 땅이면서 애국의 땅, 신교육의 땅이었다. 신흥무관학교(해방 후 경희대학으로 변신했다)와 이상설의 서전서숙 같은 학교가 섰다. 간도를 우리나라 땅이라고 찾아가고 거기서 뿌리를 내렸는데 일본이 철도부설권과 바꾼다며 중국에 제 맘대로 베어 줬으니 반드시 되찾아야 한다.

분명한 것은 일본 덕에 우리가 근대화된 것이 결코 아니라 일본이 우리나라를 착취한 것이고, 일본 때문에 우리가 망했다는 것이다. 일본은 해방 후 이 땅에서 쫓겨 가면서도 담벼락에 "10년 후, 20년 후 다시 보자" 써 놓고 간 사람들이다.

얼마 전 책으로 나온 『윤치호의 일기』를 읽었다. 3·1만세운동과 임정을 반대하고 친일로 추종한 그의 논리를 반박한다. 윤치호가 말하는 것처럼 소위 '문명국' 지도를 받는 식민지가 돼서 일찍 깨느냐, 우리가 자유 국권을 가지고 우리의 교육방침을 세워서 빨리 깨느냐는 문제로 갈릴 수 있다. 그가 일기에서 주장한 것처럼 남이 만들어 주는 것 가지고는 절대 빨리 안 깬다는 것이 내 의견이다.

남의 식민지 되면 노동력을 싼값으로 부려 먹기 위해 그 국민을 무식하게 만들어 종속시키고 모든 것을 그 나라의 이익을 위한 것인양 궤변의 그럴듯한 논리로 세뇌시키는 것이다. 우리가 독립국이 되려면 자력으로 깨울 방침을 세워 처음부터 자주적으로 될 소질을 가꿔 출발해야 되는 것이다. 일본 숭배자가 돼서, 중국 숭배자가 돼서 그들이 시키는 대로 하는 비참한 존재가 되어서야 어떻게 독립국이 되는가. 자력이 없을수록 남의 간섭을 덜 받고 자기 힘으로 찾아야 된다. 우리는 지금 군사용 무기 만드는 것조차 금지당해서 이렇게 약하다.

교육으로 우리 민족을 빨리 깰 수 있는 방법이 있었다. 1894년 청일전쟁은 각성의 기폭제였다. 신교육에 대한 열이 불붙었던 구한말 몇 해 동안에 우리는 얼마나 많이 깼는지 모른다. 이준이나 한국군 장교 이동휘 같은 사람은 3천리에 1리마다 학교 하나씩 세우자고 하던 사람이었다. 많은 애국지사들이 학교를 세웠다. 내가 살던 작은 고을 장련에만도 학교가 다섯 개나 있었다.

한동안만 더 우리가 자력으로 신문명을 깨치던 기간이 지속됐다면 교육 체제가 자율적으로 정비되고 합방을 피할 수 있었을 것이다. 합방되면서 수많은 사립학교가 다 일제 교육령으로 폐교됐으니 우리는 망하는 길로 들어서고 일본어와 일본 역사를 배워 세뇌당하는 일본식 공교육이 시작됐다. 그러나 근대교육의 씨앗은 결코 일본에게서 비롯된 것이 아니다.

이 당시 내가 직접 겪었던 산업 이야기는 이 책 전체를 통해 그때그때 말했다. 장련에는 만석꾼 부자가 몇 있었다. 김구를 장련에 데려와 신교육을 연 오인형 진사가 그중 하나였다. 오 진사네가 연평도 조기잡이에 투자했다. 배를 많이 가지고 뱃사람 많이 태우고 몇 날씩 바다에 나가 하는 것인데 일이 안 되면 집안 망하는 대투자였다.

뱃사람들은 조기잡이 나가기 전에 배에 바퀴를 달아서 뭍에서 타고 다니며 몇날 며칠 잘 먹고 야단하고 노래했다.

"연평 바다에 돈 벌러 가 잔다, 에헤에헤 에헤야, 오 진사네 대봉죽 질렀다(풍작이란 뜻) 에헤 에헤야"

그렇게 논 다음, 배에 독을 많이 싣고 바다로 떠났다. 장련 앞바다에선 조기가 안 잡히니까 연평바다 내려가 10일도 있고 그 이상도 있다 오는데 만선이 되어 돌아오면 부자가 하나 새로 생겼다. 그러나 조기떼가 어디로 간다 과학적으로 알 수 있는 것도 아니어서 내가 알기론 망한 사람이 많았다. 몇 번 만선을 놓치고 난 뒤 오 진사네가 망했다.

오 진사의 부탁으로 할아버지가 오진사네 땅을 샀는데 이때 어음수표로 결제했다. 할아버지가 큰 현금을 어디다 보관하면서 썼는지는 아무도 몰랐다. 할아버지는 서울 큰 기관에 돈을 갖다 두고 어음을 발행해가며 쓴 것이다. 서울에서 5백 리 떨어진 곳에서 그렇게 개명한 사람들도 있었다.

그 때문에 내가 일찍 어음을 알았다. 이때의 기억이 나중에 『현행 어음·수표법』 책 발행에 어음이란 우리말을 살려 쓴 동기였다.

황해도의 사업가로 만석꾼 김홍량과 김용진이 있어 황해도 재령 일대에 대규모 간척지를 만들었다. 구월산의 물줄기를 바다 밑으로 끌어다 재령·신천·안악·일대의 갈밭을 논으로 간척한 것이었다.

안악의 김씨 문중

1919년 결혼 이후 나의 교육사업은 안악의 만석꾼 김씨 문중, 특히 김홍량의 의도와 밀접한 관련을 갖게 되었다.

장인 김진사의 4형제 중 맏형은 일찍 작고하고 그의 장손 김홍량 선생이 문중 대표로 13만 석을 했다. 막내삼촌 김용진 씨가 그와 동갑으로 의기투합하여 후일 김씨 집안의 교육사업을 이끌었으며 셋째인 김용제 씨는 별도의 사업을 했다. 김홍량은 황해도의 신교육에 헌신하면서도 아주 차가운 사람이었고, 김용진은 경우가 밝고 사업을 치밀하게 재는 사람이었다. 김용진이 안건을 먼저 정하면 동갑인 조카 김홍량이 김씨 문중의 장손이니까 언제나 "장손 알리고 하세" 하고 그를 통해 사업을 공표했다. 은행 사람이 김홍량을 두고 말하기를 '며칠만 놔두면 큰돈을 버는 사람'이라고 했다. "은행 대출하는 데 사업 설명은 김홍량 따라갈 사람이 없다"는 것이었다.

일제가 서북 지방의 유력 인사들을 도태시키려고 조작한 안악 안명근 사건을 뒤집어쓰고 그는 8년이나 옥고를 치렀다. 그러나 그 일로 기가 죽기는커녕 더 맹렬히 반일했다. 김구·이시영 등과 독립운동하러 중국에 가려 했는데 변장이 탄로나 주저앉았다. 안창호와 김홍량을 이광수와 내가 동행하여 일제의 주목을 피하고 명월관에서 몇 번 만나기도 했다. 안창호는 김홍량에게 "아무 말도 하지 마시오. 선생의 하는 일을 다 알고 있소. 당신은 뻗치시오" 하고 말했다.

1930년대 나는 와룡동 큰 향나무 있는 집에서 살고 있었다. 뒷채·본채·바깥채 해서 큰집이라 백남훈 선생도 한때 여기서 살았다. 하루는 김홍량 형이 와서 "자네 집에서 며칠 자고 가야겠네" 하고는 말을 꺼냈다.

"내가 공짜 돈 40만 원이 생겼는데 이걸로 뭘 해야 되겠나 연구해 보게."

40만 원이면 4천 석 추수의 큰돈이었다. 그런데 며칠 후 다시 와서

"40만 원 조금 천천히 쓰게. 조금 참으면 40만 원 정도가 아니라 400만 원도 문제가 아닐 것 같네."

"왜 그래요?"

"일본 재벌이 바닷가 갈밭 땅을 사겠다는데 갈밭 값은 값대로 주고 사례금도 40만 원 주겠다니 무엇 때문에 갈밭 땅을 사려는지 알아내면 내가 직접 할 수도 있는 일 아닌가. 무슨 수가 나는 모양이니 알아 가지고 의논하세."

얼마 후 그가 다시 왔다.

"알았네. 바닷가 갈밭을 전부 논으로 만드는 것이네."

"물을 어디서 끌어댑니까?"

"구월산 물을 전부 전기로 끌어오고 재령에 걸린 바다는 바다 밑에 파이프를 설치해 끌어오는 것이네. 구월산에 있는 큰 폭포와 깊은 소 1개, 여러 개 냇물을 다 모아 지하로 끌어오면 옥답으로 변화시킬 수 있다는 것이지."

재령과 신천·안악 일대의 해안 갈밭을 개간하는 사업이었다. 그건 정말 보통 조선인이라면 당시로선 꿈도 못 꾸던 모험이었다. 개간을 전문으로 하는 토건회사 일본 재벌이 이 계획을 세운 것이었다. 김홍량이 스파이를 넣어 그 계획을 알아내는 데 성공했다. 김홍량은 그 일대 땅을 전부 소유하고 있었고 수리조합장이라 개간 일을 잘 알았다.

"알아낸 이상 내가 하지."

김씨 문중이 개간에 나서기로 했다. 벼 종자만도 3천 석을 뿌려야 하는 규모였다. 4형제 중 세 집, 김홍량·김용정·김용진은 땅을 전부 잡혀 흥망을 여기다 걸었다. 갯벌 개간이라 동척에서 대규모 대출을 받았다. 4형제 중 김용승 진사만은 참여 않고 일이 실패할 경우 몇천 석만이라도 재기할 자본으로 남겨 두기로 했다.

기술자를 양성하기로 했다. 아예 근본부터 다져서 시작하자는 것이었다. 두 인물에 대한 투자가 있었다. 김용승 진사의 둘째아들 김중량을 일본 원예학교로 유학케 하고 졸업하자 동양척식에 취직시켜 토지관리의 실무를 익히도록 했다. 친구 아들로 수원 농림학교를 다니던 이제엽은 머리가 비상하고 토건 측량의 천재였다. 그가 김(金) 농장을 설계하는데 어디 땅을 얼마나 높여야 하고 어디를 얼마나 깎아야 할지, 어디에 길을 내야 할지 등을 치밀하게 잡아내었다. 농장으로 들어가는 길과 나오는 길이 따로 나 있었으며 큰 배들이 바로 와 닿았다. 모든 것은 기계화되었다. 구월산 농장의 최고 시설은 물 끌어오는 전기발전소였고 기술자가 있었다. 김중량도 동척을 그만두고 이제엽도 농림학교를 나와 일을 시작했다.

"몇 해나 걸립니까?"

"올해 벼 3천 석을 뿌렸네."

구월산 소(沼)를 '매지소'라고 했다. 배 타고 다닐 만큼 큰 소 주변에는 아름드리 버드나무들이 있고 경치가 좋았다. 그때는 명주실에 무거운 돌을 달아 깊이를 재는 방법밖에 없었는데 명주실이 한참을 들어가는 깊이라고 했다. 물이 세 갈래로 흘러 내려간 그 동네 이름이 소삼파이다. 바다에 면한 갈밭이던 김홍량네 농장은 그 소의 물을 재령과 안악사이의 바다 밑으로 끌어와 대는 것이다.

그러나 구월산에서 재령의 바다 밑 파이프로 끌어오는 수도가 모두 바다 위로 떠올라 물을 대지 못해 3년 연속 실패했다. 벼 종자만도 만 석 가까이 투자되고 3형제의 전 재산이 여기 들어갔다. 그 후 오사카에서 개간전문 토건회사를 데려와 개간에 성공했다.

4년째 되던 해부터 소출이 나왔다. 한 마지기에서 벼 5섬(보통은 2섬)이 나는 상답을 포함해 바다처럼 넓은 토지에서 10여 년간 해마다 15만 석을 추수했다. 그런데 거둔 곡식은 일제가 군함을 대 놓고 그 안에 정미소를 차려놓고 가져갔다. 쌀값에 더해서 정부로부터 장려금을 받으니 수지맞는 일이긴 했다. 1937년경부터 1945년까지 김 농장의 위력은 대단했다. 집안에 뷔크 차가 8대가 있어 결혼 같은 집안 일에 나서서 오가는 모습은 구경거리였다. 한편으로는 과수원을 해서 대성공을 거두었다. 땅굴에 저장한 사과를 트럭이 굴까지 드나들어 실어냈다. 이어서 만주에 대규모 투자를 했다. 전라도 만석꾼 김성수가 황해도를 촌 취급하다가 김씨 문중을 알고는 놀랐다.

재산 관리는 분업화되었다. 안악-장련 만으로는 활동 무대가 좁았다. 개간에 참여했던 세 집안 중 김용정은 황해도 내 일을 맡기로 하고 김홍량과 김용진이 도시의 사업을 직영하기로 했다. 광대한 농토 중에서도 한 마지기에 5섬이 나오는 옥답 중의 옥답을 교육사업에 투자하기로 했다. 경신학교가 총유등록을 한 그 땅이다. 이런 결정을 내릴 수 있었던 그들의 최종 목표는 가장 큰 규모의 대학을 세우는 것이었으나 군정과 공산당이 나타나며 실현되지 못했다.

안악의 거대한 고인돌 위에서 김홍량과 김용진·최태영, 3인이 모여 서울에 경신학교와 대학 건립을 위한 교육재단을 세워 최태영이 맡는다는 문중회의를 열어 결정했다. 경신학교의 제2설립자가 되어 기존 언더우드가 세운 재단을 인수하기로 한 것이었다. 고인돌 위에서 이날 발표를 기념해 사진을 찍었다. 수수 이삭이 익어서 고개 숙인 들판의 거대한 고인돌 위에 김홍량·김용진(한복 입은 이)·나, 3인과 또 한 사람까지 4인이 올라서 있다. 동행한 쿤스가 이 사진을 찍고는 안악에 이런 고인돌이 있다고 알린다며 서양에 보냈다. 사람 키보다 높이 올라선 고인돌에 어떻게 올라갔는지 모른다. 그때는 젊었을 때라 발을 모아 솟구치면 사립문 같은 것은 뛰어넘을 수 있었을 때였다.

황해도의 교육사업은 장응진을 데려다놓고 하였다. 그러나 안악에 세운 양산 중학남학교·여학교 둘 다 모두 공립으로 뺏겨 일본에서 백작이란 자가 나와 장응진을 밀치고 교장 일을 보았다. 장응진은 서울로 와서 경성여학교(지금의 경기여고)와 휘문학교 교장으로 갔다. 서울, 경성의 일은 김홍량과 김용진이 책임졌고 1937년 김홍량·김용진·최태영이 경신학교를 인수해 설립자가 되었다. 신흥우가 연전을 같이 맡자고 했으나 보전 교수를 하면서 경신학교 운영만으로도 벅차 연전까지 맡을 여력이 없었는 데다 김씨 문중의 교육사업은 학교를 세 번이나 뺏긴 이후라 "최태영이 단독으로 하는 일에만, 직접 맡는 학교라야만 지원하겠다"고 했기에 신흥우와 같이 맡는 연전 일은 고려 대상이 되지 못했다. 그러나 경신대학을 위한 일에 나설 김홍량도 언더우드 2세도 6·25 도중 작고, 경신대학 건립의 꿈은 접었다.

해방 전 언더우드 2세가 정릉 미아리 쪽에 큰 건물을 짓고 경신학교 대학부를 만들어 최태영에게 맡기겠다고 계획을 말했다. 내가 그렇다면 '경신대학 정치학과와 법학과·경제학과를 만들어 놓겠다'고 했다. 언더우드가 먼저 설립한 연전에는 법과나 정치과가 없었다.

그러나 결국 나도 경신대학에는 가지 못했다. 언더우드가 거기다 손대는 것까지 보았는데 완성하지 못하고 선교사들이 다 쫓겨나면서 무산되었고 해방 후 김홍량 등도 미군정의 태도에 환멸을 느낀 데다 북에 두고 온 재산을 모두 잃고 손을 떼게 되었기 때문이었다.

그때 김홍량은 독립운동가의 조카인 의사 이의식이 개업 못하는 것을 보고는 파고다공원 앞에 병원을 내주고 청렴한 김석원 장군이 집이 없어 쩔쩔매자 창경원 아래 집을 사주기도 했다.

해방 후 김 농장은 공산당이 접수했다. 6·25동란 중 국군이 신의주까지 북진했던 해에는 기선이 북에 가 닿을 수 있어서 소작인들이 그해 소출을 실어 보냈었다. 서당을 차려 동네 아이들 글 가르쳐 주던 장인은 공산당에게 시달리다 자살했다. 한의학 지식이 그의 자살을 성사케 했다. 김중량은 국군이 북진했음을 알고 좋아하다가 쫓겨 가던 북한군이 되돌아와 총을 쏘아 죽이고 갔다. 그 후 들려온 소식으로는 공산당이 개간설비를 다룰 줄 모르고 정성을 들이지 않아 농장은 황폐화됐다고 한다. 십수만 석을 소출하던 땅에서 한 섬도 못 거두게 된 것이었다. 공산당으로는 이런 사업을 성공시킬 수 없었다.

이제엽은 후일 독립해 여의도에 많은 빌딩을 가진 큰 재산가가 되었다. 그가 작고하기 사흘 전 내 손녀딸이 근무하는 병원에 입원해 있는 것을 알았다. 곧바로 그를 찾아갔다.

주사 바늘이 더 들어갈 데가 없을 정도였다. 그는 매우 반가와 하며 아들더러 "모시고 나가 점심 대접 잘할 것"만 당부했다. 내가 무슨 맛에 점심을 들겠는가만. 이틀 후 작고했다. 고려대 교수이던 그의 외아들이 많은 재산을 관리하다가 수년 후 그마저 일찍 사망했다.

제2차 물산장려운동

　조만식(曺晩植, 1882-1950; 민족운동가·정치가. 평남 강서 출신)은 서당에서 한문을 수학한 뒤 1905년 평양 숭실중학에 입학하고 기독교에 입교했다. 1908년 졸업 후 도쿄 정칙(正則)영어학원에서 3년간 공부하면서 간디의 무저항주의와 민족주의에 크게 감명을 받았다. 1910년 메이지대학 법학부에 입학, 1913년 졸업, 귀국하여 오산중학교 교사와 교장을 지내다 곧 사임하고 3·1독립운동에 참가, 지휘하다가 1년간 복역했다. 출옥한 뒤 오산학교장, 1921년 평양기독교청년회 총무와 산정현(山亭峴) 교회의 장로로 있었다. 여기서 신사참배 거부를 해서 교회는 폐쇄당하고 주기철 목사는 사망하고 선생은 쫓겨났다.

　1922년 오윤선과 '조선산업장려회'를 조직하고 회장이 되어 국산품 장려운동을 전개했다. 1923년 김성수·송진우 등과 연정회(研政會)를 발기하고 1924년 민립대학 설립을 위한 기성회를 조직했으나 탄압으로 실패했다. 곧 숭인중학교장에 취임했으나 압력으로 사임하고 1927년 신간회 결성에 참여, 1930년 관서체육회장, 1932년 조선일보 사장을 지냈다.

　1943년 지원병제도 실시의 협력을 간청해 온 조선 일본군사령관의 면담을 거절하고 지원병제도에 반대하여 일본의 미움을 샀다. 이 때문에 구금당했다가 석방된 뒤 낙향했다. 1945년 해방을 맞아 평안남도 건국준비회와 평남 인민정치위원회의 위원장을 지냈다. 같은 해 소련 연정청에서 북조선 인민정치위원회를 설치, 그에게 위원장 취임을 권고했으나 소련의 한국 공산화정책을 간파하고 취임을 거부했다. 그해 11월 조선민주당을 창당하고 당수가 되서 반공노선을 뚜렷이 하고 반탁운동을 전개했는데 소련 군정청 당국과 공산주의자에게 조선민주당이 접수되고 선생은 고려호텔에 연금되었다.

이에 경계망을 뚫고 들어가 월남을 종용하는 제자들의 간청에도 "동포를 남겨두고 나홀로 자유를 누릴 수 없다"고 거부하다가 6·25 때 남군의 평양 입성이 임박하자 학살된 것으로 전한다.

그는 나보다 18년 먼저 있었던 대인물이다. 그의 전기를 읽으면 속이 후련해진다. 만 가지 일을 하면서도 어느 일에나 목을 내놓은 열성으로 일관한 그의 전기를 살피면서 나는 18년을 격해 그가 밟았던 행적 상당부분을 답습했다는 것에 알 수 없는 인연을 느낀다.

영어가 조만식의 인생에서 첫 번째 투자였다. 조만식은 당대에 홀홀히 도쿄 유학했던 사람들과는 다른 데가 있었다. 당시 조선사람이 일본에서 배우는 영어는 1년으로 그치는 게 보통인데 3년이나 배웠다는 사실이 깊은 영향을 끼쳤을 것으로 보인다. 내가 영어를 했기에 그런 판단이 선다. 선생이 나온 메이지대 법학부를 나도 나왔고 돌아와 중학교 교장을 한 것도 같다.

기독교가 두 번째 단락이었다. 선생은 중학 시절 입교했고 장로로서 활동이 활발했다. 신사에 들어가 침략자인 일본인의 조상한테 굴욕적인 맹세를 하지 않았고 지원병 나가라는 연설 종용을 "죽어도 못하겠다"고 거부해 옥살이까지 한 사람. 그같은 행동은 많은 조선인들에게 힘을 주었다.

나도 일찍 된 기독교인으로 신사에 끝까지 절하지 않았다. 3·1만세운동에 참여해 징역을 산 것이나 YMCA 활동은 공통된 것이다. 조선 청년들에게 지원병·정신대 나가라는 연설을 나도 결사적으로 피했다. 일어 상용을 반대하고는 피할 수 없이 죽게 될 위기감을 느꼈지만 며칠 후 해방 소식을 듣고 살아났다.

조만식은 제자들이 그를 구하러 들어갔을 때 "동지들이 우리나라 독립시키겠다고 반공·반탁하는데 다 남겨 두고 어떻게 나 혼자 살겠다고 서울을 가느냐. 끝까지 남아서 투쟁하겠다"고 한 뒤 비극적 최후를 맞았다. 제자들이 이끄는 대로 평양으로부터 탈출해 왔으면 어떻게 됐을지도 생각해 본다.

그러나 조만식의 그 말은 단순히 그곳에서 죽겠다고 한 말이 아니었음을 최근에 깨달았다. 그가 평양서 자유민주주의를 사수하며 버티는 동안 서울이 평양의 공격을 막아낼 방비 태세를 갖추고 나아가 역습해 올 것을 기다리며 그 시간을 벌어 주려 했던 것이다. 그렇게 해서 항일운동하던 젊은이들, 군사를 조직할 능력을 가진 사람들을 한시 바삐 서울로 보내 남한 군대를 조직케 하려던 것이었다.

이런 사람들 중에 제일 두드러진 경우가 정일권 장군이었다. 1999년 11월 그의 자서전을 읽다가 조만식의 죽음을 다시 평가해야겠다는 생각이 났다. 그전에 내 동생 최태순이 평양에 있다가 공산당에 실망하고 남한으로 왔는데 김석원 장군이 그를 38선에서 군사정보를 다루는 요직에 갖다 놓았다. 그는 이북에서 넘어오는 인물들 가운데 민족주의자와 공산주의자를 구별해 판정하고 "북의 탱크가 지금 38선으로 집결하고 있다"는 보고를 했다. 그런데 정부에서 응답이 없었다는 것이었다.

나는 후일 이런 이야기를 듣고 정부에 심한 불만을 가졌지만 이제 그 진상을 판단할 수 있게 되었다. 정일권은 당시 38선 상황을 알고 있었다. 그는 북으로 쳐들어가지는 못한다 해도 북에서 쳐들어오는 탱크를 막을 설비라도 할 양으로 군사학 공부를 내세워 미국으로 돈을 얻으러 갔다. 남한 정부에는 그럴 돈도 없었다.

트루만 대통령은 아주 소극적인 사람이었다. "돈 못 주겠다. 없다"는 게 정일권 장군이 죽을 애를 쓰고 교섭한 뒤 얻어낸 대답이었다. 탱크 수비책을 세울 수 있었다면 6·25 초기 그렇게 큰 희생은 막을 수 있었을 것이다. 북에서 탱크가 집결한다는 데도 응답이 없었다는 것은 그런 상황이었던 것이다.

조만식도 하기는 그런 상황은 몰랐을 것이다. 그러나 세상일을 넓게 보고 파악해 내는 식견을 지녔다. 나는 100살이 되어 조만식과 정일권과 내 동생의 일을 함께 맞춰 보다 조만식의 죽음이 무엇을 뜻한 것이었는지를 알아냈다. 1922년 선생이 펼치던 물산장려운동을 1929년 내가 물려받아 2차 운동으로 펼쳤다는 사실이 기쁘다.

1922년 조만식이 1차로 시작했던 물산장려운동이 일제 탄압으로 잦아든 뒤 1929년 이를 재개하려는 움직임이 있었다. 경상도 사람 정세권이 내게 와서 이를 다시 일으켜 세워 보자고 했다. 여러 사람이 뜻을 같이 했는데 일제가 주목하니 위험한 노릇이었으므로 법을 아는 내가 나서서 법망을 비켜 가며 친일을 피하고 징역 안 갈 만큼이라도 하자는 것이었다. 남들은 어떻게 해야 친일을 피할 수 있는지를 몰랐다.

조직의 운영방식을 특별히 하여 사람들이 많이 모이는 황성(서울) YMCA에서 연설회를 개최했다(황성이란 이름이 아주 좋았다). 일제가 이를 아주 없앨 수는 없어 데모 같은 옥외 집회는 못하게 하고 오직 옥내 강연만을 허락했다. 회장을 주목해 죽이니 연설회 때마다 매번 임시 의장을 뽑고 연사를 갈기로 했다. 임시 의장은 언제나 내가 정해졌다. 선우전 연전 교수, 미국에서 온 김여식 박사, 독일서 경제학을 한 이극로 박사가 연설을 같이했다. 명제세·김용관 두 사람이 실무를 보았다.

그렇게 1929년부터 1932년까지 YMCA 강당에서 내리 3년을 강연했다. 일제가 일본 상품만을 한국인들한테 강매하면서 한국인에게는 조그마한 제조업도 금했던 때였고 공업학교도 절대 허가하지 않던 상황이었다. 우리가 그때 일본 상품에 세금을 매길 수 없는 만큼 머리를 써서 조선 물산을 장려해야 하니 될 수 있는 대로 우리나라 것 만들어 먹자, 우리가 만들 수 있는 건 우리가 만든 물건만 사자, 우리 상품을 애용하자, 옷도 일본인이 만드는 양복을 안 입을 수는 없다 해도 우리가 만든 옷감이라도 쓰자고 하는 연설 내용은 절실한 것이었다. 하다못해 가공이라도 우리가 한 것을 쓰자는 것이었다.

강연하는 날이면 종로서에서 조선인 사상범을 감찰하는 일본인 미와(三輪) 형사가 연단에 버티고 연사의 뒤통수를 노려보면서 칼자루를 잡았다 놨다, 연신 일어섰다 앉았다 하며 연설 내용을 감시했다. 등 뒤로 그런 움직임이 느껴지면 과격해진 말을 얼른 돌리곤 하였다.

그때 일본의 금 해금에 빗대어 조선의 토지 해금에 대한 강의도 했다. 일본은 그때까지 금의 해외 유출을 막다가 1930년 12월 시점에 자신이 붙으니까 금 해금을 실시했다. 내가 말한 것은 "일본은 이제야 금 해금을 하는데 우리나라는 금 나오는 삼천리 땅을 아무 준비도 없이 남들에게 다 내주고 말았다"는 것이었다.

지하 소비조합운동을 벌였다. 김성수·송진우 다 물산장려운동에 열심이었다. 나는 늦게 낳아서 신간회나 민립 대학 운동은 이들과 같이 못했지만 물산장려운동은 이들과 같이 하게 됐다. 고무신과 광목은 필수 생활용품이었다. 김성수네 공장에서 광목과 고무신을 만들었지만 일제 통제 아래 있어 마음대로 쓸 수도 없었다.

우리는 굶주리고, 공출되거나 동척에 뺏긴 농지에서 나는 쌀은 고스란히 일본사람이 갖다 먹었다. 닭도 조선 닭이 일등인데 오히려 나고야에서 '레그혼'이란 맛없는 닭의 병아리가 실려 들어왔다. 병아리를 까면 하루는 먹이를 안 준다. 그동안 이놈들을 배에 싣고 와 조선에 풀어 놓은 것이다. 나중에는 조선에서 바로 레그혼 병아리를 깠다. 도쿄에서 만든 물건은 정교하지만 비싸고 나고야와 오사카에서 만든 거칠고 값싼 일본 상품들이 조선에 많이 들어왔다.

방한모는 국산이 아주 좋았다. 곤란한 것은 여름용 파나마 모자였다. 파나마 모자를 대체해 국산 말총모자를 만들어냈지만 무거워서 쓸 수가 없고 나는 겨우 우리 가공품을 택했다. 양복도 멋 부리느라고 정자옥(미도파백화점)에서 맞춰 입던 것을 그때쯤에는 조선인의 양복점이 인사동과 안국동에 하나둘 생겨 거기 가서 맞춰 입었다. 교장·교수가 되어 입는 연미복은 소공동에서 중국인에게 월부로 지어 입었다. 학사 가운은 YWCA에서만 만들었다.

정세권(鄭世權)은 경상도에서 면장 하던 사람으로 건양사(建陽社)라는 회사를 가지고 서울 지역의 한옥 주택사업을 했다. 집주인이 아무 데고 땅만 장만하면 토지를 담보로 집을 지어 주고 월부로 집값을 갚게 하는데 돈 많이 생긴 달은 많이 갚고 적게 생기면 적게 갚게 했다. 보통은 4~5천 원, 3천 원이면 작은 기와집 한 채를 자기 땅에 마련할 수 있었다.

그는 좋은 사업가였다. 소목·대목·토목·미장·문 만드는 이, 구들장 놓는 이 등 집 짓는 기술 있는 건축가들을 많이 모아서 조합을 만들어

사업을 하는데 "집부터 일본 집 짓지 말고 한옥을 짓자, 초가집 없애고 깨끗한 것 짓자" 하는 것이었다. 즉 서울 전체에 기와집을 물산장려한 것이다. 이렇게 해서 1930년대에 만들어진 동네가 가회동 일대에 북촌 한옥동네란 이름으로 지금까지 남았다.

건양사는 수도와 전기가 들어오는 한옥을 지었다. 일본 집들은 전기가 생기기 전부터 파이프 묻어 가스 먼저 끌어들이고 우물보다는 펌프를 시설하던 터였다. 서울에는 석탄 가지고 만든 가스가 학교 같은 큰 건물에 들어왔다. 그때는 전기회사가 아니라 전기가스회사였다. 우리는 안 하던 풍습이었다. 우리는 아궁이에 나무를 연료로 썼다. 마른 솔잎은 그을음 없는 아주 깨끗한 연료였다. 매일같이 나무장사가 마른 솔잎을 소바리로 하나 가득 싣고 들어와 팔았다.

신설동에 내 집이 있었다. 잘 지은 한옥이었지만 우물을 팔 수가 없어

현충사를 방문한 조선어학회 회원들. 앞줄 맨 왼쪽 흰 두루마기 차림이 건양사 대표 정세권이다. 그는 늘 검은색 아니면 흰 무명 두루마기를 입었다. ⓒ 한글학회

팔게 되었다. 경성법전을 나와 경부하는 이가 그 집을 샀다. 세력 있는 사람이니 화약을 맘대로 탕탕 써서 돌을 깨 우물을 만들어 살았다. 삼청 동처럼 지대가 높아 우물이 없는 집들은 보통 물장수 물을 사 먹었다. 겨울에 빙판에 미끄러져 골절사고가 끊이지 않았다.

정세권 말고도 주택업자가 더러 있었다. 집값이 한 간에 얼마 하니까 개중에는 간살을 많게 해서 팔려고 1평짜리 조그만 1간 방도 만드는 것이었다. 전세와 월세집도 있었다. 일본은 땅주인과 집주인이 따로 있었다. 한 달 동안 외상 주고 월말에 계산하는 것은 좋은 일본 풍습이다. 돈 없이 한 달을 살 수 있는 것이다.

정세권은 조합원들에게만 자사 주를 분배했고 돈이 모이면 건양사에 재투자시켰다. 그 사람들은 다 부자가 됐다. 그런데 정세권은 단순한 건설사업자가 아니었다. 일제의 혹독한 탄압을 고스란히 받으면서도 그는 조선어학회의 조선말 『큰사전』 편찬도 지원했다.

물산장려는 조선경제를 살리자는 운동이니 일본의 정책과 상충되는 것은 뻔한 일이었다. 일제가 이를 탄압하며 소비조합 일을 주도하던 직원들을 공산당으로 몰아세워 잡아갔다. 시골 경찰서에 갇힌 그들의 방면을 위해 현지로 내려갔다.

"내가 공산당 아닌 것은 너희들이 잘 알잖느냐. 이 사람들은 공산주의자가 아니라 민족주의자다"고 설득해 간신히 직원들을 빼 내왔다. 소비조합운동을 두고 공산당은 "왜 공산당을 안 하느냐"고 훼방 놓고 일본은 "조선인이 일본 상품을 왜 안 사느냐"고 압박했다. 나중엔 바짝 열이 오른 일제가 우리말 강연도 못하게 하여 해방될 때까지 몇 해는 강연조차 할 수 없었다.

1948년 새 정부가 수립되었다. "이제는 정부가 맡아서 하게 된다"는 연설을 끝으로 2차 물산장려운동은 해산했다. 그러나 그때 해산하지 말았어야 했다는 생각도 든다. 정세권이 데려온 유광렬(후일 한국일보 기자)이 서기로 있으면서 1929년부터 1932년까지 매달 기관지도 발행했는데 하나도 안 남아 있어 유감이다. 조합 일을 하던 명제세·김용관 두 사람은 새 정부에 들어가 심의처에서 활약했다. (『대한민국학술원통신』 2005년 7월 1일)

광산 이야기

　강에서 사금을 건져내 시장에서 파는 사람들은 늘 있었다. 내가 아는 남자 같은 한 부인은 시장에서 파는 이런 사금을 모아 금괴를 만들어 되팔아 큰 장사를 했다.

　1930년 일본이 그때까지의 금 수출 금지를 해제한 해금(解禁) 정책을 실시하고 화폐의 금본위제도를 채택했다. 해금은 국가만이 갖고 있던 금을 개인도 가질 수 있도록 금의 유출을 자유롭게 한 것이다. 금본위제도는 금을 은행에다 쌓아 놓고 그만큼만 지폐를 발행해 환율을 안정시켜 국제통화에서 자국 화폐의 신용을 높이는 것이다. 중국은 은본위제도를 채택하고 있었다.

　금을 해금하여 개인에게도 갖게 하니 조선은행에서 돈 내고 사온 금화가 자랑스러워 시계끈에 차고 다니는 사람도 나왔다. 곧 일본 재벌 등 투기자본이 움직였다. 2년 지나 다시 재금(再禁)되었지만 통화 안정을 위해 일본은 금을 무한정 사들였다. 이에 한국, 일본의 광산 재벌을 위시해 많은 이들이 여기 뛰어들었다. 금값이 지속적으로 오르고 있어 그 통에 조선에서 기록적인 금이 생산되고 금광 부자가 생겨난 것이다.

　1940년 전후부터 해방 무렵까지 내가 한동안 광산 대가였다. 광산법을 열심히 들여다보면서 한꺼번에 두 개의 광산 출원을 했다. 한 군데는 황해도 은율군 이도면 오리포 바닷가에 면한 산이고 한 군데는 황해도 송화였다.

오리포 바닷가 개천에 사람들이 모여들어 사금을 캐면서 그 일대에 다투어 광산 출원을 하고 있었다. 내가 생각하니 금이 높은 산에서 흘러 내려 온 것이지 평지 바닷가에서 날 것 같지는 않았다. 내게는 광산학을 하는 선생들이 둘이나 가까이 있었다. 그들과 같이 자세히 조사해 보고 산에서 나오는 금이 있다고 확신하게 되었다.

오리포는 할아버지가 내 공부를 위해 산을 마련하고 나무를 심었던 곳이었다. 사람들이 경쟁적으로 바닷가에 몰려 싸우고 있을 때 나는 뚝 떨어져 산꼭대기에 100만 평을 출원했다. 다른 사람 소유의 산이라도 황금이 나오는데 땅값이나 보상금이 문제가 아니니 누구에게나 출원은 큰 일이 아니었다.

황해도 송화에도 일본 광산재벌 구아라(久原) 광산이 들어와 있었다. 광산법은 한 번에 100만 평 이상은 채굴 허가가 나지 않도록 되어 있었다. 그런데 구아라 광산은 일본 경찰과 재벌의 위세를 믿고 제멋대로 200만 평을 출원해 놓고 있었다. 내가 대담하게 같은 지역에 200만 평을 복출원했다. 절반을 내가 가지려는 것이었다. 광산 허가가 나면 그 땅이 누구 것이든 땅만 주인이 갖고 광산은 출원한 사람이 하게 된다.

메이지대 행정학과를 나오고 고등고시를 거친 동창생 이창근이 도지사를 할 때였다. 그전에 일본인들이 협잡해 먹다가 총독부 광산과에서 다 쫓겨난 뒤 장련 사람 이현재가 고등고시를 통과해 총독부 광산과장으로 있으면서 복출원을 뒷받침해 주었다. 이현재 다음에는 일본인이 광산과장이 됐는데 이창근 도지사의 부하라 내 말이 먹혀들어 갔다. 이

현재는 해방되고도 한동안 광산과장을 지낸 사람이다.

구아라 광산소장은 영국 유학을 하고 온 나이 많은 자였다. 일본인 권세를 믿고 맘대로 200만 평을 그려 놨는데 절반 필지에 채광 허가가 안 나면서 금을 못 캐 경쟁에 밀리고 답답해지니 나를 찾아왔다. 일본 세력권에 대항해 광산법을 걸고 나오는 조선인이 있으리라곤 생각지 못했던 것이다. 그가 "일이 이렇게 됐소. 취하하시오" 했다. "취하 못한다. 그럴 수 없다"고 버텼다.

그때부터 우리 둘 사이에 기싸움이 시작됐다. 매일같이 서울 서린동 동명관 요릿집에서 만나 저녁을 먹는데, 피차 아무 말도 않고 버티는 것이었다. 그렇게 한 달이 지나니 타결책이 나오기 시작했다.

"이렇게 하다가는 둘 다 망하니 절반을 나누자. 너의 출원분 100만 평을 3만 원에 사겠다. 어느 누구도 출원만 하고 이 정도의 돈을 받은 바 없다."

내가 못 이기는 체하고 3만 원에 출원권을 팔았다. 지금 돈 수십 억이라고 한다. 누구도 일본인 광산을 그렇게 혼내 주지 못했다. 내가 일본인 광산쟁이를 이겼다.

그 3만 원을 가지고 오리포광산의 금을 캐기 시작했다. 정말 광산주가 된 것이었다. 그랬더니 일이 되려고 화약도 얼마 안 쓰고 곡괭이로 쪼으면 허연 누룽지 같은 광석이 나오는데 그게 다 금돌이었다. 거저 금만 나오는 것도 아니고 규석이 같이 들어 있는 금돌이었다. 규석은 규산(硅酸)을 화학성분으로 하는 광물인데 제련에 반드시 필요한 것이라 규석이 들어간 광석이 나와야 광산이 가치 있게 되는 것이다.

일본광업주식회사의 진남포제련소가 오리포에서 가깝게 있고 함흥제련소도 있어 두 군데가 경쟁적으로 운임을 부담하며 규석 들은 광석을 실어다 제련했다. 내가 필요로 해서라기보다 두 제련소가 규석이 절대 필요했다. 금은 비싼 것이어서 광산에서는 금돌만 캐면 총독부로부터 그에 대한 장려금과 배급이 나왔다. 이때 일본광업주식회사가 오리포 광산의 광석에 금이 얼마, 은이 얼마, 규석 얼마 들었다고 분석한 1942, 1943년도 분석표도 한두 장 남아 있다.

그런데 나는 금은 파먹지 않았다. 나는 서울에 있으면서 금돌을 캐는 광부인 '덕대'는 누구든지 재주껏 광석을 캐 먹게 했다. 은이나 규석 같은 잡광물은 으레 제련소가 갖는 것이었다. 광산주인 나는 생산해 낸 금 분량에 비례해 나오는 장려금과 담배·술·광목·비누·고무신·신발 같은 배급품만 받았다.

나는 여타 광산주에 비해 돈은 적게 벌었지만 조선사람 덕대들이 금돌을 팔아 돈을 벌었으니 여러 사람에게 좋았고 경영상의 문제가 별로 없었다. 모든 것이 일제 통제 아래 있어 물자가 극도로 귀하던 때라 배급품은 유용하게 쓰였다. 평소 버선을 신어야 하니 광목이 귀한 건 말할 것도 없어 여자들이 좋아했다. 이발소에도 돈 대신 담배를 주면 좋아했다. 술은 말할 것도 없었다. 내가 배급품으로 광부들을 가끔 호사시켰다.

광산부자 최창학은 점잖은 사람이었다. 그 사람이나 다른 광산가들과는 한 번도 조우한 일 없다. 많은 사람들이 광산 운영에 나섰지만 대부분은 뜻대로 안 돼 망했다. 이병도와 같이 와세다대 사학과를 나오고 중앙고보에서 바른 역사를 가르치던 최정순은 조선사편수회 일을 마다하고 광산 하러 나갔는데 그 후 아무 소식 못 들었다. 시설 투자와 운영에 힘이 들고 이윤을 내느라고 불법한 일을 감행하니 벌금이 자꾸 쌓여 그 때문에 망해 나가는 것이었다.

일본 정부가 조선에서 금을 자꾸 사들인 것은 내가 분명히 아는 사실이다. 그런데 해방 후에 보니 조선은행에는 당연히 쌓여 있어야 할 금덩이가 없었다. 일본은 그동안 본위화폐인 금을 조선은행에 다 가져다 쌓은 것같이 하고 있었지만 금덩이를 보여준 적은 없었다. 해방 후 텅텅 빈 조선은행 창고를 보고 비로소 일본이 거짓으로 조선은행에 막대한 금덩이가 있는 것처럼 꾸몄던 것을 알았다.

이 막대한 금덩이들을 몰래 조선에서 빼내 어디로 실어 내간 것인가. 아마도 일본은행에다 수시로 실어 내갔겠지만 중국 어디론가 배로 실어 내가려다 침몰해 한국 근해 바다에 빠뜨렸다고도 한다. 그 금을 어디로 무엇하려고 실어 가던 것일까? 정확히 밝혀낼 학자 누가 있을까.

당시 나를 찾아온 일본인들이 있었다. "내가 광산을 하는 데 일본인이긴 해도 고등 교제를 못해 수모를 받고 세력이 없어 총독부를 움직이지도 못하고 일할 수가 없소. 당신은 어떻게 하길래 일본인도 못하는 광산을 해 나갑니까. 우리 광산 좀 당신이 맡아서 해 주십쇼" 했다. 그런 건 내가 안 하는 것이다. 그런 브로커 노릇을 하면 헌놈 되는 것이다. 나는 이제껏 누구도 이용해 먹지 않고 살아왔다.

나중에 광산법이 바뀌어 각도에 1개씩 13개만 남기고 다 폐쇄될 때도 규석 들어간 광물이 나오는 관계로 내 광산은 황해도 유일의 광산으로 그냥 남았다. 경영 방식을 눈여겨본 이창근 도지사가 일본인 광산과장에게 편지를 보내 힘을 써준 덕도 있었다.

이때 나의 행보가 어디까지 미쳤냐면 일본인들이 극비로 운영하는 흥남질소비료공장까지 들어가 보게 되었다. 지금 함경남도 함흥을 말하는 '흥남(나남)'이란 전에 없던 도시로 일본 군대가 와 주둔하면서 일어난 곳이다. 조선질소비료 주식회사는 일본질소비료회사가 함흥에 경영한 중공업 회사의 하나로, 1926년 함경도에 부전강 수력발전소가 완성되고 난 뒤 그 전력을 이용해 1929년부터 가동한 비료공장이었다. 일인들의 중공업 투자가 활기를 띠기 시작한 때였다.

관계자 외 출입이 금지된 흥남질소비료공장을 들어가 볼 수 있었던 것은 몇 개의 인맥 덕이었다. 나는 해마다 보전 졸업생들 취직 부탁하러 함경도 지사 이성근에게 찾아가곤 해 그와 아주 친했었다. 그는 도지사를 하긴 하지만 마음으로는 조선사람을 어떻게든 위하려는 생각을 갖고 있어 보전 출신의 취직을 많이 주선하였다. 무서운 실력자이기도 했다.

이성근의 지원과 함께 또 한 사람 일본 유학하고 보전 법과 교수를 잠깐 지내다 일본사람 다 돼 흥남서 경부 노릇하던 이가 있었다. 이 지사 휘하의 일개 경부지만 유일하게 비료공장 내부를 알고 세력을 미치는 사람이었다. 이성근 지사가 집에서 그에게 저녁 식사와 술을 대접하며 "최 선생에게 흥남질소비료공장 견학시킬 것"을 권했다. 그가 도지사 집의 저녁 초대에 감사하여 그대로 따랐다.

그의 안내로 질소비료공장 안으로 들어가게 되었다. 지하에 건설된 대단히 넓은 공장 안은 전등이 대낮처럼 환했다. 기계설비는 예상보다 단순했다. 여기서는 물로 비료와 화약을 만든다고 했는데 내부와 공정 과정은 군사기밀에 속했다. 짐작컨대 조선인으로 아마 내가 거의 유일하게 공장을 견학했을 것이다. 동아일보 사장 송진우가 보여 달라고 갔더니 뒷산에 데리고 올라가 지붕을 가리키며 "저 아래가 질소비료공장이다" 하더란 것이다.

작업 현장에서 맹물이 재료로 들어가서 흐르다가 눈 오듯 비료로 떨어지고 화약이 되는 걸 내 눈으로 봤다. 그러나 그것이 무슨 조화인지,

내가 그 연구를 자세히 알 지식이 없었다. 일인들은 내가 전문가가 아니기 때문에 그 비밀을 훔쳐 낼 수 없을 테니 그나마 보여준 것이다.

해방 전 함흥에서 몇 년간 교편을 잡고 있던 셰익스피어 학자 김주현 박사 말에 의하면, 함경도는 산만 있는 데라 옥수수를 주식으로 하고 명태와 개고기가 흔했다. 덕장에서 명태를 말릴 때 눈알만 따로 떼어 온다. 함흥우편국 앞 시장에는 명태 눈알을 산처럼 쌓아 놓고 됫박으로 떠 주며 팔았다. 눈 밝게 하는 데 좋다 하여 사발로 사다 놓고 먹고 호주머니에 넣고 다니며 말려서 말랑해진 눈알을 먹었다.

그런데 전쟁이 나면서 일본군이 시장의 명태 눈알을 모조리 거둬 갔다. 그걸 군대에 가져가서 야간 습격하는 군인들한테 먹였다. 그러면 밤에 눈이 반짝반짝해져서 전장에서 명태처럼 날쌔게 움직이게 하려고 그랬다는 것이다.

그런 함흥에서 질소비료공장은 아주 큰 건물이었다는 것을 김 박사도 기억해 냈다. 이곳에서 일본이 비밀리에 원자폭탄을 개발하려 했다는 이야기를 최근 들었다.

그럴 즈음 평안도 박천 사람들이 나를 찾아왔다.

"우리 동네에서 나는 것 이게 다 흑연이외다. 그런데 여기 흑연이 백색이외다. 그래서 일본놈들이 모르는데 이걸 당신이 맡아 광산 합시다."

그 일이 커져서 백 톤이 차면 일본 정부로부터 백만 원을 받기로 했다. 백만 원은 정말 무섭게 큰돈이었다. 그런데 박천 흑연광산에 백 톤이 차는 날 해방을 맞았다. 해방 전날 8월 14일에 소련군이 먼저 들어와 박천 기차역을 점령했다. "오늘 백만 원 준다" 하는데 소련군이 들어온 것이다.

박천 사람들이 나를 믿고 열심히 흑연을 팠는데 그만 백만 원 돈도 광산도 모두 허애졌다. 일본이 항복하고 이북이 소련 구역이 되니 파 놓은 흑연 백 톤은 전부 소련이 가져갔다. 그걸로 원자탄 만들었을 것이다.

아슬아슬했다. 하루만 어떻게 됐어도 백만 원이 생기는 판이었다. 그러나 그 돈 못 받았다고 망하지 않는다. 우리 마누라는 그런 것 전혀 몰랐고 아들도 몰랐을 것이다. 돈 백만 원이 하늘로 올라갔는데 내가 조금도 흥분하지 않았다. 나는 잊어버릴 일은 그날로 싹 잊어버리는 게 장점이다. 잘 이해할 수 없지만 욕심이 없으니 살아남았다. 나라가 해방이 됐으니 백만 원 없어진 것은 아무것도 아니었다.

소득은 박천 그 사람들이 다 내 사람이 됐다는 것이다. 그 동네 사람들이 찾아와서 "백만 원 받으려는데 요렇게 됐소" 하고 울었다. 내가 "염려 마라, 다 서울 와라. 일하게 해 줄 테니" 하고 전매국에 교섭해서 안악 김 농장 측량기술자였던 사업가 이제엽 등과 염전, 건설회사 일을 하게 해 주었다.

오리포광산은 주변에 광산을 내게서 뺏어 가려고 노리는 이들이 많아 절반은 끝내 빼앗기고 고생을 하다가 공산당 세상이 되면서는 아예 내 손을 떠났다. 마음 편하려고 미련 없이 다 잊어버렸다. 뒷날 북한 장련 일대에 남은 내 재산을 재단으로 해 두었다가 언제고 찾으라는 사람도 있었지만 그런 일에 애쓰지는 않았다.

1·4후퇴 때 부산에 피난 가 서울대와 동아대학 등에 강의 나갔다. 묵고 있던 집 앞 넓은 터에 항아리 파는 집이 있어 집안에 있기 답답하면 거기 나가 앉아 바람을 쐬곤 했다. 가게 주인이 장련서 일찍 택시사업을 하던 동래 사람이었는데 내가 유학 중 귀국해 고향으로 돌아올라치면 언제나 그의 택시를 타곤 하여서 안면이 있었다. 거기 나가 있으면서 항

아리 금 간 것 고치는 법도 알고 팔 줄도 알게 됐다. 이때 동네 사람들이 날 점잖다고 하면서 좋아하고 난리통에 헤어져 어떻게 됐는지 모르던 아들(최원철 박사)이 부산 야전병원 의사로 있는 것도 찾아 주었다.

항아리는 어디 가서 살든 생활필수품이니 장사가 잘됐다. 그 당시 다른 교수들은 영어를 아니까 미군이 유통기한이 지나 바다에 폐기한 통조림을 몰래 헤엄쳐 들어가 꺼내다 되팔고 하면서 살던 때였다.

주인은 "서울 올라가면 우리 항아리집 동업합시다" 했는데 얼마 후 죽었다. 그 양반이 살아 있었다면 나는 독장사를 하게 됐을라나? 아주머니들한테 "이 항아리가 좋습니다" 하고 물이 샌다고 가져오면 고쳐 주면서 말이다. 김순식 숙대 총장이 생전의 어느 날 내가 독장사 얘기를 하니까 "선생님은 그런 것 하면 안 됩니다" 하고 화를 내었다. 그래도 독장사를 했다면 멋쟁이 부자가 됐을 것이다.

일제강점기의 생활상

일제는 우리나라에서 나는 쌀뿐 아니라 모든 농산물, 계란·닭·소고기까지 다 싸게 전적으로 조선에서 일본으로 가져갔다. 공출이라는 제도로 좋은 조선 쌀을 개값으로 뺏어간 것이다. 돈도 내지 않았다. 조선 땅을 토지조사사업한다고 뺏어 이에 응하지 않은 땅을 일본 국유의 동척 땅으로 만들었으니. 만주에서 나는 콩을 가지고 콩기름 짜고 남은 찌꺼기를 비료로 쓰기 위해 메주처럼 만든 콩깻묵 운반하는 차가 들어오면 허기진 조선사람들이 주욱 가서 받아다 콩을 파먹었다. 얼마나 처참했나. 그땐 무 한 개 배급 받겠다고 하루 종일 줄 서 있어야 하던 때였다. 무를 일본으로 가져갔다가 채쳐서 말려 포장해서는 무말랭이로 들여와 조선사람한테 되팔았다. 얼마나 착취 당하는 것인가. 의식이 넉넉한 사람은 제한돼 있어 조선사람은 만주 콩 찌꺼기 파먹게 하고 쌀밥은 고스란히 일본인이 먹은 것이다. 쌀밥을 먹으려면 몰래 거래하는 쌀을 사 먹어야 했다.

조선사람에게 육류가 너무도 귀해 여간해선 먹을 수 없었다. 꿩을 사냥해 잡으면 귀한 고기로 생각했다. 닭고기는 조선이 1등이었는데 일본 나고야가 레그혼 닭을 키워서 나고야 병아리가 되레 한국으로 수출됐다. 나고야 병아리는 맛이 없는 것이었다. 야생 꿩 같은 것은 가지고 다니게 했지만 소고기·돼지고기는 산지에서 반출금지가 되어 있었다. 지방의 농부들이 돼지를 밀도살해 껍데기로 조끼를 하고 그 안에 주머니를 더해서 돼지고기 담아 가지고 서울에 들어와 벗어서 팔고 갔다. 튼튼한 가방을 하나 가지고 시골에 가서 쌀을 몰래 사서 들여오고 고기도 촌동네에 배급 준 것 걷어 사 가지고 서울로 기차 타러 오는데 안전하게 기차가 떠날 때까지 고기를 파는 촌사람이 동행했다. 역에서 순경이 "여기도 고기가 없는데 왜 가져가느냐"고 잡는 눈치면 처벌이 두려워 아무 일도 아닌 척 가방째로 도로 내주어야 했다. 식민지로 떨어지면서 그런 정도로 일본에 착취당했다.

중국음식점에서 팔보채를 시키면 고기가 없어서 무만 썰어 팔보채를 내놓았다. 여행하려면 여행증이 있어야 서울 오고, 기차표는 창씨개명해야만 팔았다. 안악서 서울 올 때면 뭘 싸 주는데 열어 보면 곶감과 떡이었다. 오다가 뭐 사 먹을 게 없으니까 그런 걸 싸 보냈다.

조선사람도 더러는 종래 호사했지만 대부분 너나없이 비참했다. 일본은 잡화, 성냥 같은 밑천 안 드는 장사만으로 조선사람 돈을 뺐고 순진한 조선사람 속이는 사기꾼 행상이 많았다. 그땐 양회나 대못, 유리가 없어 집도 못 짓던 때여서 집을 지으려면 특별히 못 회사·양회 회사·산업부 등에 아는 사람이 있어 물자를 내주어야만 되었다. 폭격에 대비해 시골로 피신해 소개한다고 매일 방공연습을 하게 하니 어리석은 짓이었다. 공장지대가 아니면 폭격 안 하는 것을 그렇게 겁을 주며 못살게 한 것이 일제였다.

일본사람들이 벚꽃놀이를 해야 사니까 효종 임금이 활 만들려고 벚나무 심어 놓은 우이동에 가서 노는데 한국인들은 그놈들이 술 먹고 행패

부리며 때리니까 가 보지도 않았다. 일본서 공부하고 오니 창경궁과 율곡로에 심어 놨던 손가락 같던 벚꽃 묘목이 늘어 있었다. 일본 신사는 서울 남산에 경성신사와 조선 신궁, 2개가 있었다. 남산 국사당 터를 부시고 굉장하게 닦아 놓은 일본 신궁에 오르는 층계는 3백 몇 개나 되었다. 신궁은 규모가 크고, 아래쪽 한양공원에 있었던 듯한 경성신사는 규모가 작은 것이었다. 총독부가 처음엔 한양공원에 있었다. 광화문·경복궁을 대규모로 헐어 부수고 총독부 짓고는 그리로 옮기고 난 뒤 한양공원 터가 경성신사가 된 것이다. 광복이 되면서 일본 신궁과 신사는 제일 먼저 헐렸다.

군정 때는 대학 교수 중에도 돈벌이하는 사람이 있었다. 미군부대에서 찌그러진 음식 통조림은 공기가 들어가 못 먹는다고 바다에 모두 던져 버리는 걸 잠수해 들어가서 건져내 오는 것이었다. 대학 교수라 영어 글자를 아니까 물속에 들어가 골라다 팔았다. 무과수 통조림은 많았다. 임진강에서 그걸 사다 먹었다. 전쟁중에 미군이 쓰다 남은 우유가루·밀가루 그걸로 국수를 만들어 먹고 살았다.

6·25 때 시골로 피난가니 참외만 흔했다. 70종이나 되는 참외를 농사지어 서울에 팔려던 차에 전쟁이 나서 못 팔게 되니 피난지로 쏟아져 나온 것이었다.

일본 지배가 한국에 잘된 일이라고 하는 사람의 주장은 상상 밖의 일이다. 우리가 일본 지배로 망했지 어떻게 흥했나.

9장

해방 전후

1945년 임정에서 귀국한 김구 선생이 그동안 지원을 아끼지 않았던 안악의 김씨 문중 사람들을 초청해 경교장에서 사은회를 열어 주었다. 한가운데 앉아 있는 사람이 김구 선생, 오른쪽 얼굴이 반쯤 가린 사람이 안악 부자 김홍량, 왼쪽이 도인권. 뒷줄 오른쪽에서 세 번째가 최태영. ⓒ 최태영

해방 전야의 일본군

해방 전 신설동에 잘 아는 사람의 대궐같이 큰 한옥이 있어 건물 여러 채 중 한 채에 일본군 수뇌부의 지휘자급 고급장교들이 들어와 있었다. 그 맞은편 채에 내가 친한 비단 옷감 짜는 공장장에게 사무실 삼아 거처하게 했다. 한데 집이 넓으니 서로 모르고 있었다. 일본군은 저희만 이 집을 쓰는 줄 알았다.

내가 공장장 그 사람을 보러 드나들었다. 공장장은 예지동에서 앞뒷 집 살며 친해진 사람이었다. 집에서 비단 공장을 해 집이 조용하게 있을 데가 못되니 신설동 그 집에 가 있게 하고 나 하고 공장 얘기도 의논하곤 했다. 그러면서 비밀히 일본군 수뇌들 방과 통하는 방에서 근 일 년 그들의 동태를 살펴보았다. 신통했다. 거기서 일본군이 "제주도와도 연락이 안 된다"고 하는 소리를 들었다. 수뇌부 군인놈들이 술 마시고 "미국놈은 발 뻗고 드러누워 장기전할 생각하는데 일본군 수뇌는 대가리가 썩어서 졸병만 내대고 지휘할 사람도 없다. 제주도에 건건이도 못 보낸다"면서 울었다. "제주도에 있는 일본군에게 간장·된장·소금 같은 건건이를 보내면 중간에 다 미군 잠망선에 뺏겨 버린다."

그놈들을 놓고 보면서 일본군이 어떻게 망해 가는가를 세세히 알았다. 미군 잠수함이 바다 밑에서 제주도로 가는 보급물자의 유통을 다 막고 있었다. 일본군이 요청한 기본물자의 보급이 가로막혔다는 것이었다. 제주도가 본부였던 것이다. 일본이 쉬 망해 들어간다는 것, 얼마 안남았단 것을 그때 알았다.

"아하, 제주도와 연락 안 되는구나. 아, 이젠 됐구나. 좋구나."

내가 신설동에서 그렇게 일본군 수뇌부 동태를 주시하고 있었던 건 아무도 몰랐다. 절대적으로 신뢰하던 이돈희 의사에게도 그 말은 하지 않았다. 알면 괜히 무서워지니까. 그러면서 나와 가까운 김석원·이응준 장군 집에 가서 일본군 정세를 들었다. 이갑의 사위가 이응준 중장이고 김석원 장군에게는 집을 사 줄 만큼 특별한 친분이 있었기에 그들은 내게 사실대로 다 실토하는 사람들이었다. 그즈음 오일철·손진태·장덕수가 매일 일본 정세를 알아보려 안암동 우리 집에 왔다. 그들에겐 암말 않고 "이젠 일본이 망한다" 결과만 말했다. 손진태와 장덕수가 "그걸 김석원·이응준 장군에게 가서 우리 듣는 데서 물어봐 달라" 했다. 거기서도 신설동 집에 드나들었단 얘기는 안 하고 "일본이 손들게 된 건 확실하다. 그건 내가 안다"고 하면 김 장군도 "그건 나도 안다. 쉬 끝날 것 같다. 이미 패망은 했다"고 했다.

"그럼 일본군이 어떻게 할 것 같나."

"이제 일본 군대는 도쿄에 아무것도 없다. 미군이 상륙하게 될 거다."

이 장군도 "도쿄 시내에서 일본군들이 죽창 들고 단병접전하다가 다 죽을 거다"는 정세 분석을 했다. 그렇게 일본군들 다 죽는 것 보리라 생각을 하는데 원자탄이 두 군데서 터지니까 어쩔 겨를도 없이 항복했다.

일본군 수뇌부의 움직임을 지켜보고 있었던 것은 정말로 위험천만한 일이었다. 그 얘기는 평생 하지 않았다. 그때 내가 정탐한 내용은 무시

무시한 것이었다. 그들이 알았으면 나는 그 자리에서 죽는 것이다. 세 들었던 공장 주인만 눈치챘다. 그에게 "동정을 봐라" 거기까지는 말을 나눴다. 그도 끝까지 비밀을 지켰다.

일본인들이 8·15 후 쫓겨 간 뒤 우린 바로 좌우익 두 파로 갈렸다. 3·1절 기념식도 우익은 동대문, 좌익은 남산서 했다. 둘 다 꼴 보기 싫어서 "우리 우이동 가서 시골 사람들이 3·1절 어떻게 하나 보러 가자" 하고 트럭에 먹을 것 잔뜩 싣고 내가 몸담고 있던 회사의 너댓 명이 같이 갔다. 우이동 사람들은 좋아서 춤추고 풍물을 치며 축하하고 있었다. 일본인들의 음식점이었던 큰 건물에 들어가 보니 담벼락마다 '10년 후에 다시 보자'는 말이 쓰여 있었다. 어떤 놈들은 더 긴 말을 늘어놓았다. 우리나라를 다시 먹으러 오겠다는 것이다. 그것이 지금이다. 시내에도 적산가옥에는 모두 그런 말들이 쓰여 있었다. 수도 없이 그런 표식을 보았다. 그들이 지금 다시 한국에 와서 자기들이 한 헛소리를 보게 되었다.

지속적인 한국 역사의 분열을 위해 일본은 지금(2004년 현재) 돈 많이 쓴다. 그러나 학계의 선생들은 그런 것도 모르는 것 같다. 일본이 최근 '기미가요' 노래와 일장기를 공식 국가와 국기로 인정하고 야스쿠니신사의 제사를 공식화했다. 앞으로 모든 기념식에서 이 기미가요를 부르게 되었다. 기미가요는 국가가 아니라 '임금을 위해 죽는다'는 것이다. 임금인 천황과 국가를 혼동하고 있다. 현재 일본은 천황이 곧 국가이고 일장기는 기미가요와 한데 붙어서 남을 치러 가는 표증이다.

그다음에는 아마 '바다에 가면(우미유카바)'이란 노래를 부르자고 할 것이다. 강점기 때 무슨 모임이든 식순에 이 노래를 부르게 했다. '바다에 가면 물이 무덤이 되고 산에 가면 풀 속이 무덤이 된다. 그렇게 임금 옆에서 죽겠다' 하는 노래이다. 이는 정벌의 야욕이지 나라를 위하는 것이 아니다. 즉 다른 나라를 정벌하겠다는 노래다. 민주주의 헌법을 가진 나라가 임금을 위한 충성을 노래한다는 것이 문제다. 그렇게 되면 또 전쟁할 것이다. 지금 젊은 세대들은 살아 있어서 일본이 일으키는 전쟁을 볼 것이다. 내가 죽더라도 이 예측이 들어맞을 것 같다.

김구와 이승만 그리고 언더우드

　김구 선생은 오인형 진사 독서당에서 신식교육을 맡아 줄 사람으로 1903년 오 진사가 외지에서 장련에 데려왔다. 고종 광무황제가 '민황후 원수 같은 사람이니 죽이지 말라' 하고 나중에 탈출시켜 살려 준 이후였다. 김구 선생과 친해진 것은 내 어려서 허물없는 선생이었기 때문이다. 선생은 광진학교에서 환등기로 세계 각국을 보여주기도 하고 개신교를 소개하기도 했다. 독립운동의 한 방편으로 기독교를 가까이 해 진남포 교회에 엡윗청년회를 만들기도 했지만 사실 김구 선생이 진남포에 살았던 일은 없다. 『백범일지』는 일일이 확인해 보지 않고 써서 오류가 상당히 있다.

　김구 선생은 1907년에는 안악의 양산학교로 옮겨가 소학부를 맡다가 일인이 덮어씌운 안악사건으로 또다시 4년을 감옥에서 보냈다. 그다음 김홍량의 동산평 농장 농감을 맡아 호박 몇 개, 싸리비 몇 개, 곡식 40석의 수입을 정해 생활하며 3·1만세운동에도 참여 않고 일경의 주목을 피해 있다가 상하이 임정으로 나갔다. 상하이 임정에 있는 동안 내 동생이 그곳에서 사업을 하고 있어 연락이 되었다. 우리 부친이 이때 장련서 임정 자금을 모집했다. 국내에 있던 김구의 가족들은 안악 김씨 문중에서 위험을 무릅쓰고 돌보았다. 이 때문에 김구 선생은 귀국한 뒤 경교장에서 김씨 문중 사람들에게 사은회를 열어 주기도 했다.

임정이 귀국하여 "덕수궁에 들어가게 해 달라"는 부탁이 있었다. 내가 하지 중장에게 말할 수는 있었다. 그러나 김구 선생에게 먼저 말했다.

"임정 주석, 김구 선생이 한국의 민중과 이렇다 할 접촉이 없다. 임정이 왕처럼 대궐에 들어가면 민중과 더 멀어지고 일이 안 된다."

김구도 그 말을 들어 덕수궁 대신 광산업자 최창학의 집, 경교장(京橋莊)으로 들어갔다. 그때 후일 서울대 의대학장을 지낸 의사 이지송은 누가 시키지도 않았건만 김구 선생을 지키기 위해 경교장 문지기를 하면서 들어오는 사람들을 일일이 체크하곤 했다. 대단한 사람이었다. 남산 아래 그가 개업한 병원에 내가 탈모증 치료차 가기도 했는데 그 방면의 제1인자였다. 내가 경교장에 가면 반색을 하고 반겼다.

이시영과 김구, 나 셋이 자주 만났다. 나는 그때 김구를 도울 방침을 다음과 같이 전했었다.

"우리 역사의 정통을 찾으려면 임정을 6개월간 이곳에 옮겨 놓는다. 6개월간은 임정 요인들을 대통령 이하 장관으로 세우고 차관은 모두 국내인으로 한다. 법통을 세워야 하기 때문이다. 그런 다음 다른 사람을 쓴다."

김구는 혁명하는 사람이었다. 그러나 국내에 손발이 없어 정치력을 발휘할 수 없었다. "당신은 혁명하는 사람이지 건설할 사람은 못 되니 정 그렇다면 전국의 통반장이라도 포섭해서 휘하 사람으로 만들라"고 권했다.

군정의 총수, 하지(J.R. Hodge) 중장 주변엔 연전 출신들이 많았다. 그들은 처음 보는 미국식 유흥이 좋은 듯 했다. 내가 비서를 했으면 군정 그들이 내 말을 받아들였을 것이고 그러면 한국의 유식한 이들과 더 많이 교류했을 것이다. 백남훈과 장덕수, 두 사람을 경교장에서 하룻밤 자면서 김구와 이야기하게 했다.

하지 중장의 고문으로 온 언더우드 2세 원한경이 김구와 처음 만난 것은 안암동 우리 집에서였다. 그가 내게 "김구를 만나게 해 달라" 하고 "한국 생활을 보고 싶다, 김을 먹고 싶다" 했다. 김구 선생도 동의했다. 미국 측을 설득할 중요한 만남이었다.

그날 김구 측에서는 이상국 장군의 아버지 이덕원 대령과 선우 비서, 나 셋이 모시고 언더우드 2세(원한경)는 아들 원일한(H.G. Underwood, 元一漢) 장교가 동행해 안암동 우리 집에서 초대면했다. 떡보인 김구 선생을 위해 송편을 준비했다. 둘 다 한국에서는 처음으로 찾은 개인 집이었다. 입법원장이던 김규식도 같이 초대됐으나 이날 모임에 오지 않았다. 그는 공산당도 끌어들여 같이 뭐 해보겠다고 하던 참이었다. 김규식은 원한경에게 형제와 같았어도 원한경은 김규식을 별로 좋아하지 않았다. 이날 김구는 별말이 없었다. "일본놈이 뒤에서 조종하고 있는데 안 되지?" 하는 것이었고 원한경은 "충돌하지 않고 어떻게 해보자"는 것이었다.

김구와 원한경 두 사람의 대면은 중요한 역사적 진전을 이룰 수 있었다. 원한경이 먼저 김구를 만나게 해 달라 해서 성사된 회동이었다. 지원해 주려는 마음이 있었던 것이다. 그러나 김구는 그 기회가 얼마나 중요한지 몰랐다. 김구는 이날 하지 고문인 원한경을 만나고도 지원을 이끌어낼 좋은 기회를 못 살렸다. 혁명을 하다 국가를 건설하려면 사람이 변해야 했다. 그때 잘했으면 우리 한국이 변하는 건데 원한경과 대주었어도 아무것도 못하고 천금 같은 기회를 놓친 것이었다. 김구 선생의 첫

번째 실수였다. 그의 주변 사람들이 "쓸데없는 짓"이라고 했을 것이다. 김규식도 바보였다. 그는 원한경과 형제간이나 마찬가지면서 이날 아예 오지도 않고 기회를 날렸다. 그때 군정과 협력했어야 되는 것이었다.

김구는 미두(米斗) 재벌 강익하(康益夏)가 "돈을 많이 낼 터이니 임정 동지로 같이 귀국한 요인들 중 무능한 사람들은 위자료를 주고 떼어내 버리라"고 한 제안을 들었어야 했다. 강익하는 없는 쌀 자꾸 사들여서 일을 만드는, 지금의 증권 재벌 같은 사람이었다. 김구는 그것도 하지 못했다. 나는 이것이 김구의 두 번째 실수라고 보았다. 이시영은 김구를 보고 "자기가 꽃을 찾는 나비인 줄 아나 봐"라고 농담했다. 김구 선생은 그러면 웃기만 했다.

김구와 이승만의 충돌은 예측된 것이었다. 해방 직후 8월 19일 장덕수·백남훈·정노식은 신설동 내 누이의 집에서 해방 정국을 의논하는 자리에 나와 허정(許政)을 불러 자리를 같이하게 했었다. 나와 도쿄 유학 때부터 친하던 정노식은 3·1만세운동 민족대표 46인의 한 사람이었다. 그가 "독립됐다. 나라를 건설한다"고 일찍부터 서둘렀다. 내게 "백남훈· 장덕수·허정을 불러 놔라. 돈은 미두해서 번 사업가 강익하가 다 댄다" 고 했다.

"우리나라가 앞으로 김구와 이승만이 꼭 충돌한다. 그런데 이승만에 게 바른말 할 사람은 허정이요, 김구에게 모든 이야기를 할 사람은 최태 영이다. 그러니 너희 두 사람이 잘 조화를 이루도록 해라."

허정과 최태영 둘이 내통을 잘하면 이승만·김구 간에 충돌이 안 나게 잘 될 수 있다는 것이었다. 우리 둘은 "그렇게 하겠다"고 승락하고 친분 을 맺어 끝까지 아주 좋은 친구가 됐다. 허정은 내가 나중에 김구와 결 별한 것도 알았다. 이승만도 허정에게 일처리를 맡겼지만 허정은 나를 끝까지 찾아 떠날 때도 나 하고 만나고 갔다.

그런데 그 정노식이 언제 월북했는지 알 수 없다. 독립됐다고 나라 건설한다고 하더니 이북으로 간 건 뭔지 이해할 수 없다. 정노식은 그와 같이 도쿄에 유학하고 남보다 빨리 출세한 한 사람에게 "너희 아버지가 우리 집에 와서 문턱도 못 넘고 아뢰던 사람인데 네가 뭐…"라고 하던, 양반 행세 몹시 하던 사람이었다.

이승만과 김구는 종래 충돌하고야 말았다. 1948년 연세대에서 언더우드 1세(원두우) 동상 제막식이 있던 날이었다. 이승만이 먼저 축사하며 "언더우드 동상은 여기만 세울 게 아니라 13도 각처에 세워 기리자"고 했다. 앞줄에 김구와 이승만, 다른 자리에 언더우드 2세(원한경)와 내가 앉아 있었다. 우리 둘이 말했다.

"저 사람들 충돌하면 안 되는데 자신 있나?"

"두고 봐야지."

김구의 축사는 이랬다.

"일제 때 세운 원두우의 동상을 일본놈들이 다 때려 부셨다. 삼천만의 가슴속에 언더우드에 대한 진정한 감사를 심어야 한다."

"터졌다"고 원한경과 나는 동시에 탄식했다. 원한경이 답사했다.

"시방 우리 아버지 언더우드가 이렇게 말씀하신다. 너희들이 입은 다투어도 발걸음은 맞추어라고."

동갑의 독립운동가인 두 사람의 발걸음은 맞춰지지 않았다. 이승만은 야심이 많았다. 그는 미국에서 활동할 때 대통령 행세부터 했다. 안창호가 이를 공박하니 "세상이 다 내가 대통령인줄 아는데 이제 와서 아니라면 독립운동에 차질이 생긴다"고 해 임정에서 그를 탄핵했다.

해방 후 귀국한 이승만에게 장진섭(張震燮)이 돈암장 집을 내주었는데 장진섭은 이승만이 없을 때 별채에 이운(황해도지사)·장덕수·백남훈·최태영 네 사람을 부르곤 했다. 그는 아마도 이승만의 야심을 눈치 채고 이승만과는 다른 입장인 우리 4인을 불렀던 것 같다. 이승만은 이후 이화장으로 거처를 옮겼다. 장진섭은 6·25 때 행방불명되고 이운은 북으로 끌려갔다. 경교장에서 김구를 보호하던 이지송도 일찍 타계했다.

이승만 대통령은 건국 초 여러 번 나를 기용하려 했으나 나는 불 보듯 뻔한 그의 야심에 놀아날 휘하에 끼어들기를 한사코 거부했다. 그의 주변 친일파들도 나의 배일 경력을 몹시 거북하게 여겼다. 대법관직을 주기에 엊그저께까지 독립군 잡아다 벌주던 법관을 내가 왜 하느냐고 거절했다. 초대 주일대사를 나가라 했다. 일본인에게 굽실거리지 않을 것이란 평은 맞는 것이지만 그것도 듣지 않았다. 채병덕 참모총장은 법무감을 맡아 달라 했으나 군사 일은 내게 맞는 일이 아니어서 못했다. 반대파들이 좌익으로 맞서는 데도 물론 눈도 주지 않았고 중학교 때 은사지만 이상한 패거리를 형성한 김규식 밑에도 가지 않았다. 그 사람이나 여운형에겐 아무 기대도 하지 않았다. 나는 뭐 안 하는 데는 선수였다. 내가 한 것은 법전편찬위원·고시전형위원·교수뿐이었고 역사 연구는 안 할 수 없어 나섰다. 그러나 이승만이 서재필의 미국 국적과 미국인 부인을 트집잡아 범태평양국가회의에서 쫓아 보낼 때는 이용설 박사와 내가 강력히 반대했으나 허사였다.

김구 선생과 나와 생각이 다른 데가 있었다. 1948년 남북통일 협상차 평양을 방문해 김일성을 찾아가 한 핏줄임을 호소하리라던 그의 말은 정치적으로 받아들일 수 없다는 것이 내 판단이었다. 김일성은 동포라기보다 소련 사람 다 된 자라고 판단했다. 김구가 꿈꾼 순실한 이상은 실현될 수 없는 것이었다. "잘못하면 이용당한다. 만날 필요없다"고 나

는 반대했다. 돌아왔을 때 "이북 가서 어땠느냐"고 물었다. 북에다 가족
묘지를 만들고 오겠다던 꿈을 가졌던 그였다.

"숨도 제대로 못 쉬고 있었다. 만나야 할 사람을 만나면 그 사람은 다
음 날로 죽든가 혼날 것이니 만나지도 못했다."

"당신이 임정 요인이라고 같이 귀국한 사람들이 다 동지요?"

"내가 보자기다. 보자기에 다 싸 갖고 와서 풀어 보니 두더지처럼 들
어가는 자도 있고 벼룩처럼 뛰는 자도 있고 옆으로 가는 자도 있고 다
달랐다."

과연 김구 선생 따라 남북연석회의 참가자로 이북에 간 사람들 중 김
두봉은 그곳에서 부당수로, 손두환은 차관으로 입각했다. 김구 선생 주
변에는 이처럼 딴 마음 먹고 움직인 사람들이 많았다. 내가 엄항섭을
"왜 못 떼어 내느냐"고 했었다. 그랬더니 "호떡 같이 먹으며 고생한 동
지들이다"고 못 내친다는 것이었다. 유식한 자를 싫어하고 호떡 먹던 시
절만 생각하다니. 고생하며 호떡 먹던 그때는 그때일 뿐이다.

내가 김구와 멀어진 계기는 백남훈 자서전에 나온다. 백 선생이 김구
에게 권했다.

"당신이 믿을 수 있는 사람 중 최태영이 국내 사정에 제일 밝다. 그 사
람은 벼슬하겠다는 야심도 없는 이니 옆에 두고 그의 말을 들도록 하
라."

그런데 측근 한 사람이 "김구 주변에 예전 친분을 빌미로 황해도 사람
이 자꾸 모여든다고 소문나면 김구는 망한다"고 수근대고 김구의 옛 인
맥들을 대하는 눈치가 이상해 이후 덜 다녔다. 엄항섭은 국내의 누가 김
구에게 접근하는 것을 싫어했다. 그는 김구가 정권을 잡을 것으로 생각
하고 저 혼자 그를 독점하려는 생각이었다. 그는 날 황해도 사람이라고

싫어하고 접근하지 못하게 막았다. 이지송도 더 이상 경교장에 나오지 못했다. 그러나 이시영 등 다른 독립운동가들은 나를 여전히 반겼다. 김구는 내게 "할 말이 있으면 쪽지에 써서 보료 밑에 두고 가라"고 했다.

"난 그렇게는 못하겠소. 내가 무슨 역적모의를 합니까. 말을 못하고 쪽지로 전하게."

김구 선생이 '동포에게 죽을 일은 하지 않았다'던 정신은 옳았지만 당신을 암살하러 온 사람과 단둘이 마주 앉다니…. 중국서 이미 동포한테 총 한 번 맞았으면 여기 와서 더 조심, 근신했어야 했다. 왜 김구를 헌병대원과 단둘이 만나게 하는가, 선우전 비서는 완전히 내 눈 밖에 났다. 세밀한 이가 옆에 있었으면 절대로 그런 일이 일어나지 않았을 것이다.

서울대 의대학장 이지송이 경교장의 문지기를 종래 그대로 하고 있었으면 안두희가 집안에 못 들어가는 것이다. 이지송이 끝내 끈끈하게 문을 지켰을 것이다. 그것도 엄항섭이 싫어했나 보았다. 주변에서 그가 없어지고 안두희를 그렇게 대번에 김구와 만나게 하니까 대담하게 '땅!' 총질을 한 것이다. 도대체 김구를 뭐하러 죽이나. 얼마나 할 일이 없으면 순진한 시골 영감 같은 그 사람을 죽이고 일평생을 숨어서 사나.

나는 아무에게도 겁 안 내고 바른 대로 얘기할 수 있는 사람이다. 내 말을 들어주는 두 사람이 있었다. 조병옥(趙炳玉)과 백남훈이었다. 내가 속아 보지 않은 2인이었다. 일제시대 고생할 때 통했던 사이라 서로 잘 알고 두 사람 다 내가 정치판에 나서거나 자리에 연연치 않을 것을 알았다. 경찰부장이던 조병옥은 내게 무시로 의견을 말해 달라고 했다. 그는 무서워하는 게 없었다. 그가 대통령이 되었으면 나는 의견 제시를 했을 것이다.

어릴 적 스승인 백남훈 선생은 한민당 부당수로 있었는데 군자 같은 사람이었다. 도쿄에서 조선 YMCA 총무를 할 때도 그는 나와 의논했다. 맥퀸이 3·1운동 자료를 미국으로 전달할 때도 셋이 만나 자료를 검토했었다. 백 선생은 내게 "명색이 필요하다면 비서실장이든 무엇이든 주겠다만 그것도 싫다니 아무 때나 들어와 말을 해 달라" 했고 나는 "그렇게 도와주는 대신 대통령이든 무엇이든 내가 동의하는 것만 하고 그렇지 않은 것은 하지 말라"는 조건을 붙였다. 군정은 믿을 것 하나 없는 통역 정치일 뿐이었다. 그들은 한국인을 알지도 못했고 신임하지도 않았다. 고집 센 백 선생이 나서서 할 수 있는 일이 없었다. 백 선생은 경기도 지사도 문교장관도 않다가 대통령 후보로 나섰는데 같은 당의 재무부장관이었던 김도연과 경합하게 되자 야당 후보 단일화를 위해 사퇴했다. 그런데 대통령직을 놓고 이승만과 경쟁했다 하여 엉뚱하게 이승만 암살모의죄를 뒤집어쓰기도 했다.

조병옥이든 백남훈이든 대통령이 되었다면 어느 정도 내 의사가 반영되었을 것이다. 그것은 사실 어려운 자리이기도 했다. 두 사람이 대통령이 된 적이 없고, 김구는 그 주변 인물이 나를 정치하려는 야심가인 줄 잘못 알고 경계하기에 내가 기피했다. 이승만은 끝까지 나를 기용하려 했으나 나는 끝까지 자유인으로 남아 공부만 했다. 기회가 들어맞는다는 것은 그렇게 어려운 일이기도 하다.

미군정과 6·25

　나는 미국의 본질을 경신학교장 하면서 군정 첫날부터 알았다. 해방이 돼서 미군정이 경신학교를 일본인한테서 접수하는데 한국인 대신 일본인이 와서 기존의 일본인들로부터 접수하는 것이었다. 일본이 패전하고 세상이 바뀐 줄 알았는데 저희들끼리 주고받고 하는 것이다. 총부터 가져갔다. 이젠 일본사람 쫓겨 가서 잘됐다 했는데 제대로 하지도 못하는 영어를 가지고 일본인들이 학교를 접수하는 것을 보면서 미국에 오만 정이 다 떨어져 버렸다. 우리가 일본 쫓아버렸는데 왜 그놈들을 도로 내세우나.

　군정이 통역을 다 일본인 데려다 쓰고 하는 걸 보고는 '아이쿠, 세상 또 틀렸다. 아, 그게 그놈들이구나. 저놈들 다 현금주의자다'고 판정했다. 군정은 우리나라를 전적으로 무시하고 아무것도 못하게 했다. 그들은 한국인을 알지도 못했고 전혀 신임하지 않았다. 일본인을 우리보다 훨씬 우월한 놈들로 알고 데려다 썼다. 그들이 우월할 게 어디 있나. 같은 기술이라도 한국인에겐 안 시키고 일본인을 시켰다.

　친일파 가족들은 재빨리 군정에 붙어살았다. 나는 군정을 절대 신용하지 않았다. 군정과 담쌓아 버렸다. 일본이 물러간 건 다행이지만 그때 군정은 믿을 게 하나도 없었다. 표리부동하고 야심만만한 제국주의자, 쉽게 넘어갈 자들이 아니었다. 정든 놈이나 제 살 베어 먹일 것처럼 하고 선교사들도 어떤 때는 한국 노동자를 개똥으로 알았다.

한국이 공산주의의 터가 될 줄은 몰랐다. 공산당한테 죽어야 했던 사람들이 있고 나처럼 빠져나온 사람도 있다. 공산주의를 막으려니 6·25에 미국이 여기 와서 싸울 수밖에 없었다. 그 덕택에 일본이 패전 후 다시 경제부흥하여 일어섰다.

하지는 '그렇게 하지?' 그러면 '그렇게 하지!'라고 하는 자였고, 트루먼 대통령은 6·25가 나기 전 우리 군대의 장비를 갖출 지원도 거부하고 한국은 안중에도 없어 철원이 뭔지, 개성이 뭔지도 모르고 한국의 운명을 망쳐 놓았다. 미국은 압록강까지 밀고 올라갔으면 끝까지 거기서 지켜야 했다. 우리가 단호히 밀고 나갔다면 분단은 없었을 뿐만 아니라 중국·소련과의 관계도 지금과 달라졌을 것이다.

역사가 짧아 그런지 미국의 정치가는 의리가 없고 머리가 나쁘다. 외교는 미국이 번번이 소련·중공한테 넘어가 농사도 잘 안 되는 그 잘난 철원을 인삼 나는 개성과 맞바꿨다. 간도·연변 찾아야 된다는 얘기는 도무지 없다.

미국은 공산주의의 확산을 막느라고 패전 일본에 천황을 존속시켰다. 얌체 같은 일본 천황이 공산당 안 할 건 확실하다. 일본도 정치가가 없고 깡패나 있다. 일본은 그새 우리 덕에 다시 일어났다. 그런데 우리가 또 일본한테 속을 것 같다.

지금은 공산주의가 확산되어 들어오는 것 막는데 미국이 끝까지 우리를 이용만 하려 든다. 미국은 그래도 제 땅이 넓고 멀리 떨어져 있으니 우리나라 땅을 먹으려곤 않지만 우리를 꼼짝 못하게 해놓고 그저 자기네 말 잘 듣는 나라로 만들려는 야심뿐이다.

미국이 정직하지 않다는 것은 루스벨트 대통령 때의 미일 밀약서부터 나타났다. 우리는 처음부터 거기 감겨 들어가기 시작했다. 루스벨트가 일찍이 1898년에 '미국이 필리핀 먹을 테니 일본은 거기 오지마라. 그 대신 한국은 일본에 맡긴다'고 가쓰라-태프트 밀약을 맺고는 한국을 일본에 내주고 이후 한국에 얼씬 안 했다. 헐버트 같은 이들은 부정직한 미국 정부를 비판했다.

이제 미국은 중국과 충돌 안 할 수 없을 것이다. 벌써 중국과 미국 사이에 중국한테 대만 먹게 해주고 대신 미국은 어쩐다는 밀약이 있는지도 모른다. 조선족자치구 연변을 중국에다 완전히 붙여 놓거나 대만도 중국에다 붙이는 일이 일어날 가능성이 있다. 중국이 미국과 충돌해 봐야 얻어먹을 게 없는데 중국도 미국이 대만 주겠다 하면 이문을 챙겼으니 북한을 위해 미국과 싸워 줄 리 만무하고 가만 있을 것이다.

소련은 선전포고만 하고 한국 땅 절반을 먹었다. 소련은 지금 북한에 무기를 팔아먹는다. 그 소련이 미국한테 밀려나는 것 절대 싫어하니 옛날식 식민지쯤으로 알고 있는 북한을 그렇게 놔 버리진 않을 것 같다. 그런대로 김정일과 중국을 막아 줄 게 미국이다. 우리도 미국이라는 받침대가 필요하지만 우리가 반미하면 못 견뎌낼 것이다. 그러나 우리는 컸다는 게 확실하다. 남북한이 서로 속이 다른데 통일은 어려운 일이다.

미국이 잘못했다. 우리에게 핵무기를 못 만들게 하는 통에 남한은 북한한테 성화를 죽도록 받게 됐다. 그래도 지금 정도면 우리가 핵무기 만들 수 있을 것이다. "한국이 뭐든지 무기 다 만들게 하고 미국은 한국을 신임해라"는 게 나의 주장이다. 지금 구렁이 담 넘어가듯 하지만 미국 입장과 우리 입장은 다르다. 미국은 미국을 위해서 하는 일일 뿐이다.

미국과 우리가 언제까지 사이가 좋을런지, 딴속 배짱인지 알 수 없다.

1950년 6·25가 나고 북한군이 서울을 점령했다. 군장교들이 동네마다 들썩거려서 처음엔 완전 반대로 남한에 잡혀 온 북한군인줄 알았는데 그게 아니었다. 그들이 문에다 대고 땅땅 총을 쏘았다. "야, 이거 큰일 났구나. 도망가야 하겠구나" 하는데 감옥에서 갓 나온 공산당 청년이 와서 나를 불러내더니 다짜고짜 동대문 내무서로 끌고 갔다. 유치장에는 먼저 잡혀 온 사람들이 잔뜩 갇혀 있었다. 바깥에 서 있으니 공산당들이 사진을 가지고 나가 연신 사람을 잡아들이는데 최규동 서울대 총장, 백관수 중앙일보 사장도 있었다.

한편에서는 서류를 대조해 보며 아닌 사람들을 석방하고 있었다. 나는 공산당이 만든 암살·납북자 명부의 182번째 대상이었다. 내 앞은 이갑수 서울의대 학장이고 183번은 민속학 하는 손진태였다. 내가 그때 안호상 문교장관이 권한 대로 찾아가 요공하고 서울대 총장 발령을 받았다면 이때 헤어나지 못하고 죽었을 것이다. 내가 미치지 않고서야 안호상을 찾아가 서울대 총장 하겠다고 하겠는가. 6·25 전 서울법대 학장을 사직한 뒤 나는 중앙대 법대 학장으로 가 있었다.

북한은 납북해 갈 몇천 명의 명단을 만들어 온 것 같았다. 그렇게 해서 남한 지식인 사회를 공백으로 만들어 놓겠다는 것인데 그중 의사와 법조인이 많았다. 며칠 갇혀 있으면서 한쪽에 나를 잡아온 공산당 청년이 쭈그리고 앉아 밥을 먹는데 보니까 밀주먹밥이었다. 그 자를 붙잡고 말했다.

"이놈아! 겨우 밀주먹밥 그거나 얻어먹겠다고 생사람을 잡아다 이 고생을 시키느냐."

그 청년이 먹다 말고 나를 쳐다보고 잠시 침묵하더니 중얼거리듯 말했다.

"저쪽이 석방하는 사람 줄이니, 저 사람들 나갈 때 재주껏 같이 나가시요."

나는 옆에 있던 김동길 의사와 이름 모를 서울대학 배속장교 한 사람과 어느 틈을 보아 석방자 줄에 가 버티고 섰다. 서류와 사람을 대조해 보는 부서장이 내 차례가 되자 "이 사람 서류가 없다"고 했다. 내가 "아까 서류를 보고 불렀잖느냐"고 호기를 부렸다. 그러자 내가 살려고 하늘이 도왔는지 경찰서장이 "서류를 어떻게 간수했기에 잊어 먹고 난리냐. 빨리 만들어 처리해"라고 했다. 그 자리에 서서 몇 가지 내용을 불러 주어 즉석 서류를 만들었다. 생사가 갈리는 시간이었다. 나와 다른 두 사람 모두 지옥의 내무서 문을 탈출했다.

후일 9·28 수복이 되어 다시 손을 바꿔 든 행정부가 공산당들을 색출할 때 이번에는 내가 그 공산당 청년을 처형에서 구해냈다. 그러나 서로 신뢰하고 통했던 이춘호 서울대 총장도, 정인보도, 역사학계에서 바른 역사를 하던 학자들도 깡그리 잡혀갔다. 동대문 내무서에서 보았던 최규동·백관수도 끝내 납북되고 죽었다. 친일은 했지만 친공은 마다했던 이광수도 납북됐다. 높은 데 올라가는 걸 숨 가빠하는 그를 붙잡고 비로봉에 올라간 적이 있었기에 후일 '이광수가 북으로 끌려가다 어디 고개 말랑이(꼭대기)에서 죽지 않았느냐' 물어보았더니, 납북 도중 탈출해 온 서울법대 진승록 교수 말이 '과연 그렇게 사망했노라'고 했다.

곧이어 공산당은 내게 조선인민공화국의 헌법을 순회강연하라고 주문했다. 그 말대로 했으면 부역하는 것이었다. 그래도 안 하겠다고 하면 당장 죽일 테니까 '하겠다' 하고 "자료를 모으고 며칠 연구해서 교재를 만들고 인쇄도 해야 한다" 하여 며칠 말미를 얻었다. 그때 세브란스

의 젊은 의사인 아들에게 공산당이 평양으로 전출 명령을 내렸다. 나도
북한 헌법 강연을 피해야 하므로 둘이 같이 탈출하기로 했다. 공산당 사
무소에 가서 "내가 허헌의 영어 선생이다"고 해 평양으로 가는 전출증을
만들어 달라 했다. 다른 데로 전출하겠다면 안 해 줘도 허헌이 있는 평
양이라니 별 의심을 안 했다.

한글을 깨친 지 며칠밖에 안 됐다고 솔직히 말하던 부서장은 내게 읽
어야 할 경제관련 서적들을 물으며 "영감님은 북에 가면 호강할 거다"
고 했지만 어림도 없는 소리이고 아마 대뜸 처형당했을 것이다. 그런데
6·25 당시 공산당이나 북한군들은 아무 횡적 연락체계가 없었다. 그 순
간만 넘기면 된다는 사실을 알았기에 집에 와 전출증에 적힌 지명 평양
을 긁어내고 충남으로 고쳐 썼다. 아들은 약장사로, 나는 아들의 혼수용
비단필을 지고 나서서 비단 장사로 위장해 안양까지 갔는데 거기서 만
난 보전 제자 송길헌이 만류했다.

"지금 부산으로 가려면 죽습니다. 아군, 적군 가리지 않고 연합군이
폭격합니다. 관악산에 들어가 계시지요."

사실이었다. 많은 사람들이 피난길에 폭격을 맞아 희생됐다. 김홍량
도 이때 부산 가는 기차 속에서 호주 폭격기에 맞아 숨졌다. 나는 제자
집 근처 관악산으로 아들과 딸을 데리고 들어갔다. 등산을 많이 다녀 관
악산 갈피를 잘 알았다. 관악산에 있을 때 나는 우군 비행기가 공산당으
로 날 오인하지 않도록 색색이 고운 셔츠를 입고 다녔다. 비행기가 저공
비행해서 내려다보고는 옥색 와이셔츠 입은 사람이면 '아, 저건 공산군
이 아니구나' 하고 폭격하지 않을 것이었다.

공산당이 우리 부자를 뒤밟아 오기에 얼른 아들을 나뭇단 안에 숨겨
가며 있기도 하는데 하루는 쏘다니다가 내가 붙잡혔다. 내가 "옷감 장사

꾼이다" 했는데 옷을 벗겨 보더니 "요놈은 살이 타지도 않았으니 호사하던 놈이다. 아, 요놈은 말대답하는 게 보통 놈이 아니다, 수원 본부로 끌고 가야겠다" 하고 잡아가는데 내가 쌀이랑 감자를 사다 먹던 집주인을 중간에 만났다. 그 사람이 대뜸 "아저씨, 여기 웬일이요?" 하길래 내가 "아, 자네 집에 양식 사러 가는데 이 사람들이 이렇게 날 잡아간다" 하니까 그 사람이 "이 사람 우리 집에 오는 사람이요" 하고 풀어 주게 해서 자기 집으로 데려갔다. 그 사람은 내놓은 공산당이면서도 집에 가 보니 남한의 헌병·간호원 등 여러 사람을 데려다 보호해 주고 있었다.

내가 나중에 그에게 은혜를 갚으려고 "뭐가 소원이냐" 했더니 "대한민국 관리가 되어 봤으면" 했다. 김석원 장군에게 말하니 당장 현판에다 '애국자를 많이 숨겨 준 사람'이라고 써주고 정부에서 무슨 벼슬을 주었는데 동네 사람들이 '빨갱이 반장한 놈'이라고 들고 일어나서 벼슬을 오래 하지는 못했다. 그래도 김 장군의 현판을 대청마루에 붙여 놓아 그 덕에 죽지 않고 살아남았다.

맥아더가 우리 해병대와 인천에 상륙하는 장면을 나는 산 위에서 바라보았다. 대포 소리가 나고 배가 기우뚱 흔들렸다. 인민군들은 퇴각하면서 내가 누군지 모르면서도 아무개 집의 저 두 부자 수상하니 죽이고 간다고 구덩이까지 파 놓고 있다가 미처 손 못 쓰고 갔다. 그렇게 죽이려던 사람에 대한 기록이 그들 퇴각한 뒤에 나와서 알았다.

서울이 수복돼 돌아오게 됐을 때 이승만 정권을 생각하니 서울로 돌아가면 반드시 피난 안 간 동안의 행동이 문제될 것이라는 생각이 머릿속에 떠올랐다. 관악산에서 이름 없는 두 부자 집으로 행세하며 피해 있는 동안 여기서 같은 처지의 변장하고 숨어 다니던 안양경찰서장과 순경을 만나 알게 됐다. 그들에게 내가 산속에 공산군을 피해 숨어 있었으며 부역한 일이 없다는 사실을 증명서로 써 달라고 했다. 사실이 그러니 서장이 곧 써 주었다. 과연 그 증명서는 절대적인 것이 되어 노량진에 와서 내보이니까 제꺼덕 배에 태워 줘 한강을 건너고 나는 부역 혐의를 면하고 무사했다. 서울을 수복하니 도강파들이 모두 올라와 팔에다 정부요인이라고 쓴 완장을 차고 돌아다니는데 아니꼬웠다. 한강 다리 끊고 저희들만 도망해 갔다 돌아와 뭐 잘났다고 정부요인이라며 완장 차고 다니는 게 다 뭔가. 난 그런 짓은 평생 한 번도 해본 적이 없다.

6·25에서 수복까지, 그 짧은 기간 동안 많은 아까운 사람들이 부역 혐의로 죽었다. 그중에는 내 가까운 친구, 정말로 아까운 인재 이돈희 의사도 들어 있었다. 그는 만에 하나 볼 만큼 유능한 국제적 인물이자 의과대학 최고의 수재여서 유망하게 주목받았으며 인품과 학식 모두 뛰어난 사람이었다. 북한군이 피난 못 간 그를 순천당 병원장 일을 시켰는데 이를 공산군에 협력했다고 도강했다 돌아온 정부가 총살한 것이었다. 그에게 병원장을 시켰지만 북한군이 죽이지도, 북으로 데려가지도 않았으면 공산당 아닌 게 분명한 사람인데 그걸 우리 손으로 죽인 것이었다. 영어를 잘하던 서울상대 선생도 공산당이 하라는 대로 영어 방송했다고 죽었다. 납북된 고려대 백상규와 그 사람이 서울에서 영어를 제일 잘했었다. 아무 해도 안 끼칠 사람 정인보도 납북돼 사망했다. 정치를 하겠다고 나선 김성수는 정보를 미리 알아 혼자서는 재빨리 피했지만 아무 연락도 받지 못한 고려대 현상윤 총장은 납북되고 연천농장에 피신시켰던 골동품들은 빨갱이 교수들이 월북하면서 다 훔쳐가 버렸다. 경신학교에서도 교사 박시형이 현미경 2백 대를 가지고 월북했다.

조만식은 남한으로 오지 않고 평양에 남아 있다 죽고 말았다. 왜 거기서 죽고 있나. 그가 살아 있는 동안은 그를 따르던 사람들이 그에게 동조해 주었겠지만 죽게 되면 그 사람들 다 헤어지게 될 것 생각하여 남으로 왔어야 했다. 나라면 평양에 갔더라도 조만식처럼 남아 있다 죽지 않고 장련으로 가서 배 타고 마포로 들어왔을 것이다.

손진태의 경우는 6·25 때 온데 간데 없어졌다. 그는 공산주의를 전혀 몰라서 내게 배우러 왔었다. 종래 우리나라 모피를 수출해 돈을 벌어서 4층 집을 지어 살았었다. 그가 돈 있는 걸 알고 공산 청년이 제자처럼 따라다녔다. 공산군을 피해 있으면서 그 제자를 믿고 돈 찾아오게 한 것을 제자가 통으로 뺏어 먹고 그 사람을 죽였던 듯했다. 얼마든지 있을 수 있는 일이었다.

유엔군이 와서 압록강까지 밀고 올라간 잠깐 동안 "이북이 복구되었다" 하고 고향에 가 반공산주의 본색을 드러내고 우쭐했던 사람들이 많이 죽었다. 바로 중공군이 개입하면서 1·4후퇴 때 미군이 철수했다. 거기 있다간 다 죽을 테니 남으로 오려고 그렇게들 애쓰는데 한 집에서 한 사람씩만 배를 탈 수 있었다. 그때 장련에 재산 찾으러 간다고 갔으면 나도 죽었을 것이다. 실상 재산에도 큰 집착이 없었기에 '이게 어떻게 될 거냐' 해서 이북 고향에 갈 생각은 않고 있었다. 공산당이 왔다고, 또는 미군이 왔다고 앞잡이 다니고 그런 것엔 흥미 없었다.

내 가족 중에선 김홍량이 남하하던 기차에 탔다가 호주 비행기에 폭격 맞아 죽고 김홍량의 딸도 아기까지 죽었다. 작은 처남 김중량은 장련서 김 농장을 지키고 있다가 공산당이 쫓겨 가다 말고 되돌아와 쏜 총에 맞아 죽었다. 젊은 시절 단짝 친구 박명식·정승업 그 사람들은 다 서울 가까운 개성 근처에 있다가 가엾게 죽었을 것이다. 그렇게 참 많은 사람을 잃었다.

그때 북쪽 고향에 찾아갔다 소식 끊어진 사람들 중에 이남식도 있었다. 구월산 종산학교에 같이 다니던 동무인데, 그가 키 큰 어른이 돼서 서울법대 직원이 돼가지곤 내가 서울대에 가니 "형님! 형님이 법대 학장이라죠" 하며 반가워하다가 6·25 통에 한 번 없어진 뒤론 소식이 없다.

도쿄 유학 친구, 최석우는 평안도 사람으로 함흥에서 은행장인 형을 두고 유복하게 살고 있었다. 반공산당으로 본색이 드러난 사람들이 1·4후퇴할 때 연애해 얻은 예쁜 마누라랑 아들을 두고 혼자 허둥지둥 미군 군함을 타고 월남했다. 잠시 피해 있으면 이북 집에 돌아갈 거라 믿고 재혼도 않고 혼자 살면서 북의 가족을 데려오려고 38선이 오늘 터지나 내일 터지나 매일 그것만 기다리고 살았다. 조카 사위가 그의 재산을 다 들어먹어서 나와 동무들이 돈을 내어 집을 되찾아 주었는데 채종 기술이 있어 묘목 장사로 돈 벌어 다 갚고는 병들어 죽었다. 북에서 아들딸 오면 빨리 찾으라고 수원의 사설 묘원에 무덤도 크게 만들고 비석도 크게 세워 주었다.

같은 도쿄 유학생 마선행은 중앙학교 영어 선생이었다. 그의 부인이 잘 생기고 화려한데 공산당 들어왔을 때 너무 나서고 사교를 했다. 공산당이 쫓겨간 뒤 사람들이 몰려와 부부와 아들딸까지 일가 모두를 때려 죽었다.

관악산에서 돌아오고 1·4후퇴 때 다시 부산으로 내려갔다. 부산대는 피난 가 있는 동안에도 내가 부산대를 어찌할까 봐 겁을 내 나를 아는 체도 하지 않았다. 서울대와 이리에 와 있던 중앙대 등 여러 대학에 강의를 나갔다. 동아대학에서 어떻게든 부산 사람으로 만들려고 강의 시간을 내주고 위해 주었다.

그 당시 고시전형위원이라 많은 책을 실어 내갔지만 그래도 더 필요했다. 1951년 겨울 열몇 가지 증명서를 만들어서는 차를 타고 서울 집으로 책을 가지러 오는데 차가 고장났다. 마침 치안국 스리쿼터가 지나다가 나를 알아보고 태웠다. 많은 사람이 타서 무릎 위에 겹겹이 포개 앉은 형편이었다. 이 차가 충청도 옥천 부근에서 지리산 공비들한테 잡혔다. 총을 쏘며 사방에서 포위하는데 바로 내 무릎에 앉았던 어린 학생이 맞고 죽었다. 낮에는 남한 행정부의 경찰이 관할하지만 밤이 되면 곳곳이 공비들의 판치는 세상이었다. 공비들은 치안국 차니까 고위 경찰간부가 타고 있다고 생각했던 것이다.

"이놈들을 지리산으로 끌고 갈까, 아니면 가둬 둘까" 의논을 하더니 마침 옥천경찰서를 습격해 칠 일이 급해, 갔다 와서 처분키로 하고 우리를 높은 언덕 빈 집에 가뒀다. 남녀가 십수 명 잡혀와 있었는데 각종 증명서와 돈·옷·만년필·열쇠·시계 등 소용이 될 모든 것들을 빼앗았다. 내게서도 원고와 열쇠 뭉치를 뺏으며 아주 좋아했는데 중절모와 단장은 그냥 두었다.

가만 있어도 이놈들한테 죽을 터이니 죽기 살기로 몇 명과 함께 탈출을 결행했다. 어둠 속에 대고 쏘는 총소리를 들으며 한밤중에 가둬 둔 집의 창문에서 까맣게 내려다보이는 논으로 뛰어내렸다. 한 사람은 죽고 한 사람은 파편을 맞았는데 피를 흘리면서도 그때에는 모르고 있었다. 나는 중학생 때 단거리 선수였다. 거의 벗다시피 한 몸으로 10리 가량을 필사적으로 달려 옷과 음식을 구하러 농가에 들렀다. 주인은 밤만 되면 소를 데리고 산속으로 공비를 피해 숨곤 했다. 불을 때서 연기가 나면 공비들의 표적이 될까 봐 "사정이 딱한 줄은 알지만 불을 때 줄 수는 없다"고 했다.

그 길로 군부대에 가니 젊은 대위가 일을 처리해 주고 자기 구역 아니라는 경찰을 윽박질러 증명서를 새로 만들게 했다. 날이 밝고 세상이 바

꿰어 공비는 숨고 경찰이 나섰다. 갇혀 있던 다른 사람들도 풀려났다. 대전 친지 집에 닿아 옷을 제대로 입었다. 다시 추스려 서울 가서 일을 보고 책을 싣고 내려올 때는 아무 일 없었다. 내가 지리산 공비가 된다는 것은 정말 어울리지 않는 일이었다.

공산주의의 발호로 한반도는 분단되었을 뿐 아니라 이로 인한 6·25전란을 틈타 제2차 세계대전의 패전국 일본이 재기해 힘을 얻으면서 오늘날 한국의 역사 분열을 획책하는 우려할 결과를 불러왔다.

10장

대학을 건설하다

2004년 고려대 1백주년 기념 인터뷰에서 졸업생과 환담하는 최태영 선생. ⓒ 고대신문

사상과 대학과

　20세기 초 러시아에서 발원된 공산주의가 광범위하게 확산되며 전 세계를 휩쓸었다. 일본에도 바로 공산주의가 들어왔다. 동시에 러시아서 판치던 무정부주의도 들어와 공산주의자와 파가 갈리며 무정부주의자가 많이 생겨났다.

　내가 도쿄 유학중이던 1917–1924년 일본 지식인층에 이들 사상이 대유행이었다. 와세다대 앞의 한 서점에서 공산주의와 무정부주의 책자를 팔았다. 메이지대·도쿄대 등이 모여 있어 이곳은 학생들이 많은 거리였다. 이들은 처음엔 영어책으로 유통되다가 일역 소개되었다. 그런데 막스의 『자본론』을 완역한 다카 하다케(高畠素之)는 목사였고 크로포트킨의 『무정부주의 개론』을 번역한 사람은 톨스토이 사상을 연구하던 사람이었다. 일본이 근대화되던 시기 서양 학술이나 철학에 대한 번역서가 아주 빨리 출판돼 나왔다.

　내가 좋아하는 철학자는 칸트였다. 그는 철학만을 말했다. 스탈린의 공산혁명 직후인 1920년대에 막스와 무정부주의자들의 저서, 헤겔파들 사상이 대학가에 퍼지니 나 또한 "공산주의를 알아야겠다" 하고 칼 막스와 크로포트킨 등의 모든 저작을 읽고 연구했다. 처음에는 영어로 읽다가 1927년부터 30여 책으로 출판된 일본 개조사(改造社)판 『막스 엥겔스 전집』과 춘양당(春陽堂)판 『크로포트킨 전집』을 나중까지 지니고 보았다. 그러나 이들 사상에 동조하지 않았다. 정신을 부정하는 유물사관이나 사유재산을 인정치 않는 것은 사람들을 끝까지 포용할 수 없는 것임을 처음부터 알았다. 나는 그때 공산당 이론에 넘어가지 않은 것만으로도 지각 있는 일이었다고 생각한다. 무정부주의는 되지도 않을 이상임을 알고 끄덕도 하지 않았다.

천황제를 지키기 위해 공산당을 때려잡던 일본 총독부는 조선에서 내가 그 책들을 가지고 있는 줄 알았지만 "실제로 보는 자는 몇 안 되니 그것 가지고 싸울 것 없다"며 그대로 보게 내버려 두었다.

그 시절 책만 본 것도 아니었다. 1920년쯤 내가 메이지대에 다닐 때 일본의 문교부 종교국장이 러시아에 가서 그곳 공산당 실제 활동을 오래 지켜보고 필름을 찍어 왔다. 그는 도쿄의 각 대학 상위권 학생들 20명을 도쿄 외국어대학에 초청해 필름을 시사하고 자기가 본 러시아 공산주의 실정을 강의해서 자세한 이야기도 들었다. 동조하지 않는 수많은 사람들을 죽이고 인간의 성까지 공유하는 계급투쟁은 혼란을 가져온다고 보고 "사람이 할 짓이 아니다. 난, 저건 절대로 안 한다"고 작심했다.

와세다대에서는 크로포트킨을 번역한 오스기(大杉榮) 교수가 인기 있었는데 이 사람은 아예 소련으로 가서 활동하다가 거기서 죽었다. 일본에서는 공산주의가 천황제를 폐지하자는 이론으로 작용할까 봐 매우 경계하고 천황을 받드는 지지자들이 나서서 테러를 가해 이들을 탄압했으므로 공산당은 그리 크게 힘을 쓰지 못했다. 내가 철학을 배운 『철학 이전(以前)』의 저자 이데 다카시 교수도 전쟁을 반대하다가 공산주의자로 몰려 젊은 우익 장교들한테 죄 없이 죽었다.

일본을 통해 들어온 공산주의가 이후 한국에서 어떻게 전개됐는가를 겪은 대로 개진해 보겠다.

일본이 중국과 청일전쟁에서 이기고 요동을 공략하고 러일전쟁 후에는 조선을 덮쳐 합방이 되니 조선의 사상이 크게 두 파로 갈려 친일파와 반일파, 두 세력이 생겼다. 반일 혹은 배일파에는 민족주의자·무정부주의자·공산주의자가 있었다. 더 자세하게 분류하면 유식한 이들이 많이 동조하던 무정부주의가 있고 공산당이 따로 있고 그저 있는 대로 편하게 살자는 다수가 있고 민족주의자가 따로 있다.

민족주의자들은 덮어놓고 단일 민족인 단군 자손이 주인 돼야 한다는 것이다. 그러나 우리 민족은 비교적 순일하달 뿐 대한민국은 여러 족속이 섞인 나라다. 여기서도 일본을 배척하는 배일파도 나오고 겁이 나서 일본에 붙기도 하는 친일파들이 나왔다.

한국에서 공산주의는 무정부주의, 민족주의와 함께 일제에 저항하는 행동으로 유입되어 신간회 초기에는 공산당과 민족주의가 힘을 합한 적도 있었다. 그러나 공산주의자들이 입장을 달리하면서 두 진영은 분리되었다. 해방이 되고는 바로 좌우익으로 갈라졌다. 해방 후 서울에서 가진 첫 3·1절 기념식도 파가 갈려서 공산당은 남산에서, 민족주의자들은 장충단에서 했다. 그러나 어느 파이든 공산주의 이론을 아는 것도 아니었다.

무정부주의부터 이야기하겠다. 조선에도 일본을 통해 공산주의와 동시에 무정부주의가 들어왔다. 당시 많은 이들에게 영향을 준 러시아 작가 톨스토이가 사유를 인정하지 않던 무정부주의자였다. 지식인 중에 무정부주의자가 많아서 "우리가 일본과 맞서 싸우려면 무정부주의자나 돼야 일본 정부를 없앨 수 있다" "정부를 없애고 다들 연합해 자치로 살자"고 이를 자연스럽게 받아들였다.

무정부주의를 내세워 일본과 맞서니까 당장 통쾌하긴 했다. 반일 행동이 무정부주의와 일치하는 데가 있기 때문이었다. 그리하여 반일과 무정부주의가 동시에 발달했다.

지금 그 주장이 훌륭한 줄 아는 사람도 없지 않지만 사실은 알고 보면 허점 투성이다. 무정부주의가 주장하는 것처럼 법 없이 사는 것보다 완전하진 못해도 법을 가지고 살아가는 것이 일정한 효과를 내는 것이다. 나로서는 크로포트킨에게 "무정부 상태는 이상으로는 좋다. 그러나 실제로 무정부 상태가 되면 어떻게 질서를 유지하느냐. 법이 불공평하다 해도 정부를 개량해 가며 살 수밖에 없다"고 하겠다.

조선의 무정부주의자로는 이모·변모 등이 있었는데 이들이 세력을 거두어 성균관대학을 차지해 들어갔다. '공자 왈' 하던 대학에 무정부주의가 판치더니 그다음엔 공산주의가 들어왔다.

조선의 학계에도 공산주의자들이 생겨났다. 일본에서 공산주의 하던 미야게(三宅) 교수가 경성대에 와서 가르치면서 그에게서 배운 경성대 학생들이 다량으로 공산주의자가 되었다. 스승의 영향이 그렇게 크다. 그들은 졸업 후 성균관대 교수로 있으면서 월급 90원을 받았다(내가 재직한 보전 정교수 월급은 160원이었다. 총독부 정무총감 월급은 300원이었다). 이들이 홀대받으니까 불만이다가 징역 살았다. 이들이 나를 만나 "우리는 평양으로 갑니다" 하고는 6·25가 나자 북으로 갔다.

주유순(朱愈淳)은 경성제대를 나오고 일본사람 밑에 조교로 있다가 서울대가 생기면서 내게 와 상법을 배우고 열심히 공부하던 사람이었다. 사람이 좋았다. 그를 열심히 지도했는데 그에게 공산당이 내린 줄은 몰랐다. 그가 1950년에 쓴 『상법 5, 수형법·소절수법(商法 Ⅳ, 手形法·小

切手法)』 책이 있다. 그는 내게 공산당이 나쁜 노릇 하는 걸 다 얘기해 주던 사람이었다. 그러면서도 자기가 평양에 협조한다고는 얘기 안 하고 있다가 평양으로 가 버렸다. 그가 여기서 공산당 활동이라곤 요만치도 한 일이 없다. 시침 뚝 떼고 있다가 '썩!' 가 버린 것이다. 그런 사람이 몇 되었다. 상과대학에 있던 이 누구, 조선경제 하던 이 누구하고 주유순 그리고 전석담이 그러했다. 그 또한 연전 상과대학에 있으면서도 나한테 와서 열심으로 상법을 공부했었다.

보전의 법학 교수 최용달은 경성제대 법과 다닐 때 미야게한테 반해 그 제자가 돼서 진짜 공산당 내린 사람이다. 최용달은 미야게가 준 책으로 서점을 내고 공산주의 책을 팔다가 여러 차례 징역을 살았다. 그는 열심으로 공산당 하면서 법학 연구도 했다. 고학한 사람으로 도무지 호강이란 걸 몰랐지만 학문을 취미같이 열심히 했다. 공부 많이 하는 최용달과 내가 서로 통했다. 그런데 최용달은 악의는 없다 해도 비위가 뻔뻔해서 보전 법과에 필요해서 쓴 일본인 강사들을 다 찾아다니며 "당신은 이거 안 해도 되지 않느냐" 하고 그들이 맡은 강의를 억지로 양보 받아 자기가 강의하고 전임이 됐다.

그가 월북하던 날 나를 찾아와 작별했다. 최용달의 영향으로 그를 따라 월북한 사람들이 많았고 그중에는 보전 학생들도 있었다. 그가 월북 후 무슨 활동을 했는지는 모른다. 아마 북에 가서도 공부만 했을 것이다.

보전 교장을 지낸 허헌은 1927년 결성된 신간회에서 활동하다가 진영이 갈릴 때 공산주의 편에 섰고 나중에 월북해 북에서 활약했다.

그가 세계일주를 떠나기 전 보전에서 아무도 모르게 그에게 영어를 가르쳤다. 내가 6·25 때 동대문내무서에 납북 대상자가 되어 끌려갔다

가 '허헌의 영어선생이었다'는 말 한마디로 공산주의자의 손에서 풀려
나는 데 힘이 되었다. 그의 딸 허정숙이 젊어서부터 대단한 공산주의자
였는데 후일 고생스럽게 월남했다. 날 먼저 찾았더라면 그런 생고생은
안 해도 됐을 것이다.

『임꺽정』을 쓰던 소설가 홍명희는 야구광이어서 경신학교에 조직해
놓은 야구단이 시합을 가질 때면 구경와 같이 보곤 하고 정인보·안재홍
이랑 같이 어울렸다.

김해균은 경성제대 영문과를 나와 보전서 영문학 교수를 하다 월북했
다. 그는 무슨 주의·주장도 없던 사람이다. 그의 경우는 주위의 협박에
의한 것 아닌지 알 수 없다. 집안이 만석꾼이라 친지의 공산당 활동에
재정 지원을 하고 있다가 이를 약점으로 잡아 폭로하려는 공산당의 협
박으로 끝내 벗어나지 못하고 북으로까지 동행했을 수도 있다. 윤행중
도 보전 교수를 하다가 공산당 치하에서 잠깐 한국은행 총재를 지내고
는 월북했다.

소설가 김광진은 공산당이었다. 소련이나 북한을 위하겠다는 적극적
인 행동은 없어도 그에 편승하는 것이었다. 여성 시인 노천명도 공산당
이라 한때 두 사람이 아주 죽자 사자 연애했는데 본부인을 이혼시키고
결합한 그녀는 김광진의 계속된 바람기를 질투하여 못 견디게 굴었다.
얼마나 독한지 면도칼로 김광진의 교재를 다 썰어 버리고 매일 보전 교
문 앞에 지켜서서 그를 기다리곤 했다. 김광진이 "못 살겠다" 하면서 도
망 다니고 그 때문에 보전도 퇴직하고 말았다.

김광진을 도와 평안도 맹산으로 가게 했다. 그가 본부인과 만나 도
로 결합했다. 노천명이 나를 찾아와 "김광진을 만나게 해 달라"고 했다.
"나를 김광진이라고 생각해 질문하면 내가 답변을 하겠다. 날 이기면 김

광진을 만나게 해 주겠다" 하고 요릿집에서 장시간 문답에 들어갔는데 그녀가 "이기지 못 하겠다" 하고 "김광진이라면 그렇게 대답하지 못합니다" 하고 통곡했다. 김광진은 아예 그때부터 북에서 자리 잡고 다시는 월남하지 않았다. 여성 시인은 남한에서 공산당 활동하던 대가를 치러 감옥살이를 했다.

백남운(白南雲)은 도쿄의 한 상과대학을 나와서 연전 교수를 했다. 학계에 잘 어울리지 않고 일어로 책을 쓰곤 했는데 해방되는 그날로 월북해서 북한의 사회과학원(학술원)장이 된 사람이다. 황해도 만석꾼 아들로 연전 상과 교수를 하던 경제학자 전석담도 월북했다. 내가 결혼 주례를 해 준 사람이고 친일파를 미워했었다. 전석담의 경우는 보전 교수 최용달과 연전 교수 백남운이 한패가 되어 그를 데려갔을 거라고 생각한다.

박시형은 내가 보전 교수와 경신 교장을 겸하고 있을 때 채용한 한문 선생이었다. 감쪽같이 속을 감추고 있어 그가 무서운 공산당이었다는 걸 몰랐다. 그와 경신의 서무직원 김용택은 월북하면서 현미경 2백 대등 경신학교의 귀한 재산을 다 가지고 갔으니 긴히 쓰였을 것이다. 박시형은 북에서 역사학자로 활약했다.

그런데 이극로·정노식이 월북한 이유는 알 수 없었다. 이극로는 독일서 경제학 박사를 해 오고 한글 문법도 연구했다. 1929-1932년의 2차 물산장려운동 때 같이 대중 앞에 나서서 연설한 사람이었고 공산당에 동조한 바도 없었다. 그런데 1999년 한 좌담 자리에서 손보기 박사 말을 듣고 알았다. 이승만이 독일서 박사를 해 온 그의 학력을 시기해서 "그 자가 무슨 박사람. 내가 진짜 석사 박사지" 했다는 말을 이극로가 듣고 "여기 있다간 중용되기 다 틀렸다" 하고 월북했다는 것이다.

정노식은 도쿄 유학을 같이했다. 방학이면 부관연락선을 타고 귀국하면서 부산서 하루를 더 같이 지내기도 하고 친했다. 그는 3·1만세운동에 참가한 46인 대표 가운데 한 사람이었다. 8·15가 되자 앞으로의 사태를 의논하는 자리를 만들어 나와 허정을 각각 김구와 이승만의 대리인으로 만나게 앞장서 준 사람이었다.

그도 무엇 때문에 월북했는지는 종래 알 수가 없다. 이극로는 이북에서 어떤 활동을 하는지 소식을 못 들었는데 정노식은 3·1운동 기념일이면 북한 대중 앞에 나서서 말하는 것을 알았다. 이북에는 3·1운동의 유력자가 별로 없으니까 정노식은 거기서 대표자가 되었을 것이다.

유명 공산당 박헌영은 정치한다고 들쑤시고 헛물켜고 하면서 돌아다니는데 야심이 만만한 자였다. 나는 최고의 공산당 이론가이던 김약수와도 끝까지 친했다. 그는 매력 있는 사람이었다. 김구가 임정에서 귀국하니 김약수가 임정 요인들 환국에 대한 인사차 경교장에 들어와서 같이 만났다. 김구가 그에게 "고생 많이 한 사람 왔다" 하니까 "내가 눈치가 없어서 감옥살이를 많이 했소"라고 했다.

김약수도 개인적인 인생관이나 조국에 대한 생각은 나와 같았지만 그 패거리들은 모윤숙 시인을 죽이러 갔다가 모윤숙을 막아서는 언더우드 2세(원한경)의 부인을 대신 쏘아 죽였다. 얼마 후 국회 공산의원 사건(프락치사건)으로 국회 부의장이던 김약수와 몇 명이 서대문형무소에 수감됐다. 6·25가 나기 전 겨울 형무소에서 그를 만났다.

"당국과 부딪쳐 감옥에 들어가게 되면 유하게 마음먹고 더운 물 목욕하라면 더러운 물이라도 아무 소리 않고 들어가 몸을 녹여서 죽지 않고 살아남도록 해야 한다"고 말한 것이 최후의 상봉이었다. 6·25가 나자 공산군이 그를 바로 북으로 데려갔다. 그런데 후일 그가 이북에서 활동한다는 말은 전혀 없었다. 학자를 대단찮게 아는 북한에서 그와 같은 공산당 이론가라도 숙청되었을 게 뻔하다. 원한경 부인을 쏴 죽인 공산당도 이북으로 데려갔다. 그런자를 놓아 보낸 것은 아쉽다.

손두환은 장련 고향 친구이자 같이 도쿄 유학했던 오랜 친구인데 도쿄 있을 때부터 독립운동에 나서고 상하이 임정으로 찾아가 김구 휘하에 있었다. 김구의 평양 방문에 대동해 갔다가 북에 눌러앉아 건설부 차관이 되었다. 나중에 김구에게 손두환을 물어보니 "말도 마라, 그놈 때문에 내가 얼마나 애를 먹었는지 모른다"고 했다. 그는 길들여지는 사람이 아니었다. 그의 소식을 꽤 나중까지 들어 알았는데 북에서도 얼마 후 숙청됐으리라 짐작된다.

김규식은 나의 스승이기도 했지만 나는 그를 신뢰하지 않았다.

여운형은 남한과 북한 양쪽으로 오가며 조정하려던 사람이다. 그가 뚜렷한 주장이 있어 남북한을 다 아우른다고 생각할 수 없었다. 여운형은 정체가 분명치 않은 사람이었다. 건국동맹을 결성한 그에게 편지를 내어 '우리 학생들이 해방 후 정국에서 어떻게 처신하면 좋겠냐'고 의논했는데 아무 답변도 없었다. 가만 두었으면 김일성한테 갔을 사람이라고 나는 생각한다. 내가 그를 장식적이지만 소리는 크게 나지 않는 '은방울'이라고 불렀다.

내 가까이에 김준연이 공산주의자였다. 그의 처남 김안식이 나와 대학 동창이고 손두환 등과도 친한 관계로, 김준연과는 일본서부터 친하게 지냈다. 공산당이 된 그의 영향을 받아 중앙중학에 다니던 얌전한 내 동생 최태순이 한때 내 속을 태웠다. 그러나 이내 돌아와 군의 요직을 거치고 춘천에서 일찍이 노인연금을 조성해 놨는데 군 출신 유명인사가 이를 가로채 없앴다.

김준연이 서대문형무소에서 인쇄공이 되어 고생하는 동안 형무소 실정을 연구할 겸 매년 가을 한 번씩 형무소에 갔다. 그때마다 김준연과 길게 면회했다. 그도 나의 면회를 기다렸다고, 늘그막까지 못 잊어 했다. 김준연이 신문 논설위원과 대한민국 정부의 장관을 지내고 대통령 후보로도 출마해 화젯거리가 된 뒤 이순신 장군의 사당 현충사 낙성식에 동행했다. 그때까지도 그는 정치에 관심이 많아서 대통령에게 보내는 우편엽서의 글을 내게 보여주었다.

한동안 유행이 다 공산당 아니면 무정부주의자였다. 학계에도 너도 나도 공산주의 한다는 사람들이 많았지만 대부분은 책 하나 제대로 안 보고 떠드는 것들이었다. 나는 처음부터 공산주의자도, 자본주의자도, 무정부주의자도 아니었다. 공산주의 유물론의 허구를 일찍 알아채고 반대파가 됐다. "인간의 정신과 사유재산을 부정하는 공산당으로는 아무것도 되지 않는다"고 생각했다. 유식한 사람들이 그런데 빠지는 것을 알 수 없는 일로 여겼다. 김약수·허헌·최용달·주유순·윤행중 다 잘 알던 이들이지만 나는 그래도 공산주의에 안 넘어갔다.

무정부주의에는 눈도 주지 않았다. 날 보고 별난 사람이구나 하는 눈치였으나 개의치 않았다. 이광수 하고 친했어도 친일로 가지 않았고 김성수와 친했어도 한민당에 가지 않았다. 박승빈과 그렇게 친했어도 계명구락부에도 안 갔다. 거기에는 친일파가 된 최남선과 최린이 있었다. 나는 최남선을 둔한 사람이라고 보았다. 그가 자기가 쓴 현대시라고 보여주는 데 알고 보니 일본 작품을 갖다 번역한 것이었다.

그때 부잣집 출신이나 지식인들이 공산주의에 동조하여 많이 월북했다. 그래도 김광진·박시형·백남운만 빼고 출신 성분을 엄하게 따지는 이북에서 이들은 하나도 출세하지 못했다. 이북에 공산당이 확 퍼져 공산주의가 됐지만 이론대로 된 것도 아니다. 땅을 다 고루 나눠 주니 며칠 만에 그 땅 다 팔아먹고 나가는 자도 있었다.

우린 어떻게 됐는가. 세상 돼 가는 대로 살아가는 사람이 다 자본주의자다. 그저 부지런히 해서 만석꾼 생기기도 하고 잘나고 잘 벌면 지주 같은 부자로 살고 못살면 딸을 팔고 머슴 살고 소작해서 가난하게 사는 자본주의다. 이것이 뭐가 되느냐는 것이 종래 문제였던 것이다.

이승만 대통령이 자기 사람 없이 친일파를 데려다 쓸 때 세력을 잡지 못하면 죽을 판이 되리란 것을 안 친일파들이 자신들에게 부담되는 배일파를 다 제거하고 나섰다. 세력을 잡은 자들은 나아가 대학 다니면 병역 면제되는 법을 만들고, 형편없는 일본인을 학계에 데려와 한국인을 모함하는 미친 소리 하게 하고 그 소리를 받아들이고, 우리 역사를 일본이 만들어 놓은 그대로 해야 한다는 학자들이 기득권 세력이 되었다.

자본주의 대 공산주의

해방되면서 나는 21년간 재직한 보성전문에 있을 만큼 있었다고 생각해 그만두었다. 군정에 대한 실망이 커서 가르치는 일도, 김홍량과 함께 민립 대학 건설하려던 계획도 접고 교육계를 떠나 집에서 책만 읽고 연구하는 사람이 되려고 했다. 그러나 주위에서 가만두지를 않았다. 그래도 나서지 않으니 "나라를 건설하는 데 힘을 합쳐야지 뭐하느냐"고 욕하는데 더 버틸 수가 없었다. 그때 나는 20여 년에 걸친 가장 오랜 대학교육 경험을 지닌 교육가이자 경신학교 교장을 역임한 행정가가 되어 있었다.

1946년 5월 부산대 일을 맡아 인문과학대 학장이 되었다. 내가 있던 경신학교 대학부에서 가르쳤고 연전 부교장이던 미국인 벡커 박사가 국립 부산대 초대 총장이 되어 내려가는데 파벌 간 주도권 싸움이 치열한 데다 좌우익이 혼란스러운 부산대학에서 내가 함께 일해 주지 않으면 갈 수 없다고 언더우드 2세(원한경)와 유억겸 문교부장관을 통해 권해 온 것이었다.

동맹휴학 6개월째에 건물도 없는 부산대학으로 갔다. 1년 내로 분규와 학내 문제를 해결한다는 방침이었다. 수산대학이 말썽이었다. 부산

대학과 수산전문학교가 국립 종합대학이 되는 안이 마련돼 있었는데 이를 찬성하고 반대하는 두 파로 갈려 있었다.

"부산대가 국립이 되어 남의 지배를 받을 수 없다"며 몇 개 파가 저마다 주인 행세를 하고 무정부주의에 좌파 학생들은 '붉은 깃발을 지키자'는 공산당 혁명가를 부르면서 동맹휴학 중이었다.

그 학교에 안 갔으면 할 수 없지만 내가 가서 처음부터 내 주의가 있어 학교의 지도 정신으로 건설했는데 학교가 공산당 수중에 떨어지느냐 마느냐 하는 상황은 그냥 넘길 일이 아니었다. 나로서는 인기 같은 것도 상관없고 그 대학에서 출세하려는 생각 같은 것은 꿈에도 없었다.

공산혁명가 부르는 것을 금지하고 "공산주의가 좋다는 학생은 나와라" 하고 나 혼자 그들과 맞대면해 토론했다. 이때부터 학생들과 나 사이에 한 달쯤에 걸친 공산주의 이론 논쟁이 시작되었다.

논쟁 내용은 막스의 유물론과 자본론이 서로 옳다는 것으로 원칙을 세부적으로 말하는 것이었다. 막스의 유물론이 옳다던 학생들은 저희가 스스로 아는 게 아니라 공산당 전공하는 자에게 가서 밤새도록 '학습' 해 온 뒤 토론하러 왔다.

학생: 막스의 예언대로 정반합의 법칙에 의해 역사가 자연히 공산당 세상으로 되어 나가는 거다.

최태영: 아니다. 그렇지 않다. 인간이 역사를 유도해 가는 것이지 막스의 원칙대로 역사가 진행되지는 않는다. 왜냐면 사람에게는 자유의 정신이 있기 때문이다. 인간에게는 유물론이 절대가 아니다. 정신이 중요하다. 사람에게는 정신이 있기 때문에 이것 해보다 고치고 또 생각이 있어서 달리 해보고 하니까 세상이 원칙 그대로 되진 않는다. 자본주의가 발달되면 반드시 그 반대 급부가 나와서 무산자가 승리한다는 그런

역사 원칙이 성립 안 된다. 물질이 인간을 지배하는 것이 아니다. 인간의 정신이 물질을 지배한다. 여기서 두 사상이 갈린다. 자본주의와 공산주의를 토론하면 근본이 다른 데서 출발함을 알게 된다. 공산주의는 생산과 소비, 물질이 정신을 지배한다고 생각하고 자본주의는 물질이 사람을 지배하는 것이 아니라 사람이 물질을 지배한다고 생각한다. 공산주의는 생산도 소비도 통제하자고 하지만 그렇게 안 된다. 먹고 입는 것을 다 같이 해서 못사는 자나 잘사는 자나 모든 것을 공유한다는 것은 말도 안 된다. 종교도 국가가 절대적으로 한 가지 종교, 혹은 반(反)종교로 하려 해도 안 된다. 다시 말해서 사람에겐 물질을 지배하는 정신이 있어 그렇게 되지 않는다. 공산주의가 근본적으로 틀린 것은 '정신이 물질을 지배한다'는 것을 부정했기 때문이다.

학생: 잘살고 못사는 사람이 있다. 그래서는 안 된다는 게 공산당의 요지이다.

그 말은 사실이었다. 우리는 일본 자본주의를 깨뜨려야 독립할 수 있었던 것이다. 공산주의는 '잘살고 못사는 게 생산기관 잡은 사람 마음대로다. 그러므로 물질 만능 생산기법을 우리 무산 계급이 독점하자'는 것이었다.

학생들은 '무산자가 승리한다. 역사가 공산당 식으로 진행된다. 전 세계 노동자들이 자연히 합친다'고 말했다. '일을 같이 하고 같이 나눠 먹고 살자, 세계인의 다수가 가난한 사람들이니 미래는 자연히 공산주의로 굴러간다'는 것이다. 그들 말대로 생산기관을 휘어잡는 자가 세력을 잡는 것이니 노동자가 세력을 잡고 나면 내버려 둬도 다수의 공산당이 생기고 모두 공산주의를 하게 된다는 것이다.

최태영: 그들의 주장은 철칙이 아니다. 그것 믿을 것이 못 된다. 공산주의가 자연히 되어 나가는 것 아니다. 자꾸 선전하고 해서 인위적으로 그렇게 유도하는 것일 뿐이다. 자본주의도 막스주의도 잘못된 것이 있으면 개량돼 나간다. 물질만 보면 안 된다. 사람은 정신이 물질을 지배하는 동물이기 때문이다. 공산주의가 되면 부를 창출해 낼 원동력인 정신이 피폐해져 다 가난해질 것이다. 자본주의에도 일장일단이 있어 빈부의 차이가 있지만 그 안에서 어떻게 하면 다수가 편할 수 있느냐를 경험해 나가는 것이기도 하다. 일정한 다수는 아무런 주의 주장도 안 하는 다수인 것이다.

학생: 땅은 절대 개인이 소유하면 안 된다.

최태영: 개인에게 돌아가는 것이 있어야 열심히 한다. 공산주의의 이상은 다 통제하고 간섭해서 딱딱딱 공평하게 나눠 먹자지만 인간 본성이 자기 몫이 안 돌아오는 곳에 농사 안 한다. 공산당은 옷도 국민복 하나만 입지만 까만 것, 빨간 것 맘대로 입고 싶은 사람이 있듯, 그 사람에게 맞는 것이 있다. 공산당들이 말하는 것처럼 만들어 놓는다고 다 잘살지 못한다. 공산주의는 인간의 정신은 문제가 아니고 물질만 따진다. 네 것과 내 것을 구분해 소유하는 것, 즉 사유를 인정하지 않고서는 사람은 절대로 부지런히 일하지 못하고 산업이 발전되지 않는다. 사유를 절대 인정 않는다고 나라가 잘되는 것도 아니다.

막스는 학생들에게 일종의 종교였다. 그러나 학생들은 막스 하나만 알고 왔다. 학생들은 공산주의의 근본이 잘못됐다는 것, 세상은 막스가 말한 것처럼 그렇게 안 된다는 것을 알지 못했다.

공산당은 모든 사람을 나라에서 다 먹여 살린다지만 사람의 본능은 자기 집을 가지고 제가 벌어서 얼마는 저축을 하고 제가 호사하는 부분도 있어야 된다. 러시아 공산당은 한때 여자의 성도 공유한 나머지 내 처, 네 처가 없었다. 러시아가 망하려고 그랬던 것이라고밖에 생각할 수 없다.

세계 공산주의가 하나가 되자는 공산당의 이상은 그럴 듯해 보인다. 소련이 처음에 성공한 듯 보였다. 그러나 사실은 수뇌부만 새 귀족이 되어 잘살고 모두 다 같이 못살게 되는 것이다. 지금 그대로 되지 않았는가. 모택동이 나와서 해보니 무엇이 됐나. 이미 전 세계에서 공산주의의 내용이 얼마나 많이 변했으며 대다수 몰락하지 않았는가.

처음부터 나는 공산주의도, 무정부주의도, 자본주의도 아니다. 말하자면 '제한 자본주의자'이다. "자본주의가 저만 먹고 저만 잘나 잘사는 것 아니다. 돈 많이 번 데다가는 세금을 많이 먹이면 된다. 놀고 부자되는 건 만들지 말자. 가난한 자에게는 나라에서 땅을 주든가 하여 생산에 참여 시키자. 부지런히 하는 자가 부자되어 세력 잡는 자본주의에 불공평이 있다면 제한하자. 조정하자"는 것이다.

예를 들어 사회가 발전되면 자연히 땅값이 오른다. 그것은 개인의 고로가 아니고 사회가 발전된 덕이니 그 오른 만큼은 나라에 세금으로 바쳐야 한다는 것이다. 그러나 값이 많이 오르면 세금은 많이 받는 게 옳지만 저축할 여유를 주어야 한다. 물가가 다 오르는데 집값 가지고 돈 못 벌게 해서도 안 된다. 폭리나 놀고 부자 되는 것이 허용되지 않을 뿐이다. 그 대신 나이 많은 사람은 국가에서 양육하도록 한다.

그러나 사회주의라 해서 나라에서 복지를 다 해준다 해도 부족한 게 있으니까 늙은이도 조금 저축할 걸 만들어 줘야 한다. 그 제도는 바이마르 헌법에서 시발되었다. 나는 헌법 선생하면서 민주주의와 바이마르 헌법을 주로 하여 비교헌법을 강의했다.

나야 학생 때부터 공산주의 서적을 다 읽고 철저하게 연구했으니 풋내기 학생들과의 논쟁에서 이기는 것은 아무것도 아니었다. 토론에서 상대를 설득하려면 책을 무지 많이 읽어야 답변에 힘이 실리는 것이었다. 토론에 자신 없으니까 교회에 설교나 하러 나가면서 학생들이 하는 대로 놔두어 골치 아픈 문제를 피하고 출세만 하려는 학장도 있었다.

학생들이 "졌다"고 두 손들면 "들어가 공부해라"고 강의실로 들여보냈다. 그러면 학생들은 밤에 다시 선배 공산당한테 달려가 이론을 '학습'해 와서 재차 논쟁에 들어가곤 했다. 그것도 이론을 배워 와서 논쟁하는 학생들은 몇 안 되고 다른 학생들은 그저 와와 따라오는 것뿐이었다. 곧 와해되어 동맹휴학이 끝났다.

이때의 공산당 이론 논쟁은 내가 해방 후 교육계에서 취했던 유일한 적극 자세였다.

평양과 부산에는 공산주의가 없었는데 군정이 시작되면서 그동안 억눌려 있던 공산당들이 일어나 한동안 어지러웠다. 광복 이후 좌우익이 3·1절 기념식을 따로 가졌을 때 부산의 좌익들이 어떻게 하나 보려고 구경 갔었다. 부산 사람들은 지방열이 강하고 기질이 맹렬한 데가 있었다. 서울서는 별도의 기념식으로 서로 반목하는 정도였는데 부산서는 군경이 나와서 좌익들한테 총을 쏴서 사상자가 났다. 부산 친구들이 "부질없이 그런 데를 호기심 갖고 구경 갔느냐"고 야단했다. 좌우익 대립이 한창일 때 나는 특별한 우익 활동가도 아닌데 부산대 건으로 좌익의 테러 대상이 되었다.

당장 수산대학장을 할 인물로 내가 서울서 동반해 간 어류학자 정문기(鄭文基) 교수가 학장직을 맡아 주었다. 교수진이 문제였다. 한국인 교수들이 있었으나 일본인 처를 둔 사람들이어서 학교에 갔다가는 그날로 학생들한테 쫓겨날 테니 아무도 오려고 하질 않았다. 그때의 민족감정으로 이들이 용납되지 않았던 것이다.

그래서 군정과 교섭해 전직 일본인 교수들을 일본으로 귀국하지 못하게 영도에 가둬 놓았다. 그리곤 '실습한다'는 핑계로 이들에게 가서 배우게 했다. 그 사실은 이제까지 밝히지 않았다가 이제야 여기에 토로하는 바이다.

인문과대학이 들어갈 건물이 없어 이것도 해결해야 했다. 군정의 힘을 빌었다. 무장한 미군 3천 5백 명에게 총을 들려 앞세워 부산의 공산당 지도자 양성소 건물을 접수했다. 국유 건물을 공산당이 점령해 사용하고 있었던 것이다.

"부산 인문과대학장 명령으로 접수한다. 당장 나가지 않으려면 미군 3천 명과 결전하라."

공산당들이 모두 나갔다. 비가 줄줄 내리는 날이었다. 동맹휴학도 깨지고 비 오는 날 속수무책으로 건물도 빼앗긴 공산당들이 나를 원수로 알았다. 나는 한 달 중 보름을 부산에 있으면서 부산 호텔에 묵고 있었는데 공산당 건물을 접수한 뒤 방에 있다가 옆방에서 들려오는 소리를 들었다. 제일 좋은 호텔이라 했는 데도 소리가 다 들렸다. 공산당들이 하필 내 옆방에서 의논을 하고 있었다.

"미군놈들 시켜 우리 건물 빼앗어간 최태영 학장놈을 죽이자"는 것이었다. 그날로 서울 집으로 올라왔다. 그 이튿날 부산진 경찰서장이 출근길에 이들 손에 피살됐다.

목숨을 내대고 가까스로 다 해결하여 학교를 만들어 놓았는데도 부산대학에서는 내가 서울서 할 일이 없어 내려온 줄 알고 배타시하고 있어 정을 붙일 수 없었다. 부산은 너무나 지방열이 강했다. 얼마 후 학교일이 생각대로 마무리된 것 같아 사직했다. 벡커 총장도 "당신 없이는 나도 여기서 견디기가 싫다. 자기가 주인이라는 파벌이 너무 많아 골치 아프다"고 부임한 지 1년 남짓된 같은 날 나는 서울로, 벡커는 부산에서 바로 미국으로 떠나 헤어졌다. 내가 배치했던 교수진들도 줄줄이 다 따라 올라와 서울서 활동했다.

서울대 건설이념과 법대

부산에 가서 1년 동안 부산대를 건설하고 오니 이번에는 이춘호 서울 대 총장이 붙잡았다. 연희전문 교수이던 이 총장과는 1926년 일본 교육 계 시찰을 하면서 친해져 그는 나에게 여러 가지 의논을 해 오곤 했었 다.

서광설(徐光卨) 변호사와 함께 서울대 평의원(이사회 같은 것)이 되어 문제 많은 서울대를 건설하는 중차대한 일에 나섰다. 그전에 장기 휴학 중인 서울상대 학장을 맡아 달라는 부탁을 받았으나 거절한 뒤였다.

1924년에 세워진 경성제국대는 조만식·김성수 등이 열렬히 추진하던 조선의 민립 대학 건립을 막을 대안으로 사이토 총독이 할 수 없이 세워 놓은, 당시엔 열등 대학이었다. 사이토는 한국사 왜곡의 최일선에 있었 던 자이다. 경성제대는 조선에서 최초의 5년제 대학이 되어 3년제 전문 학교를 넘어섰지만 하잘것없는 일인들이 교수직에나 행정직에 와 있었 다. 농대 출신으로 역시 메이지대학에서 국제법과 독일어를 가르치던 이즈미(泉哲)란 자가 경성제국대 법학부장이 되었으니 한심한 노릇이었 다. 이 자는 골수 제국주의자였는데 그 꼴은 쳐다보기도 싫었다. 일본 학생 위주로 입학시키고 남은 정원에 우수한 조선 학생들이 들어왔지만 한국인의 학문적 기량을 철저히 봉쇄해 절대로 교수직을 내주지 않았고 박사도 배출하지 않았다.

경성제국대 총장으로 온 하야미즈(速水) 교수는 내가 다닌 메이지대에서 심리학을 가르치던 사람이었다. 나를 경성대로 오라고 끌었지만 난 처음부터 "가서는 안 된다"고 확신했다. "당신이야 지금 일본서 갓 나와 세상 물정 모르니까 그런 소리 하지만 일본인이 여기서 조선사람한테 중요 과목을 맡길 것은 아니잖느냐. 기껏해야 어학이나 가르치게 할까" 하고 끝내 가지 않았다. "일인들이 경성대에 와서 제국주의화할 테니 조선사람에게 철학·법학 강의 안 시키고 식민화하는 대학이 될 것"이라고 내다봤다.

메이지대 정치학과를 나온 이우창은 경성대에 희망을 붙이고 갔으나 10년간 조교만 맡아 일인 교수들 뒤치닥거리만 하다가 군수 발령이 났다. 군수가 되면 좋을 것 같지만 학자의 길은 끝나는 것이었다. 그는 군수 발령을 거부하고 보전 교수를 하다 고시국장으로 나갔다.

해방 후 의학부와 법학부만 운영하던 경성제대가 그 건물에서 바로 국립 서울대학이 되었다. 계통이 다른 여러 학문기관이 통합되니 말이 국립대지 강의할 건물도 없고 학생들은 선별할 여지도 없이 다 받아들여 심지어는 한글도 모르는 학생들이 있었다. 어떻게 쑤시고 들어왔는지 도로 내쫓을 수도 없고 국대안 반대투쟁에 학생들끼리 교실에서 칼로 찌르고 온통 어수선한 때였다.

대한제국에서 경영하던 순화당병원은 중앙청 근처 옥인동에 있어 전염병 환자를 다루던 병원이었다. 대한의원도 대한제국이 세운 것이었다. 경성의전이 의과대학으로 들어오고 지금 사간동 육군기무사 자리(2013년 국립현대미술관이 들어섰다)의 의전병원과 대한의원 둘 다 서울대 의과대학 소속 제1, 2병원이 될 예정이었다.

청량리에 있던 경성법학전문학교와 경성제국대 법학부가 합쳐 서울 법대가 되었다. 그런데 먼저 손을 써서 들어온 문리대가 동숭동 경성제 대 건물을 다 차지했다. 법대는 학장실도, 강의실도, 연구실도, 도서실 도 없는데 그게 대학이었다. 경성법전 교장이던 고병국 박사가 자동으 로 초대 학장이 되었다. 좋은 학벌에 사람이 좋았지만 "법대 문제를 해 결할 도리가 없다" 하고 속수무책으로 혼자 술집에 앉아만 있으니 아무 것도 안 됐다. 내가 뒤이어 학장을 맡으면서 실질적인 행동에 나섰다. 학생과 선생들이 '해결해 줄 만한 사람이 왔다' 하고 열렬하게 환영했 다. 법대 학장이 의과대학 수위실에 가 앉아 있는 판에 교무처장·교무 차장은 사무실이 있었다. 최규남이 교무처장이고 김두헌이 교무차장인 데 김두헌은 도쿄 유학 후배여서 잘 알았다. "학장이 사무실이 없는데 처장·차장 사무실이 뭐냐. 차장은 처장 방을 같이 쓰라"고 보내고 들어 가는 날로 본부 건물에 학장실을 차지했다. 거기 들어앉으니 조금 위신 이 섰다. 서울법대를 세계적인 굉장한 대학으로 만들 계획이 있었다. 이 때의 일은 1993년 9월 서울법대 최종고 교수와의 대담에서 자세하게 말 했다.

법대를 만들기 위한 애초의 청사진은 내가 평의원으로 있으면서부터 세워 놓은 것이었다. 일본 주오(中央)대학 법과를 나온 사람들이 주축이 돼서 1930년대 마포에 '경성법학원'이라는 사설 법률학교를 운영하고 있 었다. 조 누구라는 마포 부자가 일본 주오대 출신으로 그 법률학교를 운 영했다. 내가 보전 법과 정교수 시절에 거기에 강의 나가 돈을 받지 않 고 한국 법학도들을 위한 강의를 오래했기에 신뢰를 얻었다. 후일 대법 원장이 된 김용무 변호사도 일본 주오대학 법과 출신으로 경성법학원에 관여했다. 나는 보전 교수로 있으면서부터 보전 학장하던 허헌 변호사 사무실에 견습 법관으로 들어온 김용무 변호사를 알았다. 서울법대를 어떻게 하면 건설할까 고민하는 내게 그가 말을 붙였다.

"법과대학 건물 해결해 주리까."

"좋소. 어떤 방법이 있소?"

"청량리 경성법전 건물을 우리 경성법학원에 팔면 우리는 거기다 대학교를 하나 하겠소. 당신은 그걸 팔아 가지고 서울대 캠퍼스 안에 훌륭한 법과대학을 하나 세우쇼."

"좋소." 내가 즉각 동의했다. 서광설과 이춘호 총장에게 "서울대 캠퍼스 안에 건물 자리만 갖게 해주면 놀고 있는 청량리 경성법전 건물 팔아다가 서울대에 굉장한 법과대학을 세울 테다. 어떠냐?" 물었다.

이춘호 총장이 말했다.

"제발 그래 달라. 경성법전을 처분해 가지고 서울법대 건물 한다는 것 당신 하는 대로 다 맡기마. 우리는 거기 일체 상관 안 하겠다."

그렇게 하면 서울법대는 강의실이나 연구실·도서관 등이 계획한 대로 다 된 것이나 다름없었다. 이 계획을 아는 사람도 우리 몇 사람 말고는 또 없었다. 그런데 건국 후 초대 문교부 장관을 하던 안호상이 끼어들면서 모든 계획이 다 수포로 돌아갔다. 서울대 캠퍼스 문제를 해결하는 최중요자산이던 청량리 경성법전 건물과 서울대 제2병원으로 쓸 사간동의 의대 건물까지 두 개를 모두 서울대에서 뺏어다 육군에게 내주고 만 것이었다. 주는데 거저도 안 주고 "의대 건물은 이제 대한민국 육군병원이다. 경성법전 건물은 국가의 기밀기관 정보부에 준다. 서울대고 뭐고 다른 사람은 이제 거기 발도 못 들여놓는다" 했다.

이렇게 해놓으니 내가 자신만만하게 강의실·연구실·병원을 만들려던 청사진이 모두 뒤집어졌다. "큰일났다. 어떻게 해야 하나" 생각하다가 "공과대학은 태릉 공덕리로 가거라. 거기가 원래는 대한제국 무관학교 자리였고 일본인들이 이공과 하던 자리다."

서광설이 "그거 좋은 계획이다" 하여 공과대학은 공덕리로 나간다는 안이 평의회를 통과했다.

그렇게 되기까지 뒤에서 얼마나 애썼는지 모른다. 그렇지만 내가 법과대학만 위해서 공대를 내보낸 것은 아니다. 공과대학이 그렇게 해야 되는 거지, 그 좁은 자리에 있어 가지고 무슨 공과가 되나. 그렇게 이공과가 모두 나가게 되고 연지동 공대 자리가 법대가 되었다.

학장실이 해결된 다음엔 교실이 문제였다. 법대 교실은 을지로6가 약학전문학교 근처에 있던 일인들의 창고였다. 내가 가 보니 "여기서 강의를 어떻게 하냐" 싶었다. 그때는 교통이 큰 문제라 학생들도 거길 안 갔다.

최종고(崔鍾庫) 교수가 찾아낸 김증한 교수의 자료에는 다음과 같은 구절이 나온다.

"사대에서 법대에게 교사를 내주지 않겠다고 하니 우리로서는 강제집행을 할 수도 없는 노릇이고 그러는 동안에 개강일인 9월 1일이 되었다. 학생들은 청량리 교사에 모였다가 각자 책상 하나씩을 둘러메고 동숭동 소재 대학본부까지 왔다. 본부 앞에 책상을 들여놓고 '자, 이제 법대는 어디로 가랍니까' 하고 다그쳤다. 당장 강의는 해야겠으니까 학부 1학년은 본부 강당, 2학년은 강당 옆 강의실, 3학년은 의과대학 생화학교실 계단 강의실, 4학년은 수의대 해부실로 흩어져 강의를 받게 되었다."

그렇게 남산 일본 신사에서 공부하던 음대 등 몇 단과대학들을 동숭동 캠퍼스 안에 모아 놓았다. 하지만 서울대의 웅장한 시작은 어긋나 버린 뒤였다.

법대 교수 연구실 확보도 사건을 겪었다. 법과대학은 내가, 문리과대학은 천주교 하는 박사가 맡았는데 경성제대 건물의 연구실을 문리대가 먼저 다 차지해 놓고 법대에 하나도 안 내주고 있었다. 그러자 어느 날 법대 교수들이 "법대는 교수 연구실 하나도 없으란 법 있느냐" 하고는 '적전상륙'하듯 적산 대학 건물의 잠겨 있는 방 자물쇠를 다 뜯어내고 들어가 차지했다. 문리과대학의 장면파들이 상부에 고발하니 군정에서 미군 조사관이 나왔다.

"누가 자물쇠 부쉈냐."

자물쇠를 깨뜨리고 들어간 것은 폭력죄로 몰려 잡혀가는 사안이라는 생각에 머리가 퍼뜩 돌았다. "내가 시켰다" 했다. 시키기는커녕 사실은 그런 일이 있은 것도 알지 못했었다.

"왜 시켰냐?"

"방을 비워놓고 잠가 두고 있는데 선생들이 연구하러 들어갈 데도 없으니 그것밖에 도리가 없잖느냐."

"당신이 고등교육 제일 오래 한 사람이냐?"

"그렇다."

미군 조사원이 뒷조사를 다 하더니 "당신이 뚜렷한 직업이 있고 여러 군데 학장을 지냈다는 것을 안다. 한국의 최고 교육경험자가 이것밖에 도리가 없다 하니 이것은 죄가 안 된다. 우리도 지지해 주겠다" 한 것은 의외였다. 문리대 선생들도 내 이론이 맞는다고 편을 들었다. 신도성은 문리대 정치과에 있었고 정내동(정내혁의 형)이 있어 "연구실은 문리과대학이 독점할 성질의 것이 아니다"고 했다. 그래서 법대 연구실을 몇 개 얻었다.

서울대 관사 관리위원도 겸했다. 많은 선생들에게 사택을 불하했다. 하루는 중학교 때 은사이던 서울대 수학자 김형배 교수가 학교 앞 가로수 아래 다리를 뻗고 앉아 나를 기다리다가 "여보게, 자네가 관사위원이라지, 나 집 하나 구해 주게. 며느리 하구 같이 있는 게 여간 불편하지 않아서…"라는 것이었다.

"네, 선생님 염려하지 마세요. 관사 하나 해 드리리다."

그랬는데 바로 그 다음 날 작고했다.

서울대를 만드느라고 애쓰고 혼자 관사 관리위원을 했지만 막상 나는 관사 하나도 갖지 않았다. 일인 교수들이 살던 집이라 다 좁고 큰 집들도 아니었다. 자기 집이 있는데도 관사를 얻어 드는 사람도 있었다. "난 그런 비루한 노릇 안 하겠다. 난 내 집에서 산다" 했는데 자기 집 있다고 그 관사 안 차지한 자는 나 하나밖에 없었다. 아마 그랬기에 군정이 내게 관사 관리를 맡긴 것 같았다. 사실 난 그런 좁은 데서는 답답해서 못 살았다.

서울법대에서 그렇게 강의와 행정 일을 해 나가는 동안 많은 사람을 만났다. 이춘호는 개성 출신의 순전한 수학가였다. 개성 사람을 주변에 많이 끌어왔다. 10여 년 강의한 경력이 있으면 교수로 임명되었다. 서울대 평의원을 같이 한 서광설은 일찍부터 변호사가 된 사람으로 "서울대학교가 만들어진다"고 그렇게 좋아했는데 6·25 때 납북되어 소식이 끊겼다. 그는 보전 교장 박승빈과 사돈 간이었다.

경성제대 의과대학 출신의 의사 이돈희는 최고 수재로 알려진 국제통이고 인간미가 있었다. 옥인동의 순화당 병원장을 하면서 피난을 못 가고 있다가 강제당해 북한군을 치료해 주었다는 사실 때문에 그 아까운 사람을 정부가 총살해 죽였다. 의대 초대학장 이갑수는 나와 같이 서울대를 처음부터 아는 사람이었다. 김구 선생을 위해 초기에 경교장 문지기를 자처해 수상한 사람의 출입을 막기도 하던 의대 이지송 학장은 북이 잡아갔다. 그가 경교장에 더 있었더라면 김구는 안두희를 피할 수 있었을지 모른다. 문리대 정치과의 신도성은 일본서 공부하고 와서 선생을 하면서도 역사 등에 의문이 생기면 자다가도 말고 최후까지 나에게 와서 "고구려·백제·신라가 같은 언어를 사용했습니까?" 하는 걸 묻곤 했다. "서로 만날 때 통역이 가운데 있었단 말이 없으니 같은 언어를 사용한 것이다" 하면 "이제 의문이 풀렸습니다" 하고 돌아갔다.

주재황은 똑똑한 사람이었다. 정부수립 직후 법전편찬위원회가 세계 각국 법을 다 번역할 때 그가 들어와 일했다. 이승옥이 그의 선생이었다. 모 교수는 북에 있던 처남이 내려와 그 집에 하루 들러서 가방을 놓고 나간 일 때문에 국가보안법 위반으로 몰려 처는 정신이상이 되고 자녀들은 자살하고 집안이 풍비박산이 났다. 무서운 때였다. 그를 살려야 했다. 헌병이 날 찾아와 "그 교수가 어떤 인물이냐" 묻는데 "울며 살려 달라고 하지 않더냐" 했더니 "맞다. 어떻게 아느냐" 했다. "간첩할 배짱 같은 것 없는 인간이다" 해서 살려냈는데 제 값도 안 하고 죽고 말았다.(정리자 주: 2019년 유족들이 청구한 재심에서 그의 간첩방조죄는 무죄판결이 났다.)

법대에 모란 사람이 있었다. 그가 내가 쓴 원고 「조선 시골 아전, 이방이 뭐하는 건지」를 다 집어 가지고 가서는 제가 쓴 것처럼 유식한 척하고 나대었다. 난 다 아는 것이니까 그 원고를 굳이 찾아오지 않았다. 그는 아주 반지빠른 사람이었다. 법대에서 내가 그를 다른 사람보다 밑 자리에 두니 자기를 무시했다 하여 "사립대학 출신이 경성제국대 후신인 서울대 학장이 된다는 것은 말이 안 된다"면서 모함했다.

서울법대 선생 하다가 미국으로 간 유기천이 "누구한테 배웠느냐"며 선생들을 다 물어보고 내가 공부한 실적을 알아보더니 "정말 제대로 공부한 이다"면서 좋아하고 종래 날 위했다. 그는 자기 실력으로 시험을 봐서 도쿄대학을 나오고 고시도 패스하고 했으면서 수단이 없어 연구실 방 하나 못 얻고 있었는데 모가 나를 법대에서 내쫓으려 하는 것을 알고는 자진해 나타나서 "모함 말라. 이 사람은 서울대 법대를 건설한 사람이다"고 했다. 김증한 교수도 나는 모르는 사람인데 와서 "이거는 모함이다" 하고 나를 위해 애썼다.

서울대에 여학생 입학은 당연하고 자연스럽게 시작됐다. 나도 아무 거부감 없이 여학생을 받아들였고 그 일에 시비 거는 사람은 없었다. 서울대 여학생 총감독이 도쿄고등사범 가정과를 나온, 음식 잘하던 이 누구였는데 김일성 군대가 일찌감치 납북해 갔다. 북에서 써먹으려고 잡아간 것이다.

여제자 중에도 똑똑한 사람이 황윤석이었다. 경성법전을 다니다가 서울법대에 들어왔다. 정당한 코스를 거쳐 법대생이 된 사람이었다. 그만하니 판사가 됐던 것이다. 이태영은 이화여대 체조 선생을 하다가 서울대 법대 3학년에 편입해 고시공부를 했다.

그 외 최종고 교수가 지목해 면모를 이야기해 달라고 한 사람들로 상법을 공부하고 책도 만든 주유순, 켈젠을 번역한 김기수 등 여러 교수들을 같이 회고했다. 최종고 교수는 서울대 건설 초기의 실무자들을 다 찾아 만나 기록하는 중이었다.

국대안 반대투쟁에 뭐에 좌우익이 대결하니 서울대에는 장택상 경찰청장이 풀어놓은 경찰과 형사들이 학생으로 변장해 교실에서 강의도 함께 받는 청강생이 되어 좌익들의 행태를 감시했다. 그중 한 사람이 공산당이 나를 암살하러 오는 꿈을 꾸었다고 했는데 신기하게도 실제로 나를 죽이려던 공산당 3인조를 적발해 냈다. 을지로 네거리 담배 소매상의 담배를 다 조사해 보니 담뱃갑 속에 안암동 우리 집 약도가 자세히 그려져 있고 3단계 행동요령까지 적혀 있었다.

"이 자는 면회를 요청하면 본인이 문 앞까지 나오니까 그때 총으로 쏘아 죽지 않으면 칼로 공격하고 그것도 여의치 않으면 세 번째 놈이 쇠망치로 내려친다"는 것이었다. 세 명 모두 잡혀서 나는 부산대 재직 중 당할 뻔한 테러에 이어 다시 한 번 좌익의 테러로부터 무사히 살아났다.

그런데 문교부장관 안호상은 정말 이상한 사람이었다. 그가 사람을 시켜 날 보고 총장되고 싶으면 저를 찾아보도록 권했다. 내가 "미쳤냐, 내가 총장 되고 싶다고 찾아다니게" 했다. 자리에 욕심이 있으면 그런 일도 하겠지만 미련이 없었다. 서울대 문제를 해결하려고 결정한 중요한 일을 뒤집어 큰 차질이 생기게 한 장본인을 뭐 하러 찾아가겠는가. 그랬더니 중학교에서 학생을 잘 가르친다는 평을 받지만 대학생활 경험이라곤 전혀 없는 사람을 이춘호 후임 서울대 총장으로 갖다 놓았다. 대한민국 건국을 기초 놓는 중요한 대학을 새로 건설하는 것인데 그런 인사를 하다니, 아니꼽다기보다 그는 대학을 모르는 사람이었다.

내가 못 참는 일은 부산대에서는 공산당 혁명가 부르는 학생들이고, 서울대에서는 무식한 총장과 이를 뒤에서 꼭두놀리는 문교장관의 훼방이었다. 나는 서울대를 다루는 안 문교장관의 독선이나 감상이 교육을 그르친다고 생각했다. 문교장관은 손진태를 차관으로 데려와 놓고도 그가 권리 행세하는 게 싫어서 발령을 안 낸 사람이었다.

못 참는 건 못 참는 것이다. 나로선 더 일할 수가 없게 된 것뿐이다. 법전 팔아서 법대 들어갈 집 지으려고 했는데 생각지도 못한 군사기밀기관이 돼서 발도 못 들이게 하다니 사정이 딱해졌다. 처음 계획한 대로는 안 됐지만 그래도 서울대 그걸 학교같이 만들어 놓느라고 최선을 다해 애쓴 끝에 해결한 셈이고, 이춘호 총장도 없고 서로간에 고함이 난무하는 서울대에서 더 있을 맘이 없어 법대 학장을 사직하고 나왔다.

해방 후 경성제대를 거부하는 오기도 없이 바로 국립 서울대로 이어진 것은 재고했어야 했다. 경성제대는 일제가 조선사람의 민립대학 건설을 막으려고 성균관 코앞에 세운 것이니 긴 전통의 성균관이 국립으로 지정받고 서울대학은 민립대학이 돼야 제대로 되는 것이었다. 그런데 성균관대학은 당치않게 무정부주의자들이 차지하고 있었다. 몇 못난 이들은 경성제대를 자랑으로 알았다. 친일 경력이 있는 교수들이 똑똑한 학생들을 세뇌시키는 것도 우려할 일이었다.

"서울대가 경성제대의 후신이란 것은 수치스러운 것이다"고 주장했다. 서울대는 경성대에 연연함 없이 민립대학을 추진하려던 정신, 신라·백제·고구려·중국·일본 등 세계에 흩어진 한족(韓族)을 모아 연합한다는 정신으로 출발했어야 학문의 기풍이 건국이념에 맞추어 새롭게 진작되었을 것이다. 나는 대한민국을 사랑하는 것이었다. 그 정신은 고구려 연개소문이 신라에게 주장한 연합정신과도 합치되는 것이다.

교육자로 생활하면서 나는 어디서든 셋째 자리 이상은 올라가지 않는다는 규칙을 세워 놓았다. 『화엄경』에 나오는 부동지(不動地)라는 말처럼, 부처가 되는 부동지의 경지까지 가지 않아도 큰 과오 없이 일처리를 하는 자유로운 경지에 만족한다는 철학이 있었다.

내가 가장 오랜 대학교육 경험자이고 법대 학장이니 서울대 있는 동안 총장이 되려고 맘을 먹으면 가능했을 것이다. 그러나 총장이 되면 그건 정치가의 일이었다. 총장이 되려면 군정을 움직이기 위해 여기저기

다녔어야 하는데 그런 일은 하지 않았다. 나와 경신학교 교육을 같이한 언더우드 2세(원한경)가 군정의 책임자 하지 중장 고문으로 왔다. 언더우드는 '이 사람은 국가의 어떤 큰일을 맡겨도 해낼 사람이다'라는 추천서를 써 주었으나 나는 단 한번도 그 소개장을 이용하지 않았다. 그는 경신대학을 신설해서 내게 맡길 생각이기도 했다.

법학을 오랜 기간 강의한 경력으로 군정으로부터 변호사 자격과 대법관 자격을 받았으나 누구라도 변호하는 변호사 일은 내게 맞지 않는 것이라 처음부터 할 생각이 전혀 없었고, 이승만 정부 아래서 대법관도 고사했다.

그래도 군정의 유일한 대학인가위원이 되어 충북에 청주대, 부산에 외국어대, 이리에 원광대학을 인가해 주었다. 서울법대는 문교장관이 망쳐 놓은 것을 수습하고 부산대학·청주대학·외국어대학·경기대학·숙대 분규 해결, 다 내 손이 갔다. 숭실대 분규도 중앙대 있는 동안 길 하나 건너가 있는 그 대학에 가서 수습했다. 이시영이 만드는 신흥대 건설에 무엇 하나라도 보태주고 싶어 내 집을 저당잡혀 본관 건물을 지었다. 그런 일 할 때는 내게 용기가 있었다.

서울대·중앙대·동아대·청주대·경기대·이리 원광대·경희대·한양대에서 학장을 겸직하거나 강의했다. 그즈음 법전편찬위원·고시전형위원이 되고 고시령을 만드는 데 힘을 쏟았다. 그러나 아직도 공산당 위협 아래 죽을 뻔한 고비들이 더 버티고 있었다. 6·25였다.

경희대, 중앙대, 청주대, 숙대, 숭실대, 기타

1954년부터 1955년까지 신흥대(경희대의 전신) 법과대학장, 초대 대학원장으로 재직했다. 지금의 경희대 본관 건물을 한참 지을 때였는데 돈이 모자랐다. 안암동에 있는 300평짜리 내 집을 저당잡혀서 이 건물을 계속 지었다. 군정이 '당신이 하는 일이라면 지원하겠다'고 신뢰를 하고 있어 미8군의 지원도 끌어냈다. 그 대학을 위해 헌신했다기보다 만주 신흥무관학교의 후신으로 초대 부통령 이시영이 만든 신흥대학교에 뭐 하나라도 채워 주려고 그랬을 뿐이다.

그런데 신흥대가 이시영의 아들 이규창 총장 이후 경희대가 되면서 새 설립자가 들어서게 되었다. 고려대 유진오 교수가 그 시점에 우정 그 대학 법대 학장인 내게 찾아와 "나는 새 설립자 편을 들겠다"고 선언했다. 신흥대를 잘 아는 내가 방해가 되니 유세하는 듯 했지만 '무슨 요런 묘한 것 봤나' 하는 생각에 신흥무관학교의 이름이 없어지는데 더 있을 마음이 없어 미련없이 학장·대학원장직에서 용퇴했다. 그랬더니 "젊은 사람이 일을 잘하면 도와주어야지, 뭘 반대하고 물러나느냐"며 사나운 젊은이들 한 떼가 우리 집에 찾아와 협박했다. 우리 딸(최정철)이 용감하게 그들한테 "신흥대 본관 세우느라고 우리 집을 저당잡혔다. 미8군 후

원금도 아버지가 얻어 왔다. 누가 더 학교를 사랑하는 거냐, 집 저당잡혀 학교 건물 세운 우리 아버지가 학교를 사랑하지 않는다는 거냐. 너희들 가서 확인해 봐라" 했다. 이들이 "아, 그런 일이 있었느냐" 하고 가서 문서를 떼어 보고는 "그렇구나. 잘못했다" 하고 그 뒤 입장이 180도 바뀌었다.

내가 그때 300평 내 집을 잡혀 본관 건물 지은 공이 없었다면 날 협박하러 온 그들 손에 죽던지 병신이 되었을 것이다.

중앙대는 내가 해방 후 대학설립위원을 하면서 학교인가를 얻어 주었다. 1949년 임영신 총장이 중앙대 법문학부 강의를 맡아 달래서 승낙했더니 학생들에게 소개하는 날 법문학부 학장이라고 발표해 버렸다. 1957년에는 이 대학에서 명예법학박사 학위를 받았다. 그런데 임 총장이 변덕이 심했다. 조아무개가 임영신에게 "최태영이 중앙대에 그렇게 있다가는 당신을 제치고 총장할 것"이라고 말했다. 임 총장이 그 말 들은 날로 내게 편지 한 장 보내서 해고하는데 내가 "그러겠다. 중앙대를 면하겠다"고 생각했다. 그때 난 서울법대·중앙대·청주대를 동시 재직하고 있어 중앙대를 떠난다 해도 그만이었다. 최태영·윤태림·고형곤·홍문화·최호진이 동시에 중앙대에서 임영신에게 쫓겨났다.

그 다음 날로 부총장 김태호가 미친 듯이 찾아와서 "임 총장이 조 아무개 꼬임에 넘어가 그런 것이니 없었던 걸로 하고 돌아오라" 했으나 "미쳤나. 내가 다시 나가게" 하고 안 나가갔다. 더러워서 나갈 생각이 없었다. 그때 중앙대에서 나왔다가 돌아오란다고 다시 돌아간 사람이 아무도 없었다. 정인보가 일찍이 이승만 정부에서 임영신을 상공부장관 시킨 걸 믿게 봐 고집스럽게 뇌물죄를 적용시켜 임영신을 사장시켰다.

그런데 내게도 재주는 있어서 강의는 잘했나 보다. 내 강의에는 김태호 부총장이 한 시간도 안 빼고 제일 먼저 들어와 앞자리에 앉고 약학과 선생과 학생들도 저희 공부를 집어치우고 가운을 입은 채로 법학과 철학 강의에 들어왔다. 내가 그때 서양 법학자, 서양 철학과 사상에 대해 얼마든지 그 역사적 변천을 얘기할 수 있었다. 중앙대와 청주대에 있은 1950년대에 활발하게 법학 논문을 발표했다. 서울법대 재직시에는 학교 건설하느라 논문을 쓸 틈이 없었다.

서울법대에서 가르치던 학생들이 학부 졸업 후 내 지도를 받으러 중앙대 대학원에 우정 진학해 왔다. 2005년 로스쿨을 만든다고 중앙대가 법대 연혁을 말하는 글에 나의 논문을 잊지 않고 언급한 것을 누가 보여줘 옛날 생각이 났다. 제자 손주찬 교수를 중앙대에 끌어다 놓았다. 손 교수는 처음부터 끝까지 좋은 선생이었고 나중에는 같이 대한민국학술원 회원으로 만났다. 중앙대를 나온 이후에도 그 대학에서 철학하는 교수들이 어려운 건 나한테 와서 지도받아 가곤 하였다.

중앙대 재직시 일화가 하나 있다. 이름난 기생 한 사람이 영문과에 와서 청강을 했다. 졸업사정회 때 한 교수가 "그 기생 여학생을 졸업시켜 주자"는 것이었다. 내가 "아니, 이 사람은 학교 수업에 온 적도 없는데 졸업시키다니 당치도 않다"고 끝까지 찬성하지 않았다. 그 기생은 나만 보면 쌩 웃으면서 도망갔는데 날 내쫓은 뒤 결국 중앙대 위조 졸업장을 만들어 받고 미국으로 갔다고 들었다. 내가 그 기생을 졸업시킨 교수를 죽을 때까지 학계에서 좋게 보지 못했다.

내가 중앙대를 쫓겨나던 날 임 총장에게 대들고 여러 교수의 해임을 분통해 하던 법대 김영달 교수가 있었다. 그날 내게 술 사 달래서 마시고 남은 소주 한 병을 집에 가지고 갔는데 그날밤 심장마비로 사망하고 말았다. 부인이 나를 보고 대성통곡을 했다. 영어 잘하고 쌈 잘하고 정직한 학자였다.

장발 교수는 미술대 교수였다. 같이 물 좋은 데 놀러 가면서 집에서 해온 떡이랑 빵을 전대에 차고 와서는 나눠 먹고 염소 잡은 것 마누라 갖다 준다고 한 단지 안고 가고 그림이나 그리던 사람이었다.

중앙대에 있으면서 고개 하나 건너에 숭실대학을 만들어 주고 거기서 법제사를 가르쳤다. 교수진 중에 나 혼자만 유일하게 목사가 아니었다.

군정 때 맹휴중인 청주대학에 폐교 명령을 내렸다. 다시 학교 설립 인가를 받느냐 폐교로 내려가느냐 갈림길에 있을 때 설립 인가를 받아 주었다. 당시 서울대 법대 학장도 겸하고 있었는데 청주에 가 보니 학교 건물도 없었다. 애를 써서 군정의 명령으로 일제강점기의 고등여학교 건물에 들어 있던 미군을 하룻밤 사이에 내보내고 학교로 기적적으로 돌려놓았다.

초대 교장은 예일대 신학대 나온 김 신부를 데려다 앉혔다. 그때 서양 대학을 졸업한 사람이 달리 없었다. 후임 학장으로 김순식(후일 숙대 총장)이 갔지만 얼마 있지 못하고 서울로 올라왔다. 청주대가 정원 9백 명에 과는 많고 한데 거기서 가르칠 교수진 꾸리는 걸 감당 못했다. 그래서 서울서 교수진을 몽땅 데리고 가서 해결했다. 이종극·박승문·김두헌·김주현 다 함께 청주 가서 하룻밤 자고 이틀 강의하면 강의가 되었다.

청주대 설립자 김원근·김영근 형제는 고아 출신으로 형은 청주에서, 동생은 원산에서 해산물 무역으로 돈을 벌었다. 처음엔 공업학교를 세우려고 죽을 애를 썼는데 일제는 결코 인가를 내주지 않았다. 법학교나 상업학교 출신은 일본인들이 다 부려 먹을 수 있었지만 공업학교는 무얼 만드는 사람을 길러내는 것이라 허가하지 않았다. 설립자 형제는 나

보고 죽을 때까지 청주대에서 강의하고 학교를 맡아 달라 말을 했지만 후일 학교 공금 유용이 일어나고 엉망이 되었다. 그래도 내가 그 고아 형제가 만든 학교를 없어지게 놔둘 수 없어 은행을 못 바꾸게 해 파산을 막고 불법행위를 못하게 해 놓아 그나마 고비를 넘겨 학교가 남아났다.

몇 년 동안 청주대 학장에 대학원장으로 있다가 1968년에 나왔다. 노년에 이르러서도 청주대 졸업생들의 반가운 방문을 받곤 했다.

청주대학의 동생 교주 김영근은 무서운 집념이 있었다. 이화대학 김활란에게 늘 편지를 보내는데 나이 70에 글을 깨친 사람이라 편지를 내가 써 주었다. 그가 김활란에게 학교 사업으로 냉면집 해서 돈 벌라고 권했다. 이대가 그 말을 들어 다동 근처에서 냉면집을 했다. 그래서 이화대학이 손님을 대접할 때면 냉면이 곧잘 나왔다.

청주대학 재단사업으로 그 시절 충청북도 연탄을 만들게 해서 돈을 벌게 했는데 감독을 잘못해 직원들이 한 차씩 연탄을 도둑질해 실어 내가는 바람에 돈은 다른 사람이 벌고 학교는 결손이 났다. 벽돌도 찍어내고 콘크리트 기둥 침목도 만들었다. 1960년대에 석유 판매가 큰 이권 사업이었다. 여러 사람을 통해 정부 실력자에게 부탁해 청주대학 재단에서 석유 판매를 하게 됐다. 교주 형제가 그걸로 부자가 되고도 어떻게 지독한 사람들인지 석유 판매를 하게 애써 준 '정부 실력자'한테도 담배 한 갑 인사를 안 했다.

청주대학 가는 날에 점심 먹을 데가 마땅치 않았다. 선생들이 "설렁탕 잘하는 집이 있는데 주인 할멈이 손님한테 첫날부터 '야, 요놈아' 하니 거기서 점심 먹으려면 욕먹을 각오를 해야 됩니다" 하는 것이었다. 욕을 먹더라도 좌우간 뭘 먹어야겠다 하고 들어갔다. 과연 어떤 손님이 "마늘을 더 달라"니까 "요자식아, 마늘 값이 얼마나 비싼데 그러냐" 하는 것이었다. "대단하구나" 그러고 있는데 여주인이 "당신 몇 살이요?" 했다. "내가 암만 살이외다" 했더니 "뭐 청구할 것 있소?" 하기에 "나 고기 좀 더 주시오" 그랬더니 주는데 그런 일은 처음이랬다. 그러면서 식모한테 하는 말이 "야, 요놈의 영감이 벌써 환갑 진갑 다 지났단다. 고기고 뭐고 달라는 대로 줘라" 그러는 것이었다.

하루는 사람이 없는데서 그 여주인이 "요놈의 영감아" 하고 불렀다.

"왜 그러냐."

"내가 호텔도 있고 재산이 상당한데 아들도 없고 학교를 하나 세우고 싶으니 의논하고 싶소."

"당신 학교 하면 일찍 죽어요. 학교 하면 후손들이 잘 안 되니 그러지 말고 장학금을 내시오. 어디 학교에 장학하라는 건 내가 지정 않겠소."

그 후 나는 서울로 왔는데 얼마 지나 그 할머니가 충북대학 학장 불러다 장학금을 냈다는 것을 알았다. 그 일로 충북대가 날 좋아해서 무슨 날이면 초대하곤 했다.

숙명여대는 고종 때 엄비가 세운 교육기관에서 비롯돼 한국 굴지의 여자 사립대학으로 순순히 커 가고 있었다. 그런데 박정희 대통령이 등장하면서 엄비 아들 영왕과 정략결혼한 일본 여성 이방자한테 숙대를 넘겨주려 했다. "숙대하고 아무 상관없는 일본인과 친일파에게 숙대를 맡길 수 없다" 하고 숙대재단 분규가 났다. 엄비가 숙명학원을 세웠지만 엄비가 쓴 내탕금은 국민의 돈이다. 영왕은 그 일에 아무 역할도 한 것이 없고 1970년 사망했다. 조선을 그토록 수탈한 일본 세력의 대표자 격인 일본 여성이 무슨 분수로 한국인의 숙대를 이용하려 하나. 박정희 대통령이 사람을 잘못 보고 숙대재단 이사장에 이은상을, 송병준 손자사위 등을 이사로 내세웠다.

숙대 재단이 송병준 후손에게 넘어가게 될 참이었다. 손가락마다 금반지를 끼고 다니던 송병준 손자사위는 재단의 고문변호사인데 이사가 되어 들어와 있었다. 숙대 총장 윤태림이 "누군지 대찬 사람이 있어야 이방자네한테서 학교를 지켜내겠다" 하고 내게 숙대 재단감사를 맡겼다. 오랜 기간에 걸친 대(對)일본 자세에 신뢰를 갖고 법률에 능통한 것을 알고 맡긴 역할이었다.

감사가 똑바로 지키면 이사들이 협잡을 못하게 된다. 나는 종래 숙대를 그들에게 안 뺏기려 하고 반대파는 어떻게든 뺏어가려 했다. 윤 총장이 나를 아예 총장실에 갖다 앉히고 코치를 받아가며 오랜 기간 이들과 싸웠다. 박 대통령의 대리격인 문교부와 상대해야 되는 싸움이라 버거운 것이고 온갖 모함이 난무해 총장이 고발되기도 하고 이에 맞서 문교장관에 대한 맞고소가 나고 했다.

감사를 하면서 이방자·이구 모자를 직접 만나 숙대 이야기를 나눴다. 만나 보니 이방자도, 이구도 일본인이었다. 그들을 창덕궁에 갖다 두는 것부터가 잘못된 것이었다. 이방자는 불평꾼이고 조선국 황태자였던 영왕을 업신여겼다. 아들 이구도 영락없는 일본인밖에 아무것도 아니었다. 이들은 송병준 사위, 이완용 자손 이런 사람들 하고나 친했다.

영왕이 살았다면 내가 도와 줄 수 있었다. 그러나 이방자·이구를 보고는 '너흰 한국인이 아니다'고 판정을 내렸다. 정이 싹 떨어지고 양심상 그들을 전적으로 도와줄 생각이 요만큼도 없었다. 한국인이 만든 학교 숙대를 왜 일인들에게 주나? 그들을 좋게 해 줄 수는 없었다. 이방자에게 "싸우지 말고 물러가라" 했더니 "생활비를 달라" 했다. "못 주겠다" 했다. 그랬더니 "자동차를 하나 사 달라"고 했다. "자동차 그것도 안 된다"했다. 히터는 하나 사 주었다. 숙명여고 재단 돈으로. 숙대가 맘대로 안 되니까 이방자는 숙명여고에서 돈을 가져다 썼다. 숙명여고는 부자였다.

송병준 손자사위 이 사람이 이사회에서 문제를 많이 일으켰다. 한 사람이라도 반대하면 이사진에 분쟁이 있다고 해서 이사진을 통째로 갈게 된다. 이 상황에 치밀하게 대응했다. 그때 법무부와 법원에 "일본인들이 숙명여대 뺏으려는 거다" 알리고 숙대가 일본인들 손에 떨어지게 해서는 안 된다는 것을 설득했다. 가(假) 이사진에 모두 뜻이 같은 숙대 측 인사들을 들이고 이어서 그동안 인선해 둔 관선이사들이 들어왔다. 그래도 그중 한 사람 성신여대 총장 이숙종은 박정희 대통령 눈에 날까 무서워서 관선이사를 사퇴했다. 이숙종은 내가 총독부 회의 때 일본어 상용반대 연설하는 것을 본 사람이었다. 늘 나를 무섭다고 했다. 송병준네는 나를 개똥으로 알고 있다가 다 쫓겨나게 됐다. 박 대통령과 통하는 대위 군인 하나를 감사로 갖다 놨는데 이 사람은 내가 아무것도 모르는 줄 알았다. 송병준 사위 변호사는 일본으로 가 버렸다. 이방자 여사는 김명선 박사와 김우현 목사가 하던 명휘원을 인계받아 하게 됐다.

숙대가 '학교를 지켜준 사람'이라며 공로장을 주었다. 숙대는 내가 마지막으로 재직한 학교였다. 내 강의를 듣던 이정애·이종순·장금숙·정자형 등 똑똑한 학생들 몇을 골라 나의 저작 『서양 법철학의 역사적 배경』 교정을 몇 년이나 같이 보았었다. 그것을 기념하여 그 책을 숙대출판부 발행으로 이름 붙여 인쇄소에 전했다.

이인(李仁)은 일본서 고시 패스하고 변호사가 됐는데 친일파에 끼어들지 않고 처신에 결점이 없었다. 그 당시 변호사해서 돈 번 사람이 이인과 이승우 정도였는데 이승우는 철저한 친일 논리를 가진 사람이었다. 그때 이화대학 김활란이 서대문 밖에서 하던 야간 국제대학을 감당 못하니 이인이 그동안 번 돈으로 국제대학을 인계받아 학교를 만들려고 내게 부탁해 값도 정하고 교섭이 다 됐는데 그만 죽어 버렸다. 이인이 "아들한테 알리지 말라. 알리면 대학 못하게 한다" 해서 자식들도 모르게 하겠다고 돈도 알 수 없는 다른 사람에게 맡겨 놓고 교섭을 했었다. 그 돈 어떻게 했다는 말이 없으니 누가 차지했는지 모른다. 이인과 의논을 하던 서울법대 진승록 교수가 알 만했는데 그도 엉뚱하게 사망했다.

1939년 성경 개역

나는 우리나라 개신교의 초창기를 가장 잘 아는 사람일 것이다. 그거 하나를 기억한다. 우리 할아버지 같은 개명하고 반듯한 사람이 있어서 내가 나왔다. 할아버지는 중국서 산수책말고도 루터의 종교개혁 책도 가져오고 모펫 선교사와 형제처럼 지냈다. 할아버지에게 '왜 개신교를 했냐'고 물어봤었다. '너무 많은 제사 때문에 돌아다니느라고 일 못하니까 변하지 않으면 안 되는 때에 개신교에 따라붙는 신교육과 신문명를 받아들이는 실용을 취한 것'이라고 했다. 개신교는 처음엔 종교보다는 서양문명이 들어오는 수단이고 실용이었다. 루터는 서양에서 종교를 개혁해서 제도를 제대로 만들어 놨다.

내가 그 루터의 종교개혁부터 내세우고 성서공회에서 성경을 개역해 내는데 일원으로 들어 일했다. 1939년에 윤치호가 주도한 성경 개역작업에는 보전 교수 백상규·김규식, 그리고 30대 나이의 내가 같이 일했다. 이때 찬송가는 이광수가 번역했다.

맨 처음 성경은 그리스 사람이 그리스말로 썼다. 일본은 우리보다 먼저 성경을 일역했다. 한국 기독교가 보는 성경책은 처음엔 순한문 중국 성경책을 그대로 보든지 순언문 한글이었다. 한글 성경은 백상규가 옮

429

겨 났던 것 같다. 1939년 우리나라 성경 2차 번역은 윤치호가 제 돈을 많이 써서 그걸 국한문 혼용으로 바꿔 놓은 것이다. 백상규와 김규식은 영어에 가장 능통한 인사들이었고, 난 일어와 영어·독일어·히브리어를 하는 데다 일찌감치 대학 시절에 『루터의 종교개혁』『헬렌 켈러전』『링컨전』 등을 우리말로 번역해 성서공회에서 발행한 것으로 꽤 이름이 나 있었다. 그때 책에 L자와 R자를 구별하고 L 발음은 '뤄로(뤈컨), F 발음은 (Free, Flower 등) 'ㅇㅍ'으로, that 발음은 'ㅇㄷ'으로 표기를 했다. 윤치호가 "우리 한글로 좀 쉽게 표기할 수 없나" 하다가 그걸 보고 반겨서 성서공회·예수교서회와 나를 초청해 국한문 성경 번역하는 일의 최종 데스크를 맡긴 것이었다. '세탁이라고 하냐 빨래라고 하냐' 등을 생각했다.

윤치호의 둘째 아들 윤광선과는 경신중학 동기생이었지만 나하고는 이미 멀어져서 윤치호 사랑에 매일 갔어도 그를 묻지도 않았고 어떻게 됐는지 몰랐다. 소설가 이광수는 불교인이면서도 찬송가를 번역했다. 찬송가는 많이 변했다. 처음엔 첨엔 아주 얇은 찬미가가 있었고 그다음엔 찬송시라 하다가 차차 커지더니 찬송가로 변했다. 처음엔 유치한 것도 많아 '돈 없어도 돈 없어도 예수님이 주시네' 하는 것도 있었다. 지금 부르는 찬송가는 이광수가 가사를 새로 번역해서 유식하게 고친 것이다. 개역한 성경은 1990년대까지 꽤 오랫동안 유통되었다. 그때 만든 성경책을 누군가에게 다 주었는데 잘 가지고 있나 모르겠다. 최후까지 나는 기독교계를 벗어나지 않은 사람이었다.

성경 번역은 굉장한 권위이고 『링컨전』 등 그만한 책을 낸 사람이 그때까지 없기에 건국 후 펜클럽의 회원이 되기도 했지만 내가 무슨 문필가냐 싶고, 세상에 나타내지 않으려고 내가 성경 번역한 사실은 공개하지 않았다.

대한민국학술원과 유신학술원

해방되고 6·25까지 겪고 꽤 시일이 간 뒤 1954년에 '학술원이란 걸 만들어야 한다'는 논의가 나왔다. 그 이전에는 생각할 겨를이 없었다. 맨 처음 회동은 종로4가 근처 배다리(주교) 초등학교에서 전국의 전임교수 이상 사람들이 모였다. 투표를 해서 제1차 학술원회원을 뽑아 설립했는데 전국적으로 알려진 학자들이 몇 없을 때니까 내가 최다 득표자였다. 이갑수(서울대 의대 초대학장)·이춘호·김두헌·이병도·최규남·유진오·안호상 등… 모두가 자연히 학술원 회원이 되었다.

그런데 들어갈 집이 없어 맨 처음엔 광화문 네거리 근처의 셋방에 있다가 삼청동 무슨 국유 건물로 굴러다녔다. 1971년 군 출신 정치인 김종필이 경복궁 내 석조전 건물을 구해 주면서 셋방을 면했다. 그건 잘된 일이었다. 김종필이 그렇게 해서 학술원 명예회원이 됐다.

그런데 박정희 대통령 때 문교장관 하는 사람이 학술원에 와서 강연하는데 '개수작 같은 거 한다'는 투로 회원들이 픽픽 웃었다. 그 사람이 가서 '박정희가 대통령 됐는데 학술원이 무시한다'고 일렀나 보았다.

"이놈의 학술원 없애자. 어떻게 없애냐. '유신학술원'이란 걸 만들고 기존의 학술원 그걸 자연스럽게 없앤다." 박정희가 학자들 미우니까 손도 안 대고 죽이려고 유신학술원을 만든다고 했다. 군 출신에 외무장관 등 관직을 거쳤고 천도교령이 된 최덕신이 대장이 되고 윤치영 등이 관여해 기존 학술원을 찌부러뜨리려는 것이었다. 그 일에 학자 누굴 꼬셨는고 하니 숙대 총장을 지낸 김두헌(金斗憲)이 매수당해 '유신학술원 하자'고 앞장섰다.

도쿄제대에서 윤리학·도덕을 전공한 그는 평소 내게 진심으로 대했었는데 박정희의 제안에 나를 끌고 들어가면 나머진 방해될 게 없다고 생각했는지 내게 와서 "유신학술원 오면 출세시키고 대학을 크게 하나 만들어 돈도 막 지원해 주고 총장도 시켜 주고 그러겠다" 하면서 "좌우간 박정희가 만든다"고 했다. 내가 "야, 개수작하지 마라. 난 그런데 안 간다. 넌 죽으려고 그러느냐. 미친 소리 하지 마라" 했다.

대한민국학술원·예술원 개원기념식, 1954년 7월 17일, 서울대 문리대 강당. ⓒ 최태영

학술원에서 문홍주 박사와 담론 중인 최태영(왼쪽), 1999년. ⓒ 박보하

　학술원 회의에서 "유신학술원을 만들어서 학술원 이걸 깨부수겠단다, 없애겠단다"라며 공론화시켰다. 회원들이 "유신학술원이 뭐냐?" 하고 들고 일어나 최덕신과 김두헌이 앞잡이 하는 계획을 발 못 붙이게 했다. 당시 학술원 회원 50여 명이 일치단결해서 반대해 단 한 명도 유신학술원 뜻에 움직이지 않았다. 이병도도 거기에는 안 움직였다. 유신학술원 한다고 혼자 날뛰던 김 총장은 면목없게 됐다.

민주주의와 박정희

학술원 대표로 몇 번 박정희 대통령과 대화할 자리가 있어 "일본서 못쓰는 기계를 들여다 여기서 산업 제조하는 일이 궁극적으로 오염문제를 크게 일으킬 테니 안 된다"고 얘기했다. 그 사람이 나를 뻔히 쳐다보면서 속으로 '책이나 보는 서생인 네가 뭘 아느냐' 하는 것 같았다. "지금 오염 그런 것 생각할 겨를이 어디 있소. 당장 먹고살 게 없잖소. 낡은 기계 그거라도 들여와 일을 해야 합니다"라는 것이었다.

그때 박정희 대통령이 '협조하라'는 걸 '못하겠다'고 했다. 싫었을 텐데 그런데도 미워하진 않고 끝까지 나를 찾았다. 내가 청주대학에 가 있는 동안에도 청주에만 오면 찾아보고 갔다. 정일권은 나를 기차역에서라도 보고 갔다.

1980년 대한민국학술원이 개최한 국제학술회의가 있었다. 내가 한국 대표로 「동·서양 철학의 유사점과 차이점」 논문을 발표한 뒤 박 대통령도 참석한 마지막 토론 자리에서 일어나 발언했다.

"이 세상에 이념은 민주주의와 공산주 두 개가 남았다. 민주주의가 좋은 걸 알면 가꾸어야지 왜 그걸 안 하고 죽이면 어떡하나. 종래 어떻게 될 것 아니냐. 바나나·무화과나무 가져다가 우리나라에서 재배하듯 민주주의도 키우면 못할 게 뭐냐."

그 말은 자리에 앉아서 건성 한 것도 아니고 일어서서 정색을 하고 발언한 것이었다. 내가 그때는 박정희 대통령의 속을 다 알았기 때문에 겁을 안 냈다. 집안의 변호사 한 사람이 그 강연을 들으러 왔다가 내가 하는 말을 듣고는 "영감이 미쳤다. 박정희가 지금 독재하는데 그런 말을 거저 앉아서도 아니고 일어나서 당당히 말하더라. 저렇게 하니 인제 집안이 다 혼나게 됐다" 그러는 것이었다. 내가 "안 잡아간다. 박정희가 난 못 다친다" 그랬다. 세계 학자 대표들이 모인 국제회의에서 '민주주의 양성해야 된다'고 말한 것 가지고 잡아갔다간 세계적인 독재자라고 소문이 날 테니 안 잡혀갈 것을 난 알았다. 그때가 박정희 대통령이 사망하기 직전이었다.

성신여대 총장 이숙종은 이 일로 박정희한테 내가 미움 받게 될 걸로 보고 불똥이 튈까 봐 나와 같은 단체에 들어 있는 것도 피해 숙대 이사직도 사퇴했다. 이 총장은 날 아주 무서워했다.

유승국 원장 때 박정희 대통령은 정신문화연구원에 자기가 쓸 방 하나를 만들어 놓고 '정치 정리해 놓고 와서 공부하겠다'고 했었다. 유족도 모를 것이다. 그 사실은 유승국 원장과 나만 알았다. 아까운 일이다. 그가 대통령에서 물러나 와서 공부했으면 본인도 안 죽었을 것이고 가족도 그렇게 안 됐을 것이다. 박정희는 말하자면 이용가치가 있어서 옆에서 사람들이 못 물러나게 해서 죽은 것이다. 그의 처갓집 사람들은 박정희 대통령 사후 일체 정치계에 안 나오는 걸 보면 똑똑한 사람들이다. 육지수는 나하고도 친했다.

1990년 세계한민족연합 세미나

1990년 12월 5-7일 스위스그랜드호텔에서 중국과 소련·북한·미국의 한인 학자를 서울로 초청해 한국상고사 복원에 관한 세계한민족연합 학술문화교류 세미나를 열었다. 윤내현 교수와 내가 "소련, 중국 다 튼다면 우리나라 학자가 누가 있나" 조사했다. 모스크바대학에서 현실로 강의하고 있는 학자들이 있었다. '한국 정부의 후원을 받고 있는 최태영이다. 한국 종자끼리 모여 국제세미나 하자. 노자는 주마' 편지를 써 보내니 '좋다' 그래서 모스크바대학 역사학 교수 박 미하일(Michail Pak; 재소고려인협회장; 재소 고려인민족재생운동)과 소련과학원 동양학연구주임 신 알렉세이(Alexei Shin; 모스크바 한인협회장; 페레스트로이카와 재소한인들의 장래), 모스크바청년대학 교수 한 막스(Marx Han; 재소한인들의 교육실태조사)가 왔다.

중국에는 김구 선생의 사람들이 있어 협조를 받았다. 연변에 학자들이 있었다. 간도 연변대학 역사학 교수 고영일(高永一, 중국 조선족 역사상의 민족문제를 논함)의 아버지가 안명근사건에 우리 아버지랑 같이 징역한 일이 있어서 '내가 그 최상륜의 아들이다' 하니 절대 신뢰하고 그 사실 하나로 완전히 구면처럼 되어 다 '오겠다' 했다. [주성근(朱成根; 중국자치주 민족교육개혁 방공실 실장; 중국 조선족 교육발전과 몇가지 문제), 임

창배(林昌培; 길림대학 조선연구소 교수; 太氏(대조영의 후손) 족보의 발견과 발해 왕조의 原歷) 등이 왔다.]

북한에는 중국의 교수들을 통해 김일성대학의 박시형(朴時亨)을 초청 했으나 "연락은 해도 그들은 안 옵니다" 하더니 정말 오지 못했다. 그는 월북하여 역사학자로 활약하면서 「일본 열도내 삼국 분국설」 고대사 관련 논문을 냈다. 중국 하얼빈시 위생학원의 고지겸(高之謙)은 고구려 왕족의 후손으로 「고구려 왕실 〈고씨 가보〉 및 대포가강자(大鮑家崗子) 촌락 조사」 논문까지 보냈는데 고국 방문 사실에 흥분해 병이 나 못 왔다.

미국에서 애리조나 주립대 정치학 교수 조영환(재미한인들의 교육 및 연합실태)이 오고, 이병창(알래스카대 한국학원재단이사장) 박사와 영문학자 김주현(숭실대)이 미국 대학의 한국학연구원 실황 보고를 했다. 한국 측에서는 손보기(단국대 역사학 교수; 한겨레의 뿌리), 윤내현(단국대 역사학 교수; 고조선의 강역), 최재석(에가미 나미오의 「기마민족설」 비판), 이형구(정신문화연구원 교수; 광개토대왕능비문 연구) 최민자(성신여대 정치학교수; 한민족의 연합 방안) 그리고 최태영(학술원 회원)이 '한국상고사는 복원되어야 한다'는 주제로 각각 발표했다. 1991년 논문집이 발행됐다.

세미나 후원을 위해 맨 먼저 정원식 문교부장관을 만났는데 그는 "국사편찬위의 학자들이 단군은 실증주의에 맞는 역사가 아니라고 하는데 당신은 왜 단군을 열렬히 주장하는 거요" 하면서 후원을 거절했다. 내가 단군조선을 바르게 아는 역사학자가 소수임을 말하고 "역사는 사실이지 다수결이 아니다. 다수결 좋아 마라. 이완용, 송병준이 나라 팔아먹을 때도 내각 다수결이라며 조인했다"고 말했다.

강영훈 총리가 이를 알고 "그래? 그럼 이어령이한테 가라" 했다. 이어령 문공부장관은 "선생 소신껏 하십시오. 상의할 것도 없습니다" 하고 전폭 지지했다. 강영훈은 얼토당토않게 군인이 됐지만 경제를 공부한 사람이었다. 그에게 "당신은 어떻게 돼서 단군을 믿느냐" 했더니 "남들이 군사학 배울 때 별도로 만주 대동학원에서 최남선의 역사 강의를 듣고 머리에 단군이 박혔다"고 했다.

아직도 생각나는 게 어느 다방에서 소련에서 온 학자들과 회의를 하고 있는데 강 총리가 대우재단에서 5천만 원의 돈을 얻어 사람을 시켜 가져다주었다. 거기에 내가 손도 안 댔다. 막대한 비용이 나가는데 끼어들기 싫다 그랬더니 내가 쓰라는 대로 쓰면서 홍성철 대통령 보좌관을 내세워 초대도 연회도 그가 다 대접하는 걸로 하고 지출은 문교부 직원이 했다.

회의 전 소련·중공 교수들과 만나 웅성웅성하니까 안기부가 알고 노태우 대통령한테 '최태영이란 영감이 소련, 중공 학자들과 모여 뭘 맨날 쑥덕쑥덕합니다'라는 보고가 올라갔다고 했다. 노태우 대통령이 '그 영감 다치게 하지 말고 두라'는 지시가 있었다(나중에 안기부에서 말해 주었다). 정부가 북방정책을 추진하던 때였다. 나는 노 대통령에게 "단군조선은 내가 말하는 것이 맞습니다"고 했다. 안기부가 '아하, 이게 노 대통령이 홍성철 보좌관을 통해 뒤에서 시키는 거구나' 알아채고 "우리가 심부름하겠다, 돈도 필요하면 대 드리겠다, 이 돈은 아무 데도 걸리지 않고 쓸 수 있는 거다"라고 했다. 나는 "안기부 내세워서 뭐 했다면 나중에 좋을 것 없다"라며 거절했다. 처음엔 수상하게 보던 안기부가 나를 신뢰하고는 데려다 단군과 국사 강의를 들었다.

이때의 소련 학자들 세미나 참석이 한국과 소련 국교가 열리는 전야제가 되었다. 소련 학자들과 경주 구경을 갔을 때 나는 늙어서 같이 다니진 못하고 호텔에서 자고 있는데 노태우 대통령한테서 전화가 왔다. 대통령이 "소련하고 우리하고 국교를 트게 됐다. 내가 오늘 소련 학자들하고 저녁을 같이하겠으니 서울로 보내라"고 했다. "이거 야단났다" 하는데 호텔에 사람 찾아다 주는 보행꾼이 있어 급히 그들을 찾아서 "잔소리 말고 서울 가서 청와대 저녁 먹어라" 하고 보냈다.

나는 이 세미나가 상당한 의미를 갖는 것이라고 지금도 생각한다. 참가 학자들 모두 이 학술 모임이 지속되고 발전적으로 확대되기를 염원했다. 이때가 역사 복원이 가장 희망적으로 보였던 때였다. 적어도 앞으로의 가능성을 내다볼 수 있었다. 당시 노태우 정부는 이런 역사연구를 특별히 돕지는 않았지만 그래도 방해하지는 않고 최소한의 편의를 봐준 유일한 정부였다. 그러나 러시아와만 말고 중국과도 교제했어야 했다.

계속해서 1991년 8월에는 "한일 간의 제 문제에 대한 학술대회 – 한일 간의 임나가야국 형성문제와 그 새로운 해석"(세종문화회관 대회의실), 1993년 4월 30일에는 다카모토 마사토시를 초청해 "일본 속의 가야문화 – 일본사람에게서 한일 고대사를 듣는다"(고대교우회관)란 주제로 관련 학술 모임을 개최했다. 1994년에는 『장보고 연구자료집』을 탈고했다. 대미는 『인간 단군을 찾아서』(2000년, 학교재)와 『한국 고대사를 생각한다』(2002년, 눈빛) 두 책으로 발표된 한국상고사 연구서의 발간이었다.

역대 대통령들의 단군 역사 인식은 저마다 달랐다. 이승만은 친일파들을 데리고 일을 했어도 단군 기원을 헌법에 의한 공식 연호로 만들었다. 박정희는 유신학술원이나 만들려고 했으며, 단군 기원을 없앴다. 그딸 박근혜를 만나거든 '아버지가 단군 기원 없앤 것은 잘못한 것이니 바로잡고 단군기념관을 하나 만들라'고 건의하려 한다. 윤보선 대통령은 퇴임 후 안국동 집에 국사찾기운동본부를 설치해 강연 자리를 마련했지만 자신은 아무 의견도 없는 사람이었다. 잠깐 대통령직을 맡았던 최규하는 묻기를 "몽고와 우리와의 관계는 어떻게 되느냐" 했다. 그는 가장 정확하게 단군 역사를 이해한 사람이었다. 내가 "같은 조상의 후손이지만 우리가 몽고의 후손은 아니다"고 했다. 김영삼 정부에 와서는 일이 나빠졌다. 역사를 바로 세운다면서도 현승종·정원식 두 총리는 나의 단군 논리에 사사건건 맞섰다. 1997년에는 고시에서 국사 과목이 빠져 버렸다. 역사 복원은 멀어져 가고 바른 역사를 위해 앞장서서 뭘 할 것처럼 큰소리치던 최모 등 학자들은 꿀 먹은 벙어리가 되어 요직 하나 얻는 데 만족할 뿐인 듯하다. 역사를 살려야만 나라가 변할 수 있다. 그런데 정말 역사를 너무나 모르는 사람들이 다수결이란 것으로 정책을 휘두른다. 그리고 바른 우리 역사를 아는 사람은 아주 소수이다.

노무현 대통령 때 나는 "단군의 홍익사상이 동북아정책의 기반이 될 것입니다"라며 단군사상 연구를 하면 어떨까, 하는 건의를 간접으로 비서실에 전했는데 반응이 없었다. 후일 그 내용을 『대한민국학술원통신』에 실어 발표했다.

한국 역사의 시발점은 서기전 2333년 단군의 고조선 건국을 기점으로 해야 한다. 여러 시민단체들이 사료가 거의 없는 그 이전, 수천년 역사까지 공식 역사에 넣자고 하지만 그렇게 되면 기원이 여러 개가 되어 단군까지도 믿지 않으려 할 것이다. 그 시대 역사는 따로 연구하면 될 일이고 공식적인 기점은 서기전 2333년 단군의 고조선이 되어야 혼란이 없다. 이 점을 확실히 해두려 한다.

11장

책과 더불어

한국 고대사를 연구하던 시기의 최태영. ⓒ 박용윤

독서일기

  난 하루라도 책 없인 못 사는 사람이다. 어려서부터 책이 그저 좋아 많이 읽었다. 그래서 할아버지는 내가 얼마든지 책을 사 볼 수 있도록 별도의 부동산을 마련해 주었다. 11살 때 눈 덮인 산 넘어 외할머니 문중 산당에 『동몽선습』 책을 가지러 간 것이 '책의 여행'에 내디딘 첫발이었다. 이는 후일 내 단군 연구의 첫 근거가 된 것이기도 하다.

  독서당(獨書堂; 공용이 아니라 개인이 자제를 위해 집에 차려놓은 서당)과 어릴 적 교과서에 나왔던 민영환 공의 대나무를 두고 YMCA 김우현 목사와 이야기했었다. 나는 장련 시골의 오 진사네와 할아버지 독서당을, 서울의 고급 양반을 많이 알던 김우현은 민영환 자제들과 공부하던 독서당 얘기를 했다. 민영환 공이 자결하신 자리에 피어난 대나무도 친구 김우현을 통해 자세히 알게 되었다.

  계정대(桂庭臺, 민영환의 호가 계정이다) 정원에는 대나무가 많이 심어져 있었다. 그 뿌리가 퍼져 마루 밑으로 들어가고 공이 피를 흘리고 옷 벗어놓은 자리가 다른 장소보다 대나무에 빨리 감지되었기에 대가 그리로 뚫고 올라온 것이다.

  우리 아버지는 서울에 와서 우정 그 대나무를 직접 보고 내려와 장련 사람들에게 이야기를 전했다. 그 대나무는 지금 고려대학교 박물관에

443

소중히 보관되어 있다. 정몽주가 피 흘리고 죽은 선죽교의 대나무도 그렇게 해서 솟아난 것일 듯하다.

중학교 때부터 서울의 책을 세놓는 집과 기숙사에서 어지간한 조선의 고전, 동서양 소설들은 다 보았다.

메이지대학 영법학과에 들어간 뒤에는 전공의 법학과 철학·경제학·역사학·사회학·기독교 사전 등을 사 보았다. 일본에서는 철학서 등 서양의 주요 신간이 나오면 곧바로 일본어 번역이 나왔다. 일본의 개화는 이런 출판문화에 힘입은 바가 아주 크다. 일본인들이 책은 많이 본다. 이때 산 책 중에는 요즘 전문가들도 "나도 저 책은 가지고 있지 못 합니다"며 부러워하는 일본의 1세대 철학자 니시다 기타로의 『선(善)의 연구』 같은 것들이 있다.

전집은 여러 판본 중에서 제일 잘된 번역본을 하나씩 골라내고 나머지는 폐기했다. 그렇게 하지 않으면 책은 짐스러워서 간수하지 못하게 된다. 소설도 명작이라는 것은 다 읽었다. 그 시절 톨스토이가 대단한 인기여서 톨스토이 저작 18권을 모두 사들여 일본어 공부 겸해 『부활』부터 읽었다. 『전쟁과 평화』는 길고 지루한 것을 억지로 읽었다. 당시 톨스토이는 조선인들에게 절대적 영향을 미치고 있었다. 내가 만년에 아들과 함께 살던 집을 떠나 신설동 시니어스 타워 요양원에 마지막 거처를 정한 날 밤, 처음 꺼내 읽은 책은 노보루 쇼무가 지은 『톨스토이 12강』이었다. 톨스토이가 죽기 전 딸 하나를 데리고 집을 나간 상황이 어땠는지, 나는 어떠한지를 되새겨 보려고 꺼내 읽고 내친 김에 그의 사상을 살펴보고 톨스토이와 대화하고 싶어졌다. 괴테의 『파우스트』, 단테의 『신곡』도 방학 때 도쿄서 서울까지 오는 현해탄의 연락선과 기차간에서 읽었다. 젊어서는 정말 한정 없이 많은 책을 읽었다. 책을 읽기 시작하면 옆에서 벼락이 내려도 아랑곳하지 않았다. 특별히 어려운 책을 연구할 때는 골아프지 않도록 잠자리도 조절했다.

대학 이후 사회주의 서적을 전부 가지고 있었는데 총독부가 그 사실을 알았다. 그러나 "당신이 공산주의자가 아닌 것을 잘 아니 집에 그냥 놔두고 보시라" 했다. 그래서 칼 마르크스의 『자본론』 『마르크스·엥겔스 전집』이나 무정부주의자 『크로포트킨 전집』 등을 지금까지 지니고 있다. 일본이 각국의 독립운동 상황을 수집한 '비밀보고서'도 친구이던 조선의 형사를 통해 극도의 비밀을 지켜가며 읽었다.

도쿄와 서울의 양서점 마루젠(丸善)에서 외국 서적을 구해 보았다. 마루젠에서는 영어 신간이 오면 점원이 내게 가져왔다. 고향에 '책값이 암만…' 전보를 치면 돈이 재깍 왔다. 마루젠의 서울 지점장이던 이화전문 선생과 친했는데 사업 실패 후 자살하고 말았다. 성서공회에서도 선교사들이 해외에서 들여온 책을 많이 구해 봤다. 점원과 약조가 되어 있어 "독립운동에 관한 자료가 들어와 어디다 꽂아놓았다" 알려 주면 가지러 갔다. 처음으로 나온 3·1만세운동 자료집인 재미교포 학자 정한경(Henry Chung)의 『한국의 문제(Case of Korea)』 등은 그렇게 구해 본 것이다. 두 권을 사다 한 권을 김성수에게 주니 반색하여 보화처럼 감춰 두고 보면서 어떻게 구했는지 궁금해 했지만 익숙지 않으면 찾아내지도 못하는 것이다.

큰 책을 정밀하게 통독한 것은 11살 때 구약, 신약이 처음이었다. 광진학교 때 전국에 성서 읽는 회가 생겼다. 학교 근처 따뜻한 무덤가에 앉아 매일 한 시간씩 첫머리부터 끝까지 독파했다. 그다음부터 어떤 책이든 정밀하게 읽게 됐다. 4천 년 전의 『함무라비 법전』 등 법학서 고전은 잔글씨의 영어로 읽었다. 『경국대전』 등의 법서, 『화엄경』 등 불교서적,

『조선왕조실록』, 일본의 고대 법령집인 『연희식』, 각종 중국 사서 같은 동양 전적은 한문으로 읽었다. 한문을 볼 때 중국의 『강희자전』 대신 중화민국이 1915년 새로 편찬 발행한 『사원(辭源)』이라는 자전을 참고했는데 여기서 『삼국유사』 고조선 항목에 나오는 서자(庶子)의 뜻을 아주 일찌감치 해결했다. 『강희자전』을 개정한 최초의 백과사전 격인 『사원』은 청나라 멸망 이후 민국 년간에 중국의 각 방면 전문가들이 대거 참가해 각 항목을 서술한 대사전이다. 이후 일본에서 발행된 일본어 대사전 『광사림』이나 조선의 우리말 『큰사전』은 각 분야 전문가가 참여한 백과사전까지는 안 가고 순수 국어학자들만의 참여로 서술한 내용으로 만들어졌다. 우리말 『큰사전』은 나라를 빼앗긴 일제강점기에 국어학자들이 목숨까지 바쳐 가며 지켜낸 우리말 보존작업이다. 일본은 그런 수고 없이 제 나라에 편하게 앉아서 만들었지만 우리는 조선어를 말살하려던 일제강점기라는 악몽에 맞부딪혀 가며 이뤄낸 작업이라 독립운동과 학문연구의 두 영역에 걸친다.

한문을 두고 양주동과 글내기 장난을 했었다. 양주동은 한문 실력이 있었다. 그가 일본 유학가서 대학 한문학과에 들어가 보니 선생 실력이 그만 못해 영문과로 옮겨 졸업했다. 1937년 숭실전문 폐교 이후 내가 교장으로 있던 경신학교 교사로 그를 채용했는데 어느 날 "나와 글내기 합시다"고 했다. 물어서 상대방이 제꺽 대답하면 웃질로 인정한다는 거였다. 양주동은 아주 자신만만했다.

"이거 해서 이기는 사람이 한문 더 많이 아는 겁니다."

나야 밑질 것 없었다. 그가 뭘 물어보나 보자고 속으로 생각했다. 내가 먼저 문제를 냈다. 양주동이 한시를 많이 아는데 중요하고 유명한 것은 알아도 내용이 볼 것 없는 시는 모를 것이라 싶었다. 맛도 없고 글도

글 같지 않은 것을 내놓았더니 "번역 못하겠습니다"고 했다. 이번엔 양주동이 질문했다. "논어와 맹자 중에서 제일 많은 글자가 무엇인가."

어질 인(仁)이나 그런 류를 기대하겠지만 아니다고 생각했다. "그거야 자왈(子曰)이지" 했더니 양주동이 "내가 졌습니다" 했다. 내가 재치는 그보다 앞섰다. 그리고 나도 한문을 할 만큼 했다. 불경도 많이 읽었다. 조상의 철학사상을 연구하는 방편이기도 했다. 『화엄경』은 분량이 방대한 철학책으로 고려 불교사상의 근저가 다 들어 있다. 여기서 향가와 시, 고려 가사의 해석 실마리를 잡아내어 3편의 논문을 썼는데 이 강의를 들은 한 무용가가 박사 논문으로 발표했다.

뭘 잔뜩 벼르고 있으면 모인다. 한국사에 집중하면서 처음 발견한 것은 『세종실록』의 〈세년가〉였다. 1973년 『조선왕조실록』 영인본이 나오기 무섭게 한질 49책을 들여다놓고 몇 번을 읽었다. 그 당시 영인본은 한정판으로 발행돼 값도 값이지만 쉽게 손에 넣을 수 없었다. 변호사 사위가 구해 왔다. 어려운 사건 의뢰인에게 "실록 영인본 구해 주면 해결해 준다" 했더니 다음 날로 영인본 한 질을 택시에 실어 왔다는 것이다.

옛날에는 임금도 볼 수 없었던 책이었다. 세상이 이제 그 책의 존재를 다 알게 되었다. 그럼 나도 그 내용을 알아야겠다 싶으니 쌓아 두고 처음부터 끝까지 여러 번 읽었다. 거기서 유관과 유사눌이 세종 임금에게 올린 상서에 그토록 찾아 헤매던 〈세년가〉의 정체를 찾아낸 것이다. 나는 이것을 가지고 이병도를 설득할 수 있었다.

나는 5백 년 전의 선비 유관과 유사눌의 심정이 오늘날 〈세년가〉를 찾아 애쓰던 나의 심정과 별 차이가 없었으리라고 생각한다. 그들도 단군을 조상으로 받들기 위한 역사의식으로 그런 상서를 올렸으리라. 보고서인 그 상서에서 배어나는 논리는 부드러우면서도 엄정하며 이들이 군

주인 세종에게 보내는 사상적 논증은 기품이 있다.

중종 때 영주 군수 유희령이 편찬한 통사 『표제음주동국사략(標題音註東國史略)』이 1985년 대만 정부로부터 원본 아닌 필름으로 반환됐다. 일본이 한국에서 가져간 수십만 권의 서책 중에도 이 책이 있다. 한국엔 초판본과 재판본이 낙질 많은 영본(零本)으로 규장각, 국립중앙도서관, 고려대에 흩어져 있다. 조선 초 서거정이 편찬한 방대한 『동국통감』을 단군부터 고려까지 간단히 줄이고 순서를 바꾸어 편찬한 『표제음주동국사략』이 귀중한 자료라는 것은 알지만 전체 내용은 그동안 아무도 몰랐다.

정신문화연구원의 유승국 원장이 그 필름을 시사하고 몇 권을 복사해 비매품으로 돌렸다. 나는 첫번째로 그 책을 얻어 보았는데 책을 여니까 첫 페이지에 그렇게 고대하던 「동국세년가」가 제꺽 나왔다. 눈이 번쩍 뜨이는 게 신바람이 너무나 났다. 지금은 아주 쉽게 볼 수 있는 것이지만 그땐 의외의 자료였고 구하기가 쉽지 않았다.

『표제음주동국사략』은 1436년 권도(權蹈, 권근의 아들)가 찬한 「동국세년가」를 책머리에 싣고 있다. 유희령이 자주정신이 있어서 「동국세년가」를 첫머리에 편집한 것이다. 그는 고구려를 백제, 신라보다 앞세워 썼다. 그 책도 왜 내 눈에 띄었을까. 나는 아직도 그런 질문을 되풀이하곤 한다. 「동국세년가」가 『동국통감』에 있었다면 내 눈에 띄었을 텐데 『동국통감』에서 못 봤다.

하고 많은 사람 중에 그 책이 어떻게 내게 왔을까 하는 게 있다. 우연한 기회라는 게 있다. 그 기회는 그런 걸 지키고 있는 사람에게만 온다. 1895년 조선에 활판인쇄 시설이 없던 때라 도쿄에서 1천 부 인쇄된 유길준의 『서유견문(西遊見聞)』은 기적처럼 원본이 내게 왔다. 6·25가 난 뒤

대전 부근 고물상에서 저울에다 근으로 달아 파는 것을 샀다. 서울에서 희귀한 책을 군인들이 막 실어 내몰고 와 휴지로 팔았다. 그 당시 휴지가 귀했다. 그 책을 보고 사겠다고 했는데 주인이 눈치 채지 못하고 저울에 달아 팔았다. 책을 사가지고 오니 모두들 입을 딱 벌렸다. 『서유견문』은 역사의 깊이는 없으나 중국 아닌 다른 세계를 처음으로 전하는 것이다. 이런 기록이 한 세대만 앞섰어도 후진들이 이어받아 개화 이론이 만들어졌을지 모른다.

1947년 비매품으로 발행된 『이준 선생전』은 특히 귀하게 여기는 책이다. 이 책에는 고종 황제의 동의 없이 1905년 을사조약으로 일본에 외교권을 뺏긴 뒤, 국권을 되찾기 위해 헤이그 밀사 사건 때까지 필사적인 노력을 기울이는 구한말 몇 사람들의 정황이 상세하게 기록돼 있다. 부사(副使) 이준의 둘째 사위 유자후가 자료를 모아 오랜 기간 비밀리에 보관해 왔고, 정사(正使) 이상설·통역 이위종 등 밀사 2인에게서 들은 증언을 토대로 해방 이후 기록한 전기인데 비매품에는 김구·이승만·이시영·유동렬의 휘호가 붙어 있다. 극비리에 헤이그로 떠나기 전 준비 상황과 궁궐의 움직임, 헤이그에서의 세세한 활동은 일본을 통해 축소돼 알려진 것과는 다른 것이다.

여기에는 민영환·이용익·이종호·헐버트·배설·상동교회·고종 황제·서정순(徐正淳) 그리고 이상설과의 친분으로 이준과 고종의 비밀 연락을 이어주는 박상궁이라는 여관(女官), 이범진과 아들 이위종·민영돈, 이준의 측실 이일정 여사·안창호·독립협회와 보부상 등 당대 인물들의 움직임이 생생하게 묘사돼 있다. 역적 송병준·이완용·박제순 등의 면모도 여실히 나오고 일본의 움직임도 간파되어 있다. 이준은 검사를 하면서 이하영 같은 매국노 고관들을 재판에서 끈질기게 붙잡고 늘어지는 바람에 그를 제거하려는 권신들 때문에 고생했지만 고종의 비호를 받았다.

이 책에 나오는 헤이그 회의의 일본 대표 이름이 쓰즈키 게이로쿠(都筑)였다. 도(都)씨가 한국계일 것 같은 육감이 동했다. 얼마나 애써서 그가 한국계인 것을 찾았는지 모른다. 조선에서 일본으로 건너가 귀족이 된 인물들을 기록한 서기 815년 편찬 일본의 『신찬성씨록(新撰姓氏錄)』에서 '도(都)씨가 성씨록 본문 편집할 때 빠져 이에 정정하여 다시 추가한다'는 주(註)를 기어코 찾아냈다.

대한제국이 망할 때의 역사는 『이준 선생전』이 제일 정확하다. 야만스런 역적 송병준이 무장하고 나타나 고종을 위협한 내용이 분명히 기록돼 있다. 이준이 헤이그의 만국회의에 성공적으로 끼일 것 같자 주최측이 다시 확인하기 위해 고종에게 친 전보를 이완용이 고종 황제에게 전하지 않고 이토 히로부미에게 주어 일이 틀어지도록 했다.

트집 잡는 평론은 유자후가 장인인 이준의 일이니 편파적으로 썼을 것이라지만 사위라서 대궐의 일을 그렇게 자세히 아는 건 아니다. 그는 이준 선생 사망 후 두 특사를 만나 헤이그의 상황을 자세히 들었다. 이시영 부통령이 내게 이 책을 주었다. 비매품 아닌 판매용 『이준 선생전』은 상당 부분 개조되어 그 친척들이 발행한 것으로 안다. 또 다른 이준 열사 전기는 일제 때 일본어로도 나왔다. 일본인 무라카미 코도(村上浩堂)가 지은 책으로 제목이 『망국비밀 눈물인가 피인가(亡國秘密, 淚か血か)』였는데 당장 발매 금지되었다. 내가 동경당 출판사의 뒷문으로 가서 두 권을 구해다가 한 권은 백남훈 선생 드리고 한 권은 내가 보관했는데 어떤 교수가 빌려 가고는 잃어버렸다며 안 돌려주었다. 그러나 이 책의 존재는 1922년 일본인 아사미 진타로(淺見倫太郎)가 지은 『조선법

제사』 책 455쪽에 실린 참고문헌 목록에 나와 있다. 일본인이 쓴 『조선법제사』 이 책이 잘된 책이라서가 아니라, 순전히 참고문헌 기록의 『망국비밀, 눈물인가 피인가』 책 이름 한 줄을 보전하기 위해 이 책을 지녀 왔다.

참고로 제2차 세계대전 당시 일본의 외무장관 도고 시게노리(東鄕茂德)는 1598년 정유재란 때 일본으로 끌려간 조선인 도공 박평의의 후손 박수승(朴壽勝)의 아들이다. 근년에 한 재일동포가 한국인 성 최(崔)씨의 발음을 '사이'가 아니라 '최'라고 해 줄 것을 요청한 소송도 냈다.

한국사 연구를 위해 일본 고대 사서를 많이 보았다. 백제 패망 후 일본으로 건너간 사람 안마려가 관여했던 『일본서기』는 일본이 계획을 세워서 꾸며낸 역사서로, 사서라기보다는 권력사이다. 『일본서기』는 속편이 있고 속편의 속편이 따라 나온다. 그걸 찾아다녔기 때문에 한국 고대사 연구에 중요한 단서를 여럿 포착했다.

일본의 『국사대계』는 이왕직도서관에 와 있었다. 우리나라에 종묘제례가 있고 제례법이 있으니 일본에도 그런 게 있으리라 싶어 일본의 고대 법령집을 정신문화연구원에서 쑤셔 냈다. 그 결과 927년 편찬된 1천 쪽이 넘는 대책 『연희식(延喜式)』(일본 『국사대계』 제13권)에서 일본 궁궐의 36신위 가운데 원신(園神) 1좌와 한신(韓神) 2좌를 찾아냈다. 원신·한신은 모두 한국에서 간 한국인 조상들이다.

"요게 여기 왜 있냐."

일본 궁궐에 한국의 신라·가야·백제에서 간 조상들이 있고 그들을 받드는 제사가 일본 궁궐행사로 받들어진다는 움직일 수 없는 증거인 것이다. 발해 사신이 일본 항구 후쿠라에 닿으면 제일 먼저 그곳 사당에 가지고 온 제물을 놓고 도착을 고한 뒤 조정인 미카도로 달려가는 것도

『연희식』에서 알았다. 그 결과는 발해와 일본이 연합해 신라를 쳐서 고구려·백제를 회복하려다 단념한 양국 간의 정치적 협상이었다.

일본에서 나온 한국사 책 가운데 내가 아끼는 것으로 『원효전집』도 있고 율곡 이이가 쓴 향약을 일본인 다바나 다메오(田花爲雄)가 연구해 1972년 내놓은 책 『조선향약교화사 연구』도 있다. 저자는 한국에서 쫓겨 간 뒤에도 이이의 향약 연구를 계속해 이 책을 내었다. 일본 총독부가 중국 『25사』에서 한국 부분만을 발췌해 놓은 것도 있다. 나는 조선사편수회가 낸 35권의 한국사 책은 다 갖다 버렸지만 『25사』에서 추린 한국사 발췌만은 갖고 보았다. 단국대출판부가 이 책을 재발행했다.

고조선 기록이 있는 중국 지리서 『산해경(山海經)』은 성균관대학에서 복사해 보았다. 성균관대학은 옛날의 전통 있는 기관이라 책이 제일 많다. 중국 역사서는 이름만 다를 뿐 내용은 똑같은 것들이 많다. 내가 잘 아는 사학자 한 사람은 사마천의 『사기(史記)』, 또 한 사람은 『후한서(後漢書)』만 보고 고증에 인용하면서 고집을 부렸다. 난 젊어서 두 책을 모두 다 읽었다. 이 자는 뭐라 하고, 저 자는 뭐라 했나 궁금해서 펴 보던 것이다. 제대로 읽으면 『사기』와 『후한서』 두 책의 내용이 꼭 같아 글자 하나 안 틀린다는 것을 알게 된다. 한 권씩 읽고 고집들 부리는 것 보면 우습다. 그리고 보면 널리 글을 읽을 필요도 있다. 책이 소개하는 책을 따라 여기저기 다 쑤시면 남이 모르는 것을 알게 된다. 고대사 연구에서는 더욱 그렇다.

한국사 연구에서 내가 가장 귀하게 여기는 책, 1904년 도쿄대학 발행 활자본 『삼국유사』를 경성의 조선연구회에서 재발행한 『교정 삼국유사』는 해방 후 어느 서점에서 샀다. 이 책들은 일연의 『삼국유사』 「고조선조」의 기록 중 '옛날에 환국이 있었다(昔有桓國)'의 환국(桓國) 두 글자를 일본 학자들이 온전하게 진본대로 표기하고 있음을 말해 주는 귀중한 증거 출판물이다.

눈에 띄는 『삼국유사』마다 환국이 환인으로 모조리 변조되고 환인만이 전부인 듯 유통되던 그 시기에 그래도 이 책이 나올 수 있었던 것은 경성 조선연구회가 일본인들만으로 회원제가 되어 있어 『삼국유사』의 변조자 이마니시(今西龍)도 낌새를 못 챘던 것 같다. 그토록 환국을 중요시하여 환인으로 변조된 사실을 밝혔던 최남선도 이 책은 언급하지 않았다. 당시 환국으로 표기된 『삼국유사』본을 소장하고 있는 것은 너무도 위험했기에 고 황의돈 선생도 그가 소장했던 『삼국유사』 임신본(壬申本)을 생전에 발표하지 않았다. 지금은 서울대 규장각 깊숙이 소장된 이 책의 영인본이 내게 있다. '환국'으로 표기된 『삼국유사』본이 내게 몇 가지로 입수된 것은 하늘이 도와 된 일이다.

해방 후 『삼국사기』『삼국유사』『고려사』의 영인본들을 모두 구했다. 햇빛에 비쳐 일일이 손으로 뜬 영인본들로 원본 비슷한 느낌이 난다. 『백범일지』도 육필 영인본으로 보았다. 해방 직후 이런 책을 구한 사람은 몇 안 됐다. 경신학교에도 내가 이런 고서를 많이 갖다 놓았고 보전 재직 때도 도서실에 구해 들인 고서들이 많았다. 유성준의 『법학통론』은 서울대 재직중 서울대 도서관에 비치해 두었고 보전재직중 구해서 비치해 둔 바빌로니아 『함무라비 법전』은 고려대에만 있을 것이다. 경신학교의 고서들은 6·25 때 미군들이 진주하면서 불쏘시개를 했는지 화재가 났는지 다 없어져 버렸다.

고대사를 어떤 시기의 것부터 신용하느냐고 윤내현 교수에게 물었다. 윤 교수가 "『규원사화(揆園史話)』부터"라고 말했다. "맞다. 내 판단도 그리 틀린 것 아니구나" 생각했다. 북애(北崖)의 『규원사화』는 옛 책을 원문 그대로 인용, 소개하지 않고 요점만 뽑아 소개한 것이 구태의연하지만 내가 『규원사화』를 믿는 이유는 이 책이 우리의 근원을 제대로 찾고 있기 때문이다. 그 서문은 이렇게 시작한다. 누구든 한번 읽어 볼 만한 내용이다.

"구월산에 이르러 당장평에 머무르고 평양을 거쳐 압록강변에 이르렀다. 의주에서 통군정에 올라 북으로 요동평야를 바라보니, 나무와 구름이 손짓하고 부르면 대답할 만큼 머뭇거리고 있는 것 같았다. 우리 조상이 살던 옛 강토가 남의 손에 들어간 지 이미 천 년이요, 이제 그 해독이 날로 심하니…."

『규원사화』는 또한 "기자는 사대주의에서 나온 것"이라고 밝혔다. "공자에게 미쳐서 그렇게 됐다. 만일 공자가 조선에서 태어났다면 중국을 오랑캐라 하지 않았겠는가. 왜 중국 책에만 빠져 스스로 업신여기고 조상의 자랑을 찾지 않는지, 한자의 공과 죄가 반반이다"고 하였다.

학계는 『규원사화』는 믿으면서 『환단고기(桓檀古記)』는 아류라고 중요시하지 않는다. 나는 아류라고 보지 않는다. 『환단고기』에는 고려 때 정치가이며 학자인 이암이 저술한, 단군 역사와 환국을 기록한 『단군세기』 같은 책이 포함돼 있다. [정리자 주; 이 책에 기록된 서기 전 1733년 고조선의 '오성취루(五星聚婁; 수성·금성·화성·목성·토성이 한 줄로 나란히 모인 현상)' 천문 현상은 정확한 사실임을 천문학자 박창범 서울대 교수가 밝혀냈다.] 『환단고기』란 제목으로 묶인 5개의 역사서들은 국가적으로 보관되어 오던 비서(秘書)임이 확실하다. 민간에 널리 유통되지 않았다 해도 역대 왕조에는 이런 사료들이 귀중하게 보관돼 오는 게 전통이었다. 세종, 성종, 예종실록에서 『삼성기(三聖記)』『삼성(비)밀기』『조대기(朝代記)』『고조선비사』 등이 비장되어 있었음을 찾아냈는데, 그것이 대체로 일본사람들이 태워서 없애 버린 여러 가지 문헌이자 『환단고기』라는 것을 알게 되었다.

문제는 『환단고기』가 허황하다고 보는 견해이나 일본 역사가들이 『환단고기』에서 일본 고대사와의 접점을 찾아 연구하는 것을 보고 나도 다시 생각하게 되었다. 우리도 『환단고기』를 연구하지 않으면 안 된다. 『환단고기』라고 하기보다는 『삼성기 상』『삼성기 하』『북부여기(北夫餘紀)』『단군세기(檀君世紀)』『태백일사(太白逸史)』 다섯 개 저작을 각각의 책으로 분리해 보는 것이 좋을 것이다. 우리 학계는 아직도 『환단고기』 전체 5책을 무조건 부인하지만 일본은 벌써 우리보다 이 책의 연구에 앞서 있어서 『환단고기』의 일본어 번역자인 변호사 가시마 노보루는 이 책을 "한일 공통의 고대사로 보고 있다"고 하는 판이니 우리는 이들의 연구가 어떤 방향으로 진행될지 주시해야 한다.

6·25 직후 관악산에 피해 있을 때도 과천에 있는 제자 송길헌을 통해 책을 보면서 지냈다. 1·4후퇴 뒤 어느 날 부산 시내를 지나는데 서울법대 제자 황윤석 양이 "선생님!" 하면서 뛰어왔다. 부산 미8군 도서관장으로 있다고 하면서 그곳 도서관 책을 마음대로 보게 해 주었다. 황윤석은 최초의 여판사가 되어 활약이 기대됐으나 요절했다. 부산에 있으면서는 고시전형위원 직책 덕분에 서울에서 부산으로 책을 많이 실어 내가고 그동안 책이 늘었다.

책에 대한 욕심과 취하는 방법이 사람 따라 별나기도 했다. 절마다 귀중한 고서들이 많았는데 황해도 절의 고서는 최남선이 많이 가져갔다. 그는 책을 빌려 달래서는 누구 책이든 절대로 반환하지 않았다. 그런 사람이 내게 책을 주기도 했다. 어떤 사람은 좋은 먹만 보면 버선발에 엿을 묻히고 먹을 꾹 밟아서 훔쳐오기도 했다. 내가 『고려사』를 몇 번이나 구해 놨는지 모른다(다른 사람들이 가져가니까). 그래서 귀중한 책들은 아예 겉표지를 일반인이 잘 안 쳐다보는 『형법개론』 같은 엉뚱한 것으로 발라 버렸다. 한 대학에서 단군문고를 만들겠다고 연구소를 세워 내 책들을 가져다놓았었다. 귀중 서적들을 막 내놓을 수 없으니 복사본을 만들어 비치했는데, 며칠 후 가 보니까 책이 많이 없어져 버렸다. 학교 측은 "어떻게 없어졌는지 전혀 모르겠다"고 할 뿐이었다. 연구소는 흐지부지됐다.

1988년 도쿄에서 이병창 박사가 일본의 퇴직 교수들 연구실을 구경 가자고 했다. 가 보니 한국 책들도 다 가지고 있고 전문서들은 국가에서 다 사 준다고 했다. "저런 선생 나기 힘드니까 퇴직 후에도 연구실과 조교수, 책을 주면서 국가에서 활용한다"고 했다. 이병창 박사는 도쿄대에 연구실을 갖고 자기 전공이 아닌데도 내게 「후지미야시타문서」의 비밀 보존 현장을 확인케 해 한국사학에 큰 기여를 한 사람이다. 그는 소장 골동품들을 한국에 보관하려고 여러 번 애썼으나 받아들여지지 않아 오사카 동양도자박물관에 재일동포의 명예를 걸고 기증했다.

내 서고는 아래층에 있다. 지난 1백 년 동안 모은 책과 자료들이 방 4개를 차지하고 있다. 법학과 한국사의 중요한 고전은 하나씩 다 갖춰진 셈이고 자료별로 쌓아 놓은 보따리들이 많다. 구한말 조선이 외국과 차례로 맺은 조약에 관한 모든 자료도 모아 놓았다. 『일본서기』의 모든 속편을 가진 사람이 드물 것이다. 이번 회고록을 쓰면서도 모아 놓은 책에서 많은 부분을 추려낼 수 있었다.

책 찾으러 갔는데 신고 내려간 슬리퍼 한 짝이 없어졌다. 내 방의 이불 속까지 들쳐 보았는데 없어서 새로 사왔다. 신발 또 잃어버릴까 봐 그다음엔 구두 신고 가서 보니 책상자 속에 슬리퍼 한 짝이 들어 있었다. 테니슨 시를 번역해 둔 80년 전 원고가 보이질 않는다. 금고 속에 두었는데 안 보인다. 여기서 몇 시간씩 책을 찾고 있으면 내가 집을 나가 행방불명된 줄 알고 찾다가 손녀들이 서고 구석까지 내려온다.

자주 꺼내 보는 1백 권 정도는 방에 두고 차고 본다. 이 책들은 내가 거처를 이동할 때도 함께 움직인다. 그런데도 금방 찾은 책을 다시 찾느라고 애쓸 때가 많다. 초저녁에 자다 깨서 밤 11시 이후 새벽까지 머리가 맑아지는 시간이면 생각을 정일하게 가지고 독서를 한다. 최근에는 경북대 의대 정태호 박사가 최동의 『조선상고민족사』 큰 책을 보내 주어 냅다 다시 읽었다. 한번 궁금증이 나면 그걸 해결하지 않고는 배기지 못한다. 『수진전(秀眞傳)』의 일본 고대문자와 가림토·기자조선, 그런 항목들을 그렇게 공부했다. 아들이 아침 일찍 출근하며 내 방에 신문을 넣어 줄 때, 그때까지 내가 책을 읽고 있는 걸 보고 걱정하며 나간다.

책은 요점만 추려서 기억하는 게 필요하다. 책 앞뒷장 여백에 어느 내용이 어느 페이지에 있는지 연필로 기록해 놓는 것이 습관화되었다. 어려운 내용도 쉽게 요점을 추리는 것이 내 특별한 재능이다. 아무리 복잡한 책이라도 작정을 하고 일단 손대기 시작하면 힘이 생겨 풀려 나가기 마련이다. 지금도 연필 수십 자루와 풀·종이·지우개·가위·송곳 같은 온갖 문방구가 손 닿는 데 있어야 안심한다. 동네에 늘 가는 문방구점과 복사집이 있어 주인과 장사가 잘되는지 걱정하기도 한다. 손녀가 문방구를 빌려 간다. 잘 돌려주지 않으니까 비품을 자주 갖춰 놔야 한다.

종이를 아껴 쓰는 일에 김성수와 나와 똑같은 습관 하나가 있었다. 전통적으로 부자들은 하나같이 종이를 아낀다. 김성수는 담뱃갑의 안 종이를 펴서 썼다. 청주대학 설립자 김원근·김영근 형제도 담뱃갑 하나 버리는 일 없이 거기다 아주 중요한 계산 같은 것을 했다. 평생 쓰고도 남을 좋은 백지가 서재에 있지만 나도 버릇이 굳어져 광고지·달력·포장지의 백지 부분을 풀로 붙여 오늘날에도 애용한다. 컴퓨터는 쓰지 않아도 내게 관련된 내용 여부는 알고 있으며, 내 회고록은 컴퓨터로 정리되었다.

특별한 내용이 어떤 책 어디쯤 들어 있는지 청·장년기에 읽은 책이라면 기억한다. 사실 요즈음 보는 책은 읽을 때뿐이고 금방 잊어버린다. 젊은이들은 그래서 책을 많이 읽어 둘 필요가 있다.

독서일기에 부쳐

김유경

근대 1세대 법학자이자 역사가인 최태영 교수의 근대사 관련 논평은 그가 본 책마다 여백에 쓴 글을 통해 예리한 비판과 함께 나타나고 있어 이를 소개하는 것도 좋으리라 싶다. 또한 선생의 장서와 독서에 관련된 주변 일화를 한번쯤 기록해 두는 것도 의미가 없진 않으리란 생각을 했다.

선생이 소장해 온 법학관련 장서들은 한글을 위시해 영어·일어·한문으로 된 것들로 법학계의 근대적 발전 과정이 전해져 온다. 책장이 거의 바스러질 정도의 책에서부터 오래된 종이 냄새와 육중한 부피의 책들은 평생 사들인 것 중 중요한 것들만을 추려 보관해 왔다. 여백마다 적힌 메모들이 있었다.

"내가 열심히 읽은 책의 요점을 추려 어느 페이지에 무엇이 있다는 것 적어 두었어. 그게 만량짜리란다. 내가 그 공로가 있지" 하고 고인은 말했었다. 한 책을 읽고 중요한 부분을 발췌해 둔 것이나 논평, 참고사항, 주변상황 등의 기록은 '어떤 책의 어떤 부분을 어떤 관점에서 봐야 한다'는 내용이다. 모두 모아 놓고 보니 최 교수의 역사와 법학 연구를 실증하는 자료가 될 것으로 보였다.

"최태영 장서의 가치는 이런 해설이 있기에 더 귀중한 것"이라고 캐나다 브리티시 컬럼비아대학의 사회학자 장윤식 교수가 말했다. "많이 고민하신 흔적이 보인다"고 했다.

한국 근대사의 오래된 책으로 '조선개국 504년(서기 1895)'에 발행된 유길준의 『서유견문』과, 광무 9년(1905) 초판되고 융희 4년(1910) 순종황제 때 3판이 나온 유성준 저 최초의 『법학통론』이 있다. 두 사람은 사촌간이다. 『서유견문』은 저자인 유길준이 미국서 돌아와 연금된 상태에서 집필되고 일본으로 원고를 가져가 1천 부를 활판인쇄해 왔다. 조선 조정의 유력자들에게 서구세계의 모습을 알리기 위한 것이었다. "깊이 있는 역사의식은 없지만 이런 책이 한 세대만 앞서 나왔어도 조선이 그렇게 맥없이 당하진 않았을 것이다"라고 최 교수가 말했다.

보전 교수로 재직 중 편집인이 되어 1930년대에 발행한 『보전학회논집』은 단순한 논문책으로만의 존재를 넘어서 일본인 당국자들과의 기싸움, 김성수 보전 2차 설립자의 의지, 보전 교수들의 학문 등을 일별할 기회이기도 했다.

1948년 대한민국 법전 제정 전후해서 법무부 조사국에서 제작한, 각국 법의 번역서 십수 권도 있다. "해방 후 법전편찬위원이 됐을 때 대한민국 법전 만드는 데 참고자료로 우선 세계 각국의 법을 번역하자고 제안해 당시 어학에 뛰어난 법관들을 모아서 번역하게 했다"고 했다.

독일 민법을 제1권으로 시작해 미국법은 세분돼 번역되었고, 영국·프랑스와 만주 민법, 소련 형법, 인도·이태리·스위스·일본·스웨덴·브라질·체코 등 세계 각국의 다양한 법전이 있다. 통권 30호까지 모아둔 십수 권 책 중 당시 직책이 서울검찰청 검사이던 주문기, 고려대 교수 주재황, 서울고등법원 판사 조규대 등 번역자 이름이 나와 있다. 독일 민법 번역은 517페이지에 달한다. 번역서인 동시에 대한민국 법전 제정이 어떤 준비과정을 거쳤는지 말해 주는 자료로서 가치가 크지 않을까 한다. 법무부가 발행한 이 책은 해방 직후 아무 물자도 남아 있지 못한 시대의 제본 수준과 종이 질이 그대로 보인다.

'역자 근정' 휘호는 잉크를 묻힌 펜글씨거나 만년필 글씨다. 깨알 같은 잔글자로 띄어쓰기 없이 세로쓰기로 인쇄된 법조문 내역엔 드문드문 육필로 교정 본 글자 몇 개도 보인다.

법학 공부를 시작한 도쿄 유학시절부터 사 모은, 영어와 일본어로 된 5백여 법학 책에서는 당대 일본의 학문적 열기가 느껴진다. 일본의 서양 법학 수용은 서구의 모든 법학자, 철학자가 다 번역된 듯 보였다. 이와나미서점 등 오래된 출판사 이름이 자주 나오고 수십, 수백 판씩 거듭된 판수와 단단하고 화려하게 제본된 책들이 많아 "우리를 그렇게 수탈해 다가 저희 나라 이익을 위해 썼구나" 하고 허탈하였다.

"일본은 번역문화로 개명한 나라예요. 칸트나 아리스토텔레스, 플라톤은 영어로도 전집은 없는데 일본어로는 전집이 번역돼 나와 있었지. 마르크스의 『자본론』도 일본어 전집이 일찌감치 나왔어. 그런데 『자본론』을 번역한 사람은 영어 잘하던 목사였어. 일본서 학자로 출세하려면 영어나 독일어, 희랍어 중 하나는 해야 했어"라고 선생은 말했었다.

"내가 한 공부는 정말 어마어마한 거야. 피나는 노력이었다"고 최태영은 회고했다.

"건달로는 아무것도 안 된다고 생각한 거지. 일본을 통해 서양 학문을 알게 된 거야. 그때 유학생으로 고학 않고 공부에 전념하면서 일본 학생과 경쟁해 이기고 책값 지출에 아무 제한없던 사람으로 책 많이 사본 건나 정도일 거야. 어떤 사람의 어떤 저작이 있다는 것도 알지 못하는 유학생 천지였어. 난 어느 고서점에 무슨 책이 있는지도 다 알았고, 외국 서적 파는 마루젠(丸善)에서는 신간이 오면 내게 알려 주고 일부러 가져다줄 정도였어. 그때는 한글 말고도 일본어·영어·한문·독어로 마음대로 볼 줄 알았으니까.

내 법학장서는 그때 세월에 일본서 처음 생긴 서양학 연구서적들이 많아요. 일본서 처음 서양학문한 사람들의 연구서들은 이제는 골동적 가치가 있다. 내가 영인본이라도 어떻게 구해 본 것이지. 1912년 이전 명치 년간에 오니시 하지메(大西祝)가 쓴 『서양철학사』를 한꺼번에 다 모아 조그맣게 축쇄한 이런 거 정말 다 기념품이야. 이런 책 구해 가진 사람들 드물다.

가케이(筧克彦), 오야(大谷美隆), 나는 이 사람들의 강의를 들었어. 오야는 독일서 법리학해 와서 법학박사 되고 메이지대 교수였다. 그때 메이지대는 법관으로 정년퇴직한 이와 유명 법학 교수들을 법대에 다 받아들여 학문이 무르녹았어. 일본 학자가 내 법철학 책을 보고 날 찾아왔는데 내 법철학이 이런 사람과 동시대이니 '독일 가서 배워 온 일본인 스승의 체취가 난다. 설명이 그들보다 더 자세하다'고 해. 내 서양 법철학 책에는 없는 게 없이 언급됐거든."

공산주의 사상서 마르크스의 『자본론』 『마르크스-엥겔스 전집』 『크로포트킨 전집』 등은 학생시절부터 사본 책이었다. 해방 직후 부산대 학장이 되어 좌파 학생들과 1개월에 걸친 자본주의-공산주의 논쟁을 펼쳤는데 "공산주의 책도 많이 읽고 그 사상의 핵심을 잘 알았기에 그들을 설득할 수 있었다"고 했다.

당대에 전개된 법학 연구를 알려 주는 최태영 교수의 서평 몇 가지를 추려 보았다.

법제사나 법률사상사를 다시 일고할 필요로 1947년 8월초 더위에 일독했는데, 5개국 경제사 중 요령을 얻은 자는 이시하마 모토유키 저 『독일경제사』뿐이다. 그나마 현대사가 없다. - 이시하마 모토유키(石濱知行) 등 공저, 경제학전집 제29권 『각국 경제사』, 개조사(改造社), 1929, 686 p.

사법 해석(私法 解釋)의 논리에 문제만 제출한 용두사미 격이다. 몇 시간 허비했다. - 이시모토 마사오(石本雅男) 저, 『법의 논리』, 이상사(理想社), 1947

츠네토오(恒藤) 씨의 『비판적 법률철학연구』를 몇 독하면서는 '공부 많이 하는 이다. 장래가 기대된다' 했더니, 이 책을 읽으면서는 점점 읽기 쉽게 저술하는 점으로 보아서 대가(大家)가 되어 가기는 하되 내용이 너무 잘아서, 예컨데 전중(田中) 씨 설의 비평 같은 것도 결국 머리가 전중 씨보다 소규모인 것이 들어나서, 벌써 바닥이 들어나나 하는 감이 있다. (하략) - 츠네토오 야스시(恒藤恭) 저, 『법(法)의 기본문제(基本問題)』, 이와나미, 1936

어느 정도 이상의 부자에게 대하야서는 8·15 전이면 왜 덕이 아니냐. 그 후엔 모리가 아니냐. 그리고 양자에 속하지 않더라도 그것으로 선용할 자격 있는 당(党)이 있느냐의 제 점을 검토해 볼 필요가 있다. 우리가 바라는 바는 빈노급(貧勞級)이 시방 같은 처지에 머무르는 것도 아니지만 비노급(非勞級)이 압박받는 약자 경우에 몰락하는 것도 아니다. - 타카다 야스마(高田保馬) 저, 『계급고』, 취영각, 1925, 288 p.

1946년 초독, 1947년 재독, 1968년 갈현동서 일람. 1997년 10월 30일에 다시 일람하니 해결책은 없고, 나의 젊은 날의 주위의 청년교수들 군상이 머리에 떠오를 뿐이다. - 쿠리유 우타게오(栗生武夫) 저, 『일철학자(一哲學者)의 탄식(嘆息)』, 홍문당(弘文堂)서방, 1936, 279 p.

이런 독후감 등을 보면서 느낀 것은 한국과 일본의 최고 지성인들의 정체를 단편적으로나마 알게 되었다는 점이다. 야만스런 일본의 작태와 함께 지성인들은 과연 어땠을까 궁금했었다. 일본 학자와 동시대적 입장에서 그들의 학문적 내용을 비판한 최태영 같은 지식인이 그렇게 많지 않다. 그러면서 '한일합방을 반대한 일본의 7박사가 있었다'는 기사는 최태영 아니고는 아무도 밝혀 내지 못했을 것 같다(『대한민국학술원통신』 2004년 12월호). 이 원고는 거의 10년 이상을 두고 쓰인 것이었다.

책에는 서평이나 요지 말고도 구입한 날짜, 외국 돈의 환율 등이 표시돼 있기도 했다. 1950년대 피난지 부산에 있으면서도 구입한 법학 책이 많았다. 환도 후 서울에서도 일본책들을 구입했다. 50-60판씩 발행되는 책들이 적지 않았다. 소장서들 중에는 사전류도 많아 60권쯤 남아 있는데 그중 하나 학생용 『한문-일어대자전』은 2000판 200만 부 발매기념 특가로 판매된 것이었다. 제본과 장정은 그 시대에 이러했나 싶게 화려했다. 방문객이 최신호를 한 권 갖다드린 일본의 청소년 대상 『월간과학』은 일본이 제2차 세계대전 중일 때도 단 한 호도 빠짐없이 지금까지 수십 년간 발행되어 표창받았다고 했다. 일본 과학계에서 노벨상 수상자가 많이 나오는 배경이 짐작되는 것도 같았다. 책이 여러 상황을 말해준다는 것을 최 박사의 장서를 정리하며 절실하게 느꼈다.

한국 학자의 저작은 근대에 이르러 새 세대 학자층의 등장과 함께 다양해졌다. 일제강점기 때 발행된 책들도 없지 않으나 수탈에 시달릴 때라 피폐한 상황이 그대로 반영돼, 최남선의 역사책 『고사통(故事通)』은 거의 갱지 수준의 종이에 인쇄된 것이었다. 눈물이 날 만큼 안쓰러웠다. 해방 직후 번역 출판된 자크 마리탱의 『자연법』 책을 두고 선생은 "번역이 이렇게 잘못된 책도 드물 테다"라고 여백에 써 놨다. 오랜 기간 학문이 단절된 후유증이 고스란히 드러나던 때이다.

조선시대 학자들 책, 서재필 등 구한말 인물들의 전기 같은 것은 거의 다 있는 것 같았다. 선생은 만년에는 "난 단군이 좋아…. 율곡하구 이순신·안창호·서재필이 좋구, 선비는 뭐 존경하는 것 별로 없어" 했지만 "요즘의 나는 아마 수정 바쿠닌이라 해도 좋다"는 기록 한 줄도 보인다.

20대의 젊은 날 사 읽은 톨스토이 책은 20권이나 됐다. "그때는 톨스토이가 인류의 문제를 생각한 중요한 사상가라고 생각해 관심이 있어서 전작을 다 사 보았다. 그가 잘못 안 것도 많다. 소용없는 걸 알면서도 자선사업을 한 것은 훌륭하다. 그러나 정신노동도 중요한 노동인데 그걸 부정할 게 뭐야."

아들의 집을 떠나 2000년 12월 송도병원 시니어스타워 요양원으로 온 첫날 펴든 책이 『톨스토이 12강』이었다. 톨스토이를 비판하며 낱장이 다 떨어져 나가도록 보고 또 본 책이었다. "늘그막에 톨스토이가 집을 나가 죽잖아…. 나보다 한 수 아래야, 나처럼 있을 데를 마련해 놓구 나와야지. 그냥 나갔다가 추운 데서 감기 걸려 있을 데도 없이 되구. 사랑하는 소피아, 아내한테 마지막 편지는 써 놓구."

집에 가자는 아들에게 "너희 집에 가면 춥고 책 보기가 불편하구나. 나도 조금은 편히 있고 싶다. 난 여기서 죽겠다" 하고 택한 거처가 송도병원 요양원이었다. 여기서 6년을 지내고 임종도 이곳에서 맞았다.

신학문을 위한 통로로 일찍부터 개신교를 접한 최태영은 1939년 성경 개역에 참여했지만 기독교에만 편향된 종교인도 아니었다. 불교와 회교까지 여러 종교를 연구했고 학문의 영역에서 다뤘다. 「원효의 불교연구」에 대해 쓰고 1934–1937년간 발표된 「히브리법 토라 연구」는 원고지 1천 매 분량의 논고이다. 실정법으로는 한국 사정을 말하기 불가능한 당시 그렇게 둘러댄 것이었다.

말로는 언급되었어도 실제로는 없어진 책들도 많았다. 송병준이 칼을 차고 대궐에 들어가 고종을 협박하던 일이 묘사되어 있는 무라카미 코토(村上浩堂)의 저작 『망국비밀―눈물인가 피인가』 책은 "박 누구 교수가 내 책장 뒤져서 가져가고는 어디다 잃어버렸는지 모른대" 했다. 최초의 3·1운동 자료집인 헨리 정(정한경)의 『한국의 문제(Case of Korea)』는 외서점의 직원이 비밀리에 알려 주어 사온 책이었다. 2003년 「하와이 이민 100주년 기념화보」가 발행되어 이를 입수했다. 선생은 화보에서 정한경을 찾아내 반가워하며 "여기다 표해 둬, 쪽지 붙여야지" 했다. 그래서 쪽지를 아마 서너 번은 붙여 드린 것 같다.

융희 4년인 1910년 7월 한일합방 직전의 대한제국과, 일제강점 직후인 1910년 11월에 발행된 토지문서가 있다. 빨간 줄로 그어서 죽여 버린 융희, 한성, 그런 실체가 힘을 잃고, 일본이 잽싸게 한국의 토지체계를 바꿔 버린 이면에 얼마나 철저한 사전준비가 있었겠는지를 생각하면 섬뜩한 느낌이 드는 두 장의 토지문서다. 두 건 모두 뒷면에 얇은 습자지 위에 정교하게 작성된 토지측량도가 첨부되어 있고 동서남북의 경계를 문자로 표기했으며, 측량기사 이종선의 도장이 찍혀 있고 측량도를 그린 사람의 이름도 적혀 있다.

그의 주변에는 책에서 풍기는 서권기(書卷氣)만 있는 게 아니었다. 일제강점기와 좌우익의 혼란, 정권의 유혹 등을 거쳐오면서 지식인으로 처신하고 어려운 문제를 해결한 능력은 돋보이는 것이었다. 후학에게 박사학위 주는 일을 하면서 자신은 논문을 써도 박사학위를 받지 않다가 명예박사 하나를 받았다. 나는 학문 이외에 아무 야심이 없는 그런 경지를, 한결같다는 단순한 말의 경지가 얼마나 고단수의 지적 능력을 말하는 것인지를 처음에는 이해하지 못했다. 어느 날 선생을 찾아온 17세 소년에게 써준 '한결같이 살자'는 경구는 치열한 도전성이 없는 필부의 단순한 논리가 아니라, 사리판단에 냉철한 사람이 아니면 수없이 많은 미혹의 와중에서는 결코 지닐 수 없는 인생의 태도, 치밀한 지식인의 경세(經世)를 말하는 것이다.

일본어만 상용하라는 정책을 총독부 고위관계자들 앞에서 반대한 연설은 명연설이자 진정한 교육자의 표상을 보여준다. 온화했지만 쉽게 넘어설 수 없는 사람이고 결코 남의 술수에 넘어가거나 경솔하게 처리하는 일이 없었다. 사이비 단군 연구자들에게 이용되지도 않았다. 그러나 바른 역사를 공부하려는 사람을 친절히 가르치려는 신념이 확고했다. 선생은 또한 유능한 행정가여서 해방 직후 부산대 등 여러 군데 대학을 건설하기도 했지만, 그의 이상은 단순한 건설을 넘어선 것이었다. 해방 직후 학생들과 자본주의 대 공산주의 토론을 벌인 것은 기록해 둘 만하다. 서울대 건설을 두고 그는 세계 곳곳에 흩어진 한민족을 연합하는 교육기관을 꿈꾸었는데 문교부가 임의로 학교 부동산을 처분해 버려 무산된 캠퍼스 계획을 아쉬워했다.

같이 학문하던, 또는 근대사에 등장하는 수많은 사람들의 이야기를 들었다. 그리고 중요한 일의 이면에 최태영 그 사람이 수없이 등장하는 것도 알았다.

"나보고 저 사람은 아무리 어려운 것도 쉽게 풀어서 설명하고 일도 해결한다고 남들이 그랬어. 파벌에는 한사코 끼어들지 않았다. 난 공부만 하는 사람이 되고 싶었다. 관직 벼슬은 절대 않고. 내가 생각해도 좋은 선생이 늙었구나."

요양원 병실에 온 뒤에도 외출이 가능한 기간에는 대한민국학술원 법학분과 모임에 출석했다. 학술원에 도착하면 후학들이 반가이 회의실 안으로 맞아들이고 담론하는 풍경이 언뜻언뜻 비쳤다. 이호왕 박사는 학술원 회장으로 있으면서 선생의 안위를 걱정했다. 서로 자기가 쓴 책

2004년 5월 대한민국학술원 50주년 기념해에 무궁화 훈장을 받은 104세의 최태영 선생. ⓒ 하지권

을 보내면 답신이 오는 고전적 일상이었다. 마지막 학술원 외출은 2004년 5월 학술원 50주년 때 무궁화 훈장을 받던 날이었다. 선생은 "노무현 대통령을 만나면 단군도서관과 단군기원 회복하라고 권할래" 했는데 탄핵 중이라 무산되니 나중에 편지로 보냈다. 불문학자 정명환, 중문학자 차주환 박사 등이 반가이 다가와 이야기를 나누었다. 일본의 한 학술원 학자는 처음 보면서도 지성 어린 인사를 했다.

YMCA 계묘구락부에도 한동안 출석했다. 선생이 재직했던 학교 중 서울법대는 최 교수의 수업을 기억하는 언론인 김창렬 씨, 서원우 성신여대 이사장, 이세중 변호사 등이 "고매한 인격을 지녔던 스승이었다"고 회고했다. 2009년 서울법대 도서관이 개관되고 고병국·황산덕·유기천 등 38인의 법학자들과 함께 최태영 선생의 초상과 논문집도 도서관 내 명예의전당에 비치됐다. 그때 비로소 지상에 무덤도 없는 최 박사를 그곳에 안장해 드리고 오는 것 같았다. 김건식 학장은 "어려운 시기에 앞장서 길을 닦아 주신 선배들이다. 그 시절을 견뎌 낸 선생님들을 생각하며 힘을 얻고 싶었다"고 말했다. 최종고 교수는 "법학 교수들의 공헌을 보여주는 학술사이자 역사적 체험을 배경으로 함께 생각하는 시간을 만들어 가기 위한 일이다"고 강연했다. 기라성 같은 한국의 법학자들이 앞뒤로 줄지어 있는 그 방에서 영들끼리 아마도 법적 논쟁을 하고 있는 게 아닐까 하는 생각이 들었다.

고려대에서는 송찬규 고대 교우회장과 박한호, 최병익 등 보전 시절의 옛 제자들이 선생을 만년까지 찾아보고 위했다. 보전 재학 중 학도병으로 출정해야 했던 제자들은 최 교수의 사전 권고대로 중국전선에 배치됐다가 탈출해 광복 후 무사히 귀국했다. 문교부 차관이 된 그때의 제자 한 사람은 매년 내외가 함께 선생께 오고, 몸이 아파 두 사람의 부축을 받으면서도 끝까지 세배를 오곤 했다.

마지막 생신이 된 2005년 5월에는 뜻밖에 고대 학생들이 찾아와서 큰 소리로 생일축하 노래를 부르고 케이크를 잘라 같이 먹고 갔다. 방을 가득 채우던 노래소리가 귀에 어른거린다.

고등학생, 법조인, 단군 연구하는 손님들이 오기도 했다. 제천지검장 시절의 봉욱 검사가 방문했었다. 자를 대고 그은 듯 칼 같은 밑줄이 쳐진 『인간 단군을 찾아서』 책을 가져와 역사와 법조계 초기 등에 대한 질의 응답을 나누었다. 책을 집중해서 보는 이구나 싶었는데, 그 검사는 한발 더 나아가 선생과 직접 대화하고 싶어했다.

전 문공부장관 윤주영 선생 내외를 즐겁게 기억했다. 여성들을 어떻게 대하는지도 살펴볼 수 있었다.

부인 김겸량 여사는 1975년 작고했다. "충격이었지만 나는 그래도 학문에 정진했다"고 했다. 젊어서부터 아는 여성들 이야기도 많이 들었다. 윤심덕·나혜석·김필례 등 동시대 도쿄 유학하던 여학생 이름을 다 기억하고 있었다. 그럴 때는 마치 소년 같은 표정으로 "여자들이니까" 했다. "여자들이 있으면 재미는 있어. 그래도 나는 연애에 골똘한 적은 한 번도 없어."

『서양 법철학』 책을 만들 때 협력했던 이정애·이종순 등 숙대 제자들은 선생의 마지막 날까지 방문했다. 호박·오이·외로 불리던 학술원 단골 음식점 주인 세 자매도 왔다 갈 때는 아무리 거절해도 꼭 노잣돈을 주어 보냈다.

오래된 책꽂이에서 이제까지 수십 년간 보존되고 6·25 등을 거치고도 남은 책 중 케이스가 있는 것들은 깨끗이 보전됐다. 케이스 없는 책들은 많이 상했다.

증정받은 책의 문구가 흥미로운 것도 있다. 오랜 친구인 법학자 이종극 선생을 못 잊고 "그 사람 죽었나? 재미있는 사람이야" 하고 찾았는데, 그분이 지은 『헌법』 책의 증정 문구는 '최태영 영감 혜존'이었다. 이병도 선생의 증정문은 어려운 초서여서 짧은 글에서도 한문에 능통한 분의 분위기가 났다. 도장을 찍어 보낸 증정도 있고 직접 제자가 아니어도 저서를 보내는 후학들이 있었다. 많이 본 책, 마지막까지 머리맡에 두고 읽던 책이 십수 권 되었다. 그런 책은 너무 봐서 쪽수가 다 떨어지고 헐었다. 책 여백에 적는 글은 반드시 연필로만 썼다.

딱풀과 볼펜은 제일 많이 사다 드린 문방구였다. 종이에 늘 메모를 하고 책 곳곳에 붙여 놓는 게 일이어서, 매일 새벽 어제 날짜 일력을 떼어 내면서 여백의 흰 종이를 잘라 큰 백지로 만들곤 했다. "이거 하면서 쉬는 거야." 역대 대통령이 보낸 연하장도 영락없이 카드 안의 백지 종이를 떼어 내고, 소설책이 오면 고운 색의 면지를 떼어 내며 "쓸모가 있네" 했다. 친일한 이광수와 남의 일을 갖다가 소설로 쓰는 것 때문에 소설에 대해선 감정이 좋지 않았다. 연필 여러 자루, 종이를 오리는 가위 등은 언제나 얼른 눈에 띄는 자리에 있었다.

컴퓨터를 직접 쓰시도록 권하진 못했지만, 노트북으로 회고록 정리하는 과정을 보여드리니 커서를 보고 첫마디가 "요기 모기같이 날아다니는 게 뭐니?" 하였다. 사진과 원고가 저장된 것을 정확하게 이해하고 이메일을 보러 요양원 로비의 데스크로 가곤 했다.

사탕 같은 단것을 많이 드셨다. 방문하여 문을 열고 보면 캐러멜에 달라붙은 종이 포장지를 벗기려고 큰 가위를 들고 있던 선생 모습도 기억난다. 침대 밑에 굴러 떨어진 지우개와 초콜릿을 찾아내는 것도 간병인의 일이었다.

"아무 책 그거 못 찾아서 죽겠어, 언제 올래" 하고 새벽 되기를 기다렸다 전화하던 선생을 위해 눈에 잘 띄게 사탕껍질로 알록달록한 표를 붙인 책들이 여러 권 된다.

어떤 항목을 찾아야 했을 때, "이틀 동안을 안 주무시고 찾다가 전화하셨다"고 간병인이 놀라서 말하곤 했다. 찾아드리면 "그렇게 금방 찾는데 왜 난 안 보일까. 책 그놈들 찾으면 대답하면 좋겠는데" 하며 "자주 오너라" 했다.

책에 빠져 있을 때는 심지어 아드님 최원철(崔元哲) 박사가 와도 안 쳐다보았다. 아들은 이것저것 돌아보고 부친의 독서를 방해하지 않고 가만히 갔다. 아주 평상적이었다. "내가 책 보느라구 잠 안 자구 밥 안 먹는다구 간병인 저게 죽을라구 해."

또한 한글 어문에 관심이 많아서 당대에 나온 『한글』 창간호, 『정음』 잡지를 지니고 있었고, 일가이기도 했던 김홍량의 안악면학회에서 1908년에 발행한 『대한문전(大韓文典)』의 저자 최광옥을 높이 평가했다. 작고하기 한 달 전쯤 최광옥 선생 이야기를 자꾸 하시고 종이에 그 이름을 몇 번씩 적어 놓고 "딸이 있었어. 백낙준 연대총장하구 양주가 됐어. 알아봐 다고" 했다. 국내에 있는 유일한 자손인 외손녀 임은신 씨(최광옥의 둘째 딸 최이순의 자녀)를 찾아내 우선 통화했다.

"최광옥 선생이 우리 고향 황해도 장련에 국어 특강을 하러 오셨어요. 내가 예닐곱 살 때였소. 어린 학생이라도 알 만하면 특강에 와서 들어도 된다 해서 갔지요. 동구 밖 비석거리에 아버지와 같이 나가서 최광옥 선생님을 모시고 들어왔습니다. 내가 『대한문전』 책도 갖고 있어요."

자리에 누운 채 명료한 대화를 위해 온 힘을 다 써서 전화를 듣고 말하는 것 같았다. 임은신 씨가 "반갑습니다, 선생님. 고맙습니다. 뵈러 가겠습니다"를 연발했다.

병세가 악화되면서 별세 일주일 전에는 "아침 먹구 얼른 오너라, 홍량 아들하구 같이 얼른얼른 와다오" 하는 전화를 받았다. 사업가 김대영 회장은 최 교수 생전의 교육동지이자 일가벌인 안악 출신 고 김홍량 선생의 아들이다. 말하기가 가능했던 거의 마지막 날로, 장서의 보관과 연구, 출판을 부탁하는 유언 자리나 마찬가지였다. "단군과 고조선이 실재했음을 잊지 말 것"을 몇 번이나 되풀이했다. 최후에 강조된 것은 법학자이기보다는 역사가로서의 입장이었다.

한 학자가 평생을 통해 수집한 장서는 단순히 물량으로 나타나는 것 이상, 한 시대의 사상과 진실을 보여주는 것이란 생각이다. 이 책들은 역사가, 법학자로서 최태영의 분신이기도 하다.

최 교수가 겪은 근대사의 중요 사건들을 기록한 이 회고록은 저자가 직접 쓴 원고 외에 정리자가 7년간 최 교수의 자료와 구술을 토대로 정리해 기존 『인간 단군을 찾아서』 및 『대한민국학술원통신』에 발표한 글들이 모두 망라되었다. 최 교수 자신은 만년에 가서 자신의 생애를 '끝까지 인간 단군을 찾아 연구한 과정이었다(법학을 거쳐)'고 정의 내리고 있지만 고대사와 혼돈될 우려가 있어 근대사 회고록의 제목은 다시 붙였다. 막상 인간 단군에 대한 연구는 최태영전집 2권 『한국 고대사를 생각한다』에 집중되었다.

전집을 발행하며 애초에 정리자 잘못으로 생겨난 오자들을 가능한 바로잡고 미처 공개되지 않았던 사실도 살려 내었다. 법학자 황적인 박사가 최태영 교수의 학문과 행적 중 자서전 부문을 더 자세하게 서술해 근대사의 장면들을 기록하고 학문 내용도 더 찾아낼 것을 몇 번에 걸쳐 권한 데 따른 것이다. 최태영 교수의 본문과 함께 황적인 교수의 서문 글은 동서양 법학과 역사를 함께 통찰하는 학자의 세계가 어떤 것인지를 생생하게 전하는 것이 될 것이다.

눈빛출판사 이규상 사장은 이 책에서 다뤄진 시대와 글의 표현 등에서 '조선과 대한민국 현대를 이어주는 학자' 같은 느낌을 강하게 받았다고 했다.

저자 연보

최태영(崔泰永)

1900년	음력 3월 28일 황해도 장련군 읍내면(후일 은율군 장련면으로 바뀜) 동부리 1051에서 출생
1905–1910년	장련의 사립 광진학교 수학
1911–1913년	구월산 종산(鐘山)학교 졸업
1913–1917년	서울 경신학교 중학본과 졸업
1917년	도일
1918–1924년	일본 메이지대학 예과 및 법대 영법과 졸업, LL.B.
1919년	김경량과 결혼, 최원철, 최정철 1남1녀를 둠
1924–1945년	서울 경신학교 부교장, 대표 설립자겸 제9대 교장, 영어교사로 재직
1924–1945년	보성전문학교(고려대) 법학교수
1934–1937년	보전학회 편집인
1939년	성경 개역(윤치호·백상규·김규식·최태영 공동개역)
1946–1947년	부산대 인문과대학장
	변호사자격 인증
1947–1948년	서울대 법대 교수, 제2대 법대학장
1948–1949년	대한민국 법전편찬위원
1948–1950년	고시위원회 상임고시위원
1949–1955년	신흥대(경희대) 법과대학장, 대학원장
1949–1961년	중앙대 법대 교수, 법정대학장

1954–2005년	대한민국학술원 법학분과 종신회원
1957–1968년	청주대 법대 교수, 학장, 대학원장
1957년	서울시교육회 교육공로 표창
1958년	중앙대 명예법학박사
1957–1972년	한국상사법(商事法)학회회장
1964–1975년	숙명여대 재단감사, 강사
1966–1977년	한국법학교수회 회장
1977년	대한민국학술원 저작상 수상(서양 법철학의 역사적 배경)
1985, 1988년	해외소재 한국학 연구자료 조사위원
1987–1988년	정릉에 한국학연구원 개설 22회 강좌
1993-2003년	YMCA 계묘구락부 회장
1994년	모란장 받음
2004년	무궁화장 받음
2005년 11월 30일	서울 중구 송도병원 요양원 시니어스 타워에서 별세

저서(발행년도순)

『유가증권 세계통일법』, 평양에서 출판, 1930년대

『현행 어음·수표법』, 중앙대출판부, 민중서관, 1953

『상법총칙 및 상법행위』(부록; 현행상법과 상법초안), 민중서관, 민중법학총서, 1957

『법학개론』, 崔泰永·朱瑢煥·金兌奎·崔基泓 공저, 新雅社, 1960

『신민법총칙』, 崔泰永·朴昌健·李俸 공저, 潮岩文化社, 1961

『서양 법철학의 역사적 배경』(비매품 500부), 숙대출판부, 1977

『한국상고사입문』, 최태영·이병도 공저(이병도가 저술한 것이 아니라 최태영의 역사관에 동의한다는 의미에서 공동저자로 됨), 고려원, 1989

An Introduction to the History of Ancient Korea, 알래스카대학 한국학연구소, 1990

『한국상고사』(한국상고사입문을 개정하여 최태영의 단독 저서로 출판), 유풍출판사, 1990

일역 『한국상고사』, 張泰煥 번역, 三志社(서울), 1993

『인간 단군을 찾아서』, 도서출판 학고재, 2000(booktopia.com에서 전자책으로 2판

출판, 2001)

『한국 고대사를 생각한다』, 눈빛출판사, 2002

『장보고 연구자료집』(미출간), '삼국유사' '삼국사기' '옌닌의 일기' 등 역사서에 나
타난 관련기록 자료집, 1994

논문(주제별)

「한국 상고 법철학의 역사적 배경– 반만 년 전부터 2천 년 전까지」, 『대한민국학
술원 논문집』 제18집, 대한민국학술원, 1979, pp. 123–165

「한국 고대 법사상의 역사적 배경–삼국 초부터 후삼국 말까지」, 『대한민국학술원
논문집』 제22집, 대한민국학술원, 1983, pp. 65–114

「한국 전통사회의 법사상」, 『한국학입문』, 대한민국학술원, 1983, pp. 331–355

「東西 법사상의 유사점과 차이점(Differences and Similarities in Western and Oriental
Legal Thoughts)」, 『대한민국학술원 주최–제8회 국제학술강연회 논문집』, 대
한민국학술원, 1980, pp. 35–54

「중국 고대 법사상의 역사적 배경」, 『대한민국학술원논문집』 제20집, 대한민국학
술원, 1981, pp.163–223

「중국 중세 법사상의 역사적 배경(漢부터 唐까지)」, 『대한민국학술원논문집』 제21
집, 대한민국학술원, 1982, pp. 151–197

「중국 근대 법사상의 역사적 배경」, 『대한민국학술원 논문집』 제23집(창립 30주년
기념호), 대한민국학술원, 1984, pp. 153–194

「중국의 法家: 商子의 法治主義」, 『재산법연구』 제12권 1호, 재산법학회, 1995, pp.
1–15

최초발표 논문–미상(대한민국학술원 발행 『한국의 학술연구』에 언급), 『보성』 제1
권 1호, 1925

「바빌로니아 함무라비법 연구」, 발표지면과 연대 미상

「希伯來法(TORAH) 研究(제1회)」, 『普專學會論集』 제1집, 보성전문학교, 1934, pp.
3–64

「希伯來法(TORAH) 研究(제2회)」, 『普專學會論集』 제2집, 보성전문학교, 1935, pp.
1–104

「希伯來法(TORAH) 研究(제3회)」, 『普專學會論集』 제3집, 보성전문학교, 1937, pp.

1-149

「18세기 영구평화 제창자 3인의 국제평화론」, 『중앙대학교 법정대학 법정논총』 제
　　1집, 중앙대학교 법정학회, 1955년 9월, pp. 6-23

「우리나라 옛날의 어음관습」, 『중앙대학교 30주년 기념논문집-한국문제 특집』,
　　1955년 11월, pp. 213-228

「스토아학파의 자연국가및 자연법론」, 『법학논고』 창간호, 청주대학 법학회, 1956
　　년 12월, pp. 10-14, pp. 43-44,

「희랍의 법치사상의 현대적 의의」, 『청주대학 창립 10주년 기념논문집』 청주대학,
　　1957년 12월, pp. 70-87

「사권(私權)의 상대성(公共性)」, 『법정논총』 제7집, 중앙대학교 법정대학 학생연합
　　학회, 1958년 12월, pp. 5-13

「Sauer의 법철학의 문화가치와 규범적 汎神論」, 『법정논총』 제9집, 중앙대학교 법
　　정대학 학생연합학회, 1959년 11월, pp. 1-9

「부인의 법률상 지위」, 신동아, 1935년 5월호

「통속법률강좌; 공익법인」, 신동아, 1936년 6월호

「주주와 이익배당」, 『기업경영』, 1962년 9월호

「일본 속의 한국 불교」, 불교신문, 불교신문사, 1986년 1월-6월

「일본 소재 한국학 연구자료 조사보고서」(원고지 1-73까지, 73 이후 멸실), 1986,
　　미발행

「한국상고사는 복원되어야 한다」, 1990년.

찾아보기